Impact Players

임팩트 플레이어

Impact Players

아마존 최장기 베스트셀러 《멀티플라이어》 후속작

임팩트
플레이어

리즈 와이즈먼 지음 ― 김태훈 옮김

한국경제신문

왜 《임팩트 플레이어》에 찬사를 보내는가?

새로운 일의 세계에서 길을 찾으려 한다면 이 책이 당신의 GPS다. 와이즈먼은 탄탄한 조사와 흥미로운 사례들을 통해 학교에서 가르쳐주지 않는 '일을 하는 법'을 보여준다. 모호한 문제에 대처하고, 예측하지 못한 난관을 극복하고, 움직이는 표적을 맞히며, 직무의 경계를 넘어서 진정으로 기여하는 법과 같은 유용한 지침들로 가득하다.

다니엘 핑크 《다니엘 핑크 후회의 재발견》 저자

《임팩트 플레이어》는 금광이다! 실로 파급력 있는 진정한 팀플레이어가 되는 법에 대한 강력한 통찰과 실행 가능한 조언으로 가득하다. 직원과 리더들이 모두 읽어야 할 책이다.

티나 실리그 스탠퍼드대학교 경영과학공학과 교수

우리에게는 기후 위기나 일자리, 일, 산업, 제도의 기술적 단절 같은 크고 중요한 난관에 대처할 올바른 마음가짐과 능력을 갖춘 리더들이 더 필요하다. 그리고 세상에는 기성 체제를 받아들이는 사람보다 자신이 가능하다고 생각하는 미래를 창조하기 위해 적극적으로 노력하는 임팩트 플레이어가 더 필요하다. 이 책은 개인이 더 높은 수준에서 일하도록 돕고, 팀이 뛰어난 성과를 이루도록 고무

하며, 조직이 성장을 촉진하는 파급력이 높은 문화를 만들도록 북돋아준다.

롭 나일 싱귤래리티대학교 부설립자 겸 대표

모든 동료와 팀원은 믿을 만하고, 높은 성과를 내며, 크게 기여하는 플레이어가 되고 싶어 한다. 이제 당신은 그 목표를 달성할 수 있는 실질적인 마인드셋과 전략, 도구를 가졌다. 그 일에는 많은 것이 필요치 않다. 다만 단순한 기법을 활용해 잠재된 의욕을 이끌어낼 수 있는 리더와 동료들이 필요할 뿐이다. 와이즈먼은 이 방면의 대가이고, 모든 최고 인사책임자는 이 책을 읽어야 한다. 당신의 조직과 훌륭한 동료들의 기여도를 한층 끌어올리고 싶다면 이 책이 당신을 도와줄 지침서다.

에릭 허처슨 유니버설뮤직그룹 최고 인사책임자

경력 초반에 두각을 드러내고 싶다면 이 책을 반드시 읽어야 한다. 리즈 와이즈먼은 당신이 잠재력을 발휘하고 이름을 알리는 데 도움이 되는 실질적이고 놀라운 습관들을 조명한다.

애덤 그랜트 《오리지널스》, 《싱크 어게인》 저자

리즈 와이즈먼이 다시 해냈다.《임팩트 플레이어》는 누구든 일을 더 잘할 수 있는 방법에 대한 흡인력 있고 실질적인 지침서다. 와이즈먼은 기존의 리더십에 대한 주류적 관점에서 벗어나는 신선한 통찰을 보여준다. 그리고 그녀는 사람들이 자신의 가치를 높이는 방법과 가장 중요한 때 파급력을 발휘하는 방법에 대한 중요한 질문을 파고든다.

에이미 에드먼드슨 하버드 경영대학원 교수,《두려움 없는 조직》 저자

___

《임팩트 플레이어》는 팀과 경력에 큰 성과가 나도록 상사에게 아부하지 않고 공감하는 법, 공식적 권위가 없을 때 앞으로 나서서 주도권을 쥐는 법, 한발 물러서서 리더를 따라야 할 때를 가르쳐준다.

킴 스콧《실리콘밸리의 팀장들》 저자

___

바쁘게 일하는 건 쉽다. 반면 파급력을 발휘하고 변화를 일으키는 건 정말 어렵다. 리즈 와이즈먼은 특유의 명민하고, 관대하며, 엄격한 방식으로 우리 모두가 일하는 방식을 바꿔서 임팩트 플레이어가 되는 방법을 보여준다. 이 책은 모든 부분이 중요하며,《멀티플라이어》만큼 뛰어나다.《멀티플라이어》는 일의 세계를

바꿔놓았다.

마이클 번게이 스태니어 《좋은 리더가 되고 싶습니까?》 저자

나는 혁신적인 실리콘밸리 기업들을 만들고 미국의 경제 외교를 실행하는 과정에서 임팩트 플레이어들이 전환적 조직을 성장시키는 핵심 요소임을 깨달았다. 리즈 와이즈먼의 책은 그 비법을 알려준다. 《임팩트 플레이어》는 과감하고, 절도 있고, 전환적인 차세대 리더들이 우리에게 주어진 난관에 대처하고, 내일의 세상을 더 나은 세상으로 만들도록 육성하는 데 도움이 될 것이다.

키스 크라크 미국 전 국무부 차관

일러두기

임팩트 플레이어(Impact Player)
스포츠 경기로 치면 MVP로서, 일반 조직에서 직급을 불문하고 특별한 가치가 있는 업무를 수행하고 매우 높은 영향력을 행사하는 사람을 가리킨다.

기여자(Contributor)
임팩트 플레이어와 구분되는 의미로 사용하며, 조직에서 자신의 가치를 실현하고 조직에 이바지하고 싶지만 임팩트 플레이어만큼의 성과를 내기 힘든 사람을 가리킨다.

힘든 한 해 동안
기쁨을 안겨주고
일의 무게를 덜어준
세 명의 조시에게
이 책을 바칩니다.

Impact Players

차례

PART 2
임팩트 플레이어는 어떻게 탁월해지는가

유능함을 넘어
영향력 있는 사람이 되는 법

어떤 사람들은 아주 힘든 상황에서 최고의 모습을 보인다. 그들은 적시에 올바른 행보를 하고 파급력을 발휘하는 결과를 얻는다. 그들은 특히 중요한 순간에 꾸준히 리더의 역할을 맡는다.

당신은 아마 스포츠에서 이런 모습을 보았을 것이다. 중요한 경기에서 중대한 상황이 벌어진다. 모든 것이 걸린 순간이다. 감독은 어떤 선수를 경기에 투입할지 결정해야 한다. 힘세고 유능한 선수는 많다. 그러나 감독은 한 명의 특정한 선수를 선택한다. 그는 힘이 가장 세거나 가장 빠른 선수는 아닐지 모른다. 그러나 그는 결정적인 위기를 타개할 줄 안다. 그는 상황의 엄중함을 이해하고 한층 분발해서 임무를 완수한다. 그래서 믿고 일을 맡길 수 있다.

이런 장면은 직장에서도 매일 펼쳐진다. 한 사례를 보자. 대형 유통 체인의 지역장인 자말은 대표가 매장을 방문하러 온다는 사실을 알게 된다. 공교롭게도 매장 매니저가 오랫동안 계획한 휴가를 맞아 그날 출근하지 않는다. 지역장은 대신 귀빈을 맞을 사람을 찾아야 한다. 그 사람에게 주어진 과제는 해당 매장이 이룬 성과를 선보이는 동시에 솔직하게 문제를 알리는 것이다. 그래서 호감이 가고 자신감 있는 한편, 이 기회를 틈타 자신을 홍보하려 들지 않는 사람이어야 한다. 지역장은 조야를 선택한다. 조야는 기대한 대로 멋지게 일을 해낸다. 이는 자말과 전체 팀의 성공이기도 하다. 조야에게 전체 팀을 대변하는 것은 자연스러운 일이다. 그녀는 공동체의 가치를 안다. 조야는 "매장 밖에 서서 대표님을 기다리는 동안 심장이 마구 뛰었어요. 그래도 침착한 태도를 유지했어요. 최선을 다해서 매장과 우리의 공동체를 대표해야 했으니까요"라고 말했다.

어떤 사람들은 자신을 가치 있게 만드는 법을 아는 듯하다. 그들은 가장 생산성 있게 자신의 역량을 발휘할 수 있는 자리를 찾는다. 그들은 일이 이뤄지도록 만들고, 어려운 상황에서도 과제를 완수한다. 그들은 결과를 낼 뿐 아니라 팀과 조직 전체에 걸쳐서 긍정적인 파급력을 전파한다. 관리자들은 큰 대가가 걸린 문제에서 그들을 신뢰하고, 중대한 상황에서 그들에게 기댄다. 그들은 다른 사람들이 그저 노력하는 시늉만 할 때 돌파구를 열고 파급력을 끼친다.

나는 경력의 첫 절반 동안 오라클에서 기업 대학을 운영하면서 인재 개발 사업을 이끌었다. 당시 기업 교육 부문은 대체로 프로그램이 많을수록 낫다는 전제하에 운영됐다. 즉, 확신이 생기지 않으면 직원을 교육하고 상황이 개선되기를 바랐다. 그래서 우리는 수많은 프로그램을 운영했다. 우리는 다양한 임원들에게 얼마나 많은 교육을 실행했는지 알리는 보고서를 제출했다. 그러나 이 보고서들은 대개 무시됐다. 교육 담당 간부들은 임원들이 적극적으로 참여하지 않아서 줄곧 좌절감을 느꼈다. 그럼에도 교육 프로그램은 늘어났고, 모두가 바쁘게 일했다. 그러나 누구도, 어떤 프로그램도 영향을 끼치지 못했다.

우리 경영 팀의 교육 담당 간부 중 한 명인 벤 퍼터먼은 다른 접근법을 취했다. 회사는 신제품을 출시할 채비를 하고 있었다. 그와 여러 동료는 일선 직원들에 대한 제품 교육 현황을 경영 팀에 보고할 준비를 했다. 그들은 과거의 교육 보고서가 임원들에게 별다른 반응을 얻지 못했다는 사실을 알았다. 그래서 한 걸음 물러서서 이렇게 자문했다. '임원들이 정말로 중시하는 것은 무엇일까?' 벤은 각 부문 임원들의 입장이 되어 보았다. 그 결과 교육 인원이 몇 명이나 되는지에는 관심이 없을 것임을 깨달았다. 임원들이 관심을 가지는 것은 누가 일을 잘 아는지, 직원들이 고객을 상대해 신제품을 팔고 지원할 준비가 얼마나 잘 됐는지였다.

벤은 교육보다 준비 태세를 중심으로 전반적인 접근법을 재조정했다. 그와 팀원들은 인증 시험을 도입했다. 또한 학습을 앞당길 수 있다면 교육 대신 자율 학습과 시험을 장려했다. 이후 그들은 교육 인원이 아니라 인증 및 준비 태세를 보고했다. 그러자 임원들은 보고서에 주의를 기울이면서 데이터가 불완전한 부분을 지적하고, 교육 팀과 같이 정확성을 보완했다. 이처럼 고위 임원들이 적극적으로 참여하게 된 것은 벤과 팀원들 덕분이었다. 그들은 고위 임원들이 수월하게 직무를 수행할 수 있도록 만들었다. 즉, 수월하게 올바른 투자를 하고, 고객을 위해 올바른 일을 하며, 조직과 자신들에 대한 책임을 질 수 있게 만들었다.

지금은 흔해졌을지 모르지만 이 접근법은 당시에는 참신했으며, 관행을 바꾸었다. 다른 사람들이 그저 바쁘기만 했을 때 벤은 파급력을 끼쳤다.

이는 천재성이 번뜩인 일회성 사건이 아니다. 벤은 침착하게 난관을 극복했으며, 문제를 기회로 대했다. 국면을 전환해 보다 가치 있는 일을 할 기회 말이다. 벤이라면 아주 힘들고 중요한 일도 쉽게 맡길 수 있었다. 그는 나의 팀에서 10년 동안 일했으며, 내게 두어 가지 별명을 지어주었다. 그중 하나는 단순히 '보스Boss'였고, 다른 하나는 '비지 리지Busy Lizzy'라는 적절한 별명이었다. 후자는 종종 내가 의문을 품게 만들었다. 나는 그저 일을 하는 흉내만 내고 있는 걸까, 아니면 실질적인 파급력을 끼치고 있는 걸까? 아마 당신은 일을 하면서 파급력을 끼치는 때도 있지만 다른 때에는 노력이 묻히는 이유가 궁금했을 것이다. 또는 당신이 리더 자리에서 배제되고 동료가 대신 선택된 이유가 궁금했을 것이다.

모든 사람이 자신의 역량과 지성을 동원해 업무에 임한다. 그러나 카드 게임에서 흔히 그렇듯, 주어진 패를 가지고서 다른 사람보다 잘 플레이하는 사람들이 있다. 그들은 조직 내에서 임팩트 플레이어Impact Player라는 명성을 얻는다. 관리자들은 최고의 인재들이 누구인지 알고, 그들의 가치를 이해한다. 리더들은 그들에게 의지하고, 꾸준히 중요한 과업과 새로운 기회를 부여한다. 동료들도 그들이 누구인지 안다. 모두가 그들이 기여하는 가치를 이해하며, 그들의 일이 끼치는 긍정적인 영향을 안다. 또한 그들은 영향과 목적을 통해 경력을 진전시킨다.

나는 임원으로 재직하는 동안 이런 슈퍼스타들과 많은 일을 하는 특혜를 누렸다. 나는 그들이 팀과 전체 조직에 긍정적인 영향을 끼치는 것을 목격했다. 또한 그들의 일이 끼치는 파급력이 그들에게 보다 의미 있고 충만한 업무 경험을 창출하는 것을 지켜보았다. 반면 나는 똑똑하고 유능한 사람들이 잠재력을 살리지 못하는 모습도 확인했다. 뛰어난 사람들이 홈런을 치고 대회에서 우승할 능력이 있는데도 옆으로 물러나 있는 것을 지켜보는 일은 힘들다.

대다수 사람은 이런 역학을 목격했다. 비슷한 역량을 지닌 두 사람이 재능과 의욕을 지녔음에도 그들의 일이 크게 다른 수준의 파급력을 끼치는 것 말이다. 그러나 모두가 이 차이를 만드는 요인이 무엇인지 이해하는 것은 아니다. 심지어 당신은 이런 입장에 처해서 같은 역량을 지닌 두 사람을 나누는 마인드셋과 행동이 무엇인지 궁금했을지도 모른다.

기업의 리더들은 이 차이를 감지하지만 정확하게 설명하지 못하는 경우가 많다. 그들은 대개 누가 슈퍼스타인지 알며, 그런 사람을 더 많이 원한다. 그러나 실제로 무엇이 그들을 다르게 만드는지 설명하는 데 애를 먹는다. 일반적으로 관리자들은 고성과자와 저성과자의 보다 두드러진 차이를 설명할 수 있다. 그러나 가장 영향력 있고 파급력 있는 플레이어, 최고 중의 최고는 말로 표현하기 힘든 자질을 지닌 것처럼 보인다. 분명 그들이 직무에 접근하는 방식에는 "말할 수 없는 뭔가je ne sais quoi", 그들이 기여하는 방식에는 예술적인 구석이 있다.

기업의 인사 및 인재 개발 담당자들은 다양한 도구를 활용해 이 차이들을 포착하고, 이해하고, 전달하려 애썼다. 이를테면 성과 관리 시스템은 직원들을 성과 등급별로 나눠서 성과 개선에 도움이 되는 피드백을 제공하기 위한 것이고, 역량 모델은 성공을 위한 필수 기술을 정의하기 위한 것이며, 기업 가치관 선언은 가치 있는 행동을 제시하기 위한 것이다. 하지만 대다수 기업 가치관 선언은 단지 문화적으로 수용 가능한 행동과 진정으로 파급력 있는 행동 사이의 뉘앙스를 포착하기에는 너무 모호하다. 반면 역량 모델은 지나치게 상세한 경향이 있다. 어차피 10여 개의 핵심 기술과 행동을 기억하는 사람들은 드물다. 낡은 것이 되기 전에 해당 기술을 습득하는 것은 말할 필요도 없다. 이런 노력은 올바른 사안을 벗어나 겉돌고 있으며, 적당히 괜찮은 기여와 실로 뛰어난 기여 사이의 미묘한 차이를 놓친다. 게다가 이런 도구들은 행동의 이면에 있는 강력한 신념을 간과하는 경향이 있다.

한편 직장인들은 파급력을 끼치는 일에 굶주려 있다. 물론 대다수 사람은 일을 잘하고 싶어 한다. 그들은 또한 의미 있는 기여를 하고 싶어 한다. 그들은 자신의 일이 의미를 지니고, 세상에 변화를 일으키기를 원한다. 그들은 적극적으로 참여하고, 자신의 기여가 존중받기를 원한다. 문제는 명확한 지침이 없다는 것이다. 너무나 많은 사람이 소셜 미디어에 올라오거나, 졸업 연설에서 인상적인 구절로 제시되는 경력 관련 조언을 섣부르게 소비한다. 이런 원천들은 흥미롭게 들릴 수 있다. 그러나 직업적 조언의 정크 푸드 버전을 제공하는 경향이 있다. 즉, 미리 포장되어 있고, 과도하게 가공되며, 영양가가 없다.

나도 이 질문의 답을 찾고 있다. 왜 어떤 사람들은 잠재력을 십분 발휘하는데, 다른 사람들은 그러지 못할까? 지난 10년 동안 나는 이 문제의 원천이자 해결책으로서 리더들을 살폈다. 나는 리더의 행동이 직원들의 기여 능력을 향상할 수도 있고, 저해할 수도 있다는 사실을 잘 안다. 이는 내가 《멀티플라이어Multiplier》에서 탐구한 주제다. 리더들은 바로 눈앞에 있는 재능과 지성을 종종 간과한다. 다만 리더십은 핵심적인(또한 추가 설명이 마땅한) 요소이기는 하지만 유일한 요소는 아니다. 분명 리더들은 포용적인 환경을 창출하고, 올바른 방향과 코칭을 제공할 책임이 있다. 그러나 직원들이 일하는 방식도 중요하다. 한 관리자가 내게 말한 대로 "0을 배가할 수는 없다". 이 말은 개인의 역량을 폄하하는 것이 아니다. 그보다는 올바른 마인드셋과 관행으로 일에 임하지 않는 사람을 이끄는 일은 어렵다는 뜻이다. 맞는 말이다. 계산도 맞다. 관리자는 멀티플라이어가 될 수 있지만 직원도 방정식의 한 변수다. 그들이 일하는 방식은 기여, 영향, 최종적인 파급력의 수준을 좌우한다.

직장이 덜 위계적으로, 더 복잡하게 바뀌고 있다. 그에 따라 나 자신을 포함한 수많은 연구자가 리더십의 새로운 모델을 제시했다. 그러나 기여의 새로운 모델을 연구하는 사람이 있었던가? 탁월한 리더가 되는 법에 대한 책은 아주 많다. 하지만 임팩트 플레이어가 되려면 어떻게 해야 할까? 아직 답하지 못한 일련의 질문들이 있다. 어떤 사람을 조직 내에서 영향력 있게 만드는 것은 무엇일까? 팀에서 가장 파급력 있는 사람과 그렇지 않은 사람을 차별화하는 마인드셋과 관행은 무엇일까? 임팩트 플레이어들은 어떻게 리더들에게 영향을 끼치고, 직급에 따른 권위 없이도 자신의 아이디어와 프로젝트에 대한 조직의 지지를 얻을까? 그리고 어떻게 이런 기술을 습득할 수 있을까?

이제는 동전을 뒤집어서 임팩트 플레이어가 하는 일, 그들이 자신을 중심으로 탁월한 가치를 창출하는 방법, 세상에서 그들의 목소리를 강화하고 영향력을 키우는 양상을 살필 때가 됐다.

그 답을 찾으려면 개인이 영향력을 발휘하고 가치를 창출하도록 만드는 요인을 이해해야 한다. 특히 리더와 조직의 눈을 통해 그 요인을 바라보는 것이 중요하다. 나는 최고의 리더들을 연구하고자 했을 때 그들에게 개인적인 리더십 철학을 묻지 않았다. 대신 그들을 위해 일하는 사람들에게 물었다. 그들은 어느 리더가 최고의 업무 능력을 이끌어 내는지, 그 리더들은 무엇을 다르게 하는지 알았다. 마찬가지로 가장 영향력 있는 직장인의 특징을 드러내려면 기성 리더, 즉 그들의 행동을 접하는 관리자와 그들이 이루는 성과에서 혜택을 얻는 리더와 조직에게 이야기를 듣는 일에서 시작해야 한다. 이를 통해 기여 수준의 미묘한 차이를 이해하고, 보이지 않는 가치 체계를 드러내야 한다. 그래야 행동의 작은 차이가 거대한 파급력을 낳는 양상을 이해할 수 있다.

나는 와이즈먼그룹의 두 동료인 카리나 윌헬름스 조사부장, 그리고 행동경제학자이자 데이터 과학자인 로렌 행콕을 중심으로 조사 팀을 꾸렸다. 우리는 어도비, 구글, 링크드인, 나사, 세일즈포스, SAP, 스플렁크, 스탠퍼드 헬스, 타깃 등 명망 높은 기업에서 일하는 리더 170명과 이야기를 나눴다. 그들은 10개국에서 일했다. 우리는 각 리더에게 탁월한 가치를 지니는 일을 하는 팀원을 선정하고, 그 사람의 행동과 마인드셋을 설명해달라고 요청했다. 그들은 일에 어떻게 접근하는가? 그들은 자신의 역할을 어떻게 생각하는가? 그들이 하는 일은 무엇인가? 그들이 하지 않는 일은 무엇인가? 그들의 일이 대단히 가치 있는 이유는 무엇인가?

우리는 임팩트 플레이어들을 조사하는 데서 멈추지 않았다. 우리는 리더들에게 기여 수준이 일반적인 직원과, 역량보다 못한 직원도 선정해달라고 요청했다. 그리고 같은 질문을 던졌다. 리더들은 자신이 뽑은 세 부류의 직원이 모두 똑똑하고 유능하다고 평가했다. 이 점은 가장 효과적인 기여자와 다른 모든 사람을 차별화하는 핵심 요소와 관행, 그리고 똑똑하고 유능한 사람이 잠재력을 십분 살려서 기여하지 못하게 만드는 마인드셋을 알아내도록 해주었다.

우리는 한 걸음 더 나아가 일반적으로 어떤 직원을 가장 귀하게 여기고, 어떤 직원이 가장 못마땅한지도 물었다. 리더들의 대답은 뚜렷하게 비슷했으며, 때로 상당히 생기 넘치고 감정적이었다. 나는 이 조사를 통해 리더가 직원에게 가장 원하는 것, 그들이 중요한 과업을 특정 직원에게 맡기는 것이 더 쉬운 이유, 그들이 다른 직원의 노력을 전적으로 지원하기를 주저하는 이유를 이해하게 됐다.

나는 인터뷰를 진행하는 동안 간호과장이든 영업 이사든 관리자가 불확실한 환경에서 조직을 이끌 때 직면하는 난관에 대한 깊은 이해와 함께 관리자의 팀원이 이 부담을 더하거나 덜어주는 양상을 확인했다. 우리의 조사에 관심을 가진 관리자들에게서 수백 가지 이야기를 듣는 동안 잠재력을 십분 발휘하는 유능한 직원과 일하는 것이 얼마나 깊은 충족감을 안기는지 알게 됐다. 또한 똑똑하고 유능한 직원이 헛발질을 하고, 잠재력에 못 미치는 기여를 하는 것을 지켜볼 때의 좌절감이 얼마나 큰지도 알게 됐다.

나는 전체 그림을 완성하기 위해 임팩트 플레이어들과도 이야기를 나눴다. 나는 앞선 조사에서 선정된 임팩트 플레이어 25명에서 출발해 그들이 어떤 생각을 가졌는지, 어떤 일을 하기에 다른 사람들이 너무나 가치 있고 파급력 있다고 여기는지 더 잘 이해하는 일에 나섰다. 뒤이어 나는 열심히 일하는데도 노력의 파급력을 보지 못하거나, 의미 있는 기여를 하고 싶지만 여러 이유로 주목을 받지 못하거나 뒤로 밀려난다고 느끼는 수백 명의 관점을 추가했다. 조사 결과 회사는 최대한 기여하고자 하는 사람들로 가득하다는 사실이 명확해졌다. 높은 참여도와 파급력에 대한 열망은 단지 기업 리더만의 야심이 아니었다. 모든 사람이 마음속 깊이 품고 있는 욕구였다. 모두가 의미 있는 방식으로 기여하고 파급력을 끼치기를 바란다. 다만 모두가 그 방법을 아는 것은 아니다.

나는 관리자와 리더 지망생들의 마음을 통해 가장 파급력 있는 직원과 일반 직원을 차별화하는 것이 무엇인지, 생각과 행동의 작고 사소해 보이는 차이가 어떻게 거대한 파급력을 낳는지 이해하게 됐다. 이 책은 그 차이를 다룬다. 그것을 알면 크게 기여하고 크게 보상받는 업무 방식에 접근할 수 있다. 또한 임팩트 플레이어의 대열에 합류해 일에서 더 깊은 의미와 충만감을 찾을 수 있다.

임팩트 플레이어가 되는 일이 반드시 쉬운 것은 아니다. 특별한 재능이나 역량이 필요하지는 않지만 임팩트 플레이어를 다른 기여자로부터 차별화하는 마인드셋과 행동을 이해해야 한다. 그리고 이러한 마인드셋과 관행을 습득하는 일은 가능하다. 이 책에서는 더욱 분발해서 최고 수준의 기여를 하고 싶어 하는 모든 사람이 임팩트 플레이어의 마인드셋을 가질 수 있는 이유를 약간의 조언과 함께 설명할 것이다.

이 책은 일에서 더 크게 성공하고, 영향력을 키우고, 파급력을 배가하고 싶은 리더 지망생과 열성적인 직장인을 위해 쓰였다. 어떤 사람들에게 리더십은 더 큰 목소리를 갖고 세상에서 변화를 일으키는 것이다. 또 어떤 사람들에게 리더십은 다른 사람들을 코치하는 위치인 관리직이라는 형태를 띤다. 임팩트 플레이어의 마인드셋으로 일하면 이런 역할을 자연스럽게 하게 될 것이다. 또한 이미 리더로서 간주될 것이며, 영향력을 통해 선도하고, 같이 일하는 사람들의 역량을 감소시키는 것이 아니라 배가하는 방식으로 협력하는 연습을 하게 될 것이다.

이 책은 또한 오늘날의 리더들, 팀에서 임팩트 플레이어의 마인드셋을 육성하고자 하는 관리자를 위한 것이기도 하다. 그들은 조직을 더 나은 수준으로 이끌 일련의 마인드셋을 확인하게 될 것이다. 또한 이 마인드셋이 자신의 파급력을 키우는 데에도 도움이 된다는 사실을 발견하게 될 것이다. 모든 직급의 팀 리더와 기업 관리자는 이 책을 두 부분으로 나눠서 읽기를 제안한다. 2장에서 6장에 걸친 PART 1은 개인적 유효성을 개선하고 임팩트 플레이어로서의 측면을 강화하는 데 도움을 줄 것이다. 결국 대표와 창업자에게도 여전히 이사회나 고객 또는 그들이 섬기는 다른 사람 같은 '윗사람'이 있다. 이 책을 읽다 보면 기여자로서 일하던 시절을 회상하게 될지도 모른다. 왜 유효한 성과를 올렸는지, 왜 승진했는지, 어떻게 리더의 역할을 맡게 되었는지에 대한 통찰을 얻을 수도 있을 것이다. 7장에서 8장에 걸친 PART 2는 더 나은 리더가 되는 데 도움을 줄 것이다. 또한 임팩트 플레이어 유형의 인재를 더 많이 채용하고, 팀 전체에 걸쳐 임팩트 플레이어의 마인드셋을 육성하며, 전체 조직의 기여 수준을 높이기 위한 전략을 제공할 것이다. 다만 리더로서 당신의 핵심 직무, 즉 기여를 극대화하고 전체 팀에 파급력을 끼치는 일을 간과하지 말아야 한다. 다만 임팩트 플레이어가 되기를 바라기보다 파급력 강한 팀을 이끌기를 바라라.

이 책은 마찬가지로 조직 개발 전문가, 즉 내부 인재 개발자이자 조직 전체에 걸쳐서 역량을 개발해야 하는 조직 문화의 관리자를 위한 책이기도 하다. 이 책에서 소개하는 수단들은 모든 직급에서 리더십을 개발하고, 직원의 참여도를 높이는 데 도움이 될 것이다. 또한 책임성, 협력, 포용, 적극성, 혁신, 학습처럼 바람직한 문화적 가치를 뒷받침하는 마인드셋을 심어주는 데에도 도움이 될 것이다. 이 책은 멘토링을 받는 사람뿐 아니라 사랑하는 사람들이 변화하는 세상에서 성공적인 경력을 쌓기 위한 귀중한 마인드셋을 갖기를 바라는 멘토(부모, 교사, 직장의 조언자)를 위한 지침서이기도 하다.

그러면 이야기를 시작해보자. 이제 더 높은 수준에서 경기를 하고, 모든 팀원을 위해 경기의 수준을 높이는 탁월한 직장인들의 비밀을 발견할 때다.

PART 1

Impact Players

왜 임팩트
플레이어인가

1장

임팩트 플레이어 vs. 기여자

재능은 어디에나 있지만 승리하는 태도는 그렇지 않다.

댄 게이블(미국의 전 레슬링 선수)

모니카 패드먼은 두 개의 학위를 받고 대학을 졸업했다. 하나는 연극학 학위이고, 다른 하나는 홍보학 학위다. 후자는 부모를 기쁘게 하려고 딴 것이었다. 그녀는 배우 겸 코미디언이 되어서 사람들에게 웃음과 감동을 주겠다는 꿈을 좇아 할리우드로 갔다. 그녀는 대부분의 배우 지망생처럼 오디션과 단역 사이에 다양한 알바를 하며 지냈다.

패드먼은 쇼타임에서 방영하는 〈하우스 오브 라이즈House of Lies〉의 단역을 따냈다. 크리스틴 벨의 비서 역할이었다. 두 사람은 친구가 됐다. 패드먼은 벨에게 어린 딸이 있다는 사실을 알고 자신이 베이비시터 알바를 한 적이 있다고 말했다. 벨과 그녀의 남편인 배우 댁스 셰퍼드는 딸을 봐주겠다는 패드먼의 제안을 받아들였다. 패드먼은 부부가 신뢰하는 가족의 일원이 됐다. 그동안 그녀는 벨이 연기와 제작 프로젝트를 오가며 직면하는 어려움을 목격했다. 그래서 스케줄 관리도 도와주겠다고 제안했다. 배우 지망생인 패드먼은 할리우드의 정상급 연예인에게 배역을 달라고 요청하고 싶었을 수도 있다. 하지만 그녀는 자신이 필요한 곳에서, 아이러니하게도 벨의 실제 비서로 일했다.

벨과 셰퍼드는 패드먼에게 정식 직원으로 일해달라고 요청했다. 당연히 패드먼은 망설였다. 오디션을 볼 시간을 내기 어려울 수 있었기 때문이다. 비서 일은 꿈에서 멀어지는 길이 될지도 몰랐다. 그래도 패드먼은 비서 일을 맡기로 결정했다. 시간이 지나면서 그녀는 신뢰하는 직원 이상의 존재가 됐다. 그녀는 벨과 셰퍼드에게 친구이자 제작 파트너가 됐다. 그녀는 자신이 필요하다고 생각되는 일은 무엇이든 열정적으로 임했다. 덕분에 곧 대본을 검토하고 프로젝트를 공동으로 진행하게 됐다. 벨은 패드먼에 대해 "그녀는 모든 일을 110퍼센트로 해내요. 그래도 자신이 110퍼센트로 해냈다는 걸 자랑하지 않아요. 과시욕 같은 건 없어요"라고 말했다. 머지않아 패드먼은 정말로 없어서는 안 될 존재가 됐다. 심지어 벨이 "모니카 없이 어떻게 일을 했는지 모르겠어요"라고 말할 정도였다.[1]

패드먼은 벨의 가족을 위해 일하는 동안 현관에 앉아서 셰퍼드와 토론을 하며 많은 시간을 보냈다. 셰퍼드는 반론을 잘 펼치기로 유명했다. 그들의 토론은 치열하면서도 재미있었다. 셰퍼드는 그들의 말싸움을 팟캐스트로 만들어보자고 제안했고, 패드먼은 기꺼이 수락했다. 그렇게 해서 〈암체어 엑스퍼트Armchair Expert〉가 탄생했다. 〈암체어 엑스퍼트〉는 공동 진행자인 셰퍼드와 패드먼이 전문가나 연예인 게스트와 함께 사람으로서 살아가는 일의 혼란스러움을 탐구하는 팟캐스트였다. 영리하고, 웃기고, 장난기 넘치고, 생각을 자극하는 이 팟캐스트는 2018년에 가장 많은 다운로드를 기록했으며, 지금도 계속 인기가 높아지고 있다.

2년 동안 약 200회의 방송을 한 후 패드먼은 "특히 엔터테인먼트 업계에서 경력을 쌓으려고 하다 보면 시야가 좁아지기 아주 쉬워요. 저는 모든 일이 그렇다고 생각해요. 어떤 목표에 시야를 고정하고 거기에 얽매이는 거죠. 저의 경험으로는 집착을 버리는 게 좋아요"라고 회고했다.[2]

패드먼은 직접적인 경로로 열정을 좇을 수도 있었다. 대신 그녀는 자신이 가장 쓸모 있는 일에 전력으로 임했다. 그녀는 자신이 가장 필요한 곳에서 열정적으로 일함으로써 더 큰 기회뿐 아니라 어쩌면 진정한 목적까지 발견했다.

임팩트 플레이어

모니카 패드먼 같은 직장인, 그리고 다른 산업에 종사하는 그녀 같은 많은 직장인은 그들이 가는 모든 곳에서, 그들이 하는 모든 일에 최선을 다하는 직장의 올스타들이다. 그들은 수많은 역할 중 아무것이나 맡겨도 성공하는 사람들이다. 그들은 조직에 반드시 필요한 사람이 되고, 경제적 난관과 변화의 시기에 돋보이는 직장인들이다. 그들은 목적과 열정을 가지고 일한다. 그리고 그들의 열정은 그들이 일하는 조직과 우리 시대의 가장 중요한 문제에 초점을 맞추며 종종 고유한 역량뿐 아니라 폭넓은 파급력과 명성을 얻어서 세상에서 영향력 있는 목소리가 된다.

그들은 임팩트 플레이어, 즉 개인적으로 상당한 기여를 하는 동시에 전체 팀에 엄청나게 긍정적인 효과를 끼치는 플레이어다. 스포츠계의 임팩트 플레이어처럼 직장의 슈퍼스타는 모두 '경기'에 나선다. 그들은 똑똑하고 유능하며, 직업 정신이 탁월하다. 다만 스포츠계의 임팩트 플레이어와 마찬가지로 재능과 직업 정신 외에 다른 요소도 작용한다. 그것은 그들이 자신의 역할을 어떻게 보는지, 어떻게 관리자들과 협력하고 역경 및 모호성에 대처하는지, 개선 의지가 얼마나 강한지를 좌우하는 멘털 게임이다.

이 장에서는 우리의 조사에서 얻은 임팩트 플레이어에 대한 통찰을 나눌 것이다. 또한 그들의 일이 파급력을 발휘할 뿐 아니라 열심히 일하는 다른 기여자들과 차별화하게 만드는 마인드셋을 소개할 것이다. 우선 몇 가지 정의부터 내릴 필요가 있다. 우리 팀은 조사에서 3가지 다른 범주의 기여자를 살폈다.

- **고파급력 기여자:** 탁월한 가치와 파급력을 지닌 일을 하는 사람
- **전형적 기여자:** 양호한(또는 뛰어난) 일을 하는 똑똑하고 유능한 사람
- **미달 기여자:** 역량 수준에 못 미치는 일을 하는 똑똑하고 유능한 사람

이 책은 주로 위의 두 범주의 구분에 초점을 맞출 것이다. 파급력의 큰 차별화 요인이 되는 미묘하고 종종 반직관적인 마인드셋의 차이를 탐구하기 위해서다. 이 책 전반에 걸쳐 두 집단을 임팩트 플레이어와 기여자로 지칭할 것이다. 조사 과정의 전체적인 내용은 Impact

PlayersBook.com에서 확인할 수 있다. 이 사이트에는 9개국에 소재한 9개 기업에서 일하는 관리자 170명에 대한 인터뷰, 보다 폭넓은 산업에 종사하는 관리자 350명을 대상으로 한 설문, 고파급력 기여자 25명에 대한 심층 인터뷰도 있다.

임팩트 플레이어 이해하기

그러면 우리가 얻은 조사 결과는 무엇일까? 먼저 우리가 접한 모든 산업, 모든 직급에 속한 폭넓은 직무 유형에 걸쳐 임팩트 플레이어들을 발견했다. 그들 중 일부는 모니카 패드먼처럼 눈에 잘 띄는 역할을 수행했다. 또는 2020년에 3D 인쇄 부문에서 선구적인 연구를 한 공로로 공공서비스파트너십Partnership for Public Service으로부터 국가봉사훈장 Service to America Medal을 받은 베스 리플리 박사처럼 공적인 칭송을 받았다.[3]

　반면 산타클라라밸리의료센터에서 수술실 간호사로 일하는 아놀드 '조조' 미라도르 같은 사람들은 눈에 덜 띄는 역할을 수행한다. 조조와 같이 일하는 외과의들은 그가 맡은 수술실에 들어서면 수술이 잘되리라는 데 동의한다. 조조는 수술을 준비할 때 단지 필요한 도구를 늘어놓기만 하는 게 아니다. 각 도구가 사용되는 순서에 따라 배열한다. 또한 수술을 맡은 레지던트가 어떤 도구를 요청하면 조조는 그냥 요청한 대로 도구를 건네지 않는다. 그는 집도의가 요청해야 하는 도구, 실제로 집도의에게 필요한 도구를 건네면서 완곡하게 권유한다.

그런데 한 가지 특징을 발견했다. 전형적 기여자로 간주된 사람은 게으름쟁이가 아니었다. 그들은 유능하고, 부지런하고, 근면한 직장인이었다. 그들은 일을 잘했고, 지시를 따랐다. 또한 주인 의식을 가졌고, 집중력을 유지했으며, 책임을 완수했다. 그들은 많은 측면에서 모든 관리자가 팀에 넣고 싶어 하는 유형의 직원이었다.

나는 임팩트 플레이어와 다른 근면한 기여자들 사이의 차이를 분석하면서 생각하고 일하는 방식에서 4가지 핵심적인 차이를 발견했다. 그러면 먼저 일상적인 난관을 보는 방식의 근본적인 차이부터 살펴보자.

임팩트 플레이어는 기회의 고글을 쓴다

임팩트 플레이어가 취하는 접근법은 조금 다른 것이 아니라 근본적으로 다르다. 그 접근법은 자신이 통제할 수 없는 상황에 대처하는 방식에 기반한다. 전형적 기여자는 일반적인 상황에서 일을 잘했다. 그러나 그들은 불확실성에 보다 쉽게 당황하고, 모호성에 발목이 잡혔다. 반면 임팩트 플레이어는 다른 사람이 겁을 먹거나 발을 뺄 때 혼돈 속으로 뛰어든다. 그리고 바다 수영에 능숙한 사람처럼 거대한 파도를 헤치고 나아간다. 그들은 당황해 파도에 휩쓸리지 않는다.

사실상 거의 모든 직장인은 어디서 일하든 모호성의 파도와 씨름한다. 이 난관은 모두가 알지만 누구도 인정하지 않는 문제, 참가자는 많은데 확실한 리더가 없는 회의, 한 번도 접한 적 없는 장애물이 있는 새로운 영역, 가까이 다가갈수록 변하는 목표, 역량이 늘어나는 속도보다 빠르게 커지는 업무적 요구다. 이 난관은 한때는 특별하게 여겨졌지만 지금은 현대 직장의 일상적이고 지속적인 현실이 됐다. 임팩트 플레이어가 이런 외부적 요소를 인식하고 대응하는 방식은 그들이 얻는 특별한 가치의 핵심에 있다.

난관을 회피한다면

복잡한 조직이나 역동적인 환경에서 일한다면 난관을 피할 수 없다는 사실을 알 것이다. 그럼에도 많은 사람은 난관을 피하려고 최선을 다한다. 이런 문제를 회피하려고 애쓸 때 어떤 일이 생길까? NFL 와이드 리시버 출신의 에릭 볼스는 뉴욕 자이언츠에서 루키로 뛰던 시절에 약한 모습을 보였던 순간을 회고했다. 와이드 리시버로서 그의 역할은 앞으로 달려 나가서 패스된 공을 잡은 다음 계속 달리는 것이었다. 그래서 상대 팀 선수와 부딪히지 말아야 한다는 사고방식을 갖게 됐다. 그러나 그는 와이드 리시버 역할 말고도 특수 대형에서 플라이어Flyer로 뛰었다. 플라이어가 해야 하는 일은 킥오프(공을 발로 차서 상대 진영으로 넘기는 것-옮긴이) 때 상대 팀 선수를 향해 질주해 '쐐기the Wedge'라고 부르는 공격대형을 무너트리는 것이었다. 쐐기는 킥오프된 공을 받은 팀의 리시버가 태클을 당하지 않도록 앞에서 달리는 덩치 큰 블록커Blocker들의 인간 장벽이었다. 첫 시즌의 한 경기에서 볼스는 앞을 막는 것은 무엇이든 부숴버리겠다는 이 거대한 장애물과 직면했다. 순간 부딪히지 말아야 한다는 본능이 작동했다. 그는 쐐기와 정면으로 맞부딪히지 않고 왼쪽으로 우회했다. 그는 뒤에서 리시버를 태클하는 데 성공했다. 그러나 태클 지점은 20야드 라인이 아니라 45

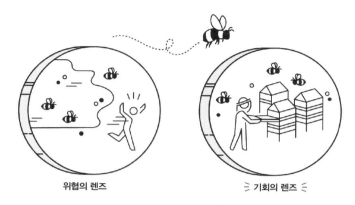

위협의 렌즈 vs. 기회의 렌즈
임팩트 플레이어는 다른 사람들이 위협을 보는 곳에서 기회를 본다.

위협의 렌즈   기회의 렌즈

야드 라인이었다(그만큼 상대 팀이 더 멀리 전진했다는 의미-옮긴이). 자이언츠는 결국 25야드를 추가로 내주는 바람에 경기를 지고 말았다. 그와 함께 시즌 말에 플레이오프에 진출할 기회도 날아가버렸다. 볼스가 말한 대로 "두려움은 값비쌌다."[4]

우리의 조사에 따르면 전형적인 기여자는 이런 어려운 상황에 직면했을 때 그 난관이 생산성을 떨어트리고 직무 수행을 어렵게 만드는 성가신 일인 것처럼 대한다. 정면으로 부딪치기보다 우회하고 회피해야 할 문제로 본다. 심지어 미달 기여자들은 난관을 단지 생산성에 대한 위협만이 아니라 직위나 조직 내 위상을 위태롭게 만드는 개인적 위협으로 본다. 반면 다른 사람들이 한 마리의 벌을 보고 벌 떼가 올까 무서워할 때 임팩트 플레이어는 벌집을 지어서 꿀을 수확할 방법을 찾아낸다.

가치를 더할 기회

우리가 조사한 임팩트 플레이어들은 일상적 난관을 기회로 본다. 그들에게 불분명한 방향과 변하는 우선순위는 가치를 더할 기회다. 그들은 다른 사람들이 무력해하거나 좌절할 만한 난처한 문제에서 활력을 얻는다. 명확성의 결여는 그들을 마비시키지 않으며, 오히려 자극한다. 변화를 이룰 기회는 위협적이지 않고 흥미롭다. 가장 근본적인 측면에서 그들은 문제를 일에 집중하지 못하게 만드는 방해물로 보지 않는다. 그보다 문제 자체가 일이다. 그것도 단지 그들만의 일이 아닌 모두의 일이다.

이를테면 제스로 존스는 알래스카주 페어뱅크스에 있는 타나나중학교 교장이 되기 위해 면접을 봤다. 그는 이 학교가 줄어드는 입학생 수 때문에 폐교를 고려하고 있다는 사실을 알게 됐다. 앞으로 1, 2년은 더 운영할 것이지만 중대한 반전이 일어나 입학생 수가 늘어나지 않으면 문을 닫을 예정이었다. 당연히 교직원들은 절망감에 빠졌으며, 학교의 미래에 대해 매우 비관적이었다.

그래도 제스로는 학생들을 위해 혁신을 일으킬 기회를 감지하고 교장 자리를 받아들였다. 그는 첫 교직원회의에서 난관을 인정하면서도 이렇게 말했다. "우리는 아주 좋은 입장입니다. 다들 이 학교가 문을 닫을 것으로 예측합니다. 우리는 잃을 게 없습니다. 그래서 위험을 감수하고 다르게 일할 특별한 기회를 얻었습니다."[5] 교직원들은 새 교장에게 기회를 주기 위해 각 학생의 학습 경험을 개인화할 방안을 생각하기 시작했다. 제스로는 교직원 교육과 다른 자원으로 그들을 지원했다. 교직원들은 폐교 가능성에 위협받지 않고 활력을 얻었으며, 학생들도 참여시켰다. 학생들은 교사와 협력해 하키 링크를 만들었고, 가구를 수리했으며, 대피실을 지었다. 또한 그들은 프로그램과 모임을 시작했다. 곧 댄스 팀과 봉사단, 그리고 수화를 가르치고, 자살에 대한 인식을 제고하고, 괴롭힘을 방지하는 프로그램이 생겼다.

타나나중학교 운영 팀은 폐교의 위협을 재탄생의 기회로 대함으로써 학교의 운명을 바꿨다. 그들은 자신들도 모르는 사이에 개인화된 학습 모델을 구축했다. 이 모델은 뒤이어 교육구 전체에 전파됐다. 타나나중학교는 지금도 운영되고 있으며, 새로운 리더십 아래 발전하고 있다. 폐교의 위협은 사라졌다. 그리고 기회를 살리려는 마인드셋은 보존됐다. 제스로의 후임은 "코로나가 닥쳤을 때 우리 교사들은 당황하지 않았습니다. 토대는 이미 깔려 있었습니다. 그들은 새로운 마인드셋을 가졌습니다. 코로나와 가상 학습은 우리가 대응해야 할 새로운 장애물에 지나지 않았습니다"라고 말했다.

한마디로 임팩트 플레이어는 일상적 난관을 기회의 렌즈로 바라본다. 반면 다른 사람들은 같은 난관을 위협의 렌즈로 바라본다. 이런 시각의 근본적 차이가 임팩트 플레이어와 다른 사람들을 나눈다.

임팩트 플레이어는 불확실성에 다르게 반응한다

임팩트 플레이어는 불확실성과 모호성을 가치를 더할 기회로 본다. 그들은 또한 근본적으로 그것에 다르게 반응한다. 다른 사람들은 얼어붙을 때 임팩트 플레이어는 혼돈에 대처한다. 그들의 시각은 로키산맥과 안데스산맥의 주능선을 따라 고봉들이 이어지는 아메리카 대류의 대륙 분수령과 비슷한 기능을 하는 구분선이 된다. 이 분수령의 서쪽에서는 물이 태평양으로 흘러가고, 동쪽에서는 대서양으로 흘러간다. 마찬가지로 시각 구분선의 한쪽에서는 행동이 일반적 기여로 향하고, 다른 쪽에서는 특별한 기여와 강한 파급력으로 향한다.

지금부터 소개할 내용은 우리가 임팩트 플레이어와 동료들 사이에서 찾아낸 5가지 핵심적인 차별화 요소다. 각 특징은 모호성과 난관 속에서 기회를 찾을 수 있다는 믿음에서 나오는 일련의 행동이다.

1. **필요한 일을 한다.** 임팩트 플레이어는 난처한 문제에 대처할 때 조직의 필요를 충족한다. 그들은 할당된 직무를 넘어서 해야 하는 진정한 일을 처리한다. 임팩트 플레이어의 목표는 섬기는 것이다. 그들의 신조는 리더와 조직에 공감하고, 충족되지 않은 필요를 찾고, 자신이 가장 유용한 곳에 집중하도록 만든다. 그들은 이런 일을 통해 조직의 대응 능력을 강화하고, 기민성과 섬김의 문화를 창출하며, 다양한 역할에서 가치를 발휘할 수 있는 유연한 만능 플레이어라는 평판을 얻는다. 반면 평범한 직장인은 의무에 기반한 마인드로 일한다. 자신의 역할과 포지션에 대해 협소한 시각을 취한다. 다른 사람들은 자신에게 주어진 일을 할 때 임팩트 플레이어는 반드시 해야 할 일을 한다.

2. **적극적으로 나서고 적절하게 물러선다.** 반드시 해야 할 일이 있다는 사실이 분명하지만 누가 담당인지 명확하지 않을 때 임팩트 플레이어는 앞으로 나서서 선도한다. 그들은 요청받을 때까지 기다리지 않는다. 공식적인 담당이 아니더라도 먼저 착수하고 다른 사람

들을 끌어들인다. 그들은 유연한 리더십 모델을 실천한다. 즉, 명령이 아니라 필요에 따라 선도한다. 그들은 상황에서 단서를 얻고 필요할 때 앞으로 나선다. 그러다가 자신의 의무를 다하면 뒤로 물러서서 마찬가지로 수월하게 다른 사람들을 따른다. 이끌고 따르려는 그들의 의지는 조직 내에 용기, 적극성, 기민성의 문화를 창출한다. 반면 평범한 직장인은 역할이 불분명하면 방관자로 행동한다. 그들은 담당은 다른 사람이며, 자신이 필요한 시기와 해야 할 일을 말해줄 것이라고 가정한다. 다른 사람들은 지시를 기다릴 때 임팩트 플레이어는 앞으로 나서서 선도한다.

3. **확실하게 마무리한다.** 임팩트 플레이어는 완료에 집착하는 경향이 있다. 그들은 끈기를 발휘해 전체 일을 마무리한다. 설령 일이 힘들어지고 예견하지 못한 장애물로 가득하더라도 말이다. 그들은 한층 시급한 태도를 갖고, 개인적 능력을 전제로 일한다. 이는 그들이 주인 의식을 가지고, 문제를 해결하고, 지속적인 감독 없이 일을 끝내도록 만든다. 그렇다고 해서 그들이 무턱대고 차단벽을 뚫고 지나가는 것은 아니다. 그들은 임기응변을 발휘한다. 다르게 일하고 더 낫게 일하는 방식을 찾는다. 또한 차질이 생겨도 결과를 내면서 책임성의 문화를 강화하고, 뒤처져도 따라잡을 수 있는 클러치 플레이어Clutch Player(접전에서 승부를 결정짓는 선수-옮긴이)로서의 명성을 구축한다. 반면 평범한 직장인은 회피하려는 마인드셋으로 일한다. 그들은 책임감 있게 행동하지만 상황이 어려워지면 주인 의식을 갖기보다 문제를 위로 넘긴다. 최악의 경우에는 한눈을 팔거나 낙담해 완전히 멈춰버리고 만다. 다른 사람들은 문제를 위

로 넘기지만 임팩트 플레이어는 결승선까지 완주하며, 그동안 능력을 강화한다.

4. **질문하고 조정한다.** 임팩트 플레이어는 변하는 환경에 동료들보다 빨리 적응하는 경향이 있다. 새로운 규칙과 표적을 학습과 성장의 기회로 해석하기 때문이다. 물론 그들은 인정과 긍정적인 피드백을 소중히 여긴다. 하지만 동시에 잘못을 바로잡는 피드백과 상반되는 시각을 적극적으로 구하며, 이 정보를 활용해 노력의 방향을 재조정하고 초점을 재설정한다. 그 과정에서 그들은 학습과 혁신의 문화를 강화하고, 조직이 뒤처지지 않도록 도와주며, 조언을 해주면 자신의 경기 수준뿐 아니라 팀 전체의 기준을 높이는 플레이어라는 개인적 명성을 구축한다. 반면 평범한 직장인은 변화를 짜증스럽거나, 불공정하거나, 업무 환경의 안정성을 위협하는 것으로 해석한다. 그들은 변동성 심한 여건에서도 자신이 가장 잘 아는 것을 고수하고, 현재의 전문성을 유효하게 해주는 규칙에 따라 계속 경기하려는 경향을 보인다. 다른 사람들은 변화를 관리하고 최소화하려 하는 반면 임팩트 플레이어는 변화를 학습하고 거기에 적응한다.

5. **일을 가볍게 만든다.** 팀이 심해지는 압박과 끊임없는 요구에 짓눌려 있을 때 임팩트 플레이어는 힘든 일을 더 쉽게 만든다. 그들은 다른 사람의 일을 맡아주는 것이 아니라 같이 일하기 쉬운 사람이 됨으로써 부담을 덜어준다. 그들은 밝고 차분한 분위기를 조성해 드라마, 정치, 스트레스를 줄이고 일하는 재미를 늘린다. 또한 모두에게 긍정적이고 생산적인 업무 환경을 창출함으로써 협력과 포용의 문

화를 강화하고, 모두가 같이 일하고 싶어 하는 고성과, 저관리Low-maintenance 플레이어라는 평판을 얻는다. 반면 평범한 직장인은 압박이 가해지고 업무 부하가 절정에 이르면 도움을 주기보다 받으려는 경향이 있다. 이것이 기본적인 대응 방식이 되면서 그들은 힘든 시기에 이미 버거워하는 팀의 부담을 더하고, 리더와 동료들에게 짐이 될 수 있다. 다른 사람들은 짐을 더하는 반면 임팩트 플레이어는 과중한 요구를 가볍게 느끼도록 만든다.

이 5가지 특징은 각 행동을 이끄는 시각과 더불어 고가치 기여를 위한 토대인 임팩트 플레이어 마인드셋Impact Player Mindset을 이룬다.

어도비의 데이터 애널리틱스 및 통찰 담당 부장인 마닌데르 소니가 임팩트 플레이어를 차별화하는 여러 '일상적 난관'에 대응한 양상을 살펴보자.

임팩트 플레이어의 5가지 특징

임팩트 플레이어를 전형적 기여자로부터 차별화하는 신념과 행동

	기여자		임팩트 플레이어	
	이렇게 본다	이렇게 행동한다	이렇게 본다	이렇게 행동한다
난처한 문제	주의를 분산하는 요인	맡은 일만 한다.	쓸모 있는 사람이 될 기회	필요한 일을 한다.
불분명한 역할	리더를 찾아야 할 이유	지시를 기다린다.	리더십을 제공할 기회	적극적으로 나서고 적절하게 물러선다.
예견하지 못한 장애물	또 다른 성가신 문제	문제를 위로 넘긴다.	더 나은 방식으로 일할 기회	확실하게 마무리한다.
목표의 변화	강점으로부터의 우회	가장 잘 아는 방식을 고수한다.	새로운 역량을 구축해야 할 이유	질문하고 조정한다.
끊임없는 요구	도움을 구해야 할 이유	부담을 더한다.	같이 일해야 할 필요	일을 가볍게 만든다.

사실상 모든 대규모 조직에서 익숙한 문제가 있다. 바로 데이터의 섬이다. 이는 서로 소통하지 않는 독립적인 정보 시스템을 말한다. 어도비는 이 문제와 씨름했다. 그들은 고객이 다양한 마케팅 및 제품 경험을 통해 어도비와 교류하는 양상을 살피는 포괄적인 시야를 구축하려 애썼다. 이 문제를 해결하려는 수많은 노력이 있었다. 그러나 어떤 방법도 회사의 목표를 진정으로 진전시키지 못했다. 어도비 대표인 산타누 나라옌은 처음부터 끝까지 고객의 전체 여정에 걸쳐 사업 성과에 대한 정확한 관점을 얻을 수 있는 간결한 방식이 필요하다는 점을 계속 강조했다. 주로 고위 임원 25명이 중역 회의실에 모여서 종일 분기 사업 평가를 했다.

　이 회의에 참석한 사람 중에 마닌데르 소니가 있었다. 그는 2가지 프레젠테이션을 할 예정이었다. 하나는 해지율을 관리하기 위한 접근법을 제시하는 것이었고, 다른 하나는 영업, 마케팅, 제품, 재무, 그리고 기타 다른 데이터 세트에 대한 통합적 관점을 설명하는 것이었다. 자칭 '데이터 가이Data Guy'인 마닌데르는 회의실에서 가장 직급이 낮았다. 하지만 그는 언제나 사업을 폭넓게 바라보았다. 그는 거대하고 곤란한 문제를 쉽게 이해할 수 있게 분해하는 능력으로 유명했다. 그는 종종 화이트보드 앞으로 뛰쳐나가서 참석자들이 몇 시간 동안 씨름하던 문제의 핵심을 잡아냈다.

　참석자들은 고객 유지율과 평생 가치를 개선하기 위한 수많은 접근법을 논의했다. 일부는 사업의 여러 요소를 살필 수 있도록 대시보드를 추가하는 방안을 지지했다. 다른 일부는 즉각적인 개선을 이루는 수정안을 제안했다. 누구도 이 기회를 살리는 해결책에 동의할 수 없었다. 사실, 문제가 무엇인지에 대한 합의도 이뤄지지 않았다. 다만 모두가 이해하는 한 가지 사실은 즉시 해결책이 필요하다는 것이었다.

이제 마닌데르가 첫 번째 프레젠테이션을 할 시간이었다. 주제는 해지율 측정이었다. 그는 기존 데이터 구조를 제시한 후 자신이 보기에 해지율을 측정하고 분석하기 위해 회사가 취해야 할 아주 다른 접근법을 설명했다. 탁자에 둘러앉은 임원들은 그의 아이디어를 더 깊이 파고들었다. 그들은 그의 논리와 전략, 그리고 잠재적 결과를 이해하고자 했다. 마닌데르는 이 시험에 차분하게 응했다. 그는 대시보드만으로는 문제를 해결할 수 없으며, 고립된 데이터를 토대로 결론을 내리는 것이 부실한 결정으로 이어질 수 있는 이유를 설명했다. 오후 휴식 시간 무렵, 마닌데르는 더 큰 일을 맡았다. 그는 대표의 지시에 따라 향후 고객 데이터를 관리할 뿐 아니라 고객 유지 전략을 총괄하게 됐다.

휴식 시간이 끝난 후 마닌데르는 마케팅과 영업 활동을 위한 전체 데이터 구조를 설명하는 두 번째 프레젠테이션을 시작했다. 그는 자신이 제시하는 정보가 핵심을 놓쳤다는 사실을 깨달았다. 그는 회의 참석을 계기로 운영 모델에 대한 대표의 관점을 보다 명확하게 인식하게 됐다. 마닌데르는 요청받은 대로 구체적 절차에 대한 기술적 브리핑을 하고 있었다. 그러나 그것은 그 순간 대표에게 필요한 것이 아니었다. 마닌데르는 프레젠테이션을 멈추고 2주 후에 대표가 해결하고자 하는 문제의 해결 방안을 들고 돌아와도 되는지 물었다.

프레젠테이션을 포기하고 훨씬 큰 문제를 해결하겠다고 나서는 것은 과감한 행동이었다. 해결책의 일부를 책임지는 회의실의 고위 리더들은 마닌데르의 당돌한 태도를 문제 삼을 수 있었다. 그러나 그는 회사 사람들의 신뢰를 얻었으며, 궁극적으로 직원들이 따르고 싶어 하는 리더 유형이었다. 동료들에 따르면 그는 자존심을 내세우지 않고 일하며, 결코 정치를 하거나 앙심을 품은 적이 없었다. 실제로 그가 입는 티셔츠에는 자신의 마인드셋을 단적으로 말해주는 문구가 적혀 있었다. 그것은 "승진의 사다리는 다른 사람이 오르게 하라"였다.

2주 후, 마닌데르는 회사 전체에 걸쳐 다양한 이해관계자로부터 입력되는 정보를 통합하는 새로운 프레임워크를 발표했다. 한 임원이 이 방대한 프로젝트를 누가 이끌지 물었을 때 산타누와 다른 임원들에게는 그 답이 분명했다. 마닌데르는 디지털 비즈니스를 위한 데이터 중심 운영 모델을 구축하는 범부서 통합 프로젝트를 이끌게 됐다.

6개월 안에 새로운 시스템이 가동됐다. 이 시스템은 어도비가 사업을 운영하는 방식을 근본적으로 바꿔놓았다. 새로운 운영 방식은 어도비 전체에 걸쳐 복수의 집단이 이루는 통합적 기여를 통해 가능해졌으며, 수억 달러의 추가 매출을 올려주었다고 평가받았다. 시스템 개발을 이끈 마닌데르는 아메리카 시장의 디지털 미디어 사업(해마다 수십억 달러의 매출을 올리는 어도비의 최대 사업)을 운영했으며, 이제는 장기적인 고객 지원을 이끌고 있다.

마닌데르가 보고서를 발표하는 일에서 어도비의 최대 사업을 운영하는 일로 나아갈 수 있게 만든 것은 무엇일까?

그는 반드시 해야 하는 진정한 일이 무엇인지 알았으며, 기꺼이 앞으로 나서서 그 일을 이끌었다. 그는 복잡한 문제를 기회로 보았다. 임팩트 플레이어에게 문제는 조직을 섬기고, 해결책을 찾고, 파급력을 발휘할 기회가 된다.

임팩트 플레이어는 암묵적 규칙을 활용한다

우리의 조사에서 나온 핵심 통찰 중 하나는 임팩트 플레이어가 다른 누구보다 직장의 규칙을 잘 이해하는 듯 보인다는 것이다. 그들은 암묵적 규칙, 즉 특정한 직무나 조직에서 따라야 하는 행동의 기준을 파악한다. 그들은 조직의 필요를 긴밀히 살피고, 가까운 동료들에게 중요한 것이 무엇인지 판단한다. 다시 말해 해야 하는 일을 파악하고, 그 일을 하는 올바른 방식을 알아낸다.

이런 규칙은 암묵적이다. 그 이유는 관리자들이 비밀스럽거나 누구도 명시할 필요성을 느끼지 못해서가 아니다. 그 이유는 대다수 관리자에게도 해당 규칙이 묵시적으로 인식의 이면에 자리하고 있기 때문이다. 우리가 인터뷰한 많은 관리자는 인터뷰를 하는 동안 자신이 많은 것을 배웠다고 언급했다. 우리의 질문에 대답하는 일은 그들이 처음으로 임팩트 플레이어와 다른 팀원 사이, 그리고 가치를 창출하는 행동과 마찰을 일으키는 행동 사이의 미묘한 차이를 상술하는 데 도움을 주었다. 많은 관리자는 자신이 이 중요한 정보를 팀과 공유한 적이 없음을 깨달았으며, 그 문제를 바로잡겠다고 약속했다. 요점은 이런 규칙을 발견하고 공유하려 노력하는 사람을 제외하고, 모두에게 그것이 암묵적이라는 것이다.

그렇다면 조직의 리더가 가장 중시하는 것은 무엇일까? 관리자는 직원들이 자신의 일을 더 쉽게 만들어주기를 원한다. 즉 팀을 이끄는 일을 도와주고, 가능하면 자율적으로 일하기를 원한다. 그들은 스스로 생각할 줄 알고, 난관에 적극적으로 대처하는 사람을 원한다. 성공학 도서들이 주장하는 것보다 순응을 덜 중시하고, 공식 기업 가치 선언에 명시된 것보다 협력을 더 중시한다. 실제로 그들은 해결책을 찾고 팀워크를 촉진하는 데 도움을 주는 사람을 원한다.

임팩트 플레이어는 이렇게 보이지 않는 규칙을 파악하고 이해관계자가 중시하는 것을 이해해 신뢰를 구축한다. 그들의 리더는 기쁨을 느끼고 그들을 지원하고 싶어 한다. 그 결과 파급력을 발휘할 수 있는 그들의 잠재력이 확대된다. 다음은 각 관리자가 임팩트 플레이어에 대해 한 말이다.

- 링크드인의 영업 책임자인 스코트 파라치는 고객 담당자로서 방금 중요한 영업 회의를 수월하고 명민하게 처리한 아만다 로스트에 대해 이렇게 말한다. "말 그대로 뛸 듯이 기뻤습니다. '대단해. 내가 얼마 전에 채용한 이 슈퍼스타는 누구야?'라는 생각이 들었습니다. 그녀의 동상을 만들어서 빛나는 모범으로 영업 팀 사무실 한복판에 세울 수 있다면 그렇게 했을 겁니다."
- SAP 브라질의 개발 매니저인 로베르토 쿠폴리시는 팀에서 존중받는 소프트웨어 엔지니어 파울로 부텐벤더에 대해 이렇게 말한다. "회사에서 저는 해고할 수 있어도 파울로는 해고할 수 없습니다."
- 고위 인사 담당 이사인 줄리아 아나스는 인사 비즈니스 파트너 조너선 모디카를 "어렵고 곤란한 문제를 맡겠다고 가장 먼저 손을 드는 사람"이라며 "그에게서 활력을 얻을 수 있어서 일대일 회의를

기대합니다"라고 말한다. 이런 감정은 다른 회사의 관리자가 "도무지 말을 못 알아듣는" 팀원과 회의를 한 후 보인 반응과 확연히 대비된다. 그는 "이를 가는 이모지Emoji가 된 기분이 들어요"라고 말했다.

리더가 중시하는 것에 대해 우리가 얻은 통찰은 이 책 전반에 걸쳐 제시된다(부록 A에 나오는 전체 목록을 잠깐 훑어봐도 좋다). 이 통찰을 활용해 리더 및 조직과 신뢰를 쌓고 보조를 맞춰라. 조직 내에서 무엇이 중시되는지, 주변의 리더가 가장 높이 평가하는 것이 무엇인지 알면 성공을 위한 전략이 나온다. 또한 관리자가 이 전략을 공유하면 모든 팀원이 한 차원 높은 플레이를 할 수 있다.

파급력 있는 직장인이 보이지 않는 규칙을 파악하는 것은 놀라운 일이 아니다. 다른 한편, 너무나 많은 유능한 사람이 줄곧 헛발질을 한다는 사실은 우려스럽다. 그들은 똑똑하고, 재능 있고, 부지런한 사람이다. 하지만 그들은 리더가 무엇을 가치 있게 생각하는지 오판하고, 직장의 규범 속에 담긴 서브텍스트를 놓친다. 전형적 기여자는 종종 양호한 성과를 낸다. 그럼에도 눈에 띄지 않거나 별다른 호응을 얻지 못한다. 이는 마치 그들이 채점 기준을 읽지 않고 숙제를 제출하거나, 심사 요건을 확인하지 않고 안무를 짜는 것과 같다.

나도 무엇을 해야 하는지 심사숙고하지 않고 그저 시키는 일만 하면서 헛발질하던 때가 있었다. 한번은 대기업으로부터 리더십 워크숍을 진행해달라는 요청을 받았다. 관리자들이 직면한 일련의 구체적인 난관에 대응하기 위한 워크숍이었다. 고객사는 그 난관을 제시했고, 우리는 수많은 논의를 거쳤다. 뒤이어 나는 문제 해결에 가장 도움이 될 수 있는 계획을 준비했다. 우리는 모두 그 접근법에 동의했다. 한 달 후 나는 계획대로 워크숍을 진행하면서 목록에 있는 모든 요점을 다뤘다. 교육은 잘 이뤄졌다 그러나 나는 파급력이 부족하다는 사실을 알 수 있었다. 계획을 수립한 후 프로그램을 실행하기 전까지 한 달 사이에 코로나 팬데믹이 세상을 휩쓸기 시작했다. 그 바람에 업무의 거의 모든 측면이 단절됐다. 관리자들은 이제 완전히 새로운 일련의 난관에 대처하고 있었다(불확실성 관리, 사업 운영 중단, 재택근무). 나는 나의 일을 했다. 그러나 그것이 더 이상 필요한 일이 아니라는 사실을 깨닫지 못했다.

나와 마찬가지로, 헛발질을 하는 직장인은 좋은 의도로 일하지만 방향이 틀렸다. 그들은 과거에 중요했거나, 미래를 위한 길이라고 폭넓게 거론된다는 이유로 가치 있어 보이는 일을 한다. 그러나 그들의 업무 중 다수는 모조품이다. 즉, 실체가 없는 착각의 소산일 뿐이다. 나는 이를 '가치 함정 요소Value Decoy'라고 부른다. 가치 함정 요소는 유용하고 인정받는 것처럼 보이지만, 창출하는 가치보다 더 많은 가치를 잃게 만드는 습관이나 신념을 말한다. 즉, 우리가 가치 있는 방식으로 기여하지 못하도록 주의를 흩트리는 반짝이는 물체와 같다.

우리는 해묵은 규정집에 따라 플레이하다가 실수를 저지르는 사람들을 봤다. 어떤 사람들은 너무 열심히 직무에 매달리다가 반드시 해야 할 실질적인 일, 누구에게도 공식적으로 할당되지 않았지만 조직에 가장 필요한 일을 간과했다. 직장 예절은 부지런하고, 방심하지 말고, 동요하지 말라고 가르친다. 그러나 환경이 바뀌는데도 그냥 원래 레인Lane에 머물면 옆으로 밀려날 수 있다. 어떤 직장인들은 오래된 규칙에 따라 플레이하다가 이런 궁지에 몰렸다. 반면 다른 직장인들은 현대적인 업무 문화의 새로운 규칙을 오독했다. 그들은 게임이 변하고 있으며, 이제는 혁신과 기민성, 참여, 포용이 중시된다는 사실을 확인했다. 그러나 그들은 이런 규칙에 담긴 함의와 서브텍스트를 놓쳤다. 이를테면 그들은 "실험하고, 위험을 감수하라"에 생산 데이터베이스를 손상하는 것은 포함되지 않으며, "참된 모습을 보여라"가 세상에서 일어나는 모든 일로 동료들에게 부담을 주라는 뜻이 아님을 깨닫지 못했다. 그들은 중요한 신호를 놓쳤다. 지나치게 안달하고, 지나치게 팀워크에 집착하고, 성가실 정도로 깊이 관여했기 때문이다. 근본적으로 그들은 과도하게 플레이하고, 과도하게 기여했다.

이 사실은 우리에게 핵심적인 통찰을 안긴다. 과도한 기여는 미비한 기여가 될 수 있다는 통찰 말이다. 우리는 극단적으로 열심히 일하면서도 너무 적은 가치를 창출할 수 있다. 새로운 규칙의 모호성이나 오래된 규칙의 신성불가침성 때문에 방향을 잃으면 결국 뛰어나면서도 무의미한 일을 할 수 있다. 즉, 상당한 노력을 기울이더라도 방향이 빗나갈 수 있다.

임팩트 플레이어는 모조품을 보다 쉽게 간파한다. 자신에게 가치 있는 것이 다른 사람들에게도 가치 있다고 가정하지 않기 때문이다. 그들은 자신 너머로 시야를 넓히며, 이해관계자의 눈으로 가치를 정의한다. 그들은 상사나 고객, 협력자에게 중요한 것을 파악하며, 그것을 자신에게도 중요하게 만든다. 그들은 최대한 많은 사람에게 혜택이 가도록 노력의 방향을 설정한다. 그래서 파급력과 영향력을 키운다. 다른 사람들은 자신의 브랜드를 관리할 때 임팩트 플레이어는 같이 일하기 쉽고, 가장 중요할 때 성과를 내줄 것이라고 믿을 수 있는 플레이어로서 명성을 구축한다. 다른 사람들은 세상을 바꾸려는 시도만 할 때 임팩트 플레이어는 실제로 그 일을 한다. 그들은 자신을 바꾸는 데서 출발해 지속적으로 정보를 구하고, 표적을 맞히기 위해 조정한다. 그들은 임팩트 플레이어 마인드셋을 통해 구식 사고의 함정에서 벗어나고 신시대적 우회를 피한다.

파급력은 투자를 창출한다

임팩트 플레이어가 불확실성과 모호성을 생각하고 대응하는 방식은 그들이 현대적 직업 세계의 난관을 극복하는 데 특히 적합하게 만든다. 그들은 유연하고, 빠르고, 강하고, 기민하고, 협력적이다. 세상이 동요하거나 뭔가가 잘못되었을 때 팀에 두고 싶은 유형의 사람이다. 임팩트 플레이어는 해결책을 찾도록 도와준다. 반면 다른 사람들은 문제를 가리키기만 한다. 한 관리자가 말한 대로 임팩트 플레이어는 "무인도에 갇혔을 때 같이 있고 싶은 사람"이다. 반면 다른 직원들은 "살아남도록 도와야 할 대상"이다. 다른 사람들은 폭풍이 불어닥칠 때 대피소에 웅크린다. 반면 임팩트 플레이어는 풍차를 만들어 전기를 생산해낸다. 도전적인 환경에서 임팩트 플레이어는 시간이 지날수록 진가를 발휘하는 자산이다.

우리는 관리자들에게 동료들과 비교해 임팩트 플레이어의 기여가 지니는 가치를 정량화해달라고 요청했다. 그들은 평균적으로 자신의

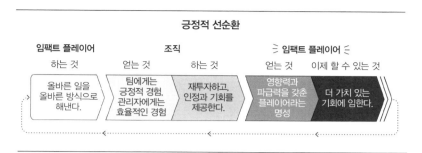

팀에 속한 임팩트 플레이어가 전형적 기여자보다 3배 이상 많은 가치를 제공한다고 추산했다. 또한 미달 기여자(똑똑하고 재능 있지만 역량에 못 미치게 기여하는 동료)와 비교하면 거의 10배에 달하는 가치를 제공한다고 지적했다. 나는 나사의 한 고위 엔지니어링 간부가 제시한 답을 듣고 깜짝 놀랐다. 그는 전 부국장이 동료들과 비교해 상대적으로 얼마나 많은 기여를 했는지 추산하면서 "보수적으로 잡아도 20배나 30배일 것"이라고 말했다.

임팩트 플레이어가 전형적 기여자보다 3배 이상 가치 있게 인식된다는 사실은 내부적 보상(주요 프로젝트 참가 등)과 외부적 보상(승진과 보수) 측면에서 대단히 중요한 의미를 지닌다. 그들은 인재 개발과 관련해 멘토링을 통한 추가적인 도움과 곱절로 많은 도전적인 과제를 부여받는다. 그들이 다른 사람들에게 제공하는 가시적 가치는 상호적 투자를 촉발하고 호혜적 주기를 만드는 예금과 같다.

1톤의 가치

임팩트 플레이어는 자율적으로 일하는 경향이 있다. 그래서 굳이 말하고 상기시키지 않아도 일을 제대로 완료할 것이라는 안심과 마음의 평화를 관리자에게 안긴다. 그들은 일을 해낼 뿐 아니라 올바른 방식으로 해낸다. 그들은 정치와 거리를 두고, 긍정적인 팀 환경을 만든다. 리더는 이런 강력한 가치 제안을 중시한다. 일이 잘 마무리되며, 그 경험은 팀에게 긍정적인 동시에 팀 리더에게 효율적이기 때문이다.

1그램의 리더십만 투자해도 1톤의 가치를 얻을 수 있다는 사실을 아는 관리자는 해당 플레이어에게 계속 투자(그리고 재투자)한다. 그들은 대개 더 많은 책임과 자원을 믿고 맡긴다. 또한 임팩트 플레이어가 효율적이라는 사실을 알기 때문에 자신의 가장 귀한 자원인 시간과 명성을 내준다. 임팩트 플레이어는 추가적인 멘토링의 수혜자가 되고, 관리자 대신 더 큰 조직이나 외부 환경을 상대하도록 불려나가는 경우가 많다. 다만 우리가 조사에서 살핀 임팩트 플레이어들이 처음부터 신뢰와 자원의 축복을 받은 것은 아니었다. 하지만 그들은 그것을 얻어냈다. 현명한 임팩트 플레이어는 일찍이 회사 사람들에게 자신을 100퍼센트 믿을 수 있음을 증명했다. 그들은 빠르게 성과를 낼 뿐 아니라 일관되고 성실하게 일함으로써 투자를 얻어냈다.

임팩트 플레이어는 그 대가로 눈부신 명성을 얻고, 자신에게 부여되기 시작하는 고가치 기회에 임하는 데 필요한 신뢰성을 획득한다. 그들은 이제 더 높고 폭넓은 수준에서 기여할 수 있다. 그렇게 선순환은 계속 이어진다. 그들은 더 많은 일을 할 수 있고, 그들의 행동은 더 많은 무게를 지닌다. 그들은 조직의 가치를 실현하는 리더로 간주되고, 곧 문화적 본보기가 된다. 그들은 지배적 태도에 영향을 끼치고 직장 문화를 형성하는 인플루언서다. 동료들은 그들을 존중하고 모방하려 든다.

연쇄반응

이 순환이 이어짐에 따라 조직의 투자가 늘어난다. 그만큼 임팩트 플레이어의 역량과 용량이 기하급수적으로 커지면서 갈수록 탁월하게 기여할 수 있게 된다. 다만 이 순환은 성공의 방정식을 반복하는 끝없는 고리가 아니다. 임팩트 플레이어는 학습을 통해 환경 변화에 적응한다. 또한 조직의 자원을 가시적 가치로 바꾸는 능력을 갈수록 키워간다. 이 단순하면서도 강력한 순환은 계속 불어나는 복리처럼 누적된다. 즉, 작고 지속적인 평가와 교정이 나중에 크게 다른 결실로 이어진다.

우리의 인터뷰를 통해 임팩트 플레이어가 동료들보다 꾸준히, 더 빠르게 나아간다는 사실이 분명하게 드러났다. 그들은 더 자주 승진하고, 보다 파급력 있는 기회를 얻는다. 그러나 그들이 단지 승진의 사다리만 오르는 것은 아니다. 그들은 조직에서 영향력을 키워서 새로운 방식으로 활용한다. 야심 많은 일부는 커진 영향력을 활용해 조직표 위로 더 빨리 올라간다. 자신의 역할에 만족하는 다른 일부는 정치적 영향력을 활용해 원하는 프로젝트를 고르거나, 업무 일정을 잡거나, 그냥 정말로 좋아하는 일을 계속한다. 어느 경우든 그들은 열의를 가지면서도 초조해하지 않는다. 실제로 우리가 만난 임팩트 플레이어들은 직업 만족도와 생활 만족도가 높다고 밝혔다.

숨겨진 플레이어

우리의 조사에서 파악한 임팩트 플레이어는 젠더, 세대, 인종·민족에 걸쳐 균등하게 분포되어 있다는 사실을 언급할 필요가 있다. 그러나 나는 또한 일하기 가장 좋은 직장에서 최고의 리더들이 이 집단에 속하는 사람을 선정했다는 사실을 인식하고 있다. 이 조직들은 대체로 채용 과정에서 다양성을 추구하고 중시하는 선두 주자다. 당신이 일하는 조직은 그렇지 않을지 모른다. 또한 당신이 처한 특정한 현실은 다를 수 있다. 그래서 최대한, 가장 보람 있게 기여하는 일이 어려울 수 있다.

일부 직장인이 특정 조직이나 상황에서 탁월한 파급력을 발휘하는 이유를 이해하려고 애쓸 때, 무의식적 편향의 효과를 무시해서는 안 된다. 그것은 자각적 지식 없이 특정 집단에 대한 고정관념을 유지하려는 경향을 말한다. 편향의 잠재력은 우리의 인식에 내재되어 있다. '동질성'은 높은 기본값을 지닌다. 이 점은 누구의 기여가 가치 있게 인식되고, 영향력과 파급력을 인정받는지 좌우할 수 있다. 또한 주류의 요건에 맞지 않는 사람은 제대로 대표되지 않거나, 대표되더라도 충분히 활용되고 인정받지 못할 수 있다.

잘 관리되는 조직에서도 눈에 띄지 않거나 차례가 오지 않는 숨겨진 리더 지망생과 임팩트 플레이어가 있다. 그들은 다른 사람과 같은 수준의 투자와 재투자를 받지 못한다. 기업계는 너무나 많은 플레이어의 영향력과 전적인 기여를 놓치고 있다. 나는 이 책이 운동장을 수평으로 만드는 데 도움이 되는 프레임워크를 제공하기를 바란다. 이 프레임워크는 또한 인재와 관리자의 협력을 강화할 것이다. 그래서 기여자가 영향력을 키우고, 관리자가 포용적인 직장을 만들도록 도울 통찰과 관행을 제공할 것이다(포용적인 리더십을 위한 구체적인 방법에 대해서는 8장 참조).

파급력 배가하기

리더십 연구는 기여에 대한 진실을 가르쳐주었다. 전 세계의 직장인은 최대한 회사에 기여하기를 바라며 출근한다. 그렇게 하지 못할 때 그들은 고통을 느낀다. 그들은 지성과 재능이 극대화되고, 직원들이 깊이 참여하면서 빠르게 배우고 최대한으로 기여하는 조직에서 일하고 싶어 한다. 재능을 충분히 활용하지 못하는 문제는 피할 수 있다. 다만 다른 사람들에게서 최선을 끌어내는 리더와 올인All-in 마인드셋을 지닌 플레이어가 필요하다. 내가 쓴 책《멀티플라이어》는 참여도와 활용도를 높이기 위한 리더십 모델을 제공한다. 반면 이 책은 그 방정식에서 재능 부분을 탐구할 것이다. 즉, 파급력을 극대화하기 위해 기여자가 할 수 있는 일과 모든 팀원이 역량을 최대한 발휘할 수 있도록 돕기 위해 리더가 할 수 있는 일을 살필 것이다. 이 책은《멀티플라이어》의 자매편 역할을 한다. 기여자가 임팩트 플레이어가 되면 그 배가 효과는 기하급수적이기 때문이다.

전략

당신도 임팩트 플레이어가 될 수 있다. 이 책은 적극적으로 나서고, 더 크게 플레이하고, 파급력을 배가하는 데 도움을 주는 데이터 기반 통찰과 실용적인 도구를 제공할 것이다. 2장에서 6장까지는 임팩트 플레이어의 5가지 특징을 하나씩 자세히 탐구할 것이다. 그 내용을 통해 그들이 거둔 성공의 비밀을 배울 수 있다. 각 장의 마지막에는 전략이 나온다. 이 전략은 리더 지망생이 해당 특징을 현명하게 실행하고, 다른 사람들을 위해 진정한 가치를 창출하고, 파급력을 키우기 위한 일련의 '스마트 플레이Smart Play'를 담고 있다. 7장은 리더 지망생뿐 아니라 그들을 가르치고 조언하는 관리자를 위한 포괄적인 훈련 계획을 제공한다. 8장은 특별히 관리자를 위해 쓰였으며, 고파급력 팀을 구축하고 싶어 하는 리더와 인재 개발 담당자에게 지침을 제공한다.

이 책 전체에 걸쳐 '숨겨진 임팩트 플레이어' 문제, 그리고 암묵적 편향과 다른 시스템적 형태의 차별이 특정한 사람들의 기여, 가시성, 영향을 인위적으로 제한하는 장벽을 만드는 양상을 다룰 것이다. 구체적으로는 7장에서 당신의 고유한 기여가 지니는 가치를 다른 사람들이 보도록 도울 방법을 탐구할 것이다. 8장에서는 관리자가 모든 유형의 재능을 드러내고 인정하는 데 활용할 수 있는 관행을 살필 것이다.

끝으로 9장에서는 '올인' 플레이의 가능성을 고려하도록 권할 것이다. 이는 직원들을 탈진하게 만드는 소모적이고 전면적인 형태의 일이 아니라, 최선의 일을 하는 동시에 최선의 삶을 살도록 해주는 형태의 일이다. 그래서 모든 플레이어가 중시되며, 가치 있는 기여를 할 수 있다.

플레이어

지금부터 전 세계에서 탁월한 가치를 제공하는 다양한 직장인을 만나게 될 것이다. 명확성을 기하기 위해 전체 팀원의 노력을 알리기보다 개별 기여자에 주로 초점을 맞출 것이다. 이 책에 소개된 사실상 모든 임팩트 플레이어가 자신에 대한 칭송을 불편하게 여기며, 각각의 성공에 기여한 동료의 공을 인정했음을 알아두길 바란다. 그들은 내가 자신을 조명하도록 관대하게 허용했다. 그들은 다양한 산업, 경험, 역할을 대표한다. 또한 일부는 개별적인 기여자이고 다른 일부는 임원이다. 대다수는 우리의 조사를 통해 밝혀졌다. (따로 언급하지 않는 한, 인용된 모든 발언은 인터뷰에서 가져온 것이다.) 일부는 잘 알려져 있다. 그들 중에는 정상급 운동선수, 오스카상 수상 배우, 노벨상 수상자 두어 명이 포함된다. 두어 가지 사례는 내가 최고의 능력을 발휘하던 순간이며, 내 이전 및 현재 동료들(또는 그들의 배우자)의 사례도 있다. 한 가지 보석 같은 사례는 우리가 조사한 임팩트 플레이어의 어머니다. 구글 직원인 그가 우리에게 자신의 '멋진 어머니'에 대해 이야기했을 때 나는 그녀를 만나야 했다. 그녀는 나름대로 탁월한 리더다. 당신도 그녀를 만나고 싶을 것이다. 이 사례들은 화소가 되어 전체적으로 모방할 가치가 있는 탁월성의 초상을 이룬다. 현실에서든, 잠재력을 통해서든 거기서 당신의 모습을 보기를 바란다.

우리는 프로젝트 리더부터 CEO까지 10여 명의 관리자가 가진 생각을 들여다볼 것이다. 리더들의 말(각 장의 앞에 할애된 쪽뿐 아니라 책 전체에 걸쳐 삽입된)은 모두 인터뷰에서 그들이 실제로 한 말이다.[6] 임팩트 플레이어에 대한 내용을 전형적 기여자(전체적으로 '기여자'로 지칭됨)와 소수의 미달 기여자에 대한 사례에서도 볼 수 있을 것이다. 다만 그들의 이름은 가명으로 처리됐다. 우리는 이 이야기들을 통해 우리 모두의 발목을 잡는 덫과 최고의 기여에서 멀어지게 만드는 마인드셋을 드러내고 살필 것이다. 나도 이런 덫에 걸린 적이 있으며, 몇 가지 경험을 나눌 것이다. 과도한 자신감 때문에 오히려 역량만큼 기여하지 못했거나, 나의 관점이 가장 중요한 것을 보지 못하도록 만들었던 경험 말이다. 어쩌면 당신도 때로 가치에 대한 착각에 사로잡힐 것이다. 이 사례들이 그 착각에서 벗어나는 데 도움이 되기를 바란다.

다루지 않는 것들

시작하기 전에 이 책의 주요 메시지들을 확인하도록 하자. 이 메시지들은 이 책이 무엇을 다루는지와 더불어 무엇을 다루지 않는지 말해준다.

1. **임팩트 플레이어라는 개념은 스포츠에 한정되지 않는다.** 임팩트 플레이어라는 개념은 운동선수를 가리킨다. 그러나 이 책은 뛰어난 성적을 올리는 운동선수나 감독에 대한 이야기를 하지 않는다. 다만 나는 스포츠계에서 몇 가지 용어와 비유를 빌렸으며, 여러 사례를 포함했다. 운동선수는 탁월성과 분명한 결과를 나타내는 선명한 사례를 제공하기 때문이다. 거의 모든 조직이나 공동체에는 임팩트 플레이어가 있다.

2. **이 책은 승자와 패자를 비교하지 않는다.** 우리의 초점은 훨씬 많은 뉘앙스를 지닌다. 우리는 임팩트 플레이어 마인드셋이 기여자 마인드셋과 어떻게 다른지, 그리고 그 모든 차이를 만드는 사고와 행동의 미묘한 차이를 탐구할 것이다.

3. **임팩트 플레이어와 기여자를 나누는 것은 개인이 아니라 관행이다.** 임팩트 플레이어 마인드셋과 기여자 마인드셋을 하나의 사고방식 (우리 모두가 상황에 따라 지니는 성향)으로 여기고, 주기적으로 "지금 나는 어떤 마인드셋을 지니고 있는가?"라고 물을 때 이 책이 가장 큰 가치를 지닐 가능성이 높다.

4. **임팩트 플레이어가 되는 일은 승자 독식의 경쟁이 아니다.** 이 책에서 제시하는 사고방식과 관행은 대부분 학습과 교육이 가능하다. 즉 모두가 습득할 수 있다. 임팩트 플레이어는 탁월하지만 반드시 독보적인 것은 아니다. 이는 어떤 도시에 5성급 호텔이나 레스토랑이 여러 개 있을 수 있는 것과 같다. 마찬가지로 리더는 임팩트 플레이어 마인드셋으로 전체 팀을 육성할 수 있다.

5. **이 책은 더 열심히 일하라고 촉구하지 않는다.** 임팩트 플레이어 마인드셋은 자신을 밀어붙이고, 정말로 쉬고 싶을 때 더 노력하는 것이 아니다. 우리가 조사한 임팩트 플레이어는 무조건 동료들보다 더 열심히 또는 더 오래 일하지 않았다. 다만 그들은 일하는 동안 보다 강한 의도성과 집중력을 갖는 경향이 있었다. 그들은 번아웃을 방지하는 활력과 파급력을 창출했다.

6. **이 책은 요행수를 알려주지 않는다.** 우리가 조사한 임팩트 플레이어는 이런 관행들을 진실되고 일관되게 드러냈다. 임팩트 플레이어의 사고방식을 깊이 간직하고 진실되게 실천하면 당신에게도 도움이 될 것이다. 새치기를 해서 빠르게 앞으로 가는 데 도움이 되는 관행을 찾고 있다면 이 책은 당신을 위한 것이 아니다.

파급력 강한 마인드셋 다지기

천체물리학자 닐 디그래스 타이슨은 "당신이 아는 것은 당신이 생각하는 방식만큼 중요하지 않다"라고 말했다.[7] 영향력을 키우고 싶다면 임팩트 플레이어처럼 생각하는 일부터 시작하라. 그냥 전략만 활용하려 들지 마라. 임팩트 플레이어의 사고방식을 당신의 정신으로 받아들여라. 이 강력한 사고방식은 당신이 가장 가치 있는 기여를 하고, 뒤이은 보상을 얻으며, 다른 사람들도 같은 일을 할 수 있도록 만들어준다. 일부 관행은 당신의 직장이나 당신에게 맞지 않을 수 있다. 다른 관행은 구식이 되었을 수 있다. 그래도 생각하는 방식(마인드셋)은 초월성과 지속성을 지닌다.

이 책을 지금 하는 일을 위한 지침서로만 읽지 말고, 미래에 해야할 일을 알려주는 참고서로도 읽을 것을 권한다. 임팩트 플레이어 프레임워크는 유수 조직에서 일하는 최고의 기여자들에 대한 연구를 통해 개발됐다. 또한 이 프레임워크는 정상급 관리자들의 시야를 통해 정립됐다. 따라서 본질적으로 현대적인 방향성을 지닌다. 여기에 담긴 이상적인 모습은 지금의 현실을 반영하지 않을지 모른다. 그러나 당신이 맞이할 미래의 일부가 될 수 있다. 어떤 경우에는 최고의 기여를 할 만한 가치가 있는 새로운 조직이나 명분을 찾아야 할 수도 있다. 다른 경우에는 가장 존중받는 기업의 모범 관행을 연구하고 모방하면서 조직이 그들을 따라잡을 만큼 진화할 수도 있다. 어느 경우든 위대한 웨인 그레츠키의 전략대로 "퍽Puck이 갈 곳으로 달려가라."

바로 그렇게 하는 사람에게는 보상이 따른다. 임팩트 플레이어의 마인드셋과 관행을 받아들이면 일의 신세계에서 올스타 중 한 명으로 인정받을 것이다. 함정을 인식하면 미달 기여자의 운명을 피할 수 있다. 열심히 일하려는 직장인의 발목을 잡는 함정을 다른 직원들이 탈출하고 우회하도록 도울 수 있다. 그리고 모두가 일하고 싶어 하는 팀을 구축할 수 있다. 무엇보다 당신이 하는 모든 일에서 최선의 모습을 보이면 최대한으로 기여하면서 팀에서 모두가 원하는 사람이 되는 짜릿함을 경험할 수 있다.

임팩트 플레이어 vs. 기여자

이 장은 임팩트 플레이어의 마인드셋으로 일하는 것과 기여자의 마인드셋으로 일하는 것의 차이를 소개한다.

- **임팩트 플레이어**: 조직의 모든 직급에서 탁월한 가치를 지닌 일을 하고, 대단히 큰 파급력을 발휘하는 사람.
- **임팩트 플레이어 마인드셋**: 꾸준하게 실천하면 고가치 기여와 고파급력으로 이어지는 사고방식.
- **기여자 마인드셋**: 맡은 일을 끝내고 기여를 하지만 완전한 잠재력과 높은 파급력에는 미치지 못하는 일련의 가정과 관행.

조사를 통해 확인한 사실

1. **임팩트 플레이어는 기회의 고글을 쓴다.** 임팩트 플레이어는 난처한 문제, 불분명한 역할, 예견하지 못한 장애물, 움직이는 표적, 끊임없는 요구 같은 일상적 난관을 다른 사람들과 다르게 본다. 다른 사람들은 이런 난관을 위협으로 보는 반면, 임팩트 플레이어는 가치를 더할 기회로 본다.

2. 임팩트 플레이어는 불확실성에 다르게 반응한다. 그들은 5가지 방식으로 동료들과 다르게 반응한다.

기여자	임팩트 플레이어
맡은 일을 한다.	필요한 일을 한다.
지시를 기다린다.	적극적으로 나서고 적절하게 물러선다.
문제를 위로 넘긴다.	확실하게 마무리한다.
가장 잘 아는 것을 고수한다.	질문하고 조정한다.
부담을 더한다.	일을 가볍게 만든다.

3. 임팩트 플레이어는 암묵적 규칙을 활용한다. 임팩트 플레이어는 특정 직무나 조직에서 따라야 하는 행동 기준을 파악하고, 거기에 맞춰 최대한의 파급력을 낸다.

4. 파급력은 투자를 창출한다. 임팩트 플레이어에게는 더 많은 책임과 추가적인 자원이 믿고 맡겨지는 경향이 있다. 시스템적 편향은 숨겨진 인재 풀이 주목받지 못하고 낮은 수준의 투자와 재투자를 받는 상황으로 이어진다.

난처한 문제를 대하는 자세

* 다음은 기여자와 임팩트 플레이어에 대한 리더의 평가다.

기여자	⋛ 임팩트 플레이어 ⋛
그녀는 왕성하게 일하고, 어떤 팀원보다 많은 일을 합니다.	그는 사람들이 프레젠테이션 슬라이드에 너무 많은 시간을 쓰는 것을 보고 그 문제를 바로잡는 도구를 개발한 다음 전 세계에 보급했습니다. 덕분에 수백 시간의 일을 아낄 수 있었습니다.
딱히 우선순위가 아니지만 자신이 좋아하는 프로젝트에 집중합니다.	자기 일이 아니었는데도 그냥 했습니다.
여기가 아폴로 13호이고, 위기가 발생해서 엔지니어링 담당이 탁자 위에 부품 상자를 올려놓으며 '방법을 찾아봅시다'라고 말했다고 가정합니다. 그러면 그는 '좋아요. 하지만 저는 15분 있다가 퇴근해요'라고 말할 겁니다.	필요한 일에 전문가가 되기 위해 거듭 방향 전환을 합니다.
완전히 다른 목표를 추구하고 있었어요.	전체 그림을 본 다음 모두에 대한 문제를 해결했습니다.

쓸모 있는 사람이 돼라

대다수 사람들이 기회를 놓치는 이유는
기회가 작업복을 입고 있으며, 일처럼 보이기 때문이다.
토머스 에디슨(발명가)

오라클코퍼레이션에서 쌓게 될 나의 경력은 어느 일요일 저녁, 캘리포니아주 샌마테오에 있는 한 특징 없는 호텔에서 시작됐다. 나는 들뜬 마음으로 '88년 졸업반' 대상 교육에 참석한 60명의 신입 사원 중 한 명이었다. 우리는 3주에 걸친 집중적인 프로그램을 통해 오라클의 기술과 젊고 빠르게 성장하는 소프트웨어 기업에서 성공하는 데 필요한 다른 기본 소양을 배울 예정이었다. 강의실 교육은 다음 날 아침에 시작될 계획이었다. 그날 저녁은 친목과 자기소개를 위한 시간이었다. 참가자들은 모두 얼마 전에 좋은 대학을 졸업했으며, 주로 컴퓨터공학과 공학 전공이었다. 나처럼 경영대학원을 나온 소수와 다른 인문학 전공자도 있었다.

교육 담당자들은 대단히 경쟁적인 팀 프로젝트로 절정을 이룰 엄격한 교육 일정을 소개했다. 각 팀은 오라클 소프트웨어를 활용해 비즈니스용 프로그램을 개발하고 발표해야 했다. 프로그램 리더는 각 팀에 기술적 균형을 맞추는 것이 중요하다고 강조하더니 갑자기 "좋아요, 이과는 이쪽으로, 문과는 저쪽으로 모여요"라고 소리쳤다. 대다수인 프로그래머와 엔지니어들은 왼쪽으로 이동하면서 키득거렸다. 반면 남은 사람들(이제는 왠지 어색해진 '문과들')은 오른쪽으로 이동했다. 우리 문과 출신들은 따로 모아두면 기술적 문제로 애를 먹을 것이니, 각 팀에 골고루 넣어야 한다는 전제에 따른 조치였다. 정식 교육은 아직 시작하지도 않았다. 하지만 나는 중요한 교훈을 얻었다. 바로 오라클에서 높은 가치를 지니는 기술이 있으며, 나의 기술은 거기에 해당하지 않는다는 것이었다.

나는 그 통찰을 머릿속에 넣었다. 나는 연수를 마친 후 컨설팅 사업부 교육 담당으로 일하기 시작했다. 하지만 우리 부서는 겨우 1년 만에 조직 개편을 통해 해체돼 회사에서 새로운 직무를 찾아야 했다. 나는 신입 사원 연수원을 운영하는 신입 사원 교육 팀을 노렸다. 교육 팀의 헌장에 리더십 개발이 포함되기를 바랐는데, 그 분야에 관심이 많았기 때문이다. 나는 교육 팀장에 이어 그녀의 상사인 행정 부사장 밥 셰이버와 면접을 보면서 그의 질문에 대답한 후 문제를 제기했다. 나는 이전에 젊은 직장인들이 거의 아무런 교육을 받지 않은 채 관리직을 떠맡고, 그들이 팀을 망치는 모습을 목격했다. 그래서 밥에게 간부 교육 프로그램이 필요하며, 내가 기꺼이 그 프로그램을 구축하는 일을 돕겠다고 자신 있게 말했다.

나는 밥이 보인 반응을 결코 잊지 못할 것이다. 그는 "설득력 있는 말이군. 하지만 자네의 상사는 아주 다른 문제를 안고 있어. 그녀는 올해 2,000명의 신입 사원에게 오라클의 기술을 가르쳐야 해"라고 말했다. 그의 설명은 이 시점에는 관리 능력보다 기술적 능력이 더 중요하다는 또 다른 증거였다. 그는 "그녀가 그 일을 어떻게 할 것인지 파악하는 데 도움을 주면 좋겠네"라고 말을 이었다. 그의 부드러운 조언은 큰 메시지를 담고 있었다. 내가 들은 말은 "쓸모 있는 사람이 되도록 해"였다.

나는 실망했다. 나는 회사에 간부 교육 프로그램을 가르칠 사람이 필요하다는 사실을 알았으며, 내가 가르치기를 원했다. 나는 상관성 서브쿼리Correlated Subquery의 뉘앙스와 데이터베이스 인덱싱Database-Indexing 기술의 장점에 관심이 없었다. 게다가 나는 심각하게 자격 요건에 미달했으며, MIT와 칼텍에서 대학원 학위를 받은 이과 출신은 당연히 그 사실을 알아챌 것이었다. 하지만 밥은 내가 수많은 너드Nerd를 상대로 프로그래밍을 가르치기를 바랐다. 그것은 내가 원하던 일이 아니었지만 해야 하는 일이었다.

나는 밥의 제안에 담긴 지혜와 가망성을 보았다. 그래서 교육 팀에 들어가 제품 교육 강사가 되겠다고 자원했다. 나는 가장 큰 파급력을 발휘할 수 있는 곳으로 나의 야심을 유도했다. 새로운 일에 뛰어든 나는 제품 관련 자료를 모조리 주문하고, 진정한 기술적 재능을 지닌 동료 레슬리 스턴과 재빨리 협력 관계를 맺었다. (레슬리는 교육 1일 차에 이과생 자리에 섰던 사람 중 한 명이었다.) 그녀는 프로그래머처럼 생각하는 방법을 가르쳐주었다. 그런 사고는 내게 자연스럽게 이뤄지지 않았다. 하지만 그녀의 도움과 몇 번의 심야 공부 덕분에 방법을 알아낼 수 있었다. 그 대가로 나는 교육에 대한 몇 가지 생각을 들려주었다. 이후 우리는 탁월한 기술 교육에 대한 공로를 인정받아 상을 받았으며, 실리콘밸리의 선구자가 된 많은 사람을 가르쳤다. 나는 지금도 그 사실을 자랑스럽게 여긴다.

나는 결코 진정한 기술 전문가가 되지 못했다. 그러나 기술의 세계에 깊이 파고들고자 하는 의지를 가졌기에 비즈니스를 이해하고 가장 중요한 일에 매달리는 사람이라는 평판을 얻었다. 이 평판은 나중에 내게 많은 기회를 열어주었다. 나는 1년 안에 부서장으로 승진했다. 하지만 이상하게도 나는 당시 관리자 역할에 관심이 없었다. 프로그래머들을 가르치는 일이 재미있었다. 물론 관리자 일을 맡아야 할 이유를 밥이 설명했을 때 나는 다시금 필요한 일을 하기 위해 좋아하던 일을 포기했다.

나는 시야가 좁은 많은 직장인처럼 내게 흥미로운 일을 찾으면서 경력을 시작했다. 그러나 이상적인 일을 넘어서 반드시 해야 하는 일을 하면 쓸모 있는(그리고 훨씬 더 가치 있는) 사람이 되고 영향력을 키울 수 있다. 당신은 일을 개인적 관심에 맞추는가, 아니면 자신의 한계를 넘어 가장 쓸모 있는 곳에서 도움이 되려 하는가?

이 장에서는 가장 파급력 있는 플레이어는 단지 주어진 일만 하지 않는다는 사실을 알게 될 것이다. 그들은 필요한 일을 한다. 그들은 맡은 역할의 편안함을 버리고 온갖 유형의 문제가 있는 일선에서 일한다. 지금부터 어떤 사람은 항상 중요한 일이 벌어지는 곳에서 일하는 반면 또 다른 사람은 도움이 되기 위해 뭔가를 해야 하는지 계속 고민하는 이유를 알게 될 것이다. 또한 직무가 무의미하고, 상사가 상사 노릇 하기를 싫어하며, 고장 난 복사기를 고치는 단순한 행동이 리더로 향하는 경로에 올라서게 하는 이유를 알게 될 것이다.

가장 근본적인 차원에서 이 책은 당신 자신을 쓸모 있게 만드는 방법을 다룬다. 즉, 중요한 일이 무엇인지 이해한 다음 경력에 크게 도움이 되는 방식으로 그 일을 하는 방법을 다룬다. 다만 논의를 시작하기 전에 말해둘 것이 있다. 깔끔하게 정의된 직무의 편안함을 버리고 일이 난잡해지는 곳에서 일할 각오를 하라.

선택: 주어진 일 vs. 해야 하는 일

일의 세계는 갈수록 난잡해지고(보다 복잡하고, 혼란스럽고, 상호 연관성이 심해지고) 있다. 그 부분적인 요인은 세계화와 기술의 통합적인 효과다. 복잡한 문제(규칙과 절차로 환원하기에는 서로 연관된 미지의 요소를 너무 많이 수반하는 문제)가 증가하고 있다.[1] 이런 문제는 전 세계에 걸쳐 고객 경험을 표준화하고, 단절적 혁신에 대응하고, 전체를 위해 개인화된 학습 경험을 창출하고, 의료 비용을 통제하고, 문화를 바꾸는 등의 과제를 수반한다. 여러 조직은 범부서 팀이나 복합 조직을 만들어서 복잡한 문제에 대응하려 노력했다. 그럼에도 가장 중요한 일은 모두의 일처럼 느껴지지만 누구의 일도 아니다. 너무나 많은 직장인이 실질적인 일과 맞지 않는 조직의 상자에 갇혀 있다. 급여 등급, 직위, 직무의 복잡한 분류는 대개 지난 우선순위를 반영하는 중요한 프로젝트와 업무 흐름을 포착하기 위한 것이다. 그래서 반드시 필요한 실질적인 일을 포착하는 경우가 드물다. 이는 현대 조직의 핵심 문제 중 하나다.

오늘의 일이 어제의 우선순위를 따르고 있는 것이다.

문제들은 정식 조직이 대응할 수 있는 속도보다 더 빨리 난잡해지고, 변이를 일으킨다. 그에 따라 조직 구조가 아니라 문화(사람들의 일상적 결정과 행동)에서 기민성이 나와야 한다. 이 점은 직장인들에게 나름의 난처한 문제를 제기한다. 나의 레인을 지키면서 주어진 일을 하고, 주어진 의무를 다할까, 아니면 자리에서 벗어나 허허벌판에서 일을 추구해야 할까? 후자라면 어떻게 내가 맡은 일도 여전히 잘할 수 있을까?

대다수 직장인이 이런 복잡한 문제와 새로운 기회에 대응하는 양상을 생각해보라.

제임스[2]는 대형 게임사에 채용됐다. 회사가 운용하는 수조 달러 규모의 사업 중 대부분은 오프라인에서 구매하고 플레이하는 게임으로 구성되어 있었다. 인터넷 연결은 필요 없었다. 제임스는 온라인 게이밍 경험을 책임지고 있었다. 그의 팀은 온라인에서 플레이할 수 있는 한정된 수의 게임을 지원했다. 그는 똑똑했고, 신기술을 빠르게 습득했으며, 인터넷 게이밍 시스템의 전문가였다. 그는 또한 언제나 정해진 시간과 예산으로 일을 끝낼 것이라고 믿을 수 있는 사람이었다. 전체 게이밍 경험을 관장하는 그의 상사 아미카는 자사의 온라인 게임이 안정되게 돌아가도록 만들기 위해 제임스에게 의존했다.

제임스와 그의 팀은 소수의 온라인 게임을 제공하면서 양호한 성과를 냈다. 그러나 세상이 바뀌고 있었다. 미래의 흐름은 인터넷 게임이었다. 회사는 콘텐츠를 적극적으로 온라인으로 이식하기 시작했다. 아미카는 전체 게임을 온라인에서 플레이할 수 있도록 만들라는 대표의 압박을 받았다.

변환 작업은 쉽지 않았다. 여러 집단 사이의 조율이 필요했으며, 각 집단은 홍보, 배포, 기술 지원 절차를 재구성해야 했다. 제임스는 누구보다 이 과제를 잘 이해했다. 그러나 그것을 자신이 풀어야 할 문제로 보지 않았다. 그는 팀을 도와서 앞으로 게임을 연이어 웹 사이트에 추가할 수 있도록 준비했다. 그리고 다른 팀들이 담당 게임을 보내주기를 기다렸다. 하지만 다른 팀들에게는 사업을 인터넷으로 옮기는 일에 대한 도움이 필요했다.

제임스는 이 과제를 맡을 요건을 갖추고 있었다. 그러나 그는 정해진 역할에 매몰되어서 더 큰 기회를 보지 못했다. 아미카는 제임스가 나서지 않는 이유를 몰랐다. 그래서 그의 사무실로 찾아가 문제를 논의했다. 제임스는 시큰둥하게 상황을 인정하면서 팀에서 처리하는 물량을 늘리겠다고 약속했다. 아미카는 다음 날, 그다음 날에도 다시 그의 사무실에 들렀다. 그렇게 매일 1주일 동안 방문한 후에야 제임스는 아미카가 전하려는 메시지를 마침내 알아차리기 시작했다. 그는 맡은 일에만 집중하는 바람에 더 큰 파급력을 발휘하고 회사의 성장에 진정으로 기여할 기회를 놓치고 있었다.

기여자들은 자신을 위치 유지자로 본다. 그들은 주어진 일을 하고 역할의 경계 안에 머문다. 그러면 자칫 근시안이 되어서 전반적인 전략을 놓치고 어젠다에서 멀어질 위험이 있다.

반면 임팩트 플레이어는 자신을 문제 해결자로 본다. 그들은 낡은 조직 구조에 갇히지 않으며, 직위에 지나치게 연연하지 않는다. 그들은 단지 맡은 일만 하지 않는다. 그들은 자신이 가장 큰 가치를 지닐 수 있는 곳에서 도움이 될 길을 찾는다. 스포츠 경영 분야에서 일할 꿈을 품은 22세의 대졸자 스코트 오닐의 사례를 보자.

1992년 여름의 어느 토요일 아침이었다. 오닐은 경기장 로비에 앉아서 동료가 팀 사무실 열쇠를 갖고 오기를 기다렸다. 그는 근래에 NBA 팀인 뉴저지 네츠의 하급 마케팅 직원 일자리를 얻었다. 급여는 적었지만 그래도 경력의 시작이었다. 그의 일상적 업무는 딱히 흥미롭지 않았다. 그는 구술을 받아쓰고, 봉투를 채우고, 복사를 하고, 심부름을 했다. 그래도 그는 언제나 즐겁게 일했다. 일찍 출근해서 하루를 시작할 수 있도록 안으로 들여보내줄 사람을 기다리는 것은 그의 관행이 됐다.

문제의 토요일, 그는 사무실로 들어와 복사기가 작동하지 않는다는 사실을 알게 됐다. 당시는 복사기가 필수 도구였다. 종이가 걸리면 전체 조직의 생산성이 떨어질 수 있었다. 대다수 직장인은 알 수 없는 에러 메시지를 보면 다른 층에 있는 복사기를 찾아 자리를 떴다. 하지만 스코트는 부모의 홈 오피스에서 복사기를 고친 경험이 있었다. 그래서 회사 복사기를 고쳐서 쓸모 있는 사람이 될 수 있겠다고 생각했다.

사무실에는 소수의 최고 임원 말고는 아무도 없었다. 단장인 존 스폴스트라는 스코트가 팔꿈치까지 토너를 묻혀가면서 거대한 복사기를 분해하는 모습을 보았다. 그는 신입 사원인 스코트를 알아보고 "자네 이름이 뭔가?"라고 물었다.

스코트는 고개를 들고 "스코트 오닐입니다"라고 대답했다.

"뭐 하고 있나?"

"복사기를 고치는 중입니다."

"왜?"

"고장 났으니까요."

스폴스트라는 스코트를 사무실로 불러서 "어떤 일을 하나? 이 부서가 효율적이라고 생각하나?" 등등 질문 세례를 퍼부었다. 마지막에는 "그래, 하고 싶은 일이 뭔가?"라고 물었다. 스코트는 후원권 영업을 하고 싶다고 말했다. 스폴스트라는 "축하하네. 자네는 방금 승진했어"라고 말했다. 스코트는 깜짝 놀라며 물었다. "언제부터 일하면 됩니까?" 스폴스트라는 "오늘부터 어떤가?"라고 물었다. 그는 복도 건너 빈 사무실을 가리키며 "저 사무실을 쓰게"라고 덧붙였다. 스코트는 놀라움과 기쁨에 "와, 사무실까지 생기는 건가요?"라고 되물었다.

스코트는 산업별로 기업 목록을 나열한 표준산업분류집SIC Code Book을 입수했다. 그리고 자신의 표현에 따르면 "미국에 있는 모든 기업에 전화를 걸기 시작했다". 그는 실적을 기록하는 게임을 만들었고, 완벽한 영업 멘트를 터득하기 위해 자신을 몰아붙였다. 그는 거듭 실수를 저질렀지만 같은 실수를 반복하는 적은 드물었다. 그는 빠르게 배웠으며, 심지어 두어 건의 실적까지 올렸다.

하지만 스코트의 목표는 대형 후원사를 확보하는 것이었다. 그는 현재의 영업 기술로는 목표를 이룰 수 없다는 사실을 알았다. 그래서 고위 영업 임원 중 한 명에게 1주일 동안 옆에 앉아서 전화로 어떻게 영업하는지 듣게 해달라고 부탁했다. 그 임원은 말도 안 되는 소리 하지 말라며 거절했다. 스코트는 "영업을 어떻게 해야 할지 모르겠어요. 옆에 못 앉게 하면 그냥 바깥에 앉아 있을 거예요. 그게 사람들한테 더 이상하게 보일 겁니다"라고 맞받아쳤다. 결국 스코트가 이겼다. 그는

1주일 동안 임원이 어떻게 영업하는지 듣고 배웠다. 그리고 자신의 접근법을 조정했다. 그 결과 두어 달 안에 대형 후원 계약을 따낼 수 있었다.

스코트는 이후 자신이 맡은 모든 관리직 및 리더 자리에 특유의 열성과 태도로 임했다. 그는 매디슨 스퀘어 가든 스포츠의 대표로서 뉴욕 닉스와 뉴욕 레인저스를 관장할 때도 같은 방식으로 일했다. 그는 상징적인 경기장을 재단장하는 일을 도왔고, NBA 역사상 최대 규모의 계약을 조율했으며, 기록적인 입장 수익을 달성했다. 그는 필라델피아 세븐티식서스의 단장으로 일할 때도 같은 방식으로 일했다. 그는 2013~2014년 시즌에 19승 63패를 기록하며 고전하던 팀을 되살리려는 노력을 기울였다. 덕분에 식서스는 2017~2018년 시즌에는 52승 30패로 동부 콘퍼런스 3위에 오르는 경쟁력 있는 팀이 됐다. 그가 단장을 맡을 무렵 팀의 후원액 순위는 리그 30개 팀 중에서 30위였다. 식서스의 브랜드는 너무나 약했다. 한 후원 업체(지역의 작은 레스토랑)가 자신들의 브랜드가 더 강하니까 식서스 사인을 거는 대가를 내야 한다고 주장할 정도였다. 그로부터 6년 후 식서스는 관중 수, 시즌 회원 수, 경기 시청자 증가율에서 NBA 1위가 되었으며, 후원액도 7배로 늘었다.

스코트는 유명한 NBA의 팀 마케팅 앤드 비즈니스 운영 부서도 이끌었다. 그는 올스타로 구성된 임원 팀을 구축했으며(다수는 이후 스포츠계의 최고 리더가 됐다), 나중에는 해리스 블리처 스포츠 앤드 엔터테인먼트의 대표로서 필라델피아 광역시에 속하는 12개 팀과 부동산을 관리했다.

이처럼 해결해야 하는 문제를 발견할 때 파급력을 높이고 조직에 유용한 사람이 될 수 있다.

멘털 게임

모든 관리자는 시킨 일을 기꺼이 해내는 사람을 원하지 않을까? 그들이 꿈꾸는 직원은 자신의 일을 부지런히 하는 직원이 아닐까? 과거에는 그랬을지 모른다. 그러나 오늘날의 리더는 더 많은 의존자를 필요로 하지 않는다. 그들에게는 확장자가 필요하다. 즉 기회를 포착하는 더 많은 눈, 충족되지 않은 필요를 듣는 더 많은 귀, 문제를 해결하는 더 많은 손이 필요하다. 직원에 대한 신뢰도를 떨어트리는 것이 무엇인지 관리자들에게 물었을 때 상위 2개의 답변은 "더 큰 그림을 고려하지 않고 자기 일만 할 때"(네 번째로 짜증 나는 일)와 "상사가 일을 시키도록 기다릴 때"(두 번째로 짜증 나는 일)였다.

우리는 종종 상사를 권력에 굶주린 독재자라고 생각한다. 그러나 사실, 대다수 관리자는 일 시키는 것을 싫어한다. 우리는 관리자들에게 직원의 어떤 행동을 가장 높이 평가하는지 물었다. 1위 답변이 무엇이었을까? "시키지 않아도 일할 때"였다. 다음 표에 난처한 문제에 대처할 때 신뢰도를 높이는(또는 떨어트리는) 행동이 나와 있다. 가장 유효하게 일하는 직장인은 자신의 역할 너머를 바라보며, 직무를 넘어서서 진정한 일을 해낸다. 지금부터 임팩트 플레이어가 어떻게 그런 일을 하는지 살펴보자.

리더 및 조직 내 신뢰도를 높이려면?	
신뢰도를 떨어트리는 행동	• 관리자가 일을 시킬 때까지 기다린다. • 더 큰 그림을 무시한다. • 관리자에게 자기 일이 아니라고 말한다.
신뢰도를 높이는 행동	• 시키지 않아도 일한다. • 문제를 예측하고 계획을 세운다.

전체 목록은 부록 A 참조.

우리와 인터뷰할 때 관리자들은 임팩트 플레이어를 줄곧 문제 해결 자로 설명했다. 그들은 힘든 문제를 찾아 나서고, 전략부터 디테일까 지 전부 해결하는 사람에 대해 이야기했다. 이를테면 이런 말이었다. "그는 복잡하게 얽힌 문제를 풀어요", "그에게는 어떤 문제도 맡길 수 있어요", "그녀는 일이 어려워질 때 의지할 수 있는 사람이에요", "그 녀는 어려운 프로젝트와 위기에 맞서서 상황을 반전시켜요", "그는 시 간이 나면 밖으로 나가서 문제를 해결합니다".

이들은 난처한 문제를 자신이 가장 필요한 곳에서 도움이 될 기회 로 본다. 대처하지 않는 문제는 붐비는 공항에 주인 없이 남겨진 짐 가 방처럼 그들을 동요하게 만든다. 그들은 자신을 구호 요원, 다른 사람 을 돕기 위해 기꺼이 불편을 감수하는 공감 능력이 뛰어나고 유능한 영웅으로 본다.

하나의 포괄적인 생각이 그들의 일을 관장하는 것으로 보인다. 그 것은 내가 봉사할 수 있고 문제를 해결할 수 있다는 생각이다. 이 섬김 의 마인드셋은 임팩트 플레이어의 특징이다. 카이저샌드앤드그레이 블컴퍼니의 레미콘에 칠해진 슬로건은 이 마인드셋을 재미있게 담아 낸다. 그것은 "필요를 찾아서 채운다"이다.

섬김의 마인드셋만으로는 대단히 난처한 문제를 처리하기에 충분치 않다. 다른 이면의 마인드셋도 작용한다. 섬김의 마인드셋에 더해 시급성에 대한 강한 인식(나는 독립적으로 행동하고 결정할 수 있다)과 내적 통제 위치(외부의 힘이 아닌 내가 삶에서 일어나는 사건의 결과를 통제한다)도 있다. 이제 우리는 기능적 대응 이상의 것이 필요한 복잡하고 난처한 문제에 대처하는 승리의 방정식을 얻었다.

섬김의 마인드셋을 지닌 사람은 자율적으로 행동을 취하고, 결과를 좌우하며, 자신이 봉사할 수 있는 문제로 향하는 문제 해결자가 된다. 임팩트 플레이어는 가장 중요한 일을 할 때 나의 가치가 극대화된다는 사실을 이해한다. 그들은 자신을 노예로 일하는 조용한 지원 인력이 아니라 핵심 플레이어이자 일에 대한 공동 수혜자로 본다.

파급력을 높이는 습관

임팩트 플레이어는 변화를 이룰 수 있다고 믿기 때문에 일에 뛰어든다. 지금부터 임팩트 플레이어를 다른 동료들과 가장 크게 차별화하는 3가지 습관을 살필 것이다. 또한 이런 관행이 조직을 위한 가치를 창출하는 한편 임팩트 플레이어의 영향력을 키우는 이유를 설명할 것이다.

습관 1: 게임을 배워라

조직 내에서 최대한의 가치를 발휘하려면(봉사하려면) 먼저 무엇이 가치를 지니는지 알아야 한다. 어떤 게임을 플레이하는지 알아야 한다. 당신은 조직에서 가장 중시하는 기술과 역량을 얼마나 명확하게 이해하고 있는가? 최고 우선순위는 무엇인가? 무엇이 주의와 관심을 보장하는가? 리더, 고객, 파트너가 중시하는 것은 무엇인가?

목표를 이해하라

비틀스를 키운 전설적인 음반 프로듀서 조지 마틴은 "대부분의 아티스트는 노래를 녹음할 때 전체를 듣지 않아요…. 그들은 노래를 다시틀면 자신의 부분만 듣습니다. 프로듀서는 한발 물러서서 전체를 조망하고 파악해야 합니다"라고 말했다.[3] 임팩트 플레이어는 개별 뮤지션이 아니라 음반 프로듀서의 관점에서 생각한다. 가장 영향력 있는 직장인은 먼저 생각한 다음 행동한다.

한 청소년 축구팀 감독은 내게 최고의 선수는 자신의 발을 보지 않는다고 말했다. 그들은 눈을 크게 뜨고 경기장에서 어떤 일이 일어나는지 본다. 사업을 하는 사람에게 이는 사업 모델, 즉 무엇이 금전등록기를 울리게 만드는지 이해하는 일을 수반한다. 또한 비영리단체의 경우 이는 기금을 끌어들이는 일이 무엇인지 아는 것을 수반한다. 기업에서 일하든 공공 부문에서 일하든, 개발을 하든 영업을 하든, 조직이 하는 일에 대한 폭넓은 관점과 조직이 성공하는 방식에 대한 깊은 이해가 필요하다. 100쪽에 나오는 '스마트 플레이 1'의 질문들은 큰 그림을 보는 데 도움을 줄 것이다.

해결해야 할 근본적인 문제를 파악하면 일이 어떻게 연계되는지 알고, 도움이 될 기회를 보게 될 것이다. 또한 무엇을 해야 하는지 알게 될 것이다. 다만 그 일을 잘하려면 당신이 속한 문화에서 중시하는 가치를 알아야 한다.

규칙을 파악하라

모든 조직은 차별적인 문화, 즉 일상적 행동과 의사결정을 관장하는 일련의 가치와 규범을 지닌다. 다만 조직을 세심하게 관찰하는 사람이라면 누구나 알듯이 공표된 문화가 실제 문화인 경우는 드물다. 여러 연구 결과에 따르면 기업이 조직 가치로 공표하는 것과 직원들이 진정한 가치로 인식하는 것은 일치하지 않는다.[4] 이 불일치는 조직에서 성공하려면 진정한 문화를 판독해야 한다는 것을 시사한다. 임팩트 플레이어는 문화를 적극적으로 해독한다. 그들은 벽에 붙은 포스터를 읽는 동시에 복도에서 이뤄지는 행동을 관찰한다. 그들은 사람들이 하는 말보다 그들이 실제로 하는 행동에 더 주의를 기울인다. 내가 오라클에 입사한 첫날 접했던 '문과'에 대한 멸시처럼 말이다. 그들은 관찰하고 탐구한다. 어떤 유형의 성과가 칭송받는가? 어느 집단이 가장 힘이 세며, 그 이유는 무엇인가? 해고를 부르는 행동은 무엇인가? 임팩트 플레이어는 무엇이 중시되는지에 주의를 기울임으로써 가치를 더하는 방법을 배운다. 또한 가치를 더함으로써 파급력을 키운다.

조직 문화를 해독하고 적응하는 능력은 생각보다 훨씬 중요하다. 새로운 연구 결과에 따르면 문화적 적응력이 성공하는 직원의 특징일 수 있다. 스탠퍼드대학교 연구진은 장기적으로 문화적 변화를 읽고 거기에 적응하는 직원은 처음에 기업 문화와 잘 맞았던 직원보다 더 성공한다는 사실을 확인했다.[5] 많은 기업은 자사의 문화와 잘 맞는 사람을 찾는다(그리고 비전통적인 후보를 간과한다). 그러나 사실은 문화적 코드를 해독하고 분위기를 읽을 줄 아는 능력이 적절한 배경보다 더 중요할지도 모른다. 빠르게 변하는 환경에서 가장 유효한 직장인은 새로운 환경에 떨어트릴 수 있고, 암묵적 운영 규칙을 해독할 수 있으며, 게임의 변화에 적응할 수 있는 사람이다. 그들은 뒤이어 규칙을 바꿀 수 있는 규칙을 얻는다.

윗사람과 공감하라

임팩트 플레이어는 조직에 중요한 일이 무엇인지 아는 데 더해 리더에게 중요한 일이 무엇인지도 안다. 그리고 그 가치를 자신에게도 중요하게 만든다.

에번 홍은 920억 달러의 매출을 올리는 미국의 유통업체 타깃코퍼레이션에서 위기 대응 팀 부장으로 일한다. 이 팀은 사업 리스크를 예측하고 완화하는 일을 한다. 에번을 대단히 가치 있는 존재로 만드는 것은 다른 사람들의 눈을 통해 사태를 바라보는 능력이다. 그의 상사 아일린 귀니는 이렇게 말한다. "그는 저의 학습 스타일과 선호하는 방식에 주의를 기울여요. 그래서 '원하는 것을 얻고 계십니까?'라고 단도직입적으로 묻죠. 이런 질문은 제가 정말로 필요한 것이 무엇인지, 그것을 얻고 있는지 생각하게 만들어요."

에번은 상사가 자신에게서 필요로 하는 것만 파악하지 않는다. 그는 그녀의 레이더에 있는 모든 것을 본다. 그는 아일린에게 그녀의 상사인 선임 부사장 매트가 무엇을 중시하는지 묻는다. 이를테면 각 안건을 매트와 얼마나 오래 논의하는지, 해당 사안에 어떻게 도움이 될 수 있는지 묻는다. 아일린은 "레이더에 뜬 모든 비행기를 생각해주는 다른 사람이 있는 건 정말 좋아요"라고 말한다.

에번은 아일린이 최고 경영진에게 할 연례 위험관리 프레젠테이션을 준비하는 일을 도왔다. 그는 그녀에게 필요할 모든 정보를 제공했다. 뒤이어 그는 자신도 회의에 참석하게 해달라는 중대한 요청을 했다. 그는 대개 자신의 직급에 속한 사람은 최고 리더들이 참석하는 회의에 들어가지 않는다는 사실을 안다고 인정했다. 그러나 그는 자신과 아일린이 같이 프레젠테이션을 하면 보다 총체적인 논의가 가능할 것이라고 말했다. 즉, 한 명은 주로 하방 리스크에 초점을 맞추고, 다른 한 명은 상방 리스크를 다룰 수 있다. 그는 이 생각을 강하게 밀어붙이지는 않았다. 그래도 그녀가 충분히 고려할 수 있도록 일찍이 제안했다.

아일린은 공동 프레젠테이션이 회사를 위해 더 나은 결과로 이어질 수 있다고 판단했다. 또한 그녀는 자신들과 자신들의 일을 대변하는 에번의 능력을 완전히 신뢰했다. 그래서 같이 회의에 들어가자고 말했다. 그는 자신의 역할을 완벽하게 수행했다. 그들은 경영 팀에 불황의 가능성을 포함해 사업에 대한 다양한 위협을 설명했다. 또한 다양한 약점과 보완책을 제시하고 활발한 논의를 이끌었다. 덕분에 기업계에서는 최초일 수도 있는 일이 일어났다. 경영 팀 구성원들은 내년의 리스크 관리 회의도 정말로 기대한다고 말했다. 이 회의는 겉으로만 성공한 것이 아니었다. 2019년에 열린 리스크 관리 회의는 전 세계적인 코로나 팬데믹이 촉발한 경제적 난관에 대비하는 데 중요한 역할을 했다.

에번은 자신의 일만 하지 않았다. 그는 상사의 일과 그 상사의 상사의 일, 그리고 반드시 해야 하는 근본적인 일까지 이해하려고 노력했다. 이 모든 노력은 회사가 리스크에 대비하도록 만들기 위한 것이었다.

임팩트 플레이어는 리더가 무엇을 필요로 하는지 파악한다. 그들은 이른바 상향식 공감Upward Empathy을 아주 잘 실천한다. 이는 관리자를 대할 때 그 요구만이 아니라 난관, 제약, 의도까지 살피는 것을 말한다. 상향식 공감은 상사 때문에 짜증 나는 일을 넘어서 무엇이 상사를 짜증 나게 하는지 이해하는 것이다. 특히 그 짜증의 원인이 당신일 때는 더욱 중요하다. 상향식 공감은 조망 수용Perspective Taking을 통해 강화된다. 이는 다른 사람의 관점을 고려하는 것을 말한다.[6]

조망 수용은 공감과 많이 비슷하다. 다만 가슴보다 머리에서 더 많이 이뤄진다. 즉, 자신의 관점에서 벗어나 다른 사람의 관점에서 상황을 바라보는 개념적 행위다. 예를 들어 한 프로젝트팀의 초급 컨설턴트는 상사가 급하게 요구하는 업무만 본다. 그러나 상사의 관점을 취하면 갑자기 프로젝트의 범위를 바꾸는 까다로운 고객을 볼 수 있다. 또한 고객의 관점을 취하면 예상치 못한 내부 조직 개편 때문에 일련의 새로운 의존자와 사용자가 생긴 상황을 볼 수 있다.

조망 수용과 상향식 공감을 실천하면 우리의 리더와 조직이 보고, 생각하고, 느끼는 것에 대해 풍부한 이해를 얻을 수 있다. 이 인식은 다음 그림에 나오듯이 우리의 행동을 이끌 수 있다.

연구자들은 우리가 권력 구조의 하단에 있을 때 조망 수용이 자연스럽게 이뤄진다는 사실을 보여주었다.[7] 우리는 권한과 자원이 적을

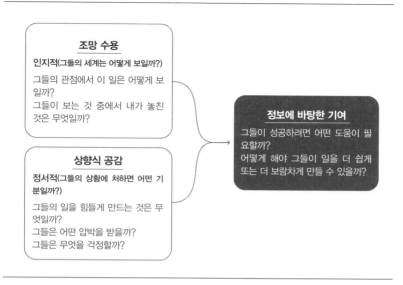

수록 주변의 사람과 사건에 더 촉각을 세운다. 반면 권한이 증가하면 다른 사람의 관점을 이해하려고 노력할 가능성이 작아진다. 이는 자전거 타기와 다르다. 즉, 방법을 잊어버릴 수 있다. 고위 임원과 정치인들이 너무나 자주 동떨어진 것처럼 보이는 이유가 거기에 있다. 또한 이 사실은 우리가 경력을 진전시키는 동안에도 조망 수용 능력을 적극적으로 유지해야 한다는 것을 말해준다. 이런 노력을 하는 사람은 보상을 얻는다. 상향식 공감을 실천하면 고위 리더가 우리의 포부를 더 잘 알 수 있는 채널이 열린다. 또한 서로에게 도움이 되는 방향으로 이 포부에 대해 논의할 수 있는 공통의 언어가 생긴다.

어젠다를 파악하라

조망 수용은 행동을 이끄는 보이지 않는 어젠다를 파악하도록 도와준다. 대다수 리더와 조직에는 어젠다가 있다. 어젠다는 중요하게 여기는 일련의 사안이나 목적을 말한다. 때로 이 어젠다는 사명 선언, 전략 계획, 특정 기간에 대한 우선순위의 형태로 드러난다. 그러나 역동적인 환경에서는 여건이 바뀌고 새로운 정보가 나옴에 따라 전술적 목표를 조정해야 한다. 즉, 공표된 어젠다가 진정한 어젠다인 경우가 드물다. 진정한 어젠다는 지금 중요한 일로서 성공을 위해 무엇이 의미 있고 필수인지 정의한다. 그럼에도 글로 쓰이는 경우가 드물다.

이상적인 세계라면 리더들이 어젠다를 명확하게 제시할 것이다. 그들은 무엇이, 왜 중요한지 알려준 다음 당신이 그 방법을 파악하게 할 것이다.[8] 그러나 리더들은 종종 너무나 빠르게 움직인다. 그래서 속도를 늦추고 팀에게 상황을 설명하는 시간을 갖지 않는다. 또는 자신에게는 어젠다가 너무나 명확하기 때문에 다른 사람들에게도 명확할 것이라고 오판한다. 기업의 세계는 내게 지시가 떨어질 때까지 기다리지 말라고 가르쳤다. 모든 직급의 기여자는 현재 조직이 추구하는 어젠다를 스스로 파악해야 한다. 이는 고파급력 기여자가 보이는 행동 패턴이다. 우리가 조사한 최고의 기여자들은 뛰어난 수비수가 경기 상황을 읽고 어떤 플레이가 나올지 예측하는 것처럼 진정한 어젠다를 직감적으로 안다. 그들은 어디서 중요한 일들이 일어날지 알고 그 위치로 이동한다. 그들은 이른바 '윈W.I.N.'(지금 중요한 일What's Important Now)을 파악한다.

지금 중요한 일이 무엇인지 알고 있는가? 조직의 최고 우선순위를 이해하는가? 리더와 동료들이 당신에게 "말이 통한다"라고 말하는가? 즉, 전략에 대해 수월하게 논의할 수 있다고 말하는가? 무엇보다 지금 필수적인 일이 무엇인지 알고 있는가? 그렇지 않다면 리더들이 어떤 일에 시간을 쓰는지, 어떤 일이 논의되는지, 어떤 일이 탄력을 받는지, 어떤 일이 칭송되는지에 주의를 기울여라. 그것이 어젠다다. 그것이 윈이다.

습관 2: 필요한 곳에서 플레이하라

윈을 알면 반드시 해야 하는 일을 하는 데 기운을 집중할 수 있다. 또한 최고의 파급력을 발휘할 수 있는 곳에서 플레이할 수 있다. 조직의 진정한 어젠다를 이해하면 대다수 사람들을 제한하는 인위적 제약과 조직표에 갇히지 않는다. 고파급력 기여자는 대다수 사람들보다 유연하게 일한다. 전략적 역할과 전술적 역할 사이를 쉽게 오가며, 경계 없이 일한다. 구체적으로는 "문제를 해결하거나 기회를 살리기 위해 공식 직무 범위를 벗어나 일하려는" 경향이 고파급력 기여자를 전형적 기여자로부터 차별화하는 상위 3가지 요소 중 하나였다. 또한 이는 전형적 기여자와 미달 기여자가 가장 드물게 보이는 행동에 속했다. 다시 말해 이 행동은 임팩트 플레이어를 동료들과 다르게 만들어주는 요소다.

  기여자들이 자신의 위치에서 플레이할 때 임팩트 플레이어는 필요한 곳에서 플레이한다. 그들은 거대하고 난처한 문제가 누구의 업무 영역에도 속하지 않고, 전략 계획이 정체되고, 충족되지 않은 수요가 방치되다가 결국 다른 곳으로 향하는 것을 바로잡는다. 이 최고의 기여자에게 직무는 출발점에 불과하다. 즉, 이동을 제한하는 공원의 경계라기보다 신속하게 대응하도록 해주는 베이스캠프에 더 가깝다.

○ **문제를 추적하라 |** 2015년 영국과 네덜란드가 합작한 소비재 기업인 유니레버는 커레스Caress(미국 외 지역에서는 럭스Lux) 제품 라인에서 새로운 보디워시를 출시할 준비를 하고 있었다. 마케팅팀은 이 제품이 24시간 동안 좋은 향기가 나게 만드는 혁신적인 신기술을 담고 있다는 사실을 알리고 싶었다. 그것은 하루 종일 향기를 발산하는 작은 입자들이었다.

제품 생산은 아시아 전역에 걸친 여러 장소에서 시작됐다. 지역 사업부는 매출 추정치를 상향했다. 마케팅팀은 제품이 생산되기도 하는 인도네시아를 비롯한 여러 주요 시장을 겨냥해 출시를 준비했다.

출시일 9개월 전, 공급 팀이 경보를 발령했다. 조달할 수 없는 원료와 복잡한 물류 때문에 상당한 지연이 발생한다는 것이었다. 그들은 1, 2분기 동안 출시가 지연될 것이라고 경고했다. 직원들은 리스크 분석을 했다. 고위 리더들은 회의를 열어서 매출에 발생할 상당한 타격을 논의했다. 리더십팀은 혁신을 시장에 선보이고 싶어 했다. 그러나 모두가 지연이 불가피하다고 가정했다.

커레스/럭스 브랜드 매니저인 사비네 카이랄라는 상황을 다르게 보았다. 그녀는 "저는 포트폴리오, 브랜드 전략, 홍보, 잠재 고객 관리 같은 일을 담당하고 있었습니다. 당연히 제품 생산은 저의 업무가 아니었습니다. 하지만 제품이 없으면 제품을 시장에 내놓을 수가 없었어요"라고 말했다. 키가 180센티미터에 레바논 대학 농구 팀 선수 출신인 사비네는 UAE에서 자랐다. 그녀의 어머니는 그녀에게 강한 사람이 되라고 가르쳤고, 아버지는 언제나 독립적인 사람이 되어야 한다는 생각을 심어주었다. 사비네는 그 마인드셋으로 직장 생활에 임했다. 그녀는 할 수 없거나, 하지 말아야 하는 일은 없는 것처럼 일했다. 그녀는 새로운 제품 혁신의 중요성을 알았기에 문제가 무엇인지 추적했다.

사비네는 공급 담당자에게 전화를 걸었다. 그는 인도네시아에서 일하는 조용한 이면의 플레이어였다. 그녀는 자신이 그의 새 친구라고 소개하면서 질문을 던지기 시작했다. 그가 공급 시스템을 하나씩 설명하는 동안 첫 번째 문제가 명확하게 드러났다. 뚜껑은 태국에서 만들지만, 병은 인도네시아에서 만들고 있었다. 게다가 서류에 몇 가지 세부 사항이 빠지는 바람에 뚜껑들이 인도네시아 세관에 묶여 있었다. 사비네와 공급 담당자는 송장의 각 항목을 살폈으며, 누락된 정보를 아는 다른 사람들을 끌어들였다. 그 결과 14일 안에 뚜껑이 세관을 통과했다. 이후 태국에서 인도네시아로 순조로운 공급이 이뤄졌다.

덕분에 생산 라인이 재개됐다. 그러나 아직 지연 구간이 더 있었다. 사비네는 단계마다 "공급 과정을 정체시키는 다음 문제는 뭔가요?"라고 물었다. 신제품은 새로운 원료, 다른 포장, 온도 조절 운송 외에도 많은 것을 요구했다. 그들은 목록을 만들어서 하나씩 문제를 해결했다.

그들은 3주 만에 지연 기간을 6개월에서 단 1개월로 줄였다. 덕분에 신제품이 제때 출시되면서 애초의 매출 추정치(인도네시아에서만 약 500만 달러)를 거의 달성할 수 있었다. 또한 제품 혁신의 리더로서 유니레버의 입지를 구축할 수 있었다. 사비네는 공급 문제를 공급 팀에 그냥 맡겨둘 수 있었다. 그러나 그녀는 자신의 직무를 넘어섰다.

시급한 문제가 복잡하게 바뀌면 다른 사람이 처리할 것으로 생각하면서 원래 포지션에서 계속 플레이하는가, 아니면 문제를 추적하는가? 위치 유지자에서 문제 해결자로 방향을 재설정하면 파급력이 커진다.

일의 세계에서 기여자는 미니 축구 게임대의 플라스틱 선수와 같다. 즉, 좋은 위치에 놓여 있지만 막대에 고정되어 있다. 또한 회전할 수 있지만 쉽게 공에서 멀어진다. 반면 임팩트 플레이어는 최고의 미드필더처럼 일한다. 경기가 진행되는 양상을 보면서 전진하거나 후퇴해 가장 필요한 곳에서 플레이한다. 그렇다고 해서 자리를 비우는 것은 아니다. 그들은 담당 포지션을 지키면서 범위를 확장한다.

캐나다 밴쿠버에 있는 SAP에서 사전 영업 컨설턴트로 팀에 탁월한 가치를 제공한 테오 타의 사례를 살펴보자. SAP 같은 기업용 소프트웨어 회사는 아주 많은 제품을 보유한다. 잠재 고객을 대상으로 시연을 하려면 때로 10여 명의 제품 전문가가 필요하다. 이 경우 고객이 압도당할 수 있다. 테오의 상사인 마이크 더디는 "일부 사전 영업 컨설턴트는 특정 제품군만 잘 알고 있습니다. 반면 테오는 고객과의 첫 대화가 가능하도록 다른 영역도 충분히 공부합니다. 이후에 고객이 더 깊이 들어가기를 원하면 다른 컨설턴트를 끌어들이죠. 그는 뛰어난 골키퍼와 같습니다. 딱 적당한 만큼만 박스 밖에서 플레이하죠"라고 말했다.

어젠다를 해결하라

어젠다를 해결하는 것은 그저 맡은 일만 하는 것과 느낌이 다르다. 고속도로를 달리는 것이 비포장도로를 달리는 것과 느낌이 다른 것처럼 말이다. 일단 훨씬 긴박하다. 변화가 빨리 일어나고, 성과에 대한 압박이 더 강하다. 하지만 강한 긴박감은 효율성을 높여준다. 그래서 더 멀리, 더 빨리, 더 수월하게 나아갈 수 있다. 가장 중요한 일을 하면 이해관계자들이 만날 시간을 내준다. 또한 리더들은 필요한 자원을 제공하고, 자금을 지원하며, 앞에 놓인 장애물을 치워준다. 대가는 더 크지만, 난관은 더 낮다. 어젠다를 해결하는 일이 안기는 가장 큰 보상은 일이 그저 더 즐겁다는 것이다.

한 예로 여러 지부를 둔 대형 교회의 음악팀 매니저인 조시[9]의 변화를 살펴보자. 그는 우리의 웨비나를 접한 후 자신이 성실하게 일했지만 리더의 어젠다를 해결하지 못했음을 깨달았다. 이제 그는 담임 목사에게 매주 보내는 이메일에 답신이 없는 이유를 이해했다. 그는 이메일의 내용을 보강해 2가지 정보를 알렸다. 그것은 (1) 자신이 생각하기에 가장 중요한 일과 (2) 가장 중요한 일에 맞춰서 자신이 하는 일이었다. 그는 "이전에는 제가 보낸 이메일이 블랙홀로 사라지는 것 같았어요. 하지만 이제는 처음으로 답신, 격려, 감사 인사를 받고 있어요. 대단한 일이죠!"라고 말했다. 교회를 위한 그의 비전이 전달되고 수용됐다는 확인을 받았을 때 그의 반응이 어땠을지 상상해보라. 어젠다를 맞혔는지 아닌지는 다음을 통해 알 수 있다.

1. 어젠다를 맞혔다는 증거

- **사람들이 시간을 내준다:** 일정을 비워주고, 회의 시간이 빠르게 잡힌다.
- **자원이 주어진다:** 자금은 대개 가장 중요한 업무로 투입된다.
- **일이 쉬워진다:** 일에 대한 지원이 늘면서 진전이 더 빨라지고 더 효율적으로 이뤄진다.
- **압력이 늘어난다:** 중요한 일이라 어깨에 짐이 더해지고 성과에 대한 압력이 커진다.
- **더 주목받는다:** 중요한 일에 시야를 두면 모든 시선이 당신에게로 향한다.

2. 어젠다를 벗어났다는 증거

- **사람들이 시간을 내주지 않는다:** 회의 일정을 잡기가 어렵다. 당신은 서둘러 가지만 사람들이 당신을 만날 시간이 없어서 기다려야 한다. 상사와의 일대일 면담은 종종 취소된다.
- **반응이 없다:** 이메일을 보내도 답신을 받지 못한다.
- **피드백이 없다:** 사람들에게 문서를 검토해달라고 요청해도 피드백이 거의 없거나 "좋은 것 같다"라는 피상적인 반응만 돌아온다.
- **정체와 지연이 발생한다:** 프로젝트가 정체되다가 취소된다. 또는 진전이 너무 느려서 일을 완료하기 전에 필요가 바뀐다.
- **상사의 관심사에 오르지 못한다:** 상사가 일에 대해 묻지 않는다.

습관 3: 열정적으로 플레이하라

임팩트 플레이어는 목적의식과 확신을 가지고 일한다. 그들은 개인적 관심사가 아니라 조직의 충족되지 않은 필요를 섬기기 위해 일한다. 관리자들은 그들이 어떤 주제에 열정적이라고 말하는 경우가 드물다 (이를테면, "그는 인공지능에 열의가 있어요"). 대신 일 자체에 대해 열정적이라고 말하는 경우가 많다(이를테면, "그는 문제를 해결하는 데 열의가 있어요"). 임팩트 플레이어의 에너지는 일의 유형이 아니라 일을 하는 방식에 집중된다. 임팩트 플레이어는 개인적 열정에 따라 일하는 것이 아니라 열정을 품고 일한다. 이런 태도로 일하는 것이 마이크 모건이 더 크게 플레이하는 데 도움이 된 양상을 살펴보자.

라이언 스미스는 2002년에 아버지가 인후암에 걸렸다는 연락을 받았다. 당시 대학생이던 그는 캘리포니아에 있는 휴렛패커드에서 인턴으로 일하고 있었다. 그의 아버지인 스코트 스미스는 유타에서 대학 교수로 재직하고 있었다. 라이언은 아버지 곁을 지키기 위해 인턴 일을 그만두고 집으로 돌아온 후 대학을 중퇴했다. 두 부자에게는 같이 시간을 보낼 수 있는 좋은 프로젝트가 필요했다. 그들은 차를 만드는 것이 아니라 소프트웨어 회사를 시작했다. 그들은 스코트가 화학요법 치료를 받는 사이에 온라인 검색을 강화하는 소프트웨어 도구를 제작했다. 스코트의 건강이 나아지면서 그들은 다른 사람들도 건강이 나아지도록 돕겠다고 마음먹었다. 혹시 사업으로 돈을 벌게 되면 암 퇴치를 대의로 삼기로 했다. 부자의 프로젝트는 퀄트릭스Qualtrics라는 경험 관리 기업으로 발전했다. SAP는 2019년에 80억 달러를 주고 퀄트릭스를 인수한 후 2021년에 따로 상장했다.

마이크 모건은 2013년에 제품 마케팅 매니저로 퀄트릭스에 입사했다. 이후 그는 2015년에 브랜드 성장 및 글로벌 커뮤니케이션 책임자가 됐다. 그 무렵 퀄트릭스는 헌츠먼암연구소와 긴밀한 관계를 맺고 해마다 수십만 달러를 기부했다. 같은 시기에 아이스버킷 챌린지가 전국을 휩쓸면서 루게릭병 연구를 위한 기금을 모으고 있었다. 마이크는 '퀄트릭스가 그냥 암 연구 기금을 대는 것 말고 더 많은 일을 할 수 있을까? 수천 명의 사람들을 이 싸움에 끌어들이는 촉매가 될 수 있을까?'라는 생각을 했다. 그는 아이스버킷 챌린지 열풍을 퀄트릭스가 더 큰 경기장에서 암과 싸울 수 있도록 돕는 큰 기회로 보았다.

마이크에게 암은 개인적인 문제가 아니었으며, 한 번도 대의로 삼은 적이 없었다. 하버드 케네디스쿨을 나온 그는 사하라 남부 아프리카 지역의 개발 프로젝트에 참여했다. 그의 관심사는 세계적 개발이었다. 그러나 그는 몇 년 전에 〈하버드비즈니스리뷰〉에서 행복해지고 싶다면 열정을 좇지 말고 큰 문제를 해결하라는 내용을 담은 논문을 읽었다.[10] 그는 암과의 싸움이 중대한 기여를 할 수 있는 경기장이라는 사실을 깨달았다. 그는 자신의 결정을 이렇게 회고했다. "작은 규모로 원하는 일을 하든지, 아니면 전체 조직이 정말로 거대한 일을 하도록 도울 수 있었습니다. 저는 열정을 좇기보다 가장 큰 문제를 해결하는 것이 저의 목표임을 깨달았습니다." 그래서 그는 더 큰 싸움을 이끄는 길을 선택했다.

예산도, 직원도 없었다. 그래도 마이크는 창의적인 팀과 다른 동료들의 도움을 받아 '파이브 포 더 파이트5 for the fight'라는 캠페인을 고안하고 라이언 스미스의 지원을 얻어냈다. 캠페인의 내용은 암 연구 기금으로 5달러를 인터넷에서 기부하도록 사람들을 초대하는 것이었다. 기부자들은 암에 걸린 사랑하는 사람의 이름을 손바닥에 적어서 그 사진을 소셜 미디어로 공유했다. 그들은 5명의 친구에게 태그를 걸고 같은 일을 하도록 초대했다. 즉, 5달러를 내고, 5개의 손가락을 펼쳐서 이름을 보여주고, 5명의 친구를 더 싸움에 끌어들이는 것이었다. 이 캠페인은 2016년 2월에 X4 경험 관리 서밋X4 Experience Management Summit에서 출범해 첫해에 100만 달러를 모금했다.

　1년 후, 유타주의 NBA 팀인 유타 재즈가 퀄트릭스를 찾아와서 선수들의 저지에 붙이는 패치를 후원할 의향이 있는지 물었다. 마이크에게는 다른 아이디어가 있었다. 그는 패치에 회사명을 넣는 대신 파이브 포 더 파이트를 후원하면 어떻겠냐고 제안했다. NBA는 그 제안에 깜짝 놀랐다. 그러나 라이언 스미스만큼 놀란 것은 아니었다. 그는 퀄트릭스가 중요한 갈림길에 서 있으며, 성장 목표를 달성하려면 브랜드 인지도를 높여야 한다는 사실을 알았다. NBA 후원은 적지 않은 돈이 들었으며, 쉽지 않은 결정이었다. 라이언은 "정말로 좋은 생각이라고 확신해요?"라고 거듭 물으며 마이크를 압박했다. 마이크는 파이브 포 더 파이트 후원이 암 연구 기금을 모아줄 뿐 아니라 퀄트릭스의 브랜드와 사업에도 도움이 될 것임을 알았다. 또한 그는 '올인'을 한다는 아이디어가 회사의 핵심 가치이자 라이언에게 개인적으로 깊은 의미를 지니는 것임을 알았다. 마이크는 "암 연구에 '올인'하려는 게 맞아요?"라고 대꾸했다. 라이언은 올인할 생각이었다. 그래서 월요일인 2017년 2월 13일에 당시 유타 재즈 구단주인 게일 밀러와 나란히 서서 협력과 패치에 대해 발표했다.[11] 이는 북미 프로스포츠 역사에서 기업이 아니라 대의를 위한 최초의 저지 후원이었다. 대의를 후원하는 패치는 너무나 새롭고 흥미로웠다. 그래서 다른 어떤 NBA 저지 패치보다 14배나 더 많이 언론에서 다뤄졌다.

지난 3년 동안 파이브 포드 파이트는 2,500만 달러 이상의 기금을 모았다. 또한 지금은 미국, 유럽, 중동, 아시아, 호주에서 선도적인 암 연구 센터들과 협력하면서 현재 진행되고 있는 가장 획기적인 암 연구를 지원하고 있다.

마이크는 그 일이 업무 영역 바깥에 있는 일이었는지 묻는 나의 질문에 웃음을 터트리다가 곧 이렇게 덧붙였다. "제게는 업무 영역이 한 번도 없었습니다. 적어도 제 머릿속에서는 그랬어요." 그는 회사와 상사에게 모두 중요한 일이 무엇인지 이해했기 때문에 고파급력 플레이를 포착할 수 있었다. 라이언 스미스는 "'일이 일어나는 곳에 있는 것'도 중요합니다. 하지만 마이크가 지닌 특별한 점은 어느 자리에 있든지 일이 일어나게 만든다는 겁니다"라고 말했다. 누구도 마이크에게 사회적 책임의 세계로 나아가라고 말하지 않았다. 단지 그것이 그가 일하는 방식일 뿐이었다. 그는 "저는 누구도 하라고 말하지 않았지만 해야 하는 일에 항상 시야를 열어둡니다"라고 말했다.

마이크는 자신의 열정을 직접적으로 추구할 수 있었다. 대신 그는 자신이 가장 쓸모 있을 만한 곳에서 성심껏 일했다. 그는 열정적으로 일함으로써 더 큰 기회를 찾아냈고, 더 큰 파급력을 발휘했다.

임팩트 플레이어는 목적의식이 장기적으로 발견되고, 끝없는 내적 성찰보다는 시선을 외부로 향하는 것이 최선임을 안다. 경영이론가 톰 피터스는 "목적의식은 가만히 앉아서 목적에 대해 고심한다고 해서 생기는 경우가 드물다. 대개 또한 나의 경우에는 확실하게, 우연히 목적의식을 얻게 된다"라고 말했다.[12] 목적의식은 연구실에서 만들어지지 않는다. 목적의식은 세심하게 관찰하면서 일하는 데 따른 자연적인 부산물이다. 위를 바라보고, 주위에서 무슨 일이 생기는지 인지하고, 자신이 가장 쓸모 있을 만한 곳을 파악해야 한다. 목적의식은 우리가 가장 중요한 필요를 따르고, 완전한 확신을 가지고 봉사할 때 생겨난다.

가장 영향력 있는 직장인은 상황이 일을 이끌도록 하면 신뢰를 얻고 파급력을 키울 수 있다는 사실을 안다. 그들은 또한 모든 필요를 좇지 않는다. 그보다 진정한 필요와 자신의 가장 깊은 역량이 들어맞는 일을 찾는다. 나는 이를 '타고난 천재성Native Genius'이라고 부른다. 이 주제는 6장에서 자세히 살필 것이다. 대의를 위해 자신의 최대 강점을 활용하면 대개 모두에게 혜택을 안기는 번뜩이는 명민함을 추가로 발휘할 수 있다. 중요한 일에 도움이 되는 일을 하고 있는가, 아니면 그저 자기 일만 하고 있는가?

지금부터 좋은 의도를 지닌 경력 계획이나 업무적 관심사가 오히려 진정한 파급력을 저해하는 양상을 탐구할 것이다. 우리가 살필 함정 요소Decoy는 2가지다. 하나는 의무 수행의 결점이고, 다른 하나는 그저 열정만 좇는 근시안이다.

빠지기 쉬운 함정

임팩트 플레이어는 자신이 필요한 곳에서 봉사하는 문제 해결자로 일한다. 반면 우리가 조사한 전형적 기여자는 지정된 곳에서 봉사하는 위치 유지자에 더 가깝다. 그들은 맡은 포지션대로 플레이하고, 좋은 성적을 내며, 자기 레인을 지킨다. 또한 임팩트 플레이어처럼 자신을 더 큰 사명의 일부로 본다. 다만 그들은 자신의 역할을 좁게 보는 경향이 있다. 그래서 다른 사람들과 관계되는 측면을 걸러내기 때문에 자신의 세계에 영향을 끼치는 부분만 보고 행동한다. 어도비의 한 관리자는 전형적 기여자에 대해 "그녀는 일을 많이 하지만 생각의 폭이 좁아요"라고 말한다.

관리자는 전형적 기여자에 대해 종종 근면하다고 묘사한다. 그들은 과제를 완수하면서 강의 요강을 따르는 학생처럼 주어진 일을 해낸다. 그들은 의무감을 가지고 일한다. 자신에게 주어진 직무가 있고, 그 직무에는 목적이 있으며, 그 목적을 달성하기 위해 일한다는 식이다. 이 논리는 타당해 보이며, 심지어 고귀하기도 하다. 하지만 바로 거기에 문제점이 있다. 그러면 첫 번째 함정 요소인 의무 수행을 살펴보자.

○ **의무 수행** | 이 모드를 취하면 의무를 다하려는 생각을 갖게 된다. 그래서 규칙에 따라 플레이하고, 부지런히 움직인다. 문제는 낡은 위계적 규칙에 따라 플레이할 수 있다는 것이다. 이 규칙은 직원들에게 어떤 자리를 맡으라고 명령하거나, 조직표에 속한 직위를 배정한다. 내가 관찰한 바에 따르면 이 모드로 일하는 기여자들은 목적의식과 자

부심을 가지고 일하며, 괜찮은 성과를 낸다. 그러나 그들의 결점은 자신의 위치(직무)가 가치의 근원이라고 가정하는 것이다.

직무에 과도하게 얽매이면 복잡한 문제를 주의 분산 요소로 보게 된다. 계획하지 않은 프로젝트와 업무 영역을 벗어난 일은 생산성을 위협하므로 피해야 한다고 생각하게 된다. 그러나 고위 리더가 보기에는 이런 '우회'가 실질적인 일이다. 지속적으로 변화하는 게임에서 경쟁력을 유지하려면 기민성과 적응력이 필요하다. 기여자는 자신이 맡은 일을 하고 있다고 생각한다. 그러나 리더는 그들이 문제를 간과하고, 기회에 충분히 대응하지 못한다고 평가한다.

기여자 마인드셋으로 일하는 직장인은 진정한 어젠다를 놓치고 경로를 벗어날 위험이 있다. 심하게는 자신의 일만 하다가 레이더에서 완전히 사라질 수 있다. 한 나사 관리자는 부하 엔지니어에 대해 "자신의 일을 하고, 과제를 마칩니다. 하지만 임무 대비를 하려면 훨씬 많은 일을 해야 합니다. 그에게는 판에 박힌 프로젝트만 맡길 수 있어요"라고 말했다. 또한 타깃의 한 부사장은 가장 똑똑한 애널리스트에 대해 "자신의 전문 영역에 속한 일은 잘합니다. 데이터를 불러내고 보고서를 만듭니다. 하지만 혁신적으로 생각하지 않거나, 회사에 중요한 문제에 참여하지 않아요. 엉뚱한 골대에 공을 던지고 있는 셈이죠"라고 말했다.

난처한 문제에 대응할 때 의무 수행만 악영향을 끼치는 것이 아니다. 일의 새로운 규칙을 잘못 해석하는 또 다른 함정 요소가 있다.

○ **열정 추구 |** 열정을 좇는 것은 빠지기 쉬운 또 다른 함정이다. 하지

만 우리 모두는 "사랑하는 일을 하라. 그러면 평생 하루도 일하지 않을 것이다"라는 격언을 들어보지 않았는가? 스티브 잡스는 스탠퍼드 졸업 연설에서 "대단한 일을 하는 유일한 길은 사랑하는 일을 하는 것"이라고 조언하지 않았던가?[13] 게다가 노동인구의 새로운 구성원 중 다수는 이런 조언을 듣고 자랐다.[14] 열정을 따른다는 생각은 인상적인 졸업 연설을 만든다. 또한 경력을 선택하거나, 일하기 좋은 회사를 고르거나, 자신의 사업을 시작하기에 분명히 타당한 전략이다. 그러나 조직에 들어온 후에도 무턱대고 자신의 열정을 좇으면 성과보다 더 많은 피해를 초래할 수 있다. 동료들이 당신의 열정을 공유하지 않거나, 관심이 없으면 어떻게 될까? 당신은 온 마음을 다해서 연주해도 실제로는 박치처럼 들릴 수 있다. 리더의 관점을 고려하라. 대다수 리더는 직원들이 열정을 좇도록 돕는 일을 좋아한다. 그러나 누군가가 흥미로운 일만 골라서 하고, 조직의 우선순위가 아니라 자신이 좋아하는 프로젝트를 열정적으로 좇는 모습을 지켜보는 일은 짜증스럽고, 심지어 고통스럽다.

개인적 관심사를 추구하는 일은 실제로 기여자에게 실질적인 비용을 초래할 수 있다. 정상급 대학을 졸업한 후 리더십과 학습에 대한 자신의 열정을 추구하기 위해 리더십 개발 회사를 첫 직장으로 잡은 앤드루의 사례를 보자. 철학을 전공한 그는 깊이 있는 사고를 했으며, 회사의 프로그램에 대해 읽을 수 있는 모든 책을 탐독했다. 또한 학습 결과와 각 프로그램의 설계에 대해 지적인 이야기를 할 수 있었다. 다만 영업 전화는 그의 관심사가 아니었다. 상사는 그를 앉혀 놓고 직무를 다시 설명한 다음 고객을 확보하지 못하면 해고될 것이라고 경고했다. 앤드루가 열정을 품은 대상은 학습이었다. 하지만 영업에 대해서도 열정을 가져야 했다. 아니면 최소한 일자리를 지키는 데 열의가 있어야 했다. 그는 경력을 잘 시작하고 싶었다. 그래서 포스트잇을 꺼내서 10여 장에 "D.G.F."라고 쓴 다음, 큐비클 여기저기에 붙였다. 그는 동료들 누구에게도 그것이 무슨 의미인지 말하지 않았다. 그 의미는 "잘리지 말자Don't Get Fired!"였다. 그는 매일 100통의 전화를 하기 시작했고, 팀에서 최고의 영업맨이 됐다. 그는 자신이 좋아하는 일만 하는 것이 아니라 해야 하는 일을 좋아하는 법을 배웠다. 그래서 다행히 잘리지 않았다. 오히려 탁월한 영업 실적 덕분에 자신의 관심사에 더 잘 맞고, 리더십 개발 분야에서 보람 있는 경력을 쌓을 수 있는 자리로 승진됐다. 사실 앤드루에게 진정한 행운은 경력 초기에 무작정 열정만 따라가면 막다른 길로 직행한다는 사실을 깨닫도록 도와준 상사를 만난 것이었다.

파급력 배가하기

함정 요소는 검게 표시된 이미지에만 초점을 맞추다가 여백에 숨겨진 이미지를 놓치는 착시 현상처럼 가치의 신기루를 만들어낸다. 맡은 직무를 수행하거나, 열정을 따르는 일에 너무 골몰하면 조직의 여백이나 직무 사이의 틈에서 이뤄지는 보다 가치 있는 기여를 놓친다. 또한 자신은 열심히 일한다는 생각에 눈이 멀어서 기회가 주어지지 않거나 실질적인 활동에서 배제되는 이유를 이해하지 못한다.

반드시 필요한 일을 하라

임팩트 플레이어	조직		임팩트 플레이어	
하는 것	얻는 것	하는 것	얻는 것	이제 할 수 있는 것
독립적으로 일하며, 어젠다를 파악한다.	영향력이 미치는 범위가 넓어지며, 전략적 프로젝트에서 진전을 이룬다	재투자	직원이 아니라 파트너로 인식된다.	더 큰 프로젝트와 리더 역할을 맡는다.

임팩트 플레이어	조직		임팩트 플레이어	
하는 것	얻는 것	하는 것	얻는 것	이제 할 수 있는 것
문제와 기회에 신속하고 유연하게 대응한다.	기민성과 섬김의 문화	기회를 인식하고 제공한다.	만능 플레이어라는 평판	조직 전체에 걸쳐 다양한 역할에서 기여한다.

반면 임팩트 플레이어는 일에 대해 아주 다른 접근법을 취한다. 그들의 리더, 조직, 자신을 위해 가치를 창출하는 연쇄반응을 일으킨다. 위 그림이 그 양상을 보여준다.

임팩트 플레이어는 충족되지 않은 필요를 찾고, 자신이 가장 쓸모 있는 곳에서 일한다. 그래서 리더에게 파트너로, 조직 전체에 걸쳐서 만능 플레이어로 인식된다. 그들에게 더 큰 기회가 주어지는 이유가 거기에 있다. 그들은 "감독님, 제가 뛰게 해주십시오"라고 말할 필요가 없다. 그들은 경기에 가장 먼저 투입된다. 특히 힘든 상황에서는 더욱 그렇다.

내가 오라클에서 겪었던 일을 다시 살펴보자. 내가 밥 셰이버의 조언을 받아들여서 쓸모 있는 사람이 되기로 결심한 지 약 10년이 지났다. 당시 나는 글로벌 인재 개발 책임자로서 여러 전략적 프로젝트를 이끌고 있었다. 나는 주로 난처한 문제를 받아들이고, 고위 임원과 잘 협력함으로써 흥미로운 일을 맡게 됐다.

어느 날 오후, 인사 팀 동료인 제인이 나의 사무실에 찾아왔다. 그녀는 자신이 이끄는 프로젝트에 임원들의 동의를 얻기 위해 도움이 필요하다면서, 가능하다면 조만간 점심을 사고 싶다고 말했다. 당연히 나는 좋다고 말했다.

제인은 점심 자리에서 자신이 세운 채용 목표를 설명했다. 그리고 임원들이 이 목표를 자신들과 회사의 목표로 삼도록 만들고 싶다고 말했다. 즉, 자신의 채용 목표를 임원들의 어젠다에 올리고 싶다는 것이었다. 그녀는 내게 조언을 구했다.

나는 그녀의 말을 듣고 잠시 생각한 다음 솔직하게 말했다. "나는 큰 도움이 되지 못할 것 같아. 사실 어떻게 해야 할지 모르겠어." 제인은 당황한 표정을 지으며 "아니지. 넌 이런 일에 능숙하잖아. 임원들을 잘 알고, 그들도 네 말을 잘 들어주잖아"라고 대꾸했다. 나는 정말로 무엇이 됐든 내게 중요한 일을 그들의 어젠다로 올린 적이 없다고 말했다. 내가 한 일은 그들에게 중요한 일이 무엇인지 알아내고 그것을 나의 어젠다로 삼는 것이었다. 나의 일은 그들의 '필요'를 충족하는 '방법'이 됨으로써 가치를 얻었다. 나는 추가로 이렇게 설명했다. "혹시 내가 어젠다를 설정하는 것처럼 보였다면 그건 오로지 내가 조직에 중요한 일에 매달리는 습관을 들였기 때문이야. 나는 장기적으로 영향력을 구축했고, 아마도 회사의 어젠다를 결정하는 데 도움을 줄 권리를 얻은 것 같아."

이는 제인이 듣기 원했던 말은 아니었다. 그래도 그녀가 일의 가시성과 파급력을 높이는 데 필요한 통찰이었다. 우리는 임원들의 우선순위와 문제에 대해 자세한 이야기를 나누었다. 점심 자리를 마칠 무렙에는 제인의 일을 그들의 문제에 대한 해결책으로 만드는 방법을 궁리했다.

나도 이 전략에서 멀어진 때가 있었다. 어젠다가 바뀌었다는 사실을 인지하지 못하거나, 개인적 열정에 사로잡힌 때가 있었다. 그래도 조직에 가장 중요하고, 나 자신을 가장 쓸모 있게 만드는 일을 할 때 언제나 최고의 파급력(및 재미)을 얻었다.

일을 통해 파급력을 끼치고 싶다면 어젠다를 파악하고 대처하라. 개인적 어젠다를 버리면 더 큰 어젠다로 소환될 수 있다. 거기서 더 큰 가치를 창출하고, 더 큰 기쁨을 찾을 수 있다.

전략

이 전략은 일의 파급력을 높이고, 반드시 필요한 일을 하기 위한 마인드셋과 관행을 실천하고자 하는 모든 사람을 위한 것으로 스마트 플레이(임팩트 플레이어의 습관을 기르는 데 도움이 되는 확고한 관행과 훈련)를 담고 있다. 또한 유효성이나 명성 또는 관계에 타격을 입히지 않고 새로운 행동을 실험하는 데 도움이 되는 주의 사항도 담고 있다.

스마트 플레이

1. **실행 가능한 윈W.I.N.을 찾아라.** 빠르게 어젠다에 올라타는 방법은 실행 가능한 윈(지금 중요한 일), 즉 직속 상사뿐 아니라 조직에도 중요한 일을 찾는 것이다.

2. **원에 뛰어들어라.** 실행 가능한 원을 찾았다면 자신의 역량이 원과 겹치는 지점에서 기여할 기회를 찾아라. 조직의 최상위 3대 우선순위에 속하는 원을 파악함으로써 파급력을 극대화하라.

3. **윗사람과 어젠다를 논의하라.** 조직의 어젠다와 당신이 지금 하는 일을 연결하라. 당신이 그들의 필요를 해결하는 방법임을 알려라. 그들이 어젠다의 우선순위를 달성하는 데 어떻게 도움이 될지 말해주는 짧은 진술을 만들어라. "고객 유지율을 높이는 것이 우리의 최고 우선순위임을 알고 있습니다. 그래서 고객의 요구를 더 잘 이해할 수 있도록 다양한 고객 유형에 대한 프로필을 만들고 있습니다" 같은 진술이 그 예다. 좋은 진술은 다음과 같이 2가지 메시지를 전달한다. (1) "당신에게 중요한 것이 무엇인지 알고 있다"라는 뜻인 "저는 이해합니다", (2) "제가 이 일을 성사시키겠습니다"라는 뜻인 "제가 하겠습니다". 이런 진술을 통해 이메일, 프레젠테이션, 일대일 면담 같은 소통을 시작하라. 그래야 리더가 자신에게 중요한 것이 당신에게도 중요하다는 사실을 알 수 있다.

4. **'순진한 수용'을 연습하라.** 난처한 문제에 대처하려면 종종 익숙한 영역 밖에서, 현재의 역량을 넘어서 일해야 한다. 자격 미달의 입장이 되면 부담스럽고 압도당하는 기분이 들 수 있다. 불확실성을 늘리는 일을 거부하고 현재의 직무에만 매달릴 수 있다. '순진한 수용', 즉 뇌가 개입해 불가능하다고 말하기 전에 새로운 과제에 동의하라. 리처드 브랜슨은 "누군가가 당신에게 놀라운 기회를 제공하는데 해낼 수 있을지 확실치 않다면 하는 방법을 나중에 익혀요!"라고 말했다. 일단 과제를 수용한 후에는 모르는 것을 인정하라. 지

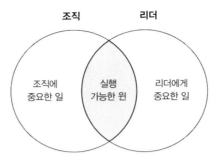

| 조직 | 리더 |

조직에 중요한 일 · 실행 가능한 원 · 리더에게 중요한 일

1. **조직에 중요한 일을 파악하라.**
   - 올해의 최상급 전략 목표는 무엇인가?
   - 어떤 프로젝트가 가장 눈에 띄고, 가장 많은 자금 지원을 받는가?
   - 최고 임원은 무엇에 대해 이야기하는가?

   최상위 3개를 골라라. →

2. **리더에게 중요한 일을 파악하라.**
   - 어떤 일에 시간을 들이거나, 어떤 일에 대해 이야기하는가?
   - 어떤 일에 감정적이거나 열정적인 모습을 보이는가?
   - 성과는 어떻게 측정되는가?

   최상위 3개를 골라라. →

3. **리더와 조직에 중요하면서 지금 시급한 일을 파악하라.**
   - 어떤 일이 추진력을 얻고 있는가?
   - 어떤 일이 자금을 지원받는가?
   - 승진하게 만드는 것은 무엇인가?

   그것이 원이다.

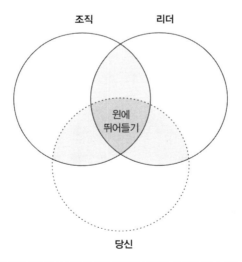

조직과 리더의 최상위 3대 우선순위 중에서 당신이 중대한 기여를 할 수 있는 것은 무엇인가?
당신의 일이 문제를 해결하거나 목표를 달성하는 데 어떻게 도움을 주는가?

성과 정보가 뒷받침된 질문을 던지면서 빠르게 학습하라. 자신을 믿지만 단지 상황에 대한 자신감이 낮은 '지적인 학습자'라는 이미지를 드러내라. 그러면 리더는 당신이 초보 모드를 취하고 있지만 빠르게 배울 수 있다는 사실을 알게 된다.

주의 사항

1. **허락을 받아라.** 난처한 문제에 대처하기 위해 모험을 떠날 때 다른 사람들에게 잊히면 안 된다. 일이 잘못되면 당신이 어디에 있으며, 왜 자리를 비웠는지 사람들이 알아야 한다. 등반가는 혼자서 위험한 오지로 모험을 떠나기 전에 관리 당국에 문의하고 목적지를 통보한다. 마찬가지로 당신도 허락을 받아야 한다. (1) 어디로, 왜 가는지 (2) 핵심 직무 중에서 계속 잘 수행해야 하는 것은 무엇인지 상사에게 동의를 얻어라.

2. **계속 소통하고 위치를 알려라.** 리더의 어젠다는 오지의 날씨처럼 빠르게 변할 수 있다. 정규 조직 사이의 여백에서 일할 때는 팀, 상사에게 자주 현황을 알려라. 등반가가 위성 추적 장치로 다른 사람들에게 자신의 위치를 알리듯이 모험에 나선 후 "위치를 알려라". 그냥 현황만 업데이트하지 말고 어젠다에 계속 머물 수 있도록 다른 사람들의 우선순위가 바뀌고 있는지 파악하라.

3. **일정한 거리를 유지하라.** 리더들에게 공감하고 조직의 우선순위에 발맞추는 것은 타당한 관행이다. 그러나 너무 극단적으로 나가면 맹목적인 추종으로 이어져서 대단히 위험할 수 있다. 역사는 충직한 추종자들이 비도덕적인 명령에 문제를 제기하지 못하거나, 납치

범들에게 동화된 피해자가 범죄를 저지른 사례로 가득하다.[15] 섬기는 자세로 일할 때에도 모든 지시의 타당성과 도덕성을 따지는 데 필요한 심리적 거리와 독립적 사고를 반드시 유지해야 한다. 다른 도덕성 요건에 더해 이렇게 자문할 수 있다. "더 이상 이 사람이나 조직을 위해 일하지 않을 때에도 이 일을 후회하지 않을 것인가?"

○ **관리자를 위한 코칭 팁:** 8장 끝부분에 나오는 '감독의 전략'에서 팀원들이 필요한 일을 하도록 돕는 코칭 팁을 확인할 수 있다.

쓸모 있는 사람이 돼라

이 장은 임팩트 플레이어가 난처한 문제에 대처하는 양상과 그들이 정해진 역할을 기꺼이 벗어나 진정한 필요와 전략적 우선순위에 대처할 수 있는 이유를 설명한다.

	기여자 마인드셋	임팩트 플레이어 마인드셋
관행	맡은 일을 한다.	필요한 일을 한다.
가정	나는 특정한 직무를 다하기 위해 이 자리에 있다(의무).	• 나는 조직을 섬기고 문제를 해결할 수 있다(섬김). • 나는 독립적으로 행동하고 결정할 수 있다(행위능력). • 나는 내 삶에서 일어나는 사건의 결과를 통제할 수 있다(내적 통제 위치).
습관	• 시야가 좁다. • 포지션대로 플레이한다.	• 게임을 배운다. • 필요한 곳에서 플레이한다. • 열정적으로 플레이한다.
영향	개인은 실질적인 활동에서 배제된다. 조직은 부서나 직무 사이의 여백에 도사리고 있는 난처한 문제를 해결하지 못한다.	유연하고, 다양한 역할에서 활용할 수 있는 만능 플레이어라는 평판을 얻는다. 조직적 대응 능력을 키우고, 기민성과 섬김의 문화를 창출한다.

피해야 할 함정 요소: ① 의무 수행, ② 열정 추구

불분명한 역할에 대한 자세

* 다음은 기여자와 임팩트 플레이어에 대한 리더의 평가다.

기여자	≳ 임팩트 플레이어 ≲
무엇을 해야 하는지 알아도 그냥 하지 않고 지시를 기다립니다.	어떤 일을 하라고 지시하지 않아도 그냥 시작합니다.
어떤 프로젝트를 맡아달라고 요청하면 자신에게 어떤 이득이 있는지 알고 싶어 합니다.	공로를 다른 사람들에게 돌리며 (모든) 성공이 자기 덕분이라고 주장하지 않습니다.
문제를 일으키지 않고 현재 상태를 유지하는 데 집중합니다. 일을 망치지 않는 게 가장 중요하다고 생각하는 것 같습니다.	모든 것을 더 낫게 만듭니다.

3장

적극적으로 나서고, 적절하게 물러서라

나는 왜 누군가가 그 일에 대해 뭔가를 하지 않는지 항상 궁금했다.
그러다가 내가 그 누군가임을 깨달았다.

릴리 톰린(미국의 배우, 성우, 희극인)

벨파스트 사람들은 세상에서 말하는 북아일랜드 분쟁을 그냥 분란 Troubles이라 불렀다. 수 세기에 걸친 정치적 긴장이 영연방에 충성하는 신교도 통합론자와, 영연방에서 빠져나와 통일 아일랜드를 만들려는 구교도 민족주의자의 30년에 걸친 폭력적인 투쟁으로 폭발했다. 이 분쟁은 준군사 조직과 주 방위군이 총알과 폭탄으로 서로를 공격하고, 시민들이 교전에 휩쓸리는 시가전이었다. 1960년대 말의 행진과 시위는 1970년대 초의 폭동과 공격으로 이어졌다. 폭력은 1972년에 절정으로 치달았다. 1월 30일에 이른바 피의 일요일 사건이 터진 후, 약 1,300건의 폭탄 공격으로 거의 500명이 숨졌다. 그중 다수는 시민이었다.[1] 1970년대 말에 양측은 끝이 보이지 않는 전쟁에 염증을 느꼈다.

두 자녀를 둔 33세의 베티 윌리엄스는 너무나 많은 벨파스트 주민처럼 이 분쟁으로 친척들을 잃었다. 신교도 아버지와 구교도 어머니 밑에서 자란 그녀는 강한 관용 정신을 갖게 됐다. 그래서 오래전에 신교도 목사가 이끄는 비폭력 운동 단체에 가입했다. 그녀는 집에서 특히 다른 여성들과 같이 있을 때 종종 분쟁에 대해 발언했다. 그러나 과감하게 대중 앞에서 발언한 적은 없었다.[2] 그녀는 분쟁을 깊이 우려했지만 적극적으로 나서지는 않았다.

이런 상황은 1976년 8월 10일에 바뀌었다. 그날 그녀는 사적 세계에서 이끌려 나와 평화를 위한 공적 투쟁에 들어섰다. 오피스 리셉션 담당자로 일하는 그녀는 차를 몰고 퇴근하다가 집으로 향하는 모퉁이를 돌았다. 그때 위태롭게 도로 밖으로 벗어나는 차가 보였다. 운전자는 북아일랜드 공화국군의 멤버였다. 그는 무기를 운반하다가 영국군이 쏜 총에 맞아 숨졌다. 그 바람에 차가 인도로 빠르게 달려들어 세 명의 아이를 치고 말았다. 크게 놀란 윌리엄스는 아이들을 돕기 위해 차를 세웠다. 세 명의 아이 중 8세 여자아이와 남자 아기는 그 자리에서 사망했다. 다음 날 2세의 남자아이도 병원에서 사망했다.[3] 심하게 다친 아이들의 어머니는 결국 스스로 목숨을 끊었다.[4]

다른 비극적 죽음도 있었지만 이 사건은 윌리엄스를 분노하게 만들었다. 앞으로 나서서 발언해야만 했다. 그녀는 즉시 신교도 지역에 분파 간 폭력의 종식을 요구하는 청원서를 돌리기 시작했다. 뒤이어 그녀는 200명의 여성을 조직해 사망한 아이들이 살던 동네를 지나는 행진을 했다. 거기서 그녀는 아이들의 이모인 마레드 코리건을 만났다. 그들은 같이 힘을 합쳤다. 며칠 만에 두 사람은 6,000명의 서명을 받았으며, 1만여 명의 여성들(구교도와 신교도를 통틀어)을 모아 아이들의 무덤까지 가는 행진을 이끌었다. 그들은 반발에 부딪혔다. 윌리엄스는 "쏟아지는 돌멩이와 병들 속으로 그냥 걸어갔습니다. 결국 우리는 대승을 거두었습니다"라고 말했다.[5] 그날의 행진과 2만 명이 벨파스트를 가로지른 다음 행진은 폭넓은 언론의 주목을 이끌어 냈다. 두 여성은 북아일랜드 분쟁의 평화로운 해결을 위한 풀뿌리 단체 위민 포 피스Women for Peace를 설립했다. 이 단체는 벨파스트 저널리스트인 시어런 맥커운이 지도부에 합류한 후 피스 피플Peace People로 이름을 바꾸었다. 그들이 이끈 운동은 이후 폭력을 크게 줄인 공로를 인정받았다.[6]

1년 후, 여전히 오피스 리셉션 담당자로 일하던 윌리엄스와 코리건은 1976년 노벨 평화상을 받았다. 〈뉴욕타임스〉는 "두 벨파스트 여성은 그들의 삶을 위험으로 내몰았던 4주 동안 암울한 지역에서 그 어느 때보다 많은 낙관과 희망을 만들어냈다"라고 보도했다.[7]

윌리엄스는 커뮤니티 오브 피스 피블의 리더 자리에서 내려왔지만 (코리건에게 자리를 넘겨줌) 평화를 위해 싸우고 아이들을 보호하기 위한 평생의 노력을 계속했다. 분란은 20년 더 지속된 후 1998년에 성금요일 협정Good Friday Agreement과 함께 종식됐다.

베티 윌리엄스는 평범한 시민이자 사무직 종사자, 아내, 어머니였다. 그녀 혼자서는 폭력적인 충돌을 끝낼 힘이 없었다. 그래도 그녀는 상황을 개선할 수 있었으며, 시도하려는 의지를 가지고 있었다. 그녀는 요청을 받거나 임명될 때까지 기다리지 않았다. 그냥 앞장섰다.

당신은 더 나은 방식이 보이면 앞으로 나서는가, 아니면 계속 방관하는가? 큰 파급력을 발휘한 사람들은 앞으로 나서서 이끌었다.

이 장에서는 가장 파급력 있는 직장인들이 단지 충직한 추종자가 아니라는 사실을 확인하게 될 것이다. 그들은 준비된 리더다. 기꺼이 앞으로 나서서 이끌지만 동시에 뒤로 물러서서 다른 사람을 따를 줄도 아는 적응력 뛰어난 사람들이다. 리더십에 대한 그들의 유연한 접근법은 조직이 해당 문화를 받아들이면서 진취성을 강화하는 데 도움을 준다. 앞 장은 직무의 안온함에서 벗어나는 문제를 다뤘다면, 이 장은 앞으로 나서는 문제를 다룬다.

지금부터 '출발의 기술'을 탐구할 것이다. 이는 변화를 시작하고, 현재 상태의 상존하는 인력引力에서 벗어나는 방법을 말한다. 우리는 뛰어난 성과를 통제하는 것이 아니라 촉발하기 위해 영향력과 권한을 키우는 방법을 이야기할 것이다. 당신은 실제로는 상사가 아니지만 상사처럼 이끄는 방법, 다른 사람에게 리더십을 넘기는 방법, 최고의 파티(사실은 회의)에 초대되는 방법을 배울 것이다.

당신은 리더십의 공백을 인지하고 다음 단계가 불분명할 때 가치 있는 리더십을 제공하는 방법을 배울 것이다. 또한 방관자가 아니라 자원자, 영구적인 소유자가 아니라 청지기가 필요한 상황에 대비하게 될 것이다.

선택: 방관 vs. 선도

앞 장에서 임팩트 플레이어가 거대하고 난처한 문제들, 즉 마트에서 스피커로 "8번 통로 청소가 필요합니다!"라는 방송이 나올 때처럼 주의를 끄는 까다로운 상황에 대처하는 양상을 살폈다. 이보다 성가신 다른 유형의 문제가 있다. 나는 이를 '모호한 문제'라고 부른다. 이는 현재 상태가 미흡하지만 견딜 만한, 눈에 띄지 않는 낮은 수준의 사안이다. 모두가 불평하지만 바로잡을 정도로 잘못되지는 않은 거추장스러운 사업 절차가 한 예다. 이런 항구적 문제 중 일부는 조직적 장애물로 작용한다. 이런 제도적 요소는 생산성을 저해하지만 어쩐 이유인지 대처가 이뤄지지 않는다. 그 결과 미국 경제에 해마다 3조 달러 이상의 비용이 발생하며,[8] 생산성을 25퍼센트나 감소시킨다.[9]

모호한 문제의 징후

- **주인이 없음:** 떠돌이 개처럼 모두가 알지만 아무도 주인이 누구인지 모른다.
- **가벼운 불평:** 사람들이 불평하지만 해결책을 기대하지 않는다.
- **요령과 편법:** 영구적인 해결보다 편법이 더 쉽다.
- **문서화 되지 않음:** 편법이 공유되지만 어떤 교육용 지침서에도 기록되지 않는다.
- **숨겨진 비용:** 개별적인 편법의 비용을 모두 더하기 전에는 비용이 많이 드는 것처럼 보이지 않는다.
- **선택적으로 드러남:** 영향을 많이 받는 사람에게는 드러나지만 문제에 대처할 권한을 가진 사람에게는 드러나지 않는다.

대다수 사람은 이런 문제와 같이 살아가는 법을 배운다. 하지만 모호한 문제는 시간이 지날수록 성과를 좀먹는다. 또한 무시하기 쉬워서 특히 치명적이다. 그래서 물을 낭비한다는 사실을 알지만 너무나 자주 지나쳤기 때문에 더 이상 눈길을 주지 않는, 물이 새는 수도꼭지와 같다. 또는 살짝 짜증스럽지만 나중에는 귀를 기울이지 않는, 삐걱대는 문과 같다. 이런 문제는 조직에서 백색소음이 되며, 그대로 놔두면 내재화된다. 즉 사람들이 불가피하거나 다루기 힘든 문제로 받아들이기 시작한다. 지역사회에서 발생한 저급한 분파적 동요나 고객의 서비스 요청에 대한 느린 대응 시간처럼 사소한 문제가 그런 예다.

누군가가 문제를 인지하고 조직이 더 잘할 수 있으며, 해야 한다고 결심하기 전까지는 이런 일이 계속된다.

대응이 필요하다는 점에 모두가 동의한다고 해도 어디에서부터 시작해야 할지 알기가 어렵다. 모두가 문제를 인지해도 책임자가 없으면 리더십의 공백이 생긴다. 이는 지시나 통제가 없어서 시간과 생산성을 빨아들이는 공간이다. 모호한 문제에 대한 해결책은 많은 플레이어를 끌어들이는 경향이 있다. 또한 필요한 협력이 시작되도록 만드는 일은 중학교에서 댄스 수업을 받는 10대들처럼 어색할 수 있다. 누군가는 앞으로 나서서 상황을 진전시켜야 한다. 하지만 누가 해야 할까? 조직의 상층부를 보면 책임을 질 리더를 찾을 수 있을 것이다. 그러나 고위 리더들이 모든 일을 맡을 수는 없다.

모호한 문제를 해결하려면 모든 직급의 리더가 필요하다. 다만 임명받은 자리 없이 책임을 지려면 대가가 따른다. 선도하기 위해 앞으로 나서다가 반감을 살 수 있다. 좋은 의도를 지닌 적극성이 다른 사람들에게는 비도덕적인 영역 점유처럼 보일 수 있다. 변화를 주장하는 일은 동요를 일으킬 수 있다. 뭔가를 해야 한다는 인식은 선택지를 만든다. 적당히 안주해야 할까, 아니면 앞으로 나서서 상황을 개선해야 할까? 그냥 놔둬야 할까, 아니면 앞으로 나서서 이끌어야 할까?

관리자들이 이런 상황에서 전형적인 팀원의 행동을 설명하는 방식은 성과 간극과 리더십 공백을 접했을 때 그냥 지시를 기다리기가 얼마나 쉬운지 말해준다. 몇 가지 예를 살펴보자.

- 적극적으로 문제를 찾지 않아요. 자기한테 주어진 문제만 바로잡아요.
- 자기 일은 잘해요. 하지만 제안이나 아이디어를 요청하면 창의적인 사고를 보여주거나, 개선할 수 있는 문제를 찾아내지 못해요. 적극성이 없어요.
- 자신이 생각하기에 우리가 해야 한다고 생각하는 일보다 제가 원하는 일을 하려고 해요. 그래서 공급업체들에 '상사가 원하는 건 이거예요'라고 말해요. 제 의사를 전달하기만 하는 것 같아요.

역할이 불분명할 때 기여자 마인드셋으로 일하는 사람은 지시해줄 리더를 찾는다. 그들은 충직한 추종자이자 지원자로서 상사의 요청을 전달하고, 동료들과 협력한다. 그들은 상사를 어느 정도 편하게 해준다. 그러나 아무런 영향력을 발휘하지 못하며, 필요한 변화를 일으키지 못한다. 그들은 문제를 포착하면 걱정을 하지만 위에서 명확한 지시가 없으면 행동하지 않는다.

반면 임팩트 플레이어는 리더십이 결여된 상황을 떠맡는다. 개선의 기회가 보이면 행동에 대한 승인을 기다리지 않는다. 조직의 고위 인사가 요구하기 훨씬 전에 앞으로 나서서 선도하겠다고 자원한다. 현재 상태를 뒤집는 사람으로서 그냥 놔두기보다 이끄는 쪽을 선택한다. 더 높은 가치 제안을 제공한다. 즉, 그냥 상사의 지시만 이행하는 것이 아니라 다른 사람들도 끌어들인다.

우리는 이런 유형의 리더십(중간 직급에서 부상하는 협력적 리더)에 대한 사례를 물색했다. 그 결과 미국의 대형 유통 체인으로서 2015년에 대규모 혁신에 착수한 타깃에서 수많은 사례가 나왔다. 혁신의 목표는 매장, 온라인, 모바일을 아우르는 전체 경로에 걸쳐서 고객을 위한 매끄러운 쇼핑 경험을 창출하는 것이었다. 혁신에 성공하려면 사업 관행에 대한 획기적 변화가 필요했다. 각 조직에서 혁신을 실행하기 위한 팀이 만들어졌다. 2019년에 타깃의 주가는 75퍼센트나 상승했다.[10] 또한 타깃은 〈패스트 컴퍼니〉가 해마다 선정하는 세계 50대 혁신 기업 11위에 올랐다.[11] 이 장에서는 우리가 타깃에서 확인한 새롭고 협력적인 리더십 스타일을 깊이 파고들 것이다. 먼저 정보장교 출신인 공급 담당 부장 폴 포지의 사례를 살펴보자.

폴은 공급 부문에 만들어진 혁신 팀 중 하나의 리더였다. 그는 수석 부장으로서 제품을 외부로, 즉 공급업체에 반품하거나, 처분업체나 재활용업체에 반출하는 역물류 운영Reverse Logistics Operations을 책임지고 있었다. 또한 타깃에서 19년 동안 일한 베테랑으로서 회사 전반에 걸쳐 운영 및 물류 부문에서 다양한 역할을 맡았다. 그는 육군사관학교를 졸업하고 정보장교로 복무한 제대군인이기도 했다. 그는 꼼꼼한 운영을 추구하는 마인드셋과 상황을 개선하려는 의욕을 지녔으며, 이기는 것을 좋아했다. 그의 상사로서 글로벌 공급 및 물류 담당 부사장인 아이린 콰시는 그를 변화를 일으키는 사람이라 칭하면서 이렇게 말했다. "그는 승인을 요청하지 않아요. 그냥 일을 주도하면서 조직을 헤쳐 나가는 방법을 알아요."

폴과 그의 팀은 반품 절차를 분석하고, 문제를 파악해 기록하며, 해결책을 제시하라는 임무를 받았다. 그는 팀을 이끌고 특유의 꼼꼼한 분석을 통해 반품에 걸리는 시간을 비롯해 고객에게 불편을 끼치는 여러 문제점을 파악했다. 매장 반품은 쉬웠다. 반면 온라인 구매 상품을 우편으로 반품하는 과정은 거추장스럽고 시간이 오래 걸렸다. 고객은 환불이 이뤄지기까지 최대 10일이나 기다려야 했다. 게다가 반품 과정에 대한 책임이 공급 부서, 매장 운영, 디지털 제품, 디지털 운영, 고객 서비스라는 5개의 다른 직능 집단으로 나뉘어 있었다. 폴의 팀은 지시받은 대로 문제점을 제시하고 해결책을 제안했다.

폴의 팀은 실행에 대한 책임이 없었다. 그냥 보고서를 제출하고 마무리했으면 쉬웠을 것이었다. 그러나 폴은 더 많은 기여를 해야 한다고 느꼈다. 반품 과정을 개선하는 일은 쉽지 않을 것이었다. 반품 문제에 대해 5개의 개별 조직을 정렬하고 해결책을 같이 강구해야 했다. 일을 더욱 복잡하게 만드는 점은 각 조직이 이미 자체 해결책을 마련하는 중이라는 것이었다. 그들이 지금까지 노력한 결과를 포기하고 집단적인 접근법을 채택하게 만들기는 힘들 것이었다. 심지어 폴에게는 공식적인 권한이 없었다.

폴은 5개 부서에 걸쳐서 다양한 직급에 속한 관리자 15명에게 회의를 요청하기로 결정했다. 일정을 잡는 데만 한 달이 걸렸다. 그들은 미니애폴리스 시내에 있는 타깃의 한 사무용 빌딩에 모였다. 폴은 여러 혁신적인 조직이 활용하는 비전 훈련으로 회의를 시작했다. 그는 각 참여자에게 가상 보도 자료를 나눠주고 읽어달라고 요청했다. 보도 자료는 이렇게 시작됐다. "오늘, 타깃이 반품 절차를 전반적으로 개선하겠다고 발표했다. 그 초점은 고객이 언제, 어디서, 어떻게 반품이나 교환을 할지 선택하게 해주는 간단하고, 유연하며, 상호작용적인 경험을 제공하는 것이다." 뒤이어 문제를 자세히 설명하고, 고객이 매장을 찾았든 아니든 간에 보다 많은 선택지와 수월한 교환 수단을 제공하는 새롭고 혁신적인 해결책을 제시하는 내용이 나왔다. 끝부분에는 만족하는 고객과 자부심을 느끼는 타깃 임원의 말이 실려 있었다.

보도 자료의 내용은 가상에 불과했다. 그러나 거기에 담긴 비전은 과감하고 매력적이었으며, 사람들의 관심을 끌었다. 또한 현재 상황의 추한 현실도 조명했다. 처음에는 주저하는 반응도 있었다. 일부 참가자들은 공급 조직이 혁신을 이끌어야 하는 이유를 확신하지 못했다. 다른 참가자들은 자신의 해결책이 무시당하는 기분을 느꼈다. 한 참가자는 "공급 조직이 이 문제를 신경 쓰는 이유가 뭐죠?"라고 물었다. 폴은 고객 경험이 실제로 공급 담당자의 소관은 아니라는 사실을 알았다. 그래도 차분한 말투로 "왜 신경 쓰면 안 되죠? 저는 타깃을 위해 일하고, 이 문제는 고객에게 불편을 끼칩니다"라고 대답했다. 결국 논의가 이어졌고 모두가 협력한다는 결론이 나왔다. 그에 따라 부장급으로 구성되는 범직능 팀이 문제를 완전하게 정의하고, 통합적 해결책을 제안하기로 했다.

범직능 팀은 협력을 통해 두 달 후 문제에 대한 단일한 관점을 제시했다. 문제를 완전하게 밝히자 해결책이 한층 명확해졌다. 그래서 해결책을 확보할 수 있을 것처럼 느껴졌다. 범직능 팀은 6개월이 지나기 전, 그리고 다음 성수기가 시작되기 전에 처리 시간을 10일에서 단 하루로 줄이는 기술적 해결책을 개발했다. 덕분에 우편 반품의 98.5퍼센트는 24시간 안에 환불이 이뤄졌다. 이는 5개 조직과 범직능 팀 전원이 올린 개가였다. 범직능 팀은 자부심을 느끼면서도 만족하지 않았다. 그들은 계속 노력해 24시간 환불 비율을 99.5퍼센트까지 끌어올렸다. 이제 폴이 돌린 가상 보도 자료에 담긴 야심은 더 이상 필요치 않았다. 실제 고객들이 "전체 과정이 1분도 걸리지 않았고, 지금까지 접한 최고의 반품 경험이었어요", "처음에는 우편으로 반품하기가 망설여졌지만 타깃이 너무나 쉽게 만들어줬어요. 정말 놀라워요!"라고 말하고 있었다. 타깃의 최고 운영 책임자 존 멀리건은 다음 어닝 콜 Earnings Call에서 새로운 반품 절차를 강조하면서 월가 애널리스트들에게 전년에 비해 고객 만족도가 의미 있게 개선됐다고 말했다.

폴은 "불분명한 역할이 있을 때 선택지가 생깁니다. 저의 선택은 앞장서는 겁니다"라고 회고했다. 이런 태도는 육군사관학교 출신이라는 배경을 고려하면 전혀 놀랍지 않다. 폴은 단지 일을 떠맡고 큰 목소리로 앞장서기만 하지 않았다. 적임자들을 모았고, 목소리를 조율했으며, 수많은 영웅을 만들어냈다.

가장 파급력 있는 플레이어는 담당자가 아닐 때에도 일을 떠맡는다. 그들은 적극적인 자세를 보이고, 책임을 진다. 앞장설 때에도 다른 사람들이 같은 팀에서 뛰고 싶어 하도록 협력적인 방식을 취한다.

멘털 게임

관리자들은 업무가 잘 이양되는 것을 좋아한다. 일을 진전시키고 마무리할 사람에게 업무를 맡기는 느낌 말이다. 스플렁크의 최고 전략책임자인 암마 마라카는 한 임팩트 플레이어에 대해 이렇게 말했다. "그는 노 룩 패스를 받을 수 있는 사람이에요. 언제든 공을 던지면 제대로 잡을 뿐 아니라 달려가서 점수를 낼 거라고 믿을 수 있어요." 공을 믿고 넘길 수 있는 플레이어는 적절한 위치에 있을 뿐 아니라 다음에 무엇을 해야 할지, 어떻게 전진해서 플레이를 해야 할지 안다. 그들은 요청하지 않아도 준비하고 해내는 사람들이다. 암마는 뒤이어 운영 능력은 좋지만 요청해야만 행동하는 다른 직원에 대해 이렇게 말했다. "독립적으로 일할 줄을 몰라요. 그래서 공을 잡아서 몰고 나갈거라고 믿을 수 없어요."

관리자가 보기에 유도가 필요한 사람과 일을 받을 준비가 된 사람이있다면 누구를 선택할까? 누가 눈에 띄는 임무를 맡을까? 관리자는 대개 무엇을 하라고 말할 때까지 기다리는 사람을 선택하지 않는다(이는우리가 조사한 관리자들이 두 번째로 짜증스러운 일이라고 꼽은 것으로서 다음 표에 포함되어 있다). 여러모로 관리자는 단지 가장 유능하기만 한 사람이아니라 가장 의욕이 넘치는 사람에게 가장 중요한 일을 맡긴다. 교실에서 그렇듯이 이름이 불리는 사람은 대개 손을 드는 사람이다.

조야 루이스는 인디애나주 먼시의 험한 동네에서 별다른 지원 없이가난하게 자랐다. 그녀는 어렸을 때부터 직접 도시락을 만들었고, 등교 준비를 했으며, 혼자 숙제를 했다. 또한 15세에 첫 일자리로 샌드위

리더 및 조직 내 신뢰도를 높이려면?	
신뢰도를 떨어트리는 행동	• 관리자가 일을 시킬 때까지 기다린다.
신뢰도를 높이는 행동	• 요청이 없어도 일한다. • 스스로 방법을 알아낸다. • 리더와 팀을 빛낸다.

전체 목록은 부록 A 참조.

치 가게에서 설거지를 했다. 힘든 일이었다. 그녀는 빠르게 움직여야 했다. 바쁘지 않은 시간도 있었다. 그때 그녀는 다른 동료들이 일을 따라잡지 못해 고생하는 모습을 보았다. 그녀는 설거지거리가 다시 쌓일 때까지 탁자를 청소하고 바닥을 쓸었다. 매니저는 적극적으로 일하는 그녀를 보고 급여를 올려주었다. 그녀는 기뻐하면서도 놀라서 "저는 그냥 필요한 대로 도왔을 뿐이에요"라고 말했다. 그렇게 15세 때 여러 중요한 상관관계 중 하나가 성립됐다. 그것은 더 많은 책임을 지면 더 많은 돈을 번다는 것이었다.

조야는 더 나은 삶을 원했다. 계속 힘든 일을 자원했으며, 맡은 책임을 다했다. 대학에서는 동시에 여러 개의 알바를 하면서도 누구도 원치 않는 연장 근무까지 하겠다고 나섰다. 타깃에서 야간 창고 일을 할 때 동료들은 물량이 적으면 안도하면서 "소형 트럭이야. 오늘 밤은 편하겠어"라고 말했다. 조야는 하차 작업이 끝난 후에도 일을 더 하겠다고 제안했다. 그녀의 적극적인 태도는 승진으로 이어졌으며, 곧 마인드셋이 됐다. 그것은 "손을 들면 보상을 받는다"라는 마인드셋이었다.

조야는 여전히 타깃에서 일한다. 현재 직책은 미주리주 세인트루이스에서 높은 매출을 올리는 매장의 부장이다. 그녀는 이제 금전적 안정을 얻었다. 그래도 여전히 힘든 일에 대한 책임을 떠맡으며, 자신의 영향력을 활용해 공동체에 기여한다.

우리가 조사한 임팩트 플레이어는 청지기의 태도를 지녔다. 그들은 자신 및 다른 사람들을 위해 상황을 개선하려는 진정한 열의를 품고 있다. 또한 변화를 이루는 일에 대한 책임을 기꺼이 떠맡는다. 그들은 베티 윌리엄스와 폴 포지 같은 사람들로서 자신이 속한 세상의 일부에서 상황을 개선하는 데 헌신한다. 지시가 없어도 행동에 나선다. 변화를 원하는 사람은 많다. 임팩트 플레이어를 두드러지게 만드는 점은 자신에게 변화를 촉발할 능력이 있다고 믿는 것이다. 그들은 '이 상황을 개선할 수 있다'라는 근본적인 믿음에 이끌린다. 여기서 우리는 다시 한번 개인적 행위능력에 대한 강한 의식과 내적 통제 위치가 동력으로 작용하는 것을 본다. 심리학자들은 이처럼 잘못됐다고 인식한 것을 바로잡고, 현재 상태를 바꾸고, 수동적으로 환경을 받아들이기보다 적극적으로 문제를 해결하려는 성향을 주도적 성격이라고 부른다.[12] 임팩트 플레이어는 스티븐 코비가 말한 대로 자신을 둘러싼 환경의 산물이 아니라 자신이 내린 결정의 산물이다.

그들은 단지 상황이 더 나아질 수 있다거나, 나아져야 한다고 믿지 않는다. 상황을 개선하기 위해 행동에 나선다. 팀을 맡고, 다른 사람들을 이끌고, 집단적인 행동을 촉발한다. 토니 로빈스가 단도직입적으로 말한 대로 "멍청이라도 문제를 지적할 수는 있다…. 리더는 기꺼이 문제에 대처한다!"[13] 우리가 관리자들과 가진 인터뷰를 통해 임팩트 플레이어가 이끌고, 파급력을 발휘하고, 더 큰 목표에 기여할 능력이 자신에게 있다고 생각한다는 점이 분명하게 드러났다. 우리가 실시한 설문은 그 점을 뒷받침한다. 구체적으로 말하자면, 고파급력 기여자의 96퍼센트는 언제나 또는 종종 지시를 기다리지 않고 책임을 떠맡는다. 반면 전형적 기여자는 그 비율이 20퍼센트에 불과하다. 또한 임팩트 플레이어의 91퍼센트는 언제나 또는 종종 뛰어난 리더로 여겨진다. 반면 전형적 기여자는 그 비율이 14퍼센트에 불과하다.

이 사실은 임팩트 플레이어 마인드셋에 따른 또 다른 핵심 가정을 말해준다. 그것은 "공식적 권한이 없어도 책임을 떠맡을 수 있다"라는 것이다. 다른 사람들은 위계적인 명령형 리더십에 갇혀 있는 반면 임팩트 플레이어는 주문형 리더십을 실천한다. 명령형 리더는 위에서 임명해주기를 기다리며, 대개 일이 끝나도 통제권을 내주는 데 어려움을 겪는다. 주문형 리더는 상황이 자신을 소환하면 기꺼이 응한다. 그들은 주인 의식을 갖는다. 다만 영구적 소유자가 아니라 일시적 관리인처럼 생각하고 행동한다. 그들은 기꺼이 앞으로 나서지만 문제를 해결하는 데 필요한 기간보다 오래 권한을 쥐고 있지 않는다.

탁월한 직장인이 팀에서 맡는 역할과 그 파급력을 이해하려면 축구 경기의 플레이 메이커를 참고할 수 있다. 플레이 메이커는 중요한 패스를 하며, 점수를 내서 이길 수 있는 위치에 자신이나 다른 사람을 배치한다. 공격 플레이의 흐름을 조절하며, 시야와 창의성, 발재간을 활용해 결정적인 패스를 조율한다.[14] 이 핵심 선수들은 필드의 다양한 위치에서 플레이할 수 있다. 빠른 발과 팀원을 활용하는 능력으로 유명하며, 많은 골을 기록한 브라질 축구 선수 마르타 비에이라 다 실바는 전방 공격수로 뛴다. 미드필드 윙어인 데이비드 베컴은 앞으로 달려 나가는 팀원을 발견하면 특유의 길게 휘어지는 킬러 패스로 공을 배달한다. 다 실바와 베컴처럼 플레이 메이커는 종종 주장을 맡는다.

다만 그들은 어떤 위치에 서든 플레이를 만들어낸다. 그래서 지켜보는 사람들에게는 흥미를, 같이 뛰는 선수들에게는 재미를 선사한다.

경기장과 직장 모두에서 플레이 메이커는 갑작스럽게 앞으로 나선다. 그들은 개선을 위한 기회에 자극받고, 자신이 변화를 이룰 수 있다는 믿음에 고무된다. 그래서 경기를 주도하면서 결정적인 플레이를 한다.

그들이 책임을 떠맡도록 만드는 것은 신념 체계다. 임팩트 플레이어 마인드셋은 리더십으로 이어지는 경로다. 결국 리더십의 핵심은 상황을 더 낫게 만들고 싶다는 욕구와 그러기 위해 행동에 나서려는 의지가 아닐까?

파급력을 높이는 습관

우리가 조사한 임팩트 플레이어는 누가 책임자인지 불분명할 때 앞으로 나선다. 베티 윌리엄스 같은 일부는 필요를 목격하고 변화를 이루기 위해 나선다. 그들은 환경에서 자극받아서 자발적으로 앞장선다. 다른 일부는 지시에 따라 자원한다. 그들은 리더십 공백을 파악하고, 그들이 그것을 메우기 위한 능력과 성향을 갖췄다고 믿는 관리자의 부름을 받아 일을 맡는다. 또 다른 일부는 그 중간 지점에서 앞으로 나선다. 즉 고위 리더가 문제를 지적하면 요청받기 전에 자신의 리더십을 제공한다. 앞으로 나서게 만든 자극제가 무엇이든 간에 임팩트 플레이어는 특징적인 패턴에 따라 앞으로 나서서 이끌고, 다른 사람을 끌어들이며, 적절한 때에 물러선다.

습관 1: 적극적으로 나서라

조야 루이스는 타깃에서 7년째 일하고 있을 때 이런 사례에 해당하는 일이 있었다. 당시 그녀는 세인트루이스 광역시에 소재한 13개 매장을 담당하는 인사 책임자로 일하고 있었다. 방문객 수가 많은 세인트루이스의 한 매장이 (전 매니저의 전근으로) 매니저 없이 운영되고 있었다. 그래서 진열대에 상품을 제대로 채우지 못하는 상태였다. 야간에 상품이 배송되어도 담당 팀이 상자를 열어서 진열대에 올리지 않았다. 결국 고객들은 텅 빈 진열대를 접해야 했고, 상품은 창고에 머물러 있었다. 당시 지역 팀 리더인 자말 에드워즈는 당연히 근심에 빠졌다.

조야는 자말과 꾸준히 소통했기 때문에 상황을 파악하고 있었다. 그녀는 트럭에서 진열대까지 재고를 옮기는 것이 모든 매장 운영의 토대임을 알았다. 해당 매장은 매일 밤 하차 작업을 끝낼 방법을 찾아야 했다. 조야는 매장의 각 부서장과도 탄탄한 관계를 구축했으며, 그들의 신뢰를 얻었다. 자말은 조야에게 나서달라고 요청한 적이 없었다. 그래도 조야는 문제를 해결해야 한다는 사실을 알았다. 그래서 "어떻게 도울 수 있을지 살펴볼게요"라고 제안했다.

조야는 다음 날 아침 일찍 매장에 도착했다. 그녀는 부서장들을 모아서 이렇게 설명했다. "매장이 제대로 운영되지 않고 있어요. 우리는 힘든 상황에 처해 있어요. 해결할 방법을 찾아야 해요. 이 문제는 영업만이 아니라 안전에 대한 것이기도 해요." 그녀는 부서장들에게 각자의 업무 영역을 넘어서 매장의 총체적인 운영을 살펴보라고 요청했다. 그녀는 "이 트럭들의 하차 작업을 끝내야 해요. 매장 운영을 다시 정상화하려면 여러분의 도움이 필요합니다"라고 설명했다. 그녀는 부서장들을 그룹별로 나눠서 새로운 영역을 맡아달라고 요청했다. 매일 밤 하차 작업을 할 인력이 충분치 않다는 사실이 분명해지자, 그녀는 근처 매장에서 팀원들과 리더들을 불러서 돕게 했다. 그녀는 매일 매장을 방문해 팀과 만나서 진전 상황을 점검했다. 인사 업무는 저녁에 집에 가서 처리했다.

덕분에 2주 안에 적체가 해소되었고, 상품은 트럭에서 진열대까지 원활하게 옮겨졌다. 고객들은 다시 상품이 가득 채워진 진열대를 보게 됐다. 새로운 매장 리더가 들어와 자리를 잡자 조야는 상황을 설명하고, 팀의 탁월한 성과를 알린 다음 뒤로 물러섰다.

조야는 기여해달라는 정식 요청을 기다리지 않았다. 그녀는 자신이 상사와 매장 직원들이 인정할 만한, 가치 있는 파급력을 끼칠 수 있다는 사실을 알았다. 그래서 적극적으로 나서서 변화가 일어나야 하는 곳으로 갔다. 자말이 매장을 방문하는 대표를 맞이할 사람이 필요했을 때 조야를 선택한 것은 놀라운 일이 아니었다.

자신을 초청하라

앞으로 나설 기회가 보이면 첫 단계는 현장으로 가는 것이다. 이때 초청장이 없는 경우가 많을 것이다. 가끔은 자기 자신을 초청하는 것이 적절한 때가 있다.

나는 오래전에 오라클에서 일할 때 오라클 리더스 포럼이라는 프로그램을 운영했다. 전 세계의 고위 리더들을 모아서 회사의 전략을 설명하고, 각국에서 실행하도록 만들기 위한 프로그램이었다. 이 프로그램은 대단히 두드러졌다. 회사의 3대 최고 임원(회장, CFO, CTO)이 프로그램 개발과 교육에 적극적으로 참여했다. 나는 4인으로 구성된 리더십팀에서 명백히 하위 구성원이었으며, 최고 임원들과 같이 일할 수 있어서 운이 좋다고 느꼈다.

프로그램을 운영하는 과정에서 전 세계에 걸쳐 공유하기에는 전략이 너무 복잡하다는 사실이 명백해졌다. 우리가 교육 문제라고 생각했던 것은 알고 보니 전략 문제였다. 회장, CFO, CTO, 그리고 나는 같이 모였고, 전략을 대폭 다듬어야 한다는 결론을 내렸다. 그리고 전략적 메시지를 재구성하고 새로운 프레젠테이션을 만들 때까지 리더스 포럼을 연기하기로 결정했다. 그에 따라 각 제품 사업부의 수장을 모아서 제품 전략을 수정하고 메시지를 단순화하기 위한 회의 일정이 잡혔다. 나는 참석 인원이 아니었다. 그래도 전략을 선보이는 교육 프로그램의 책임자로서 임원들이 문제 해결에 나섰다는 사실에 안도했다.

회의는 1주일 후에 열릴 예정이었다. 나는 달력에 회의 일정을 표시했다. 그냥 참고하려는 게 아니라 참석할 계획이었기 때문이다. 분명히 말하지만 나는 초청받지 않았다. 나의 역할이 아니었고, 나의 직급을 넘어서는 자리였다. 게다가 회의가 진행되는 동안 열띤 논쟁이 벌어질 수밖에 없었다. 임원들은 관중이 들어오는 것을 딱히 반기지 않았다. 하지만 나는 문제를 잘 이해하고 있었고, 어떤 일이 필요한지 알았으며, 내가 도움이 될 수 있다고 생각했다. 최고 임원(및 프로젝트 후원자)들이 나의 참석 이유를 이해하리라고 확신했다. 그래서 허락을 구하지 않았다. 그냥 일찍 회의장에 가서 자리를 잡았다. 제품 사업부 임원들이 한 명씩 도착했다. 일부는 내게 친근한 인사를 건넸다. 하지만 가장 규모가 크고 중요한 제품 사업부를 이끄는 제리는 달랐다. 그는 회의장에 들어와 나를 보더니 궁금하다기보다 무시하는 말투로 "여긴 왜 왔나? 자네는 제품 전략 담당이 아니라 교육 담당이잖아"라고 말했다. 제리는 강한 성격을 지녔고, 회사에서 가장 영향력 있는 임원 중 한 명이었다. 그래서 그다지 따뜻하지 않은 그의 환영사는 다른 임원들의 이목을 끌었다.

나는 이렇게 설명했다. "지금 우리가 리더들에게 전달할 수 있을 만큼 전략이 명확하지 않습니다. 이 모임은 많은 아이디어와 파워포인트 슬라이드를 살펴서 전략의 핵심을 추출해야 합니다." 나는 어깨를 펴고 제리를 향해 말했다. "저는 그런 일을 잘합니다. 그래서 도움이 될 것으로 생각합니다."

그는 그 말에 딱히 설득된 것 같지 않았다. 하지만 반박하지도 않았다. 회장은 "어이, 리즈는 자기가 무슨 말을 하는지 알아. 우리에게 도움이 될 거야"라며 타박을 했다. 곧 회의가 시작됐다. 나는 참석자들의 말을 귀담아듣고, 핵심 사안과 주제를 기록한 다음, 들은 내용을 다시 정리했다. 다른 참석자들은 고개를 끄덕였다. 어느 정도 시간이 지난 후 일부 임원은 나의 의견을 묻기 시작했다. 곧 나는 전략 수정 절차를 이끌면서 회의를 소집하고 업무를 조직하게 됐다. 거기에는 유명한 전략 교수 C. K. 프라할라드를 자문으로 영입하는 일도 포함됐다.

우리는 기존 자료를 검토한 후 모든 것을 백지화하고 새로운 프레임워크에 따라 전략을 재수립하기로 결정했다. C. K.는 좋은 전략은 여러 사람이 궁리하되 오직 한 사람이 저술해야 한다고 주장했다. 우리는 근래의 경험을 통해 그의 말에 지혜가 담겼음을 알 수 있었다. 최고 임원 중 누가 최종 문서를 저술할지 논의하기 전에 C. K.는 내게 주저자가 되라고 제안했다. 놀라운 제안이었다. 나는 가장 경험 많은 사람이 아니었으며, 누구라도 실질적으로 인재를 물색했다면 분명히 그 역할을 맡을 사람이 아니었다. 하지만 나는 일을 주도할 의지를 가지고 있었다. 임원들도 그런 생각을 지지했다. 우리는 함께 설득력 있고, 쉽게 이해할 수 있는 전략을 개발했다.

다음 리더스 포럼에서 참가자들은 최고 임원 세 명이 훌륭하게 설명하는 명확한 전략을 전달받았다. 이 작업은 내 경력의 하이라이트 중 하나다. 그래서 나중에 다시 살피면서 내가 의미 있는 기여를 할 수 있게 해준 행동들을 깊이 파고들 것이다.

이 작업을 통해 나는 상사가 아니어도 리더가 될 수 있으며, 초청받지 않아도 중요한 플레이를 할 수 있다는 사실을 배웠다. 때로는 테이블에 자기 자신을 초청해야 한다(다만 당신의 존재가 가치를 더하고 환영받도록 현명한 방식으로 해야 한다).

누가 당신을 발견하고 초청해주기를 기다리다가 놓친 기회들이 있는가? 가치를 제공할 수 있다면 파티에 자신을 초청해야 할 수도 있다. 이는 우리가 조사한 임팩트 플레이어들에게서 거듭 확인한 경향이다. 그들은 요청을 기다리지 않았다. 그들은 자신을 초청하는 것이 적절한 때가 언제인지 알았다. 그래서 직급이 낮아도 기여하고 선도할 수 있는 능력이 있다고 주장하고, 자신이 가장 쓸모 있다고 생각하는 일에 기여할 수 있도록 허락을 받아냈다.

책임을 떠맡아라

우리가 조사한 임팩트 플레이어들은 올바른 자리에 들어가서도 수동적으로 참여하는 데 만족하지 않았다. 그들은 기여할 기회가 나타나면 자신을 유능한 리더로 내세우면서 책임을 떠맡았다. 다음은 관리자들이 임팩트 플레이어에 대해 사용한 표현이다. "뻔뻔할 정도로 적극적이다", "책임을 떠맡는다", "다른 사람이 제시한 아이디어를 진전시킨다", "자기주장이 확실하고 논의를 주도한다". 게다가 우리의 설문에서 관리자의 74퍼센트는 고파급력 기여자가 언제나 또는 종종 과감하게 행동하고 힘든 결정을 내린다고 말했다. 이는 우리의 표본에서 꾸준하게 확인되는 10대 행동 중 하나다. 임팩트 플레이어는 적극적으로 리더 역할을 맡아서 관리 능력을 발휘하며 자신감 있는 모습을 보인다. 이는 강력하면서도 유연한 형태의 리더십이다. 우리는 타깃에서 이런 리더십을 다시 접했다. 이번에는 기술 조직에 속한 젊고 명민한 프로젝트 매니저가 그 주인공이었다.

엘리 본덴캄프의 업무는 신규 매장을 운영하는 데 필요한 시스템이 오픈 전에 제대로 갖춰지는지 확인하는 것이었다. 거기에는 근래에 연간 약 30개씩 생기는 신규 매장의 인터넷, 장비실 서버, 보안 및 안전, 전화, 그리고 물론 현금 등록기 및 전자 결제 시스템이 포함됐다. 이 대규모 시스템 구축 프로젝트는 엄격한 시한을 수반했으며, 실패의 여지는 거의 없었다.

20대 후반의 엘리는 성격이 밝고 유쾌했으며, 여가 시간에 교회에서 선교 여행을 이끌 만큼 사람들과 잘 어울린다. 하지만 동시에 아주 강인한 성격이기도 하다. 이 점은 주도권을 잡아야 하고, 대개 남자의 수가 더 많은 작업 현장에서 프로젝트를 이끄는 데 도움이 된다.

엘리의 업무 중 상당 부분은 현장에서 진전을 점검하고 하청 업체와 직원의 작업을 지시하는 것이다. 그녀는 안전모를 쓴 채 현장에 도착해 반장을 부른다. 그리고 자신을 소개한 다음 자신이 만만하지 않다는 것을 알릴 기회를 재빠르게 찾는다. 그녀는 다양한 작업 팀이 모였을 때 그 자리(이 경우에는 거대한 건물 골조)를 완벽하게 통제한다. 그녀는 건설 현장에서 반장으로 일한 적이 없다. 그래도 인부들에게 자신이 필요한 공부를 했으며, 그들의 세계를 이해한다는 것을 드러낸다. 그녀는 작업 팀에 이런 식으로 지시한다. "저쪽에 있는 격자 구조물을 활용해서 케이블을 깔려고 하는 이유를 알겠어요. 하지만 설계에 따르면 이 구역에서 손님들에게 서비스를 제공할 것이기 때문에 여기에 라인을 깔아야 해요." 그녀는 적절한 현장 용어를 구사하면서 현장 인력의 고충을 인정하면서도 다른 방식으로 작업해야 한다는 사실을 알린다.

한번은 타깃 동료 두 명과 현장 인력 여섯 명을 상대로 이런 방식으로 지시한 적이 있었다. 그런데 반장 중 한 명이 그녀가 말을 끝내기도 전에 작업을 재개하려고 돌아섰다. 그녀는 그를 불러 세우고 "돌아와요. 아직 얘기 다 한 거 아니에요. 끝까지 들어요"라고 말했다. 뒤이어 그녀는 바닥에 설계도를 펼쳐놓고 자신의 논리를 설명했다. 그녀는 현장 용어를 써가면서 직접 반장에게 지시했다. 그 결과 그녀의 지시는 제대로 전달되었고, 작업은 잘 마무리됐다.

엘리는 어떤 일도 요행에 기대지 않는다. 그녀는 주도권을 잡는다. 그녀의 리더십 아래에서 기술적 문제로 매장 오픈이 지연된 적은 한 번도 없었다. 엘리의 상사인 메리 볼은 "제가 모든 팀원에게서 가장 중요하게 여기는 자질은 적극성입니다. 엘리는 항상 모범적인 모습을 보여주지요. 그녀는 제가 지시하지 않아도 일을 찾아서 합니다. 문제가 보이면 바로 뛰어들죠. 그리고 제게 현황을 알리거나 지원이 필요하면 보고합니다"라고 말했다.

우리가 살핀 임팩트 플레이어 중에서 아랫사람을 괴롭히거나, 독단적인 행동으로 난장판을 만들어서 상사가 뒷수습을 하게 만드는 사람은 한 명도 없었다. 그들은 협조적인 태도로 같이 일하기 쉽다는 평가를 받았다. 이 점은 6장에서 자세히 살필 것이다. 그들이 제공하는 리더십은 자신감과 설득력을 수반하지만 지나치게 공격적이지 않다. 이는 밝으면서도 강력한 유형의 리더십이다. 전 대법관 샌드라 데이 오코너는 다음과 같은 말로 이를 잘 표현했다. "정말로 말을 잘 타는 사람은 통제권을 누가 가졌는지 말이 바로 알게 합니다. 그러고는 느슨하게 고삐를 잡고, 박차는 거의 쓰지 않으면서 말을 이끌죠." 임팩트 플레이어는 다른 사람들이 동참하도록 초청하면서, 그들에게 귀를 기울이고 대응함으로써 주도권을 잡는다.

승인을 확보하라

미국 부통령 카멀라 해리스는 "앞장서도 되는지 누구의 허락도 받지 마라. 그냥 앞장서라"라고 썼다.[15] 우리가 조사한 사람들은 그렇게 했다. 그들은 앞으로 나서서 더 나은 길을 제시할 담력을 지녔다. 다만 무작정 앞장선다고 해서 다른 사람들이 뒤따른다는 보장은 없다. 정식 위임 없이 책임을 떠맡는 사람은 잠재적 지지자들에게서 암묵적 승인을 받아야 한다. 근본적으로 동일 직급뿐 아니라 상하 직급에 속한 사람들에게서 지지를 얻어내야 한다.

전형적인 유세 연설이 좋은 사례다. 유세 연설을 할 때 후보는 더 나은 세상을 만들어야 하며, 자신이 그 약속의 땅으로 가는 길을 이끌 수 있다고 주장한다. 그들은 연설의 강도를 높이면서 결정적인 대목(중요한 요청)으로 치닫는다. 이 대목에서 그들은 주장을 내세운 후 청중에게 자신을 찍어달라고 요청한다. 대통령 연설문 담당 비서관 바튼 스와임과 제프 너스바움은 다음과 같이 전개되는 표준 견본을 만들었다. "우리는 진전을 이룰 수 있음을 압니다. 그러나 우리가 뭔가를 하려면 여러분도 뭔가를 해야 합니다. 바로 투표입니다…. 저와 함께해주십시오. 동참해주십시오. 우리는 같이 가능하다고 믿는 세상을 만들어나갈 것입니다."[16] 이처럼 유권자에 대한 투표 요청은 자신이 리더가 될 수 있도록 승인해달라는 요청이다.

리더가 공식 권한이 아니라 영향력을 발휘하면 다른 사람들은 의무가 아니라 선택에 따라 뒤따른다. 리더에게는 사람들의 선택이 필요하다. 이는 새로운 리더가 리더십과 개선을 제안하고 동료들은 그 대가로 승인과 지지를 제공하는 계약 절차와 비슷하다. 이 승인 추구는 새로운 프로젝트를 실행할 수 있도록 상사의 허락을 명시적으로 요청하는 일을 수반할 수 있다. 또는 이보다 더 은근하게, 말하기 전에 허락을 구하기 위해 교실에서 손을 드는 일과 더 비슷할 수도 있다. 잠재적 리더는 소속 집단에서 알 수 있도록 손을 든다. 그리고 더 나은 길을 알고, 앞장설 의지가 있으니 지지해줄 수 있는지 묻는다.

비공식 리더가 흔히 저지르는 실수는 관계를 구축하거나 신뢰를 얻기 전에 동료의 지지를 요청하는 것이다. 폴 포지는 타깃의 반품 절차를 혁신한 팀을 이끌 때 겪었던 일을 회고했다. 그는 핵심 인력 15명에게 더 많은 시간을 투자하면서 사전에 관계와 신뢰를 구축했어야 한다는 사실을 깨달았다. 초기에 그는 일하는 방식이 잘못됐다고 말하러 온 공급 사슬 조직의 새로운 인물로 인식됐다. 폴은 "같이 큰 일을 하려면 관계를 많이 쌓아야 해요"라고 말했다. 키이스 페라지는 《권한 없이 이끌기Leading Without Authority》에서 "우리는 진정한 인간적 소통을 통해 팀을 이끌고, 목표를 달성하며, 그 과정에서 팀원(그리고 우리 자신)을 북돋을 수 있는 승인을 얻는다"라고 썼다.[17]

자발적 리더는 앞으로 나서서 책임을 떠맡는 적극성이 필요하다. 그러나 동시에 승인을 구하고 지지를 얻어내는 겸손한 태도를 보여야 한다. 이 2가지 일을 모두 할 수 있을 때 다른 사람들도 자신의 의지에 따라 뒤따르기로 선택한다.

습관 2: 다른 사람들을 끌어들여라

엘리 본덴캄프는 책임을 떠맡는 데 능숙할 뿐 아니라 팀을 아주 수월하게 문제에서 해결책으로 이끈다. 그녀에게 이는 거듭 반복한 표준 플레이이다. 그래서 누구도 놀라지 않지만 모두를 위해 꾸준히 승리를 달성한다.

이 과정은 짜증에서 시작된다. 그녀는 오랜 문제를 발견하고 '왜 누구도 아무런 조치를 취하지 않았지?'라고 의아해한다. 대개 그녀가 내리는 결론은 '내가 아니면 누가 하겠어?'이다. 그녀는 문제를 해부하고, 관련자를 파악하고, 회의를 소집하고, 사안을 까발리고, 근원을 파헤친 다음 해결책을 제시해달라고 요청한다. 뒤이어 그녀는 내용을 기록하고 후속 조치를 취한다. 또한 필요하면 추가 지원을 얻기 위해 윗사람에게 보고한다. 이는 행동과 주인 의식을 이끌어 내는 공식이다. 엘리가 새로운 전화 시스템을 주문한 후 배선이 엇갈렸다는 사실을 알았을 때 이 공식에 따라 일이 진행된 양상을 살펴보자.

화재 발생 시 소방 당국에 알리는 타깃의 경보 시스템은 오랫동안 전화선을 썼다. 그러다가 고속 광섬유 케이블이 나오면서 오래된 전화선은 더 이상 필요가 없어졌다. 적어도 대부분의 매장에서는 그랬다. 구형 전화가 있어야 하는지 판단하는 일에는 여전히 결정 트리Decision Tree가 필요했다. 그러나 새로운 절차의 복잡성 때문에 구형 전화가 여전히 기본으로 발주됐다. 결국 신규 매장에는 두 유형의 전화선이 모두 설치됐다. 이 이중 지출은 920억 달러의 매출을 올리는 기업에는 큰 비용이 아니었다. 그렇다고 해서 사소한 것도 아니었다. 다른 많은 사람이 이 문제를 인지하고 제기했다. 하지만 아직 회계 부서에서 문제 삼지 않았기 때문에 옆으로 밀려났다. 너무나 많은 집단이 관련되어 있어서 누가 문제를 해결해야 할지 불명확했다. 엘리는 통신 기술에 대한 책임이 없었다. 그래도 피할 수 있는 낭비에 조치를 취해야 한다고 생각했다.

엘리는 정보를 모은 다음 미리 주요 자료를 제공하면서 화상회의를 소집했다. 그녀는 모두가 참석한 가운데 문제를 제시하고, 이 문제가 어떻게 일어났는지 (비판 없이) 설명한 다음, 매장에 실제로 전화선이 필요한지 판단하는 결정 트리를 살폈다. 그녀는 몇 가지 논평 및 설명을 한 후, 책임지고 해결책을 실행할 사람이 있으면 나서달라고 요청했다. 잠시 어색한 정적이 흘렀다. 그러나 문제가 명확해진 상황이었기 때문에 결국 적임자가 앞으로 나섰다. 화상회의는 30분밖에 걸리지 않았다. 투명성 덕분에 몇 달 동안 지속된 문제가 30분 만에 해결됐다. 또한 화상회의 후에 잠시 진전이 중단되었지만 침착하고 끈질긴 노력 끝에 절차가 바로잡혔다.

엘리는 문제를 조명해 해결을 이끌었다. 그녀는 사람들을 끌어들여서 주인 의식을 가질 기회를 제공했다. 그녀의 상사는 이 슈퍼스타를 날마다 빛나는 태양에 비유하면서 "사람들은 그녀에게 이끌려요"라고 말했다. 당신은 사람들이 진정한 문제를 파악하고 행동을 취하는 데 필요한 가시성을 만들어내고 있는가? 올바른 사안을 조명하고 있는가? 해결책을 찾고 싶다면 사람들을 초청해 문제를 조명하라.

임팩트 플레이어는 결성의 힘을 획득했기 때문에 권한 없이 동료들을 이끌 수 있다. 그들은 동료들의 시간을 효율적이고, 생산적이며, 긍정적인 방식으로 활용한다. 그래서 일을 이뤄낼 뿐 아니라 그 과정에서 다른 사람들을 존중하는 사람이라는 평판을 얻는다. 그들이 회의를 소집하면 사람들은 선뜻 참여하고 기꺼이 기여한다.

엘리 본덴캄프가 집단적인 문제 해결에 대한 자신의 접근법을 설명할 때, 나는 짧고 간단한 회동이 해결책으로 이어지는 양상에 놀랐다. 여러 부서와 관련된 문제도 몇 달이 아니라 몇 분 만에 해결됐다.

그 비법은 진정한 문제를 파악하는 데서 그치지 않고 완전히 투명하게 대처하는 것이었다. 그녀는 해결책을 처방하기보다 문제를 드러내는 데 노력을 기울였다. 그녀는 과도하게 설명하는 것이 아니라 완전히 투명하게 만들어서 문제를 명확하게 밝혔다. 즉 셰프가 버터를 가열해 맑게 만들듯, 덜 가치 있는 물질을 걷어내고 오직 순수한 액체만 남겼다. 핵심이 온전히 드러나면 문제와 잠재적 해결책에 대한 공통의 관점을 쉽게 형성할 수 있다. 복잡한 문제는 해결 절차의 일환으로 분해된다. 이는 임팩트 플레이어가 다른 사람들보다 거의 2배나 많이 드러내는 능력이다.[18]

문제에 대한 공통의 관점이 확보되면 집단적 의도와 실행 계획을 확립할 수 있다. 리더는 초기 노력을 계속 이끌면서 팀이 행동을 취하고, 잠정적인 성과를 달성하며, 노력을 지속하는 데 필요한 동력을 얻도록 만들 수 있다. 다른 사람들이 스스로 나서는 단계가 되면 급히 등장한 리더는 가장 가치 있는 역할을 다한 셈이다. 그래서 자유롭게 뒤로 물러서서 다른 사람들이 앞장서도록 할 수 있다.

습관 3: 적절하게 물러서라

우리가 조사한 임팩트 플레이어는 자발적으로 나서서 책임을 떠맡을 때처럼 품위 있게 뒤로 물러설 줄도 알았다. 그들은 이끌고 뒤따르는 일을 모두 할 수 있고, 공을 패스해 영광을 나누는 다재다능한 플레이어다. 리더십에 대한 유연한 접근법은 앞서 말한 대로 스포츠 팀의 플레이 메이커가 맡는 역할과 비슷하다. 공격할 수 있도록 공을 다른 플레이어에게 넘기는 플레이 메이커의 능력과 의사는 공을 소유하는 능력만큼이나 중요하다.[19] 리더 역할을 나누고 돌리려는 의사는 유연한 주문형 리더십 모델을 만든다. 이 모델은 조직이 장기적으로 신속하게 대응하고, 적응하며, 노력을 이어가도록 해준다.

동물계에서 아주 다른 리더십 모델을 따르는 두 동물을 살펴보자. 그것은 거위와 사자다. 다른 지역으로 이동하는 거위 떼는 특징적인 V자 대열로 날아간다. 과학자들은 이런 비행 방식이 혼자 날아가는 경우보다 같은 기간에 71퍼센트나 더 빨리 이동할 수 있게 해준다고 추정한다.[20] 이 대열에서 선두에 있는 새는 공기를 갈라서 뒤에 있는 새들이 저항을 덜 받게 해준다. 그러다가 선두 새가 지치면 뒤로 빠지고, 다른 새들이 돌아가며 선두에 선다. V자 대열의 혜택은 양방향으로 주어진다. 뒤쪽 새들은 후면과 측면에서 날면서 날갯짓을 통해 위로 끌어당기는 힘을 만들어낸다. 이 힘은 선두 새가 날아가는 데 도움을 준다. 이처럼 기운을 아껴주는 효율적인 접근법을 사자 무리의 리더십 모델과 비교해보자. 사자 무리의 왕은 평생 다른 사자들 위에 군림한다. 그러나 알파 리더의 삶은 대개 경쟁 리더의 적대적 인수로 짧게 끝난다. 이는 사바나에는 적합할 수 있는 리더십 모델이다. 그러나 기민성과 끈기가 중요한 작업 환경에서는 살아남을 수 없다.

영웅을 만들어라

폴 포지는 타깃의 반품 절차를 획기적으로 개선하는 데 중심적인 역할을 했다. 그러나 그는 쇼의 유일한 스타가 아니었다. 15명으로 구성된 초기 모임이 고위 관리자급 범직능 팀을 조직한 후 그는 데이브에게 배턴을 넘겼다. 데이브는 그의 직속 상사 중 한 명으로서 범직능 팀에서 일할 예정이었다. 그는 데이브에게 "리더가 없는 경우 그 역할을 해주셨으면 합니다. 하지만 다른 누군가가 책임을 떠맡을 준비가 되어 있으면 그 사람을 지원해주십시오"라고 보고했다. 데이브는 초반에 업무를 이끌었다. 그러나 다른 세 명의 고위 관리자인 켈리, 케이틀린, 멜리사도 프로젝트 기간 동안 핵심적인 역할을 했다. 그들은 다르게 일하고 변화를 이루고자 하는 사람들의 모범이 됐다. 그들의 일은 전체적으로 회사 내에 조직된 범직능 팀의 힘을 보여주는 초기의 증거가 됐다.

폴은 "범직능 팀은 공로를 인정받을 자격이 있습니다. 그들은 창의적인 사고를 했고, 궁극적으로 해결책을 마련했습니다"라고 인정했다. 그의 상사인 아이린은 "그는 사람들에게서 최고의 능력을 이끌어내고, 팀에 속한 모두의 전문성을 활용해요"라고 말했다. 또한 사람들이 데이브와 같이 일하고 싶어 하는 이유는 그가 '미스터 노 드라마Mr. No Drama'이기 때문이라고 말했다. 즉 정치나 게임을 하지 않는다는 뜻이다. 폴은 일이 잘못되었을 때 다른 사람을 탓하지 않으며, 많은 칭찬을 바라지 않는다. 사람들은 그와 같이 일하면 기여할 기회를 얻고 자기 몫의 공로를 인정받을 수 있다는 사실을 안다.

임팩트 플레이어는 단지 영웅에 머물지 않는다. 그들은 영웅을 만들어낸다. 그들은 다른 사람들을 조명 안으로 끌어들이고, 여러 승자와 잠재적 리더가 나오도록 팀을 이끈다. 전체 팀이 좋은 평가를 받으면, 상사도 좋은 평가를 받는다.

리더십을 넘겨라

20세기 초의 경영 철학자인 메리 파커 폴레트는 "리더십은 권한 행사가 아니라 자신이 이끄는 사람들의 능력을 늘리는 역량으로 정의된다. 리더의 가장 중요한 일은 더 많은 리더를 만드는 것이다"라고 말했다.[21] 영향력을 활용해 프로젝트를 시작했고 변화를 위한 노력이 대기권 탈출 속도에 이르렀다면, 다른 사람이 지휘권을 잡도록 해줄 때다. 그러면 어떻게 해야 책임을 떠맡을 때와 같은 확신을 가지고 리더 역할을 넘겨줄 수 있을까? 타깃의 폴 포지는 고객 반품 절차가 진행되고, 거기에 너무나 많은 관심을 기울인 후에 그것을 되돌려주기가 힘들었다고 인정했다. 그래도 프로젝트가 적임자에게 이양됐다는 사실을 알았고, 자신이 계속 책임을 맡을 의도가 없었다는 점은 도움이 됐다. 그는 "할 일은 많고, 가질 것은 충분해요"라고 씁쓸하게 말했다.

지난 10년에 걸친 나의 조사는 사람들이 주도권을 가지고, 그와 함께 진정한 책임과 책임성이 주어질 때 최선을 다한다는 사실을 보여주었다. 좋은 리더는 다른 사람에게 책임을 맡기면서 주도권을 이양한다. 이때 집이 팔린 후 새 주인에게 등기증이 넘겨지듯이 책임이 명시적으로 양도되어야 한다. 새 주인은 전 주인이 등기증에 대한 모든 권리를 포기하기 전까지 집을 원하는 대로 쓸 수 없다. 새집으로 이사하는 데 전 주인이 가구를 어디에 놓을지 지시한다고 상상해보라.

어쩌면 새 리더에게 넘겨야 할 일을 당신이 계속 끌어안고 있을지도 모른다. 그 일은 리더로서 당신의 가치를 이미 기여한 것이 아닐까? 이제 뒤로 물러서서 다른 사람이 이끌게 해주는 게 낫지 않을까?

다른 사람을 따르라

최고의 리더는 앞장설 의지를 가지고 있다. 또한 그들은 유연한 리더로서 상황에 맞춰서 앞장서고 물러선다. 이는 항구적인 리더의 마인드셋과 크게 다르다. 경력을 신경 쓰는 관리자는 어떤 리더 역할을 맡아서 상사가 되면 그것이 종신직인 것처럼 행동한다. 사람들이 이런 관리자와 일하지 않으려 하고, 이런 마인드셋이 만연한 조직이 지지부진하고 실효성 없는 위계 구조가 되는 것은 당연하다.

다른 한편으로 정반대의 경우도 조심해야 한다. 항구적인 추종자의 역할에 갇히는 것도 같은 길로 이어진다. 지금부터 우리가 잠재력만큼 기여하지 못하게 만드는 2가지 함정 요소를 살펴보자.

빠지기 쉬운 함정

임팩트 플레이어는 행동을 촉발하고 다른 사람들의 기여를 이끈다. 반면 기여자 마인드셋으로 일하는 사람은 지시를 기다린다. 관리자들은 이런 팀원을 똑똑하고 유능하지만 수동적이라고 종종 평가한다. 상황이 명확해지기를 기다리거나, 다른 사람이 주도하기를 기다리는 관중과 같다는 말이다. 많은 관리자는 이런 스타일을 "무엇을 해야 할지 말해주면 할게요"라는 말로 묘사한다. 이는 권위에 대한 존중과 "다른 사람이 책임자야"라는 가정에 이끌리는 업무 접근법이자, 방관자적 태도다. 이 마인드셋은 미국 남부에서 쓰는 "난 책임자가 아냐"라는 표현에 담겨 있다. 이 말은 "그들이 일을 잘 못하고 있어"를 완곡하게 알리는 것이다. 그래서 편리한 견해를 제공한다. 책임자가 아니면 문제를 해결할 필요가 없기 때문이다.

기여자 마인드셋을 가진 직장인은 가장 무해한 경우에 그냥 옆으로 비켜선다. 그리고 다른 사람이 참여하거나 상황을 주도하라고 요청할 때까지 기다리면서 지켜본다. 이런 방관자적 태도는 대개 수동성을 초래하며, 시간이 지나면 적극성을 약화하고 적당주의 문화를 만든다. 기다리는 성향과 권위에 대한 순종은 여러 리더 지망생을 잘못된 길로 이끈 또 다른 함정으로 우리를 데려간다.

○ **마냥 기다리기 |** 유능한 사람이 기사 작위를 받을 때까지 기다리다가 고귀하게 행동할 기회를 놓치는 경우가 너무나 많다. 그들은 권위를 존중해야 하며, 초대받지 않고 파티에 가는 것은 무례하다고 교육받았을지도 모른다. 또는 위압적으로 보이고 싶지 않았을지도 모른다. 그러나 소심하게 초대를 기다리면 파티뿐 아니라 기여하고 이끌 기회를 놓칠 수 있다. 이는 또한 조직을 계급 기반 체제로 고착시킨다. 이런 사람은 좋은 추종자로 인식될지 모르지만 리더감을 고를 때는 간과될 가능성이 높다.

별로 간섭할 필요가 없는 프로젝트 매니저 다나[22]의 사례를 살펴보자. 그녀는 건실한 성과를 올리고, 자신의 일을 소중히 여기며, 확고한 관계를 구축했다. 그녀는 여러 차례 상사에게 더 많은 책임을 맡고, 인정받아서 승진하고 싶다고 말했다. 그러나 그녀는 상사가 일을 맡길 때까지 기다렸다. 그녀의 상사는 "제가 씨앗을 심어놓고 절차를 개선하면 좋을 것 같다고 말해도 달려들지 않아요"라고 말했다. 다나는 마치 상사가 분기별 목표를 업데이트하거나 팀에게 발표해주기를 기다리는 것 같았다. 그녀의 상사는 짜증스러운 말투로 "문은 열어줄 수 있지만 그녀가 들어와야 해요"라고 말했다. 그녀의 상사가 굳이 시간을 내서 유도해준다고 해도, 다나는 다음 직급에서 같은 상황에 직면할 것이다. 직급이 높아지면 보다 무게감 있는 직책을 맡을지 모른다. 그러나 변화를 이루려면 수완을 발휘해 초대받지 않은 곳으로 들어서야 한다.

○ **평등한 팀 |** 일부 직장인은 구시대적 리더십의 패러다임에 갇힌다. 반면 다른 직장인들은 실험적인 새 교과에 너무 빨리 적응한다. 이 교과는 혁신과 기민성이 자유롭게 이뤄지는 협력의 부산물이라고 가정한다. 이는 매혹적인 절반의 진실에 불과하다. 평등한 팀을 주장하는 것은 또 다른 함정 요소로서 협력 카드를 지나치게 활용하는 것을 말한다.

협력 관계와 합의에 따라 돌아가는 자율적 범직능 팀이 기민성과 혁신을 촉진하는 수단으로서 인기를 얻었다. 이런 형태의 팀 활동은 분명히 창의성과 소통을 강화할 수 있다. 하지만 동등한 관계의 협력이 사실상의 업무 방식이 되어버리면 어떤 일이 생길까? 특히 명백한 교전 수칙 없이 비공식적으로 활용되면 어떤 일이 생길까? 모든 구성원이 주도권을 가지면 어떤 문제가 생길까? 평등한 팀 활동은 원탁에서 만나 회의를 할 때는 원활하게 돌아갈 수 있다. 하지만 누가 다음 회의 일정을 잡거나, 다른 부서와 연계해야 하는지 불분명하면 회의 사이에 쉽게 무너질 수 있다.

분산된 리더십은 협력의 힘을 희석할 수 있다. 주도권을 공유하면 혼란이 발생한다. 테니스 코트에서 복식조가 날아오는 공을 보고 동시에 "내 공!"이라고 외치지만 다른 선수가 받아칠 것으로 생각하다가 둘 다 놓쳐버리는 경우처럼 말이다. 우리는 종종 리더가 없는 상황은 (〈파리 대왕〉의 한 장면처럼) 혼란을 초래할 것으로 생각한다. 그러나 아무 활동도 이뤄지지 않을 가능성이 더 높다. 진실은 모두가 주도하면 사실 아무도 주도하지 않는다는 것이다. 또는 내가 우리 집에서 말하는 것처럼 모두가 고양이 밥 당번이 되면 고양이가 굶게 된다.

협력과 분명한 리더십은 양립 불가능하지 않다. 둘 다를 갖는 것은 현실적일 뿐 아니라 바람직하다. 모두가 주도권을 갖는 팀을 조심하라. 대신 모두가 기여하고 노력의 일부를 이끌거나 일정 기간 동안 이끄는 기회를 갖되, 한 번에 오직 한 명의 리더만 있는 협력 구조를 만들어라.

파급력 배가하기

역할이 불분명하면 직원들이 정체된다. 직원들이 구름이 걷히고 상사의 의지가 드러날 때를 기다리는 가운데 조직은 현재 상태에 갇힌다. 하지만 단 한 사람이 앞으로 나서서 이끌 의지를 가지면 역할은 문제가 되지 않는 것처럼 보인다. 사실 완전히 불필요하게 보인다. 개인이 자발적으로 나서서 이끌면 진전이 이뤄진다. 누가 책임자이고, 어떤 일을 해야 할지 불분명할 때도 그렇다. 각각의 성공과 더불어 보다 과

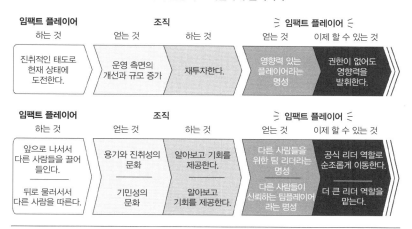

과감하게 앞장서고 적절하게 물러서라

임팩트 플레이어	조직		≷ 임팩트 플레이어 ≷	
하는 것	얻는 것	하는 것	얻는 것	이제 할 수 있는 것
진취적인 태도로 현재 상태에 도전한다.	운영 측면의 개선과 규모 증가	재투자한다.	영향력 있는 플레이어라는 명성	권한이 없어도 영향력을 발휘한다.

임팩트 플레이어	조직		≷ 임팩트 플레이어 ≷	
하는 것	얻는 것	하는 것	얻는 것	이제 할 수 있는 것
앞으로 나서서 다른 사람들을 끌어들인다.	용기와 진취성의 문화	알아보고 기회를 제공한다.	다른 사람들을 위한 팀 리더라는 명성	공식 리더 역할로 순조롭게 이동한다.
뒤로 물러서서 다른 사람을 따른다.	기민성의 문화	알아보고 기회를 제공한다.	다른 사람들이 신뢰하는 팀플레이어라는 명성	더 큰 리더 역할을 맡는다.

감한 문화가 조성된다. 직원들은 적극적인 태도를 취하고 앞장서기를 두려워하지 않는 법을 배운다. 조직에 플레이 메이커가 있으면 정식 관리자가 덜 필요해진다.

베티 윌리엄스가 1976년 8월 10일에 내린 결단은 역사의 경로를 바꾸고 한 지역에서 폭력을 종식하는 데 도움이 되었다. 기꺼이 앞장서 겠다는 의지는 그녀를 이후 30년 동안 리더십과 운동의 길로 이끌었다. 2008년 6월, 윌리엄스는 이렇게 회고했다. "30년 동안 현장에서 일하다 보니 한 가지 사실에 대한 확신이 들었어요. 그것은 하향식으로는 답이 나오지 않는다는 명백한 사실이에요. 정부는 답을 모릅니다. 오히려 그 반대죠. 많은 경우 그들은 답을 모를 뿐 아니라 그들 자신이 문제입니다. 전 세계의 아동을 돕겠다고 마음먹었다면 상향식으로 해결책을 만들기 시작해야 합니다."[23] 그녀는 있는 그대로의 세상에 안주하기보다 마땅히 그래야 하는 세계를 위해 일하기로 결심했다.

월리엄스의 기여는 실로 대단했다. 하지만 우리 모두는 누군가가 고쳐야 하는 문제, 바로잡아야 하는 작은 부정, 맞서야 하는 관성에 직면하지 않았나? 이런 상황에서 우리는 현재 상태에 안주하는가, 아니면 더 나은 길을 찾으려 애쓰는가?

임팩트 플레이어는 안주하지 않으며, 기다리지 않는다. 그들은 직면하는 모든 잘못을 반드시 바로잡지는 않는다. 다만 그들은 강요나 초대 없이도 상황을 자신이 발견했을 때보다 더 낫게 만드는 길을 찾는다. 다른 사람들이 핑계를 대는 동안 임팩트 플레이어는 일을 해내고 변화를 이룬다. 이런 마인드셋을 체화한 사람은 리더 역할이 주어질 때까지 기다리지 않고 앞장선다. 미국의 육군 장성 조지 패튼은 "나를 이끌든지, 따르라. 아니면 비켜라"라고 말했다. 당신은 역할이 불분명할 때 이끄는가, 아니면 따르는가? 2가지를 다 할 수 있는 사람은 미래의 리더가 될 가능성이 높다. 2가지 다 못하는 사람은 옆으로 밀려난다.

모든 뛰어난 리더는 그저 '양호한 것'이 양호하지 않다고 판단하고, 앞장서는 선택을 하는 결정적인 순간을 떠올릴 수 있다. 모든 직위에 속한 최고의 기여자도 마찬가지다. 당신의 가치를 극대화하고 싶다면 조용하고 끈질긴 문제를 찾아서 적극적으로 해결하라. 리더십의 공백을 찾아서 채워라. 앞으로 나서면 존중, 영향력, 앞장설 수 있는 더 큰 기회를 얻을 것이다. 그러니 무슨 일이든 시작하라.

전략

이 전략은 리더 지망생들이 적극적으로 나서고, 적절하게 물러서는 데 필요한 가정과 습관을 연습하고 강화하기 위한 팁들을 담고 있다.

스마트 플레이

1. **백색소음에 귀를 기울여라.** 주위에 잠재된 문제, 조직이 약간의 리더십과 집중력으로 뚜렷하게 개선할 수 있는 낮은 수준의 끈질긴 문제에 귀를 기울여라. 모두가 불평하지만 아무 조치도 취하지 않는 것이 무엇인가? 사소해 보이지만 계속 반복되면서 장기적으로 큰 낭비로 불어나는 비효율성이 있는가? 신규 고객이나 신입 사원에게는 놀라울 만큼 명백하지만 직원들은 둔감해진 문제는 무엇인가? 계산을 하고, 투명성을 창출하고, 문제를 해결해 장기적으로 혜택을 누릴 수 있는 임시 팀을 구성하라.

2. **공백을 채워라.** 명확한 리더십이 결여된 상황을 찾아라. 역사의 경로를 바꿀 변혁적 순간이나 기회를 기다리지 마라. 일상적 순간에서 리더십을 제공하라. 거기에는 너무나 흔한 다음 2가지 사례가 포함된다.

   - **불명확한 회의:** 회의의 63퍼센트는 예정된 의제가 없는 것으로 추정된다.[24] 이때 참석자들이 얻고자 하는 성과에 동의하도록 제안함으로써 절실하게 필요한 명확성을 제공할 수 있다. 이를테면 "우리가 이 회의에서 이루고자 하는 가장 중요한 목표가 무엇입니까?"라고 물을 수 있다.

- **이름 없는 영웅:** 대다수 직원은 상사, 동료, 고객에게 인정받고 싶은 욕구를 드러낸다. 그러나 글래스도어Glassdoor의 설문 결과에 따르면 상사에게 충분한 인정을 받는다고 밝힌 비율은 3분의 2에 불과하다.[25] 동료나 협력자, 특히 이면에서 일한 사람의 기여를 공개적으로 인정하면 이 공백을 채울 수 있다. 다른 사람의 기여를 치켜세우는 것은 그들이 마땅한 공로를 인정받도록 해주고, 당신이 권한 없이 이끄는 데 필요한 신뢰를 낳는다.

3. **자신을 파티에 초대하라.** 앞으로 나서서 선도하려면 때로 중요한 일이 일어나는 자리로 자신을 초대해야 한다. 다만 아무런 통보 없이 나타나거나, 기여하는 일 없이 자리를 차지하거나, 의제를 가로채는 기분 나쁜 침입자는 되지 마라. 그보다 회의를 조직하는 사람에게 왜 참석하고자 하는지, 어떤 가치를 제공할 수 있는지 알려라. 참석한 후에는 당면 의제에 의미 있는 기여를 하고, 다음에 초대받을 수 있도록 행동하라. 끝으로 초대받지 않고 참석할 계획이라면 적어도 그 자리에 한 명의 강력하고 믿을 만한 지원자가 있어야 한다.

4. **리더처럼 행동하라.** 리더가 되는 쉬운 단계는 바로 지금 리더처럼 행동하기 시작하는 것이다. 〈하버드비즈니스리뷰〉의 에이미 갤로가 쓴 것처럼 "리더가 되고 싶다면 화려한 직책이나 좋은 사무실을 기다리지 마라. 승진되기 훨씬 전부터 리더처럼 행동하고, 생각하고, 소통하기 시작할 수 있다."[26] 앞장서는 데 필요한 성격과 태도를 드러내면서 리더처럼 행동하면 나중에 리더 역할이 맡겨질 가능성이 커진다. 한두 직급 위에 있는 리더에게서 본 긍정적인 리더

십의 자질을 모방하라. 그들이 지닌 리더십 속성을 파악하고 연습하는 일부터 시작하라. 이를테면 (1) 상사가 보여준 최고의 리더십 자질(예: 좋은 질문을 던진다), (2) 근래에 관리직으로 승진한 사람이 지닌 긍정적인 특성(예: 혁신적 사고), (3) 조직에서 명시한 리더십 및 문화적 가치(예: 협력)가 그 예다.

5. **배턴을 넘겨라.** 리더십의 신뢰도를 높이려면 회사 사람들에게 앞장설 뿐 아니라 뒤따를 수도 있다는 사실을 보여라. 리더 역할을 너무 오래 붙들고 있었기 때문에 새로운 리더에게 배턴을 넘겨야 할 수도 있다. 성공적으로 이끌었지만 '팔팔한 다리'나 '신선한 시각'이 도움이 될 프로젝트나 프로그램이 있는가? 다음 단계에서 앞으로 나서서 일을 이끌 수 있는 동료나 팀원이 있는가? 배턴을 넘길 때 업무와 권한만 넘기지 마라. 한 걸음 더 나아가 나머지 팀에게 당신이 아닌 새로운 리더가 이제 주도할 것임을 알려라. 끝으로 새로운 리더를 가시적으로 도울 기회를 신속하게 찾아라.

주의 사항

1. **3가지 요소를 공유하라.** 앞장서기 위해 나설 때 반감이 생기지 않도록 동료와 회사 사람들에게 우호적인 의도를 알려라. 3가지 핵심 요소를 공유해 신뢰를 쌓아라. (1) 의도를 공유하라: 성과를 내려고 노력하는 중이며, 그 성과가 다른 사람들에게 어떻게 혜택을 안기는지 알려라. (2) 권한을 공유하라: 다른 사람들에게 일의 일부를 이끌 기회를 만들거나, 리더 역할을 돌아가며 맡을 것임을 알려라. (3) 조명을 공유하라: 당신이 이끄는 사람들을 영웅으로 만들어라.

다른 사람들도 자신이 승자가 되면 기꺼이 뒤따를 것이다.

2. **소통에 만전을 기하라.** 경영진의 승인을 기다리지 않고 상황을 주도할 수 있다. 그래도 경영진에게 계속 현황을 보고해야 한다. 재량에 따른 프로젝트를 추구하기 전에 상사에게 핵심 업무를 처리했음을 알려라. 어떤 일을 하고 있으며, 어떻게 진행되고 있는지 정기적으로 보고하라. '자신을 초대한다는 것'은 난데없이 참석해 리더를 놀라게 하라는 말이 아니다. 먼저 그들과 상의해 당신의 참석이 결과에 어떤 도움을 줄 수 있는지 설명하라.

3. **선택에 신중하라.** 앞장서기 위해 나설 때 과도하게 열중하지 마라. 지역사회에서 봉사활동을 할 때와 마찬가지로 과도한 열의는 파급력을 약화하고, 번아웃과 환멸로 이어진다. 선택적으로 책임을 떠맡아라. 동력과 조직의 지원을 당신 편에 둘 수 있는 전투를 위해 기운을 아껴라. 대의를 현명하게 선택하면 선동꾼이 아니라 리더로 비칠 것이다.

○ **관리자를 위한 코칭 팁:** 8장 끝부분에 나오는 '감독의 전략'에서 팀원들이 과감하게 앞장서고 적절하게 물러서는 데 도움이 되는 코칭 팁을 확인할 수 있다.

적극적으로 나서고, 적절하게 물러서라

이 장은 임팩트 플레이어가 불분명한 역할에 대처하는 방법과 권한을 나누고 주문형 리더십 모델을 창출하면서 리더 역할을 너무나 쉽게 드나드는 이유를 설명한다.

	기여자 마인드셋	임팩트 플레이어 마인드셋
관행	지시를 기다린다.	앞장서고 물러선다.
가정	다른 사람들이 주도한다(방관자).	• 공식 권한이 없어도 주도할 수 있다(청지기). • 이 상황을 개선할 수 있다(적극성). • 책임자가 아니어도 주도할 수 있다(비공식성).
습관	• 리더에게 미룬다. • 지시를 따른다. • 필요할 때 협력한다.	• 앞으로 나선다. • 다른 사람들을 끌어들인다. • 뒤로 물러선다.
영향	위에서 지시가 내려오기를 기다리다가 중요한 문제를 해결할 기회를 놓친다. 조직은 현재 상태에 갇힌다.	기회를 포착하고 점수를 낼 위치에 자신과 다른 사람들을 놓음으로써 플레이 메이커가 된다. 공식 권한 없이 이끌려는 의지는 용기, 진취성, 기민성의 문화를 창출한다.

피해야 할 함정 요소: ① 마냥 기다리기, ② 평등한 팀

예견하지 못한 장애물에 대한 자세

* 다음은 기여자와 임팩트 플레이어에 대한 리더의 평가다.

기여자	≳ 임팩트 플레이어 ≲
타당한 노력을 기울이지만 제가 압박하지 않으면 일을 끝내지 못합니다.	제가 그에게 기한을 상기시키는 경우보다 그가 제게 기한을 상기시키는 경우가 더 많습니다.
논쟁이나 난관이 있으면 일을 진전시키지 못합니다. 결국 제게 문제가 넘어옵니다. 제가 개입해 결승선까지 끌고 가야 합니다.	큰 문제가 되기 전에 문제와 사안을 인식하고 해결합니다. 자신의 문제를 다른 사람들이 해결해주도록 의지하지 않아요.
일이 원활하게 진행되기를 바라고, 그렇게 되지 않으면 좌절합니다.	장벽에 부딪혀도 낙담하고 속도를 늦추는 게 아니라 돌아가는 길을 찾아내서 계속 나아갑니다.
회의에서는 올바른 말을 하지만 실행 능력이 부족합니다.	공을 인정받지 못해도 일을 끝까지 처리합니다.

확실하게 마무리하라

나는 진전의 길이 신속하지도, 수월하지도 않다고 배웠다.

마리 퀴리(프랑스의 물리학자, 화학자)

내가 사는 도시에서 스탠퍼드대학교와 캘리포니아대학교 버클리캠퍼스 사이에 벌어지는 연례 미식축구 경기는 '빅게임'으로 불린다. 두 학교는 샌프란시스코만의 맞은편에 자리한 라이벌이다. 이 대항전은 129년 동안 벌어졌으며, 이긴 학교는 선망의 스탠퍼드 액스 트로피를 차지한다. 그만큼 큰 대가와 높은 열기를 수반하는 경기다.

제85회 빅게임은 1982년 11월 20일에 버클리 힐스에 있는 캘리포니아 메모리얼스타디움에서 열렸다. 캘리포니아 골든 베어스는 4쿼터 후반에 19 대 17로 앞서나가고 있었다. 경기 시간이 8초밖에 남지 않은 상황에서 스탠퍼드는 3점짜리 필드골을 성공시켜서 1점 차 우위를 잡았다.

이제 남은 시간은 4초였다. 스탠퍼드는 짧고 낮게 공을 찼다. 캘리포니아의 케빈 모엔이 45야드 라인에서 공을 잡았다. 이기려면 단번에 55야드를 달려가야 했다. 모엔은 돌진하기 시작했지만 스탠퍼드 수비진에게 막히고 말았다. 모엔은 공을 뒤에 있던 동료, 리처드 로저스에게 넘겼다. 로저스는 1야드를 전진하다가 가로막히자 뒤에 있던 세 번째 플레이어 드와이트 가너에게 공을 넘겼다. 가너도 두어 야드를 전진했지만 스탠퍼드 수비진에게 바로 태클당하고 말았다.

스탠퍼드 팬들은 환호성을 질렀다. 요란하기로 악명 높은 스탠퍼드 밴드가 빅게임의 승리를 축하하기 위해 급히 필드로 들어가 엔드 존으로 들어갔다. 경기는 분명 끝난 것이나 마찬가지였다. 적어도 관중석에서 보기에는 그랬다. 하지만 가너는 아직 땅에 몸이 닿지 않은 상태에서 옆으로 로저스에게 공을 패스했다. 로저스는 달려가던 도중에 공을 잡아서 20야드를 전진했다. 그는 태클당했지만 넘어지는 도중에 공을 30야드 라인에 있던 모엔에게 던졌다. 모엔은 계속 달렸다. 5번에 걸친 그들의 아슬아슬한 측면 패스는 스탠퍼드 수비진을 따돌렸다. 하지만 이제 모엔은 예견하지 못한 상대에 직면했다. 바로 승리를 축하하려고 경기장으로 급히 들어선 밴드부원과 치어리더들, 그리고 스탠퍼드 액스 위원회 사람들이었다. 모엔은 어리둥절한 밴드부원들을 쏜살같이 헤치고 나아가 골라인을 통과했다. 그는 엔드 존에 서 있다가 깜짝 놀란 트롬본 연주자와 부딪혔다. 승리의 터치다운을 성공시킨 것이다.[1] 경기는 25 대 20으로 끝났고, 캘리포니아대학교는 스탠퍼드 액스를 차지했다.

이 경기의 마지막 순간은 전설이 되면서 스포츠 역사상 최고의 마무리 중 하나인 '더 플레이The Play'로 불렸다. 스탠퍼드는 여전히 캘리포니아대학교의 선수 중 한 명이 마지막 터치다운 전에 넘겨졌다고 주장한다. 물론 캘리포니아대학교는 다르게 말한다. 경기 영상으로는 확실하게 판단할 수 없다. 다만 한 가지는 확실하다. 마지막 몇 초를 남기고 밴드가 경기장으로 들어섰을 때 아직 경기는 끝난 것이 아니었다. 캘리포니아대학교는 계속 플레이했고, 이겼다.

수많은 직장인이 좋은 경기를 한다. 그들은 행동을 취하고 열심히 일한다. 그러나 일이 마무리되기 전에 그만두는 경우가 너무나 많다. 골라인에 조금 못 미쳐서 그만두거나, 섣불리 축하하다가 끝났다고 생각한 일이 마무리되지 않으면 어떤 일이 생길까? 가장 영향력 있는 직장인(그리고 전체 팀)은 일을 마무리할 뿐 아니라 다른 사람들보다 확실하게 마무리하기 때문에 더 큰 파급력을 발휘한다.

이 장은 최고의 파급력을 발휘하는 플레이어가 역경과 예견하지 못한 장애물에 대처하고 상황이 어려워져도 일을 마무리하는 양상을 살핀다. 앞 장에서는 책임을 떠맡고 일을 시작하는 양상을 탐구했다. 이 장은 주인 의식을 가지고 결승선까지 일을 진행하는 양상을 탐구한다. 우리는 임팩트 플레이어가 성과를 보장하는 첫 번째 요소를 살필 것이다. 즉, 최고의 기여자가 예측성과 의외의 추가 성과를 제공하는 이유와 눈에 잘 띄고 큰 대가가 걸린 프로젝트를 맡는 이유를 살필 것이다.

이 장의 요지는 번아웃할 정도로 과도하게 몰두하고 일하라는 것이 아니다. 그보다는 건강을 해치지 않는 선에서 업무를 잘 마무리할 수 있도록 일하라는 것이다. 이 장을 읽으면 책임성을 포기하지 않고 지원 인력을 끌어들이는 방법, 혼돈에 빠지는 것이 아니라 상황을 반전시키는 방법, 무턱대고 고집을 부리는 것이 아니라 협상하는 방법을 배우게 될 것이다. 또한 골라인을 지나든, 과제 목록의 한 항목을 처리하든 간에 확실하게 마무리하는 방법을 배우게 될 것이다. 예기치 못한 난관에 무너지는 것이 아니라 오히려 그 난관을 발판으로 삼는 방법을 말이다.

선택: 경보 vs. 해결

모든 사업은 장애물에 직면하며, 모든 조직은 방해물에 대처한다. 이는 일과 삶의 일부다. 캘리포니아의 지진이나 중서부의 토네이도 같은 것은 알려진 난관이다. 그래서 대비하고 대처할 수 있다. 반면 예견하기 거의 불가능한 문제, 다가오는 것을 보지 못한 문제, 레이더에 나타나지 않거나 예고 없이 닥치는 문제가 있다. 2020~2021년에 발생한 세계적인 코로나 팬데믹과 그 여파로 전 세계에 걸쳐 사업체와 학교가 문을 닫는 것 같은 예측하지 못한 난관이 있다. 이는 전 미국 국방부 장관인 도널드 럼스펠트가 말한 "모른다는 사실을 모르는 무지 Unknown Unknowns"다. 물론 이런 문제는 다루기 가장 어렵다. 쉽게 예측할 수 없기 때문이다.

나사의 아폴로 프로그램에는 온갖 종류의 알려지지 않은 장애물이 도처에 존재했다. 나사 엔지니어들은 달의 토질을 몰랐다. 다만 자신들이 모른다는 사실을 알았다. 즉, 달의 토질은 모른다는 사실을 아는 무지였다. 그들은 자신들이 모른다는 사실을 인식했기 때문에 모든 가능성을 수용하는 착륙선을 만들 수 있었다.[2] 반면 모른다는 사실을 모르는 무지도 있었다. '아폴로 12호'가 번개를 맞은 것이 그런 경우였다. 이는 한 번도 고려한 적이 없는 사건이었다.[3] 한 나사 간부는 이렇게 설명했다. "프로그램 매니저가 우주 비행선이 번개를 맞을 것을 예측하리라고 기대하기는 어렵습니다. 하지만 모든 대형 개발 프로그램에서 프로그램 매니저들은 번개를 맞는 것 같은 사고가 어딘가에서는 생길 것임을 깨달아야 합니다. 그 정도를 기대하는 것은 비합리적이지 않다고 생각합니다."[4]

모른다는 사실을 모르는 무지는 구체적이거나 안정적인 방식으로 예측할 수 없다. 그래도 폭넓게 예상하고 책임감 있게 대처하는 것은 가능하다. 모든 사람이 통제할 수 없는 사안에 대처한다. 다만 문제를 해결할 책임을 떠맡는 사람이 있는 반면 보다 힘 있는 사람, 즉 상사에게 넘기는 쪽을 선택하는 사람도 있다. 다음은 나사 매니저의 관점에서 본 사례다.

나사의 한 엔지니어링 매니저는 '에드'라는 엔지니어에 대해 설명했다. 에드는 그가 '듬직한 에디Steady Eddie' 유형으로 여기는 팀원을 가리키는 적절한 가명이다. 그는 에드가 프로젝트에 참여했고, 자신의 직무를 수행했고, 요청받은 업무를 처리했으며, 현황을 알려달라고 요청하자 기꺼이 보고했다고 말했다.

에드는 대체로 제때에 작업분을 제출했고, 일을 잘했다. 하지만 동료들이 그의 작업분을 검토해 보니 추가 작업이 필요하다는 사실이 명확했다. 모든 복잡한 프로젝트가 그렇듯이 거의 언제나 예상치 못한 통합 이슈나 고쳐야 할 버그가 있었다. 그러나 추가 작업을 요청하자 에드는 이미 다른 프로젝트를 하고 있다고 말했다. 사실상 "이만 가볼게요. 다른 할 일이 있어요. 행운을 빌어요. 다음에 봐요"라고 말하는 것이나 다를 바 없었다. 결국 전체 임무에 지장이 없도록 팀이 남아서 문제를 해결하고 그의 업무를 마무리해야 했다.

에드는 열심히 일했고, 적극적으로 참여하는 것처럼 보였다. 그러나 일이 복잡해지면 상사에게 해결해달라고 떠넘겼다. 종종 "이 문제는 저의 직급으로는 감당할 수 없습니다"라고 말하면서 말이다. 그는 쉬운 공은 받지만 어려운 공이 넘어오면 "네 공이야!"라고 소리치는 테니스 복식조 선수와 같았다.

에드는 팀 프로젝트에서 다른 엔지니어들과 협력할 때 "너무 지나치게 일하고 있어요. 완벽할 필요는 없어요. 그냥 마무리하고 다음으로 넘어가요"라는 식으로 말했다. "관공서 업무로는 충분히 양호한 수준"이라는 말이 마치 유인 우주탐사에도 적용되는 것처럼 말이다. 사실 결과적으로 에드의 작업은 항상 수행되었고, 임무에 적합했다. 그러나 에드는 결승선까지 가지는 않았다.

우리는 다른 기여자에 대해서도 비슷한 이야기를 들었다. 이를테면 "다른 팀원보다 훨씬 쉽게 난관에 가로막혀요"라거나 "쉽게 발목이 잡히고, 재지시가 없으면 진전을 이루는 방법을 잘 모르는 경향이 있어요" 같은 이야기였다. 이런 말은 나의 아이들이 처음 집안일을 배우던 때를 상기시킨다. 아이들은 행동을 취하고 노력을 기울였다. 그러나 뭔가 문제가 생기면 바로 내게 일을 끝낼 수 없다고 말했다. 또는 샛길로 빠져서 더 쉬운 일을 했다.

기여자 마인드셋으로 일하는 직장인은 행동을 취한다. 그러나 상황이 어려워지면 주인 의식을 갖기보다 윗사람에게 넘겨버린다. 또는 더 나쁘게는 집중력을 잃고 낙담하며, 완전히 멈춰버린다. 그들은 힘든 프로젝트를 피하고 상사에게 넘기는 법을 배운다.

반면 임팩트 플레이어는 예견하지 못한 장애물과 고충에도 불구하고 일을 완전하게 끝낸다.

스티브 스퀘레스는 코넬대학교에 다니던 시절 화성 사진으로 가득한 방에 들어섰다. 때는 1977년이었으며, 그 사진들은 나사의 신형 '바이킹' 궤도선이 막 전송한 것이었다. 그래서 본 사람이 많지 않았고, 이해한 사람은 더 적었다. 스퀘레스는 분명 이해하지 못했지만 그래도 감탄했다. 그는 "그 방을 나오면서 평생 하고 싶은 일이 무엇인지 깨달았다"라고 썼다.[5]

그로부터 20년 후 스퀘레스는 코넬대학교의 천문학 교수가 됐다. 나사의 화성 탐사 프로그램은 기본적인 사진을 찍는 수준에서 지질학적 심층 탐사를 하는 수준으로 발전했다. 나사는 과학계로부터 탐사 계획에 대한 제안을 접수했다. 스퀘레스는 탐사차를 설계하기 위해 정상급 과학자와 공학자들을 모아 팀을 꾸렸다. 그들의 제안은 10년 동안 반려되다가 마침내 승인됐다. 그들은 환희에 사로잡혔다. 그러나 버거운 일련의 난제들과 씨름하기 시작하면서 흥분은 곧 당혹감으로 바뀌었다.

애초에 어려운 형편에서 시작된 프로젝트였다. 무엇보다 적어도 1대는 화성까지 가는 여정에서 살아남고 거기서 작동하기를 바라면서 2대의 탐사차를 제작해야 했다. 또한 탐사차는 90솔 sol(지구 시간으로 93일) 동안 작동해야 했다. 그들의 계획은 2대의 탐사차를 제작하는 데 최소한 48개월이 주어진다고 가정했다. 그러나 제안 수용 과정이

지체되는 바람에 34개월밖에 주어지지 않았다. 보다 중요한 점은 우주가 시간 제약을 걸었다는 것이었다. 그들은 지구와 화성이 유리하게 배열되는 특정한 기간에 탐사선을 발사해야 했다. 게다가 이는 그들이 알고 있는 난관에 불과했다.

각 탐사차의 수명은 장착되는 태양전지판의 양에 좌우됐다. 태양전지판은 서로 연결되어 스트링String이라는 단위를 이루었다. 이 스트링을 탐사차에 장착해야 했으며, 다시 탐사차는 기존 착륙선 내부에 넣을 수 있어야 했다.

스퀴레스가 프로젝트 과학자에게서 '나쁜 소식'이라는 제목이 붙은 이메일을 받았을 때 최초의 불쾌한 발견이 드러났다. 그것은 중량 제한 때문에 27개의 스트링만 탐사차에 장착할 수 있으며, 90솔의 수명을 보장하려면 최소 30개의 스트링이 필요하다는 사실이었다. 스퀴레스는 "절망적인 순간이었다. 하지만 이 '나쁜 소식'이 실제로는 몇 달 만에 접한 최고의 소식일 수도 있다는 생각이 들었다"라고 썼다.[6] 30개의 스트링을 쓸 수 없게 된 그들은 착륙선을 재설계할 수밖에 없었다. 이미 촉박한 기한에 착륙선을 재설계하려면 일이 훨씬 많이 늘어났다. 그래도 더 이상 기존 설계를 유지하기 위해 기능성과 탐사 능력을 희생할 필요가 없었다. 오히려 탐사차에 맞춰서 적절한 착륙선을 제작할 수 있도록 해주었다. 이는 곧 더 나은 탐사차를 제작할 수 있다는 뜻이었다. 개발 팀은 신속하게 작업해 새로운 착륙선을 설계했다. 한편 리더들은 서둘러 예산을 확보했다.

개발 팀은 연이은 퍼즐을 풀어서 각각 '오퍼튜니티Opportunity'와 '스피릿Spirit'이라는 이름의 탐사차 2대를 완성했다. 프로젝트 부책임자인 제니퍼 트로스퍼는 시스템 엔지니어링 부문을 이끌기 위해 영입됐다. 그녀는 개발 과정을 모두가 힘을 합친 경험이었다고 회고했다. 그녀는 "3교대로 1주일 내내, 온종일 하드웨어와 소프트웨어를 테스트했습니다"라고 말했다.[7]

스피릿호는 성공적으로 발사됐다. 그러나 오퍼튜니티호의 경우는 나사 발사 책임자인 오마르 바에즈의 농담대로 "잘못될 수 있는 모든 것이 잘못됐다". 발사일은 이미 2번이나 연기됐다. 곧 다가올 발사 시한을 놓치면 4년을 기다려야 했다. 또한 카운트다운을 하는 동안 7초를 남기고 발사 팀이 발사를 중단시켰다. 우주 비행선을 모니터링하던 사람들이 하나의 밸브에서 문제를 감지했다. 발사 팀은 두 손을 들고 우주 비행선이 아직 준비되지 않았다고 말할 수 있었다. 대신 그들은 밸브를 신속하게 수리한 후 4분 후로 발사 시간을 재설정했다. 결국 발사는 성공이었다.[8]

오퍼튜니티호가 발사된 날부터 임무 담당 엔지니어, 탐사차 조종수, 과학자로 구성된 팀이 지구에서 난관을 극복하고 탐사차가 화성의 한 지점에서 다음 지점으로 가도록 만들기 위해 협력했다.[9] 이후 몇 년 동안 오퍼튜니티호는 히터 장애로 거의 전력을 잃을 뻔했고, 두 달에 걸친 모래 폭풍에서 살아남았으며, 256메가바이트에 달하는 플래시 메모리를 잃는 등 수많은 문제를 겪었다. 오퍼튜니티호 운용 팀은 각각의 장애물에 부딪힐 때마다 탐사차가 다시 작동할 수 있도록 해결책을 찾아내고 실행했다.[10]

이후 14년 동안 두 탐사차는 화성의 지형을 담은 수십만 장의 멋진 고해상도 풀 컬러 이미지뿐 아니라 암석과 토양의 상세한 미세 이미지를 지구로 전송했다.[11] 그러나 결국 엄청난 모래 폭풍이 견고한 탐사차들을 멈추게 만들었다. 화성에서 겨우 90일을 버티고 1,000미터를 주행하도록 설계된 스피릿호와 오퍼튜니티호는 내구성, 과학적 가치, 수명 측면에서 모든 예상을 훌쩍 뛰어넘었다. 〈내셔널지오그래픽〉은 이를 "과학적 노다지"로 표현했다.[12] 오퍼튜니티호는 기대 수명을 60배나 초과한 데 더해 화성에서 최종 정지 지점에 도달할 때까지 45킬로미터를 주행했다. 그곳은 그 이름도 적절한 '끈기의 계곡Perseverance Valley'이었다.

두 탐사차가 화성에서 끈기 있게 버틸 수 있었던 이유는 스퀘레스와 그의 팀이 지구에서 같은 일을 하고 있었기 때문이다. 즉, 낯선 지형에 적응하면서 각각의 새로운 장애물을 넘어섰기 때문이다. 트로스퍼는 "우리는 열심히 노력했고, 올바로 설계했으며, 적절한 검사와 엔지니어링을 했습니다. 그 결과물은 아주 오래갔습니다"라고 회고했다.[13]

멘털 게임

임무에 나선 요원. 이는 수많은 범죄 스릴러 액션 영화의 주제다. 제임스 본드든, 블랙 위도우든, 요원은 영리하고 침착하게 위험한 장애물과 위협적인 악당을 물리친다. 그들은 임무에 열중하고, 강한 정신력과 끈기를 발휘한다. 그리고 결국에는 언제나 일을 마무리한다.

우리가 조사한 임팩트 플레이어는 특수 요원의 기질이 핏속에 흐른다. 나사에서 일하는 메리가 그렇다. 동료들은 그녀를 '임무 처리자 메리'라고 부른다. 팀의 임무를 위험에 빠트리는 문제를 끈질기게 해결하려는 열의를 지녔기 때문이다. 그들은 평범한 사람이지만 탁월한 정신적 능력을 개발했다. 그래서 반발을 견뎌내고 일상적 문제와 흔한 난관의 포화에서 살아남는다. 그들은 역경과 어려움을 이겨내고 일을 마무리한다. 또한 영화에서와 마찬가지로 계속 지시하지 않아도 임무를 완수하는 한편 필요한 경우 본부의 지원을 받는다.

나는 이처럼 일을 끝까지 처리하고 시작한 일을 마무리하려는 성향을 '완료 유전자the Completion Gene'라고 부른다. 이는 주인 의식을 지니며, 상기하지 않아도 일을 끝내는 사람에게서 볼 수 있는 외곬의 끈기, 일을 마무리한다는 정신이다. 해결되지 않은 사안과 달성하지 못한 목표는 그들을 불편하게 만든다. 난관을 극복하는 일은 다른 사람들에게는 힘들게 느껴질지 모른다. 그러나 완료 유전자를 가진 사람에게는 일을 끝내지 않는 것이 고통스럽다. 그래서 그들은 언제나 일을 끝낸다.

이런 완료에 대한 경향에는 끈기(어려움으로부터 빠르게 회복하는 능력)와 결의(고집스럽게 성과를 추구하는 정신)가 필요하다.

끈기 있는 사람은 쉽게 좌절하지 않는다. 실패를 딛고 일어선다. "역경을 극복할 수 있다"라는 근본적인 신념을 가지고 있다. 난관은 능력을 키우고 자신을 증명하기 위한 기회를 얻는 데 필요한 저항으로 해석된다. 이런 정신적 태도로 보면 패배는 최종 결과가 아니라 일시적 좌절에 불과하다. 로자베스 모스 캔터는 2013년에 〈하버드비즈니스리뷰〉에 실은 글에 이렇게 썼다. "승자와 패자의 차이는 패배를 다루는 양상에 있다…. 누구도 어려움을 완전히 피할 수 없으며, 잠재적 함정은 사방에 있다. 따라서 진정한 능력은 곤경에서 빠져나와 다시 일어서는 끈기다." 뒤이어 그녀는 "뜻밖의 사태가 새로운 일상이라면, 끈기는 새로운 능력이다"라고 결론지었다.[14]

끈기는 우리를 다시 일어서게 만든다. 고난을 극복한 후 온전한 모습을 회복하고 성장을 통해 강해지게 만든다. 결의는 실패에도 불구하고, 인위적 보상이 없어도 우리를 계속 전진하게 만든다. 결의는 '해낼 수 있다'라는 단순하지만 강력한 신념에서 나온다. 펜실베이니아 대학교의 안젤라 덕워스 교수는 결의에 대한 연구를 선도하는 권위자다. 그녀는 "결의를 지닌 학생은 학위를 딸 가능성이 더 높다. 결의를 지닌 교사는 학생을 더 잘 가르친다. 결의를 지닌 군인은 훈련을 수료할 가능성이 더 높다. 결의를 지닌 세일즈맨은 일자리를 지킬 가능성이 더 높다. 힘든 분야일수록 결의가 더 중요한 것으로 보인다"라고 지적한다.[15]

구글의 미디어랩에서 기획 부장으로 일하는 피오나 수는 이 단호한 끈기를 체현한다. 그녀는 주인 의식을 가지며, 일이 되게 만드는 법을 안다. 또한 그녀의 상사로서 북미 미디어 책임자인 존 투크텐하겐의 말에 따르면 최소한 2인분의 성과를 낸다. 존은 다른 사람들이 멈춰설 때도 피오나가 지원을 확보하고 프로젝트를 계속 진전시키는 이유를 이렇게 설명했다. "피오나는 어떤 문제든 해결할 수 있다는 가정하에 일합니다. 계속 찔러보고 노력하면 된다는 거죠." 피오나에게 "안 된다"라는 말은 찔러볼 여지가 많은 무른 단어다. 그녀는 "안 된다는 말을 들으면 바로 반격하지 않습니다. 왜 안 된다고 보는지 이유를 물어요. 그다음 거기서부터 나아갈 길을 찾습니다"라고 설명했다.

다시 일어서는 능력과 끈기 있게 버틸 용기가 결합하면 '문제를 처리할 수 있다'라는 신념이 생긴다. 이 신념은 시급한 문제를 위로 넘기기보다 스스로 책임지게 만든다. 그래서 다른 사람들이 비정통적인 방식으로 문제를 처리할 재량을 더 많이 부여하게 만든다.

파급력을 높이는 습관

이처럼 끈기와 용기를 갖춘 기여자들은 왜 팀에게 너무나 가치 있는 존재가 될까? 우선, 우리가 170명의 관리자에게 가장 짜증스러운 것이 무엇인지 물었을 때 상위 10개 답변 중 3가지는 일을 끝내지 않는 것과 관련이 있었다. 특히 가장 짜증스럽다고 말한 것은 직원들이 먼저 해결책을 찾아보려고 노력하지도 않고 문제를 들고 오는 상황이다. 이는 "뭔가를 시도해보지도 않고 고양이처럼 문 앞에 죽은 쥐를 떨구고 가버리는" 것과 같다. 관리자들이 세 번째로 짜증스럽다고 말한 것은 직원들을 쫓아다니면서 그들이 하겠다고 말한 일을 상기시켜야 하는 상황이다. 이런 상황은 관리자를 직업적 잔소리꾼이나 간섭꾼으로 격하한다. 그다음으로 짜증스러운 것은 직원들이 조치를 할 틈도 없는 마지막 순간에 나쁜 소식을 던지는 두려운 돌발 상황이다. 이는 관리자를 무능하게 보이도록 만드는 깜짝파티와 같다. 당신이 연 파티에 손님들이 도착하는 순간 당신의 고양이가 현관에 쥐를 떨어트리고 가는 것처럼 말이다.

리더 및 조직 내 신뢰도를 높이려면?	
신뢰도를 떨어트리는 행동	• 해결책을 제시하지 않고 문제를 위로 넘긴다. • 관리자가 당신을 쫓아다니며 할 일을 상기시키게 만든다. • 나쁜 소식으로 관리자를 놀라게 만든다.
신뢰도를 높이는 행동	• 문제를 예측하고 계획을 세운다. • 약간의 추가 작업을 한다. • 스스로 해결책을 찾는다. • 상기시키지 않아도 일을 끝낸다. • 핵심을 찌르고 명확하게 말한다.

전체 목록은 부록 A 참조.

반면 임팩트 플레이어는 관리할 필요가 거의 없고, 높은 책임성을 지니는 조건을 제공한다. 그들은 주인 의식을 지니고, 문제를 예측하고 처리하며, 전체 업무를 마무리하는 데 필요한 일을 한다. 그들이 일을 잘 마무리하는 이유는 문제를 예측하고 계획을 세우기 때문이다.

습관 1: 전체 업무를 마무리하라

파스 바이슈나브는 세일즈포스의 수석 소프트웨어 엔지니어다. 세일즈포스는 고객의 성공을 위해 헌신하는 것으로 유명한 고객관계관리 부문의 대기업이다. 파스는 일이 이뤄지는 양상에 대한 타고난 호기심과 기술적 난제에 덤벼드는 담력을 지닌 명민한 프로그래머로 알려져 있다. 즉, 싸움에 뛰어들어서 해결책을 가지고 돌아오는 유형의 사람이다.

때는 4개월 단위의 최신 버전 배포 주기가 끝나갈 무렵이었다. 회사 전체에 걸쳐 모든 팀이 각자의 제품에 대해 새로운 기능을 갖추고 성능을 개선한 최신 버전을 개발했다. 업그레이드 항목들은 한데 묶여서 전 세계 15만 고객에게 한꺼번에 배포됐다. 그런데 뭔가 문제가 있었다. 파스는 동료에게서 다급한 전화를 받았다. 배포가 이뤄지는 중인데 이상하게 새로운 기능이 고객들에게는 보이지 않는다는 것이었다. 담당 팀은 당황하면서 파스에게 도움을 요청했다. 파스는 "내가 하겠다"라고 대답했다.

그는 조사를 시작했고, 문제를 발견했다. 신규 배포분에 포함된 제품 맞춤화 사양이 전체 제품이 의존하는 배포 프레임워크(담당 팀이 없지만 모든 제품 그룹이 사용하는 오래된 절차적 코드)의 일부를 손상한 것이었다. 그래서 전체 제품의 모든 신기능과 개선점이 정지되어 있었다. 내부적으로 얼마나 많은 짜증이 쌓였을지 쉽게 상상할 수 있는 상황이었다.

파스는 문제를 더 깊이 파고들어서 근본적인 원인을 파악한 다음 해결법을 만들었다. 하지만 거기서 그친 것이 아니었다. 몇 년 전에 파스는 독자적으로 행동하다가 거의 시스템을 망가트릴 뻔한 후 심한 질책을 받은 적이 있었다. 그래서 독단적으로 해결법을 실행하면 안 된다는 사실을 알았다. 그는 큰 그림을 이해했는지 확인하고, 자신의 해결법에 영향을 받을 다양한 제품 그룹의 지지를 받아야 했다. 그래서 소프트웨어 엔지니어들을 대상으로 신속하게 회의를 소집하고, 문제를 설명한 다음 해결책에 대한 합의를 얻어냈다.

덕분에 막혔던 기능들이 배포됐다. 그러나 파스의 일은 아직 끝난 게 아니었다. 그는 1주일을 더 매달려서 부작용은 없는지 모든 가능한 의존성을 검토했다. 또한 다른 제품 그룹과 협력해 개선된 업무 절차를 확정했다. 끝으로 그는 프레임워크를 지속적으로 관리할 그룹을 지정했다. 그렇게 해서 문제는 영구적으로 해결됐다.

이 사례에서도 임팩트 플레이어는 맡은 일만 하는 것이 아니라 반드시 필요한 일을 했다. 복잡한 조직의 틈새와 공백을 메웠다. 게다가 일의 한 부분만 잘한 게 아니었다. 파스는 전체 일을 이끌고 결승선을 지났으며, 확실하게 경주를 이기고 임무를 완수하기 위해 추가로 100 야드를 더 달렸다. 끝까지 가고도 더 간 것이다.

제가 할게요

가장 파급력 있는 플레이어는 문제에 더 오래 달라붙는 경향이 있다. 한 어도비 관리자는 그런 경향을 지닌 팀원에 대해 이렇게 말했다. "대단히 끈질겨요. 문제가 어려울수록 더 끈기를 발휘하죠. 지적 난제들은 그녀를 자극해요." 또 다른 관리자는 "그는 쉬운 길로 가거나 못한다는 말을 받아들이지 않아요. 장애물을 넘는 방법을 찾아내고 창의적으로 문제를 해결해요"라고 말했다. 이런 플레이어들은 더 오래 끈기를 발휘한다. 모호한 상황에서 진전을 이룬다(임팩트 플레이어와 기여자를 차별화하는 여덟 번째 행동). 지켜보는 사람이 없어도 지름길로 가지 않는다.

스탠퍼드 헬스케어의 언어치료사이자 연하Swallowing 전문가인 샌드라 딘은 특정 환자를 퇴원시키거나 식단 조절을 하기 전에 기구를 통한 연하 검사(내시경적 연하 검사Flexible Endoscopic Evaluation of Swallow, FEES)를 하면 결과가 좋아진다는 사실을 알았다. 다만 그러기 위해서는 언어치료사, 간호사, 의사의 관행을 크게 바꿔야 했다. 샌드라는 직원으로 일하는 모든 언어치료사에게 검사법을 교육했다. 또한 '실제' 검사 환경에서 연습할 수 있도록 스탠퍼드 의과대학원의 시뮬레이션 실습실을 활용하는 2일짜리 FEES 실습 코스를 공동으로 수립했다. 그리고 환자를 적절하게 의뢰하도록 간호사들에게 자문을 제공했다. 초기에는 약간의 반발이 있었다. 그러나 간호 업무의 장애물을 처리하고, 간호 콘퍼런스에 참석하며, 일대일로 간호사들과 협력하겠다는 제안 덕분에 그들을 끌어들일 수 있었다. 의사들도 초기에는 검사를 주저하는 태도를 보였다. 그래서 샌드라는 개선된 결과를 설명하면서 그들을 설득했다. 그녀의 비전과 끈기 덕분에 스탠퍼드는 검사 프로그램을 지속했으며, 현재 FEES 절차와 관련된 임상에 참여하고 있다. 그녀의 상사는 "그녀는 일을 끝까지 붙들고, 사람들을 끌어들여요. 사람들은 그녀를 정말로 존중합니다"라고 말했다.

알아서 할게요

최고의 기여자는 힘든 일을 끝까지 해낸다고 알려져 있다. 하지만 그들을 실로 돋보이게 만드는 것은 상기시킬 필요가 없다는 점이다. 그들은 알아서 자신을 관리하고 점검한다. 링크드인의 한 관리자는 타라라는 직원에 대해 "한 번도 현황을 점검한 적이 없어요"라고 말한다. 나사에서 일하는 관리자들은 이를 '발사 후 망각형Fire and Forget 무기'에 비유한다. 즉, 어떤 요청을 하고 나면 신경 쓰지 않아도 된다는 것이다. 일을 맡은 직원이 확실하게 해낼 것이기 때문이다. 우리가 조사한 관리자들의 말에 따르면 고가치 기여자는 98퍼센트의 경우에 상기시키지 않아도 항상 또는 자주 업무를 마무리한다. 반면 전형적 기

여자와 미달 기여자의 경우 그 비율이 각각 48퍼센트와 12퍼센트에 불과하다.[16]

믿고 맡기세요

관리자들은 상기시키지 않아도 임팩트 플레이어가 일을 해낼 것이라는 예측 가능성에 의존하게 된다. 이 완료 보장은 임팩트 플레이어가 이해관계자들에게 제공하는 더 큰 성과 보장의 일부다. 우리는 직장인의 행동 빈도를 분석해 고가치 기여자가 항상(또는 거의 항상) 하는 특정한 일들을 확인했다. 이 5가지 행동은 구체적으로 (1) 주인 의식을 가지며, 상기시키지 않아도 일을 해내는 것, (2) 도덕적으로 행동하며, 올바른 일을 하는 것, (3) 같이 일하기 쉽고, 호감이 가고, 다가가기 쉬우며, 긍정적인 모습을 보이는 것, (4) 빠르게 학습하는 것, (5) 당면한 일에 자신의 강점을 적용하는 것이다. 전형적 기여자도 종종 이런 행동을 하지만 항상 그런 것은 아니다.

요점은 이런 행동들이 중요하지만 진정한 가치는 '항상' 요소에서 나온다는 것이다. 항상 일을 잘하는 직원이 있으면 상사는 책임을 완전히 맡기고도 걱정하지 않을 수 있다. 반면 대개의 경우에만 성과를 내는 직원의 경우, 상사는 여전히 항상 걱정해야 한다. 임팩트 플레이어는 대단히 일관되게 성과를 낸다. 동료들이 의지할 수 있는 검증된 보장을 제공한다. 그들에게 가장 두드러지는 기회가 노 룩 패스로 전달되는 이유가 거기에 있다. 우리는 이를 임팩트 플레이어의 '성과 보장'이라고 부른다.

임팩트 플레이어가 보장하는 것

- 주인 의식을 가지며, 상기시키지 않아도 일을 해낸다.

- 도덕적으로 행동하며, 올바른 일을 한다.

- 같이 일하기 쉽고, 호감이 가고, 다가가기 쉬우며, 긍정적인 모습을 보인다.

- 빠르게 학습한다.

- 당면한 일에 자신의 강점을 적용한다.

100퍼센트 완료 및 초과 달성

이 이야기에는 추가 내용이 있다. 임팩트 플레이어는 일을 약간 더 해 낸다고 알려져 있다. 우리의 설문 데이터에 따르면 임팩트 플레이어 와 기여자를 나누는 두 번째로 큰 차별화 요소는 '기쁘고 놀랍게 예상 을 뛰어넘는 것'이다. 그들은 상세한 보고서를 준비하는 데 더해 개요 를 추가하고 요점을 부각한다. 대형 계약을 마무리하는 데 더해 회사 웹 사이트에 올릴 고객의 평가를 확보한다. 미달 기여자는 나쁜 소식 으로 상사를 놀라게 만든다. 반면 임팩트 플레이어는 완료된 업무와 함께 깜짝 보너스까지 안긴다. 그들은 예측 가능성과 추가 성과를 모 두 제공한다. 그래서 믿고 의지할 수 있고, 같이 일하기가 즐겁다.

습관 2: 주인 의식을 유지하라

임팩트 플레이어가 완전한 책임을 지는 것은 놀라운 일이 아니다. 특 별한 점은 통제할 수 없는 좌절과 난관에 시달리는 동안에도 책임을 계속 유지한다는 것이다. 즉, 상황이 어려워졌다고 해서 책임을 다시 떠넘기지 않는다.

대다수 사람은 힘든 일을 다시 떠넘기고 싶은 유혹을 느낀다. 아주 정직한 부모는 그런 생각을 두어 번 한 적이 있다고 말할 것이다. 아마도 달랠 수 없는 아기나 우울해하는 10대 자녀를 보면 그런 생각이 들 것이다. 그들이 실제로 환불을 원하는 것은 아니다. 그래도 정말 힘들 때는 책임을 다른 사람에게 넘길 수 있다면 사양하지 않을 것이다. 상사에게 문제를 떠넘기면 종종 소유권도 암묵적으로 이전된다. 스탠퍼드 헬스케어의 한 관리자는 그런 직원에 대해 "기본적으로 '안녕하세요. 이런 문제가 있습니다. 그럼'이라고 전하는 이메일을 보냅니다. 그녀는 문제를 알아보지도 않고 다른 사람한테 해결하라고 떠넘기는 것 같아요"라고 말했다.

지원을 요청하라

우리가 조사한 임팩트 플레이어는 끈질기게 일을 끝낸다. 그러나 혼자 일을 끌고 가거나 말없이 고통에 시달리지 않았다. 그들은 자기 몫의 일을 하되 리더와 동료들에게 지원을 요청해야 할 때를 알았다.

대다수 사람은 도움이 필요한 때를 안다. 그러나 도움을 요청하는 것을 즐기는 사람은 드물다. 실제로 대다수에게 그것은 고통스런 경험이다. 하이디 그랜트는 〈하버드비즈니스리뷰〉에 실은 글에서 "신경과학과 심리학 분야의 연구 결과가 보여주듯이, 도움 요청에 수반되는 사회적 위협(불확실성, 거부당할 위험, 위상이 약화될 가능성, 요청에 내재된 자율성 포기)은 육체적 고통과 같은 뇌 부위를 활성화한다. 또한 우리가 대개 전문성, 역량, 자신감을 최대한 증명하려고 열중하는 직장에서 도움을 요청하는 것은 특히 불편하게 느껴질 수 있다"라고 썼다.[17] 그러나 그랜트가 지적한 대로 인간은 서로를 돕고 지원하려는 성향을 지니고 있다. 책임감 있게 도움을 요청하면 서로에게서 최선의 모습을 이끌어 낼 수 있다.

가장 영향력 있는 직장인은 사안을 윗사람에게 보고하고 도움을 요청하는 한편 해결책에 대한 주인 의식을 유지한다. 구글의 피오나 수는 이 2가지 일을 모두 해낸다. 그녀는 끈기와 독립성, 그리고 다양한 내부 이해관계자를 관리하는 능력으로 유명하다. 그러나 문제에 부딪히면 상사인 존에게 자신의 능력을 벗어난 일이니 도움이 필요하다고 말하는 데 주저함이 없다. 다만 새로운 주인이 아니라 자문으로 존을 끌어들인다. 존은 "그녀는 저를 끌어들여서 데리고 가는 법을 알아요"라고 말한다. 존은 그녀를 도와줄 의지가 있을 뿐 아니라 기꺼이 돕고 싶어 한다. 책임을 도로 떠맡지 않아도 기여할 수 있기 때문이다.

사안을 윗사람에게 알릴 만한 합당한 이유들이 있다. 위에서 예시한 대로 문제 해결에 고위 리더를 참여시키고 싶을 수 있다. 또한 그냥 사람들에게 현황을 알리고 싶을 수 있다. 존은 "피오나는 절대 저를 사각지대에 남겨두지 않아요"라고 말한다. 그리고 예상치 못한 장애물이 초래하는 불가피한 좌절감을 털어내고, 정체에서 벗어나는 데 도움이 될 수 있다. 세일즈포스의 한 엔지니어링 부장은 임팩트 플레이어에 대해 "그냥 정체되어 있지 않아요. 좌절해도 털어내고 앞으로 나아갑니다"라고 말했다.

임팩트 플레이어가 지원을 요청하는 것은 게으른 회피가 아니다.

그들은 문제를 동료에게 내던지거나 리더에게 무력한 모습을 보이지 않는다. 메시지는 명확하다. "앞으로 나아갈 수 있도록 당신의 지침이나 행동이 필요하다"라는 것이다. 그들은 피오나처럼 도움을 구하지만 절대 책임성을 방기하지 않는다. 동료와 리더에게 약간의 도움이 큰 진전으로 이어질 것이라는 확신을 준다.

필요한 것을 협상하라

내가 오라클에서 리더스 포럼을 진행하면서 겪었던 경험으로 다시 돌아가보자. 우리는 첫 번째 프로그램을 진행한 후 성공했음을 알 수 있었다(다만 전략이 불명확하다는 피드백이 있었다). 우리는 피드백을 보다 자세히 검토하면서 다음 단계를 결정하기 위해 그다음 주에 회의를 열었다. 회의는 이른 성공을 축하하는 좋은 분위기에서 진행됐다.

직급이 낮았던 나는 존경하는 임원들과 같은 자리에 있게 되어서 운이 좋다고 느꼈다. 그들은 자신의 몫을 했고, 회의에 참석했으며, 같이 잘 협력했다. 하지만 나는 또한 프로그램을 시작하기는 쉽지만 끝내기는 훨씬 어렵다는 사실을 알았다. 우리 회사에는 명민한 달변의 CEO인 래리 엘리슨 외에 가장 중요하고 바쁜 임원 세 명이 있었다. 나는 그들이 다른 방향으로 끌려갈까 걱정했다. 특히 250억 달러의 연매출을 책임지는 레이 레인 의장이 걱정이었다.

회의가 끝나고 임원 셋이 일어서려고 할 때 나는 발언을 하기로 마음먹었다. 지금 뭔가를 말하지 않으면 나중에는 더 힘들어질 것 같았다. 나는 "의장님, 이 프로그램을 위해 저의 팀과 제가 얼마나 열심히 일했는지 아실 겁니다. 그리고 제가 어떤 사람인지도 아실 거예요. 저는 이 프로그램을 성공시키기 위해 어떤 장벽도 넘어설 겁니다"라고 말했다. 그는 고개를 끄덕였다. 그는 내가 얼마나 일에 헌신하고 골몰하는지 알고 있었다. 나는 계속 말했다. "정말 죽어라 일할 겁니다. 하지만 의장님이 이 프로그램에 더 이상 시간을 들일 수 없다고 말하는 날이 오면 저도 멈출 겁니다." 나는 명확하게 뜻을 전하기 위해 재차 "그러니까 의장님이 멈추면 저도 멈춰요"라고 말했다.

그때는 어떻게 그런 말을 할 용기가 났는지 몰랐다. 아마도 담력보다는 필요성 때문이었던 듯하다. 나는 임원들이 개인적으로 관심을 기울이지 않으면 프로그램이 실패할 것임을 알았다. 나는 실패할 생각이 없었다. 다만 필요한 것을 협상할 생각은 있었다. 내 말은 듣고 레이 레인이 지은 표정을 나는 절대 잊지 못할 것이다. 그는 가만히 나를 바라보면서 나의 확고하고도 부드러운 요구에 대해 생각했다. 나는 그가 나의 대담함이 아니라 그의 의지에 대해 생각했기를 바란다. 잠시 후 그는 단호하게 "자네가 요구한 대로 하지"라고 말했다.

그는 즉시 일어서서 비서실로 걸어갔다. 그리고 "테리, 앞으로 1년 동안 리즈가 내 시간이 필요하다고 말하면 언제든 일정을 잡아줘"라고 말했다. 테리의 놀란 표정도 기억에 남을 만했다. 이후 1년 동안 프로그램이 계속 전개될 때 레이는 한 번도 약속을 어긴 적이 없었다. 그는 내가 요청한 모든 세션과 회의에 참여했다. 그는 절대 멈추지 않았고, 나도 그랬다. 물론 난관이 있었지만 우리는 해결하는 데 필요한 지원을 얻었다.

그때는 내가 최고의 일을 했을 뿐 아니라 임원 세 명도 최고의 모습을 보이던 때였다. 그들의 헌신은 행운이나 마법의 결과가 아니었다.

나는 필요한 것을 협상했기 때문에 지원을 얻어냈다.

성공하기 위해 다른 사람들에게서 필요한 것이 무엇인지 분명하게 아는가? 그렇다면 도움을 요청했는가? 결승선을 통과하고 싶다면 반드시 필요한 것을 협상하라.

중요한 일을 앞에서 이끌 때, 필요한 것을 협상해 자신과 다른 사람들이 성공할 수 있는 토대를 마련하라. 우리는 종종 추가 예산이나 인력이 필요할 것이라고 가정한다. 그러나 사실 가장 필수적인 자원은 그보다 덜 가시적이다. 와이즈먼그룹은 다양한 산업에 속한 120명의 직장인을 대상으로 일에서 성공하기 위해 가장 필요한 자원이 무엇인지 물었다. 그 결과 다음 6가지 요소가 비슷하게 높은 중요도를 얻었다(직무나 산업, 개인적 선호에 따라 약간의 차이가 있다). (1) 정보에 대한 접근, (2) 리더의 행동, (3) 피드백이나 코칭, (4) 주요 회의 및 인원에 대한 접근, (5) 시간, (6) 신뢰도를 쌓는 도움. 반면 모든 산업, 국가, 인구 집단에 걸쳐 일관된 사실이 하나 있었다. 바로 예산과 인원은 각각 7위와 8위를 기록했다는 것이다. 이 2가지는 큰 차이로, 가장 덜 중요한 요소였다. 우리는 가장 중요한 것이 무엇인지는 동의하지 않을 수 있다. 그러나 대부분의 경우 사람들은 더 많은 자금이나 추가 인원은 아니라는 데 동의한다. 우리에게는 자원을 얻는 일보다 성공에 필요한 토대를 마련하고 리더가 끝까지 동참할 것임을 아는 일이 더 필요하다. 필요한 것을 협상하면 실제로 불확실성을 더 잘 헤쳐 나가고 모호성 속에서 더 잘해나갈 수 있다.

타이밍이 모든 것임을 명심하라. 문제가 생길 때까지 기다리지 마라. 일에 뛰어들기 전에, 그리고 당신의 영향력이 클 때 처음부터 필요한 것을 협상하라. 나중에 필요한 도움을 확보하지 못하면 혼자 문제에 대처하거나 개인적 능력이 소진되었을 때 상사에게 책임을 떠넘겨야 한다. 필요한 것을 협상하는 일은 긍정적인 결과를 보장할 뿐 아니라 영향력을 키워준다.

처음부터 필요한 것을 협상하겠다는 의지는 최고의 파급력을 발휘하는 여러 플레이어가 공유하는 더 깊은 이해에서 나온다. 그것은 문제가 불가피하다는 가정이다. 전형적 기여자 중 다수는 까다로운 문제를 피하려고 애쓴다. 그러나 가장 파급력 있는 플레이어는 문제에 대비한다.

습관 3: 난관을 예상하라

그 광경은 너무나 심란하고 끔찍해서 실제로 일어났다고 상상하기 어려울 정도였다. 2017년 10월 1일, 어떤 사람이 네바다주 라스베이거스의 스트립Strip에서 열린 야외 컨트리 뮤직 페스티벌에 참석한 사람들을 향해 총을 쐈다. 59명이 목숨을 잃었다. 거기에는 아직도 동기가 밝혀지지 않은 범인의 목숨도 포함됐다. 모두 851명이 다쳤고, 그중 422명은 총상을 입었다. 이는 미국 역사상 최대 규모의 총기 난사 사건이었다.[18]

현장에서 가장 가까운 병원으로, 대부분의 총상 환자가 이송된 선라이즈병원에서 어떤 광경이 펼쳐졌을지 상상해보라. 그날 밤, 당신이 당직 의사였다면 어땠을지 그려보라. 어떻게 중상을 입은 250명을 동시에 치료할 수 있을까? 이는 의료진 및 행정 요원들에게 유례없고,

거의 상상할 수 없는 난관이었다. 다행히 그날 밤 응급부 당직 의사였던 케빈 메네스는 이런 광경을 실제로 여러 번 상상했다. 메네스는 응급의학을 수련했을 뿐 아니라 라스베이거스 경찰 특공대에서 전술 의료 요원으로 일하기도 했다.[19] 라스베이거스가 쉬운 표적임을 인식한 그는 대규모 사상 사고가 발생할 가능성을 숙고했다. 그리고 자신과 자신의 팀이 어떻게 대응할지 생각하면서 절대 오지 않을 날(또는 밤)을 정신적으로 대비했다.

메네스가 처음 통보를 받은 시간은 오후 10시였다. 그는 총상을 입고 이송되는 환자의 수가 유례없는 수준일 것임을 알았다. 그래도 그에게는 미리 구상한 계획이 있었다. 그는 그날 밤의 사건에 대해 주디스 틴티낼리, 로건 플래스터와 함께 〈월간 응급의〉에 실은 글에 이렇게 썼다.[20]

── 이상하게 들리겠지만 나는 진작 이런 문제들에 대해 생각해두었다. 항상 ① 미리 계획하고, ② 힘든 질문을 던지고, ③ 해결책을 파악하고, ④ 문제가 닥쳐도 해결책이 이미 마련되어 있어서 정신적 장애물을 뛰어넘을 필요가 없도록 소생 치료에 접근했기 때문이다.[21]

메네스는 머릿속에서 구상한 계획을 상기했다. 그는 행정 요원들에게 퇴근한 의료 팀을 호출하라고 지시했다. 또한 모든 수술실과 치료실, 복도를 세척하고, 가용한 모든 침대와 휠체어를 모으라고 지시했다. 이송용 침대를 밀 수 있는 모든 사람은 도착하는 환자를 받기 위해 응급실 입구로 소집됐다.

메네스는 자원을 동원하는 한편 응급실의 업무 흐름을 신속하게 재구성했다. 위중한 정도(코드 레드에서 그린까지)에 따라 각 환자를 구분할 시간이 없었다. 그는 대신 각 병실을 구분했다. 40분 동안 150명의 첫 희생자들이 도착했다.[22] 메네스는 환자가 도착하면 상태를 보고 색상을 알렸다. 그에 따라 직원들이 해당 병실로 급히 환자를 옮겼다. 덕분에 적절한 의료진과 장비, 그리고 약물이 즉시 환자에게 배치됐다. 또한 의료진은 해당 절차를 통해 각 등급의 환자를 점검하고 빠르게 이동시킬 수 있었다. 메네스가 환자를 구분하는 동안 세 명의 다른 응급의는 레드 코드 환자를 소생시켰고, 다른 의사와 마취의들도 도착했다.

한편 간호사들은 오렌지 코드 병실과 옐로 코드 병실에서 상태가 빠르게 악화되는 환자를 확인하고 아직 정맥을 찾을 수 있을 때 정맥 카테터를 삽입했다. 레드 코드 환자들이 수술실로 이동하는 동안 응급 팀은 의료진의 개입으로 사망을 막을 수 있는 '골든아워'의 막바지에 이르고 있는 오렌지 코드 환자를 치료했다. 메네스는 흐름이 막히자 분류 작업을 고참 간호사에게 넘겼다. 대신 그는 환자를 이동시키고 수술실로 들여보냈다. 또한 응급실에 추가로 도착한 의사들에게 새로운 시스템을 설명한 다음 "죽어가는 환자를 찾아서 살려"라고 지시했다.

메네스는 새로운 장애물에 부딪힐 때마다 예비 수단을 떠올리거나 침착성을 발휘해 각 환자가 치료받을 수 있게 했다. 다음은 그가 재빨리 재치를 발휘해 문제를 해결한 몇 가지 예다. 그는 정체된 환자들 사이를 빠르게 이동할 수 없게 되자 응급실 중앙으로 가서 병상을 끌고 오라고 말했다. 그는 당시를 이렇게 회고했다. "저는 저를 중심으로

꽃잎처럼 펼쳐진 여러 병상의 머리맡에 있었습니다. 우리는 모든 환자에게 약물을 투입했습니다. 또한 삽관술을 하고, 수혈을 하고, 흉관 삽입술을 한 다음 1구역으로 옮겼습니다."[23] 의료진은 산소호흡기가 떨어지자 최후의 수단을 동원했다. 그것은 덩치가 비슷한 환자 두 명을 Y자형 호스로 한 대의 산소호흡기와 연결하고 산소호흡기의 출력을 두 배로 높이는 것이었다. 또한 엑스선 촬영 수요가 급증하자 메네스는 방사선과 전문의를 엑스레이실로 데려와 촬영기의 모니터를 보고 바로 결과를 판독하게 했다.

겨우 7시간이 지난 동틀 무렵 전체 215명의 환자는 응급실에서 병실로 이동했으며, 137명은 퇴원했다. 유례없는 공적이었다. 응급 팀은 시간당 평균 30명의 총상 환자를 치료했다. 수술팀은 24시간 만에 67명을 수술했으며, 그중 28명은 첫 6시간 안에 수술했다. 경미한 부상을 입은 사람은 없었다. 경상자는 다른 병원으로 이송됐다. 이 영웅적인 대응은 단지 순간적인 기지의 결과가 아니라 최악의 시나리오에 대한 사전 숙고와 적극적 시각화, 그리고 정신적 리허설의 결과였다.

예견하지 못한 장애물을 예상하고 정신적으로 대비함으로써 더 좋은 계획을 세울 수 있었는가? 장애물을 극복하는 가장 확실한 방법은 처음부터 예상하는 것이다. 문제를 예측하면 최악의 상황에서도 일을 잘 마무리할 수 있다.

미리 내다보라

문제가 생길 가능성을 예상하고 심지어 당연하게 받아들이면 예상치 못한 문제를 한탄하면서 시간을 낭비하지 않게 된다. 대신 신속하게 효과적인 해결책을 찾는 데 능력의 100퍼센트를 쓰게 된다. 스탠퍼드 헬스케어의 한 관리자는 자신의 팀에 속한 매우 영향력 있는 플레이어에 대해 이렇게 말한다. "계속 잠재적 함정을 찾고 미리 피해 갈 수 있는 단계를 밟습니다. 그래서 문제가 생기기도 전에 처리됩니다." 임팩트 플레이어는 벽을 투시하거나 미래를 내다보는 초능력을 가지고 있지 않다. 그들의 힘은 문제가 계속 모퉁이에서 도사리고 있다는 사실을 이해하는 데 있다. 그들은 불쾌한 돌발 상황을 예상하고 난관을 당연하게 받아들인다. 심리분석가 시오도어 루빈은 이런 태도를 다음과 같은 말로 표현한다. "문제가 생기는 게 문제가 아닙니다. 문제는 그렇지 않을 거라고 예상하고, 문제가 생기는 게 문제라고 생각하는 겁니다." 이런 마인드셋을 가지면 장애물은 안정을 무너트리거나 심지어 주의를 흩트리지도 못한다. 장애물은 성장을 위한 발판이 된다. 즉, 더 강하고 현명해지며 패기를 증명하는 데 필요한 저항을 제공한다.

단호하게 대응하라

임팩트 플레이어는 갑작스러운 난관에 당황하지 않기 때문에 임기응변과 방향 전환의 대가가 된다. 그들은 일을 마무리하거나 프로젝트를 완료하기 위한 비관습적인 방법을 찾는다. 노르웨이의 개 썰매 조종사 토마스 베르네르는 2020년 겨울에 열린 아이디타로드 경주에 참가했다. 그는 경주를 마친 후 지구력이 필요한 또 다른 도전을 막 시작했음을 깨달았다. 게다가 이번 경주는 훨씬 긴 시간이 걸렸다.

아이디타로드 경주는 알래스카주 앵커리지에서 놈까지 1,770킬로미터를 달린다. 조종사와 개들은 눈 폭풍, 화이트아웃Whiteout, 영하의 날씨를 견디면서 9일 넘게 달려야 한다. 이 경주의 선수는 썰매개들이다. 대개 허스키, 맬러뮤트 혼종인 이 개들은 특유의 지구력을 지녔다. 빠른 속도로 지치지 않고 장거리를 달릴 수 있다.[24] 놀라운 점은 대다수 개가 경주를 시작할 때와 같은 활력 수치로 완주한다는 것이다.[25] 실제로 울트라 마라톤을 가장 잘 뛰는 개는 근래에 또 다른 경주를 마친 개다.[26]

베르네르는 2020년 3월에 10마리의 개와 함께 결승선을 통과했다. 그때 그는 관중이 드물게 적다는 사실을 알아챘다. 경주가 진행되는 동안 코로나 팬데믹이 악화되는 바람에 항공 여행이 중단됐다. 대다수 관중은 이미 알래스카를 떠났다. 거기에는 그의 아내 구로도 포함되어 있었다. 혼자 다섯 명의 자녀와 집을 지키게 된 그녀는 수의사로 일하는 한편 사육장에 있는 35마리의 개를 돌봤다(다른 사람들의 재택근무는 그녀에게 비할 게 아니었다).[27] 베르네르는 창의성을 발휘해야 했다. 자신만 집으로 돌아가는 일은 어렵지 않았다. 그러나 16마리의 개들을 데리고 탈 수 있는 상업 항공편이 없었다.

세 달 후 베르네르는 마침내 항공편을 찾아냈다. 1960년대에 제작되었으며, 1970년대 이후 사용된 적이 없는 DC-6B 항공기였다. 물론 흔치 않은 일이었다. 그러나 이 퇴역 항공기는 마침 노르웨이에 있는 박물관으로 날아갈 준비를 하고 있었다. 베르네르와 개들은 그 길에 편승할 참이었다. 그러나 바이러스가 경제와 노르웨이의 통화가치를 뒤흔들면서 거래가 복잡해졌다. 베르네르와 그의 챔피언 개 썰매 팀은 박물관과 협상하고, 후원자들에게 도움을 받고, 연료 주입 및 계획에 없던 수리를 위해 여러 번 기착하면서 30시간을 여행한 끝에 결승선을 통과했다. 마침내 집에 도착한 것이다. 베르네르는 〈뉴욕타임스〉와 가진 인터뷰에서 "경주의 멋진 마무리였다"라고 말했다.[28]

직장에서도 결승선이 이동할 수 있다. 일이 끝났다고 생각하는 순간, 문제가 생긴다. 이를테면 중요한 이해관계자로부터 허락을 받으려다가 더 많은 서류 작업과 추가 승인이 필요하다는 사실을 알게 되는 상황이 그렇다. 이렇게 일이 어려워지면 결승선까지 미치지 못하는 직장인이 너무나 많다. 반면 파급력 있는 직장인은 창의성을 발휘하고 임기응변을 동원하면서 예상하지 못한 추가 거리를 주파한다.

잘 마무리하라

확실한 마무리는 일을 잘할 뿐 아니라 참여한 사람들도 육체적·정신적·감정적으로 좋은 느낌을 받으며 끝내도록 만든다. 임팩트 플레이어는 공부를 미루다가 기말시험을 마치고 완전히 탈진해 1주일 내내 자는 학생과 다르다. 그들은 자신이 가진 모든 것을 일에 쏟아붓는다. 그래도 잠깐 쉬고 나면 지난번 경기처럼 다음 경기도 활기차게 시작할 수 있다. 왜 그럴까? 그들은 예견하지 못한 문제를 예상하고 대비했기 때문에 문제가 생겨도 경기에서 밀려나지 않는다. 지원을 요청하는 법을 알기 때문에 무너지지 않고 주도권을 유지할 수 있다. 필요한 자원과 지원을 협상하기 때문에 탈진하지 않고 결승선을 지날 수 있다.

모든 일이 끝났을 때 진정한 임팩트 플레이어는 지치거나 소진되지 않는다. 그들은 허스키, 맬러뮤트 혼종처럼 시작할 때와 같은 활력으로 경주를 끝낸다. 그러기 위해서는 완료 유전자뿐 아니라 지구력 유전자도 갖춰야 한다. 확실하게 일을 마무리하려면 둘 다 필요하다. 이 조합에 현명한 속도 조절을 더하면 일하는 동안 겪는 좌절에서 배울 수 있는 활력과 침착성이 생긴다. 그래서 확실하게 마무리할 뿐 아니라 더 확실하게 마무리한다.

빠지기 쉬운 함정

임팩트 플레이어는 능력에 대한 가정을 토대로 일한다. 그래서 난관에 부딪혀도 포기하지 않는다. 반면 우리가 조사한 전형적 기여자는 회피 성향을 띤다. 즉, 일이 힘들어지면 주인 의식을 갖기보다 위로 넘긴다. 그들은 책임감 있게 행동하지만 임무의 성공에 대한 책임 의식은 없다. 그래서 액션 스릴러 영화에서 잘 싸우다가 적이 결국 도망치면 본부에 연락해서 아직 위협이 남아 있다고 보고하는 인물과 같다.

힘든 문제를 회피하려는 성향은 역경은 상처를 입히므로 피해야 한다는 신념에 기초한다. 이런 세계관에서 예상치 못한 난관은 불편한 것, 계획에 대한 위협으로 여겨진다. 이런 세계관을 가진 직장인이 일을 성공시키려면 안정된 환경이 필요하다. 그러나 첩보 스릴러 영화나 대다수 직장에서 그런 환경은 드물다. 결국 그들은 나름대로 열심히 노력하지만 일이 끝나기 전에 그만둔다.

한편 너무 일찍 그만두는 실수를 저지르는 사람도 있지만, 미련할 만큼 끈질기게 매달리는 사람도 있다. 어떤 대가를 치르더라도 끝낸다는 생각은 확실한 마무리를 방해하는 2가지 함정 요소 중 하나다.

○ **어떤 대가를 치르더라도 끝낸다 |** 좌절 상황에 직면하면 완력으로 돌파하고 계속 나아가고 싶은 (어쩌면 바람직한) 유혹이 생긴다. 우리는 위대한 스토아학파 철학자처럼 어려움을 받아들이고 인내심 있게 견딘다. 우리는 고통을 묵묵히 인내하는 것이 인격 함양에 도움이 된다고 가정한다. 이런 오류는 일에 대한 낡은 규칙을 잘못 고수하는 것일 뿐 아니라 오랜 지혜를 잘못 따르는 것이기도 하다. 단지 완료를 위한 완료는 피로스의 승리Pyrrhic Victory로 귀결될 수 있다. 이 표현은 초기 로마를 상대로 중대한 손실을 감수하면서 전투에서 승리하지만 나중에 쉽게 밀려난 그리스 왕의 이름에서 따온 것이다. 이처럼 값비싼 승리의 경우 성공은 승자(및 그들의 팀)에게 너무나 큰 대가를 물린다. 그래서 승리가 패배와 다를 것 없는 지경이 된다. 일은 마무리할지 모르지만 바닥에 피가 있는 것이다. 이런 전투 후에는 지치고 소외된 동료들이 나온다. 그들은 다음 전투에 참여하기를 꺼리게 된다. 마찬가지로 우리도 지쳐서 탈진의 희생자가 된다.

시작한 모든 일을 끝내겠다는 끈질긴 결의는 활력과 자원의 낭비로 이어질 수 있다. 내 친구 중 한 명은 반농담조로 여자 만나는 일을 마침내 그만뒀다고 말했다. 미래에 남의 아내가 될 여자에게 모든 시간을 쓰고 있다는 사실을 깨달았기 때문이다. 끝내기 전에는 비생산적인 프로젝트를 놓아주지 못하는 경우도 마찬가지다. 이 경우 우리는 더 높은 가치를 지니는 기회를 추구하는 데 필요한 조직의 시간과 자원을 빼앗는 셈이 된다. 게다가 지쳐서 탈진할 위험도 있다. 어떤 대가를 치르더라도 끝내려 하지 말고 일부 프로젝트는 손절하고 보내줘라. 이전 행동의 매몰 비용을 무시하고, 계속 매달리는 데 따른 부수적

피해와 기회비용을 고려하는 계산적이고 포괄적인 결단을 통해 피로스의 승리를 피할 수 있다.

○ **잘못된 경보 |** 문제를 위협으로 보면 성급하게 경보를 울리게 된다. 그러나 너무 일찍, 너무 자주 경보를 울리면 영향력과 신뢰도가 약해진다. 문제는 지나치게 알리고, 해결책은 거의 제시하지 않는다는 평판을 얻을 수 있다. 어도비의 한 관리자는 그런 직원에 대해 "잘 풀리지 않는 거의 모든 일에 대해 불평합니다"라고 말했다. 기회보다 위협을 더 자주 보면 유희처럼 불평하는 습관에 빠질 수 있다. 그래서 편안한 직장 생활에 방해가 되거나, 경력에 손상을 입히는 각각의 어려움을 불평하게 된다. 결국 다른 사람들은 늑대가 온다는 양치기 소년의 외침처럼 우리의 말을 무시하게 된다.

도움이 되는 경보를 울려도 문제가 생길 수 있다. 상사에게 잠재적 위험을 경고하되 너무 잦은 경우가 그렇다. 해결책을 제시하지 않고 경보를 울리면 관리자는 너무 성급하게 대응하게 되고, 도움이 필요하지 않은 문제까지 간섭하게 된다. 내가 관리자가 된 지 얼마 되지 않았을 때 우리 팀에 그런 팀원이 한 명 있었다. 한번은 그녀와 일대일로 면담을 했다. 그녀는 최소한 20분 동안 다음 주에 시행해야 하는 중요한 훈련 프로그램에 지장을 초래하는 수많은 기술적 어려움을 설명했다. 나는 걱정이 되어서 전화로 데이터 센터에 도움을 요청했다. 그런데 그녀는 오히려 나의 행동에 놀란 것처럼 보였다. 그녀는 내가 나서지 않아도 된다면서 자신이 문제를 해결하겠다고 말했다. 그녀는 자신이 어떤 난관에 대처하고 있는지 내가 알아주기를 원했을 뿐이었다. 나도 놀랐다. 그녀의 하소연이 너무나 도움을 요청하는 것처럼 들렸기 때문이다.

파급력 배가하기

일이 너무 어려워지면 상사에게 떠넘기고 싶을 수 있다. 리더가 미끼를 물어서 너무 빨리 직원을 일에서 풀어주면 고생하면서 배울 기회를 박탈하게 된다. 또한 팀 문화를 형성하는 하위 직급이 아니라 리더 직급에서 기개와 끈기가 강화된다.

반면 임팩트 플레이어는 가장 중요한 프로젝트를 책임진다. 스플렁크의 한 기술 부장은 "그에게 가장 어려운 프로젝트를 맡기는 이유는 성공할 것이고, 가장 효율적인 방식으로 해낼 것임을 알기 때문입니다"라고 말했다. 임팩트 플레이어는 일을 완전하게 해낸다. 협력자와 상사들이 폭풍이 부는 동안에도 편히 잠들 수 있게 해준다. 즉, 과도한 감시나 지나친 간섭 없이 독립적으로 일할 수 있다. 그들은 가장 필요한 일, 바로 모른다는 사실을 모르는 무지를 예상하고 해결하는 데 100퍼센트의 기운을 쏟는다.

영향력 있는 직장인은 구상부터 실현까지 아이디어를 이끌면서 가망성과 파급력을 온전히 살린다. 그들은 최고의 육상 선수처럼 빠르게 시작하고 확실하게 마무리한다. 3장에서 확인한 대로 그들은 책임을 떠맡고 신속하게 일에 착수한다. 또한 시작한 일을 마무리한다. 그들은 완료 유전자, 일을 계속 진행해 마무리하려는 내적 욕구를 지닌

확실하게 마무리하라

임팩트 플레이어 하는 것	조직 얻는 것	조직 하는 것	임팩트 플레이어 얻는 것	임팩트 플레이어 이제 할 수 있는 것
상기시키지 않아도 일을 끝낸다.	마음의 평화를 안기는 보장된 성과	임팩트 플레이어에게 재투자한다.	임팩트 플레이어의 성과 보장	과도한 감시 없이 일한다.
주인 의식을 가지고 뜻밖의 성과를 올린다.	책임성과 성과의 문화	기여를 인정하고 기회를 제공한다.	점수를 내는 클러치 플레이어라는 명성	가장 중요한 일을 책임진다.

다. 그래서 지속적인 감시와 상기 없이 끝까지 일을 해낸다. 이는 임팩트 플레이어가 제공하는 성과 보장이며, 그들이 중요한 임무를 계속 책임지는 이유다.

그들은 전설적인 농구 선수 코비 브라이언트의 말에 따르면 "중간이 아니라 끝에 쉬는" 선수다.[29]

장애물이 나타나고 문제가 지속되면 어떻게 할 것인가? 경보를 울리고 다른 사람에게 문제를 넘길 것인가, 아니면 나서서 확실하게 마무리할 것인가? 일을 잘 끝내는 사람에 대한 보상은 단지 잘된 마무리만이 아니라 지난 과정에 대한 자부심이다. 이는 바울이 사도의 사명을 완수하면서 표현한 확신이다. 그는 디모데서에 이렇게 기록했다. "나는 선한 싸움을 싸우고, 나의 달려갈 길을 마치고, 믿음을 지켰다."[30] 진정한 보상은 일을 끝냄으로써 달성한 것이 아니라 끈기를 발휘함으로써 우리에게 일어난 변화이며, 더 강해졌기 때문에 이제 할 수 있는 일이다.

나사는 화성 탐사차인 오퍼튜니티호가 모든 예상을 뛰어넘으며 임무를 완수했다고 발표했다. 오퍼튜니티호는 원래 계획한 것보다 50배나 더 긴 시간 동안 활동하면서 획기적인 과학적 성과를 올렸으며, 새로운 세대를 북돋웠다.[31] 오퍼튜니티호의 성공은 미래의 화성 탐사를 위한 길을 열었다. 거기에는 큐리오시티호와 퍼시비어런스호 같은 이후의 탐사차도 포함됐다. 나사 국장인 짐 브라이든스틴은 "오퍼튜니티호가 새로운 길을 열었기 때문에 우리의 용감한 우주 비행사들이 화성의 표면을 걷는 날이 올 겁니다"라고 회고했다. 그는 "그날이 온다면 첫발자국의 일부는 불리한 상황을 이겨내고 탐험 정신의 이름으로 너무나 많은 것을 해낸 오퍼튜니티호 개발 팀 덕분일 겁니다"라고 말을 이었다.[32] 한 임무가 끝나면 또 다른 임무가 시작된다.

전략

이 전략은 리더 지망생들이 확실하게 마무리하는 데 필요한 가정과 습관을 연습하고 강화하기 위한 팁들을 담고 있다.

스마트 플레이

1. **업무 기술서Statement of Work, SOW를 작성하라.** 명확한 업무 내역을 가지고 시작하면 일을 잘, 완전하게 끝내기가 더 쉽다. 상사나 고객이 명확한 지시를 할 때까지 기다릴 필요는 없다. 스스로 업무 기술서를 작성할 수 있다. 다음 요소를 기록해 일에 대한 공통의 시각을

창출하라. (1) 성과 기준: 뛰어난 일의 양상, (2) 결승선: 완료된 일의 양상, (3) 경계: 업무에 포함되지 않는 것. 이미 들은 내용을 먼저 정리한 다음 판단력을 활용해 빠진 부분을 채워라. 끝으로 이해관계자들의 검토를 받아서 그들이 빠졌다고 생각하는 것을 더하고, 공통의 기대를 확인하라. 이때 "저는 이 정도면 성공이라고 생각합니다만, 혹시 빠진 것이 있나요?"라고 말하라. 동의가 확보되면 명확한 업무 기술서가 생기는 것이며, 성공적으로 완수하겠다는 주인의식을 가질 수 있다.

2. **필요한 것을 협상하라.** 성공하는 데 필요한 것, 이를테면 정보, 시간, 접근권, 지침, 자원을 분명하게 파악하라. 이런 요소가 필요하기 전에, 일을 시작할 때 지원 방안을 협상하라. 정식 협상은 필요 없으며, 공통의 이해만 있으면 된다. 간단한 '조건부' 진술을 시도해보라. 이를테면 "(제게 맡겨진 이 일을) 할 수 있으려면 (성공하는 데 필요한 이 일을) 해주셔야 합니다"라고 말하라. 조건부 논리를 활용하면 2가지 중요한 목적을 달성할 수 있다. 바로 (1) 이해관계자에게 성과를 올릴 준비가 되었음을 상기시키는 것과, (2) 성공적으로 성과를 올리기 위해 당신에게 필요한 것이 무엇인지 알리는 것이다.

3. **장애물을 과제로 재인식하라.** 우리가 상황을 인식하는 방식은 대응 방식에 따라 바뀐다. 예상치 못한 장애물을 문제로 보면 해결책을 마련할 수 없다. 결국 문제는 본질적으로 해결책이 결여된 것이다. 반면 장애물을 과제로 재인식하면 정신적 능력을 활용하고, 시험에 도전할 의욕을 얻게 된다. 그러기 위해 먼저 모든 날 또는 프로젝트(또는 상사!)가 장애물로 가득할 것이라고 가정하라. 그래야 장애물

이 나타나도 놀라지 않는다. 장애물이 나타나면 (1) 해결책을 갈구하는 지적 퍼즐이나 (2) 인내와 겸손을 요구하는 인성 테스트, (3) 속도 조절과 지구력을 요구하는 체력 시험으로 재인식하라.

4. **뜻밖의 요소를 더하라.** 프로젝트나 다른 일을 완료할 때 애초의 요구나 업무 내역을 넘어서 약간의 추가 작업을 하라. 추가 작업을 한다고 해서 엄청난 노력이 필요한 것은 아니다. 상사에게 보고서를 제출할 때 요점을 강조하는 것 같은 간단한 일도 될 수 있다. 뜻밖의 요소 중 최고는 (1) 예상치 못한 것, (2) 어젠다를 뒷받침하는 것(2장 참조), (3) 다른 주요 업무에 방해가 되지 않는 것이다. 관리자들이 기대하지 않았지만 기뻐할 추가 작업은 무엇일지 자문하라.

주의 사항

1. **놓아줄 때를 알아라.** 어제의 우선순위에 매달리거나, 이길 수 없는 전투에 참여했거나, 피로스의 승리로 향하고 있다는 의심이 들면 이렇게 자문하라. (1) 광범위한 환경이나 시장의 변화를 감안할 때 이 일이 여전히 의미 있는가? (2) 조직과 리더들에게 여전히 중요한가? 어젠다에 해당하는가(2장 참조)? (3) 확실하게 마무리하면 여전히 성공할 수 있는 일인가? 그렇지 않다면 놓아줄 때가 되었는지도 모른다. 다만 리더(들)나 이해관계자로부터 확인을 받지 않고 일을 버려서는 안 된다. 또한 당신이 어젠다에 머물기 위해 대신 무엇을 할 것인지 그들에게 분명하게 알려야 한다. 혹은 보다 우선순위가 높은 프로젝트로 옮겨 가면서 그들의 인도를 받아라.

2. **의도를 갖고 어려움을 호소하라.** 상사에게 힘든 마음을 털어놓는 것

은 전적으로 타당하다. 팀원이 직면한 난관을 관리자가 인정하는 것도 건강한 일이다. 다만 넋두리나 하소연을 하는 적절한 방법이 있다. 아주 가끔, 짧게, 초점을 맞춰서 하라. 감정을 발산하고 싶다면 조금 어려움을 호소하라. 그래도 주인 의식을 버리지 말아야 한다. 당신이 이미 어떤 행동을 취하고 있는지 상사에게 알리고, 동정심을 바라는지, 아니면 해결책을 바라는지 명확하게 드러내라.

○ **관리자를 위한 코칭 팁:** 8장 끝부분에 나오는 '감독의 전략'에서 팀원들이 확실하게 마무리하는 데 도움을 주는 코칭 팁을 확인할 수 있다.

확실하게 마무리하라

이 장은 임팩트 플레이어가 예견치 못한 장애물에 대처하는 양상과, 역경 속에서 일을 완수하면서 예측 가능성과 뜻밖의 성과를 모두 제공하는 양상을 설명한다.

	기여자 마인드셋	임팩트 플레이어 마인드셋
관행	사안을 위로 넘긴다.	확실하게 마무리한다.
가정	역경은 상처를 안기므로 피해야 한다 (회피).	• 내가 처리할 수 있다(능력). • 나는 역경을 극복할 수 있다(끈기). • 끝까지 버텨서 이 일을 해낼 수 있다(기개).
습관	• 행동을 취한다. • 사안을 위로 넘긴다. • 가장 힘든 문제를 회피한다.	• 전체 일을 마무리한다. • 주인 의식을 유지한다. • 난관을 예상한다.
영향	• 고생을 통해 배울 기회를 놓친다. • 고위 리더에게 주도권을 이전한다.	• 중대한 상황에서 일을 잘하는 클러치 플레이어라는 평판을 얻는다. • 책임성의 문화를 강화한다.

피해야 할 함정 요소: ① 어떤 대가를 치르더라도 끝내야 한다는 생각, ② 잘못된 경보

움직이는 표적에 대한 자세

* 다음은 기여자와 임팩트 플레이어에 대한 리더의 평가다.

기여자	⋛ 임팩트 플레이어 ⋛
대부분의 경우 자신이 옳으며, 단지 조직을 설득하기만 하면 된다고 가정합니다.	시키지 않아도 새로운 정보를 찾습니다.
과민 반응을 보이고, 부정적이며, 감정적인 경향이 있어요.	피드백을 긍정적으로 받아들여요.
대개 피드백을 받아들이지만 개선을 이룰 때까지 오래 걸립니다.	실수에서 빨리 배워요.
피드백에 반응하지 않습니다. 좋은 사람이지만 변화를 이룰 만큼 강하지 않은 것 같아요.	저의 피드백을 받아들여서 행동으로 옮겨요. 낙담하지 않고 그것을 개선할 기회로 봅니다.

질문하고 조정하라

———

지성은 변화에 적응하는 능력이다.

스티븐 호킹(영국의 이론물리학자)

영화감독은 전설적인 연극배우 제이슨 로버즈 주니어에게 카메라를 돌린다. 인물의 내적 갈등과 내밀한 감정을 드러내기 위한 근접 촬영이었다. 몇 번의 테이크 후 감독은 촬영이 제대로 되지 않았음을 알고 "컷!"을 외친다. 나중에 감독은 "그가 충분히 표현하지 못하는 것 같아요. 고통이 느껴지지 않아요"라고 회고했다. 이제 34세의 감독은 나이가 거의 2배나 많고, 다수의 토니상과 오스카상을 받은 유명 배우의 연기를 바로잡을 방법을 찾아야 했다.[1]

그 감독은 아역 배우 출신이자 〈아폴로 13호〉, 〈다빈치 코드〉, 〈뷰티풀 마인드〉 같은 영화로 유명한 다작 감독 론 하워드였다. 그가 만들던 영화는 신랄한 유머를 담은 1989년 작 〈우리 아빠 야호Parenthood〉였다. 문제의 장면에서 로버즈가 맡은 역할인 성마른 할아버지는 부모가 겪는 여러 딜레마 중 하나와 씨름하면서 아버지로서 자신의 결점에 직면하고 있었다. 대배우의 단순한 얼굴 표정이 여러 쪽의 설명을 대신하거나, 평생의 고통 및 실망을 전달할 수 있는 고요한 순간 중 하나였다.

하워드는 로버즈에게 다가가 장황하게 말하기 시작한다. 그는 로버즈를 불쾌하게 만들지 않고 다른 연기를 이끌어 내기 위해 애쓴다. 그러자 로버즈는 손을 뻗어서 하워드의 손을 만지면서 그저 "론, 더 슬픈 표정을 원해?"라고 말한다. 하워드는 안도감을 느낀다. 그러나 동시에 베테랑 배우의 질문에 냉소가 담겨 있으며, 그저 자신을 골탕 먹이려고 다음 테이크에서 우스꽝스러울 만큼 낙심한 표정을 지을 것이라고 확신한다. 하워드는 그냥 다음 테이크를 찍고 거기서부터 조정하자고 생각한다.

하지만 다시 카메라가 돌아가자. 로버즈는 다시 제대로 된 연기를 한다. 그는 아주 미묘하고 은근하게 표정을 조정하면서 멋진 장면을 만들어낸다. 하워드는 나중에 "그 순간에 대해 제가 꿈꿀 수 있는 가장 정직하고, 유기적이고, 진실한 묘사였어요"라고 말했다. 그 테이크는 영화에 쓰였다. 하워드는 "배우들은 계속 더 나은 연기를 할 수 있다는 게 제가 배운 교훈입니다"라고 회고했다.[2]

가치 있는 플레이어는 절대 멈추지 않는다. 그들은 표적을 맞히기 위해 조정하면서 계속 적응한다. 당신의 접근법에 대한 아주 미세한 조정이 어떻게 더 큰 성과로 이어질 수 있을까?

앞서 예로 든 것과 같은 순간은 영화감독뿐 아니라 다른 사람들이 성과를 재조정하거나 계속 개선하도록 돕기 위해 지침을 제공해야 하는 모든 리더에게 기쁨을 안긴다. 임팩트 플레이어는 확실하게 마무리하지만 뛰어난 일에는 결코 끝이 없다. 또한 최고의 기여자는 결코 완성되지 않는다. 그들은 계속 다듬어진다.

이 장에서는 교정이라는 개념에 초점을 맞출 것이다. 다만 여기서 교정은 교사가 빨간색으로 오류를 바로잡아주는 것이 아니라 표적을 빗나갔을 때 중요한 정보를 통해 경로를 수정하는 것을 말한다. 우리는 최고의 기여자와 리더 지망생들이 교정을 추구하는 이유와 그들이 동료들보다 빠르게 적응하고 배우는 데 도움이 되는 방식으로 변화의 계기에 반응하는 양상을 살필 것이다.

이 장은 변화를 다루지만 급진적이고 단절적인 변화를 다루는 것은 아니다. 그보다 경로를 유지하는 데 필요한 작은 조정, 미세한 변화를 이루는 일의 힘과 중요성을 다룬다. 즉, 변신이 아니라 조율에 대한 것이다. 이 장에서는 리더와 조직의 필요에 맞춰서 계속 조율하는 방법을 배울 것이다. 특히 정당한 몫보다 많이 받을 수 있도록 교정적 지침을 요청하고, 사람들이 당신에게 추가로 투자하게 만들도록 반응하는 방법을 배울 것이다. 또한 우리 모두는 경고 신호를 놓치기 마련이므로 큰 잘못을 저질렀을 때 빠르게 회복하는 방법을 탐구할 것이다.

그러면 먼저 누구에게나 교정적 지침이 필요한 이유부터 살펴보자. 교정적 지침은 너무나 많은 성과 목표가 역동적인 지금 특히 더 필요하다.

선택: 강점대로 플레이 vs. 새로운 게임

많은 직장인에게 일은 다트 게임과 비슷했다. 다트는 당신이 얼마나 잘하고 있는지 분명하게 알려주는 점수 체계와 명확한 표적이 있는 기술적 게임이다. 연습을 통해 기술을 터득하고, 충분히 반복하면 심지어 눈을 가린 상태에서도 표적을 맞힐 수 있다. 그러나 비즈니스는 계속 바뀌어야 한다. 그에 따라 비즈니스의 표적도 움직인다. 이전에 완벽하게 다듬은 기술은 더 이상 표적을 맞힐 것이라고 보장해주지 않는다. 지금은 지속적인 재조정이 필요하다.

○ **일이라는 새로운 게임** | 이 지속적인 이동은 이른바 난제, 즉 우리가 해결할 수 있는 속도보다 빠르게 바뀌는 문제를 만든다. 게임을 파악했다고 생각한 순간 게임이 바뀐다. 그래서 새로운 규칙을 익히고, 새로운 플레이어와 일하며, 새로운 기술과 전략을 개발해야 한다. 빠르고 열성적으로 배우는 사람에게 이런 지속적인 적응과 개정은 재미있어 보인다. 반면 언제나 일을 제대로 하는 데 익숙한 완벽주의자나 스타 선수에게는 치통처럼 느껴질 수 있다. 지금까지 하던 방법이 더 이상 통하지 않으면 어떻게 해야 할까? 연말 성과 평가에서 수집한 피드백에 의존하는 것으로는 충분치 않다. 표적이 계속 움직이면 그에 따라 조준할 수 있도록 지속적인 피드백과 지침, 교정이 필요하다.

○ **게임 조작하기** | 계속 조준을 바꾸는 일은 힘들다. 대신 표적을 조정하면 좋지 않을까? 나사 제트추진연구소의 전 엔지니어이자 발명가인

마크 로버가 바로 그렇게 했다. 지금은 유튜버로 활동하는 마크는 엔지니어링 기술을 활용해 대단히 정교하면서도 너무나 재미있는 기구를 제작한다. 이 명민한 엔지니어는 다트 실력이 좋지 않다. 그래서 그는 나사 제트추진연구소의 전 동료와 같이 이 문제를 해결할 다트판을 제작했다. 그들은 3년에 걸쳐 작업해 '자동 명중 다트판AutoBullseye Dart Board'을 개발했다. 이 다트판은 적외선 지향성 카메라를 이용해 다트의 궤적을 계산한다. 그다음 다방향 모터를 이용해 판의 위치를 조정한다. 이 모든 작업이 0.5초 안에 이뤄지면서 매번 다트가 표적에 꽂히게 된다![3] 방향만 정확하면 표적을 빗나가도록 던진 경우도 말 그대로 다트가 날아오는 동안 자동 조정이 이뤄진다.

이 유일무이한 다트판은 인상적인 공학적 성과다. 그러나 일에서 같은 접근법을 쓰는 직장인이 너무나 많다. 그들은 다가오는 변화를 감지하지만 거기에 대비하는 것이 아니라 새로운 일의 세계가 자신의 오랜 기술을 중시해주기를 바란다. 그들은 풍향이 바뀌는 상황에서 폭풍에 대처하듯이 한껏 웅크리고 다시 생활이 정상으로 돌아가기를 기다린다. 실상은 풍향의 변화가 새로운 일상인데도 말이다.

○ **가장 잘 아는 일에 매달리기 |** 한 기술 마케팅 매니저는 상사에게 똑똑하고, 유능하며, 자신감이 넘친다는 평가를 받았다. 그러나 그녀의 자신감은 자신이 일을 잘한다는 생각에 기반한 것이었다. 즉, 적응하거나 배우는 능력에 기반한 것이 아니었다(심리학자 캐롤 드웩이 '성장형 마인드셋'이라고 말한 것). 상사는 "그녀는 계속 인정과 확인을 추구해요. 피드백에는 관심이 없어요. 실제로 반론이 나오면 자신에 대한 개인적

위협으로 간주해요. 마치 자신의 능력과 성공에 대한 의문을 제기하는 것처럼 말이죠"라고 설명했다. 그녀의 자기 인식이 현실에서 멀어질수록 경력은 정체됐다. 상사는 "피드백을 받아들이고 한 단계 더 발전할 수 있도록 도울 방법을 알았다면 좋았을 거예요"라고 말했다.

다른 관리자들도 비슷한 우려를 드러냈다. 그들은 전형적인 팀원이 피드백이나 경로 교정에 대해 반응하는 양상을 다음과 같이 묘사했다.

- 환자가 불평하면 방어적인 태도를 취하면서 왜 자신의 방식이 맞는지 설명해요.
- 자신이 조언을 받아들일 수 있고, 피드백에 열려 있는 것처럼 말해요. 하지만 궁극적으로는 어떤 것도 그녀를 바꾸지 못해요.
- 자기가 하는 일을 잘합니다. 하지만 더 나아지기를 원하는지는 모르겠어요.

○ **새로운 게임 익히기 |** 임팩트 플레이어는 변화하는 여건과 움직이는 표적을 배우고, 적응하고, 성장할 기회로 본다. 그들도 지지와 긍정적인 피드백을 좋아한다. 그러나 그들은 교정적 피드백과 상반된 관점을 더 적극적으로 구하며, 이를 통해 노력의 방향과 초점을 재설정한다. 그 과정에서 그들은 자신과 조직을 위한 새로운 역량을 구축한다.

잭 캐플런은 구글 소비자 제품 사업부에서 브랜드 마케팅 매니저로 일을 시작했을 때 광고대행사인 와이든 케네디에서 6년 동안 경험을 쌓은 상태였다. 다만 기술 산업에서는 신참이었다. 업무를 시작한 지 2주 만에 그의 상사이자 당시 소비자용 애플리케이션 부문 브랜드 마케팅 책임자인 타일러 발이 주목받는 광고 프로젝트를 그에게 맡겼다. 그때까지 해당 사업부의 광고에 대한 접근법은 각양각색으로 상반된 결과를 얻었다. 각 제품 그룹이 독자적으로 광고 캠페인을 개발했기 때문이다. 리더팀은 새로운 목표를 정했다. 바로 이질적인 광고를 소비자들에게 일관된 메시지를 전달하는 하나의 통일된 포괄적인 광고 캠페인으로 대체한다는 것이었다. 내부적으로 이 프로젝트는 '멀티앱Multiapp 캠페인'으로 불렸다.

이 캠페인은 짧은 기한, 다양한 조직에 산재된 팀(구글 내부 및 외부), 만족시켜야 할 여러 결재권자 등 일반적인 난관을 수반했다. 팀에서 잭의 역할도 불분명했다. 그는 브랜드 마케팅 매니저로서 브랜드 메시지만 구축해야 하는 걸까, 아니면 광고 개발 과정도 감독해야 하는 걸까? 타일러는 잭에게 프로젝트를 설명한 다음 운신의 폭을 제공했다. 잭은 모호한 상황에서 일을 잘하는 능력이 구글의 핵심 채용 요건 중 하나인 이유를 곧 알게 될 참이었다.

프로젝트 중반에 담당 팀은 마케팅 책임자들이 광고 캠페인에 새롭고 다른 메시지를 넣기를 원한다는 사실을 알게 됐다. 잭은 질문을 던지기 시작했다. 다만 새로운 방향에 의문을 제기한 것이 아니라 거기에 가장 잘 적응할 방법을 파악하기 위한 질문이었다. 그는 타일러와 만나서 새로운 방향이 전반적인 메시지에 의미하는 것은 무엇인지, 이야기를 어떻게 바꿔야 하는지, 맥락을 어떻게 조정해야 하는지 등을 질문했다. 그렇게 두 사람은 새로운 접근법을 개발했다. 이후 잭은 각각의 이해관계자 및 광고대행사와 소통하면서 그들을 끌어들였다.

잭과 광고 제작 팀이 새로운 방향에 맞추는 동안 다른 주요 표적이 이동했다. 청중도 바꿔야 했다. 그들은 출시일을 바꾸고 추가 편집 작업을 했다. 잭과 타일러는 새로운 표적을 맞힐 방법을 찾았다. 그러나 진정한 난관은 조정을 한 후에도 그들의 접근법이 여전히 표적을 맞히지 못한다는 것이었다. 원래 계획은 구글의 모든 주요 소비자 제품을 소개하는 단일 광고를 요구했다. 그러나 그런 방식은 적절치 않아 보였다. 두 사람은 광고를 추가로 편집해봤지만 따라가기가 어려웠고, 감정적 파급력이 부족했다. 결국 잭은 타일러에게 가서 "이걸로는 안 됩니다. 느낌이 없어요"라고 말했다.

타일러와 잭은 밤늦도록 사무실에서 재집결과 재구상에 매달렸다. 그들은 "왜 느낌이 없을까?", "하나의 광고에 너무 많은 것을 억지로 집어넣으려 하는 걸까?", "다르게 할 방법은 무엇일까?" 같은 질문을 던졌다. 이처럼 접근법에 의문을 제기하는 동안 그들이 너무 많은 일을 이루려 한다는 사실이 명확해졌다. 타일러는 "간단하게 가지. 그냥 검색 제품만으로 시작하자"라고 말했다. 그들은 4가지 다른 광고를 제작하기로 결정했다. 각 광고는 다른 구글 제품에 초점을 맞추되 단일한 메시지를 담았다. 구체적으로는 스포츠, 경력, 가족, 소통이라는 4가지 주제에 따른 광고가 기획됐다. 이 접근법은 훨씬 나은 결과를 낳을 것이었다. 다만 작지 않은 변화를 일으켜야 했다. 즉 4가지 다른 이야기를 들려주고, 광고대행사와 제작 범위를 확대하고, 비용 측면의 영향에 대처하고, 추가 이해관계자를 끌어들여야 했다. 그래도 두 사람은 방향을 전환했다. 잭은 "구글에서는 이동하는 표적을 예상하라고 말해요. 그 시점에서는 처음에 계획했던 대로 계속 가려고 고집을 부리는 게 우리에게 최악의 적이었을 겁니다. 기존 계획은 우리가 길을 잃게 만들었어요"라고 회고했다. 두 사람은 새로운 접근법과 함께 다시 올바른 경로에 올라섰다.

잭은 이해관계자들을 찾아다니면서 진행 중인 작업을 설명하고, 이야기를 들었다. 또한 동의와 종결을 초래하는 가짜 피드백이 아니라 변화와 재작업을 초래하는 진정한 피드백을 수집했다. 잭은 힘든 회의를 마친 후에도 긍정적인 태도를 유지했다. 그는 아이디어를 강화할 학습 기회를 찾았고, 프로젝트를 계속 진전시킬 지침을 모았다. 타일러는 "잭은 회의에서 자신의 아이디어가 반려돼도 낙담하지 않고 미소를 지으며 다른 각도에서 프로젝트에 접근할 준비를 해요"라고 회고했다.

10여 차례의 편집 끝에 "첫걸음을 떼세요"라는 제목의 광고가 황금 시간대에 방송될 준비를 마쳤다. 이 광고는 NBA 플레이오프 때 첫선을 보인 후 열광적인 반응을 얻었다. 이후에 나온 3편의 광고는 더 적은 편집을 거쳐서 두 달에 걸쳐 방송을 탔다. 멀티앱 광고 캠페인은 주요 성과 지표를 달성했을 뿐 아니라 투자 자본 수익률 기대치를 거의 3배로 늘렸다.

잭은 자신의 아이디어를 과도하게 선전하거나, 애초의 계획을 고수하지 않았다. 그와 광고 제작 팀은 자신들의 일을 옹호하는 한편 피드백을 요청하고 표적을 맞힐 때까지 조정했다.

당신은 알고 있는 것을 고수하는가, 아니면 게임을 바꾸는가? 표적이 움직이는 상황에서 파급력을 발휘하고 싶다면 지침을 요청하고 조준을 바꿔라.

멘털 게임

수동적 대응은 부정적인 자질로 여겨지는 경우가 많다. 사실 임팩트 플레이어는 대응자로서 환경 변화와 피드백에 대처한다. 그들은 적극적 대응(수동적 대응이 아님)을 통해 환경 변화에 적응한다. 그들은 주변 환경에 맞춰서 색깔을 바꾸는 카멜레온과 비슷하다. 또한 안정성은 종종 직업적 미덕으로 여겨진다. 그러나 대부분의 플레이어는 중앙으로 너무 심하게 치우친다. 그래서 변화를 회피하고, 자신이 아는 것과 자신에게 편한 것을 고수한다.

우리가 조사한 최고의 기여자는 기민한 학습자였다. 그들의 상사는 그들을 돋보이게 만드는 2가지 행동을 일관되게 지적했다. 그것은 (1) 새로운 과제가 주어졌을 때 빠르고 열성적으로 학습하는 것과 (2) 새로운 아이디어에 호기심을 가지고 열린 자세로 대하는 것이다.[4]

임팩트 플레이어는 자신의 학습 능력에 자신이 있어서 적응할 수 있다. 그들은 또한 자신에 대해 충분히 만족한다. 실패(학습에 내재된 위험)의 가능성 때문에 자존감이 낮아지는 일은 없다. 이는 자신감, 즉 '나는 성장하고 진화할 수 있는 가치를 지닌다'라는 신념에 따른 자세다.

이런 관점의 토대는 '노력과 좋은 코칭을 통해 능력을 개발할 수 있다'라는 신념(성장형 마인드셋으로 폭넓게 알려짐)이다. 캐롤 드웩의 영향력 있는 연구는 성장형 마인드셋을 지닌 학생은 자신의 재능과 능력을 노력과 좋은 코칭, 그리고 끈기를 통해 개발할 수 있음을 안다는 사실을 보여주었다. 드웩이 알려준 대로 이런 마인드셋을 가진 사람은 반드시 모두가 천재라고 생각하는 건 아니지만 모두가 노력하면 더 똑

똑해질 수 있다고 믿는다.[5]

성장형 마인드셋을 가지면 학습과 변화가 가능한 존재로 자신을 보게 된다. 피드백은 행동을 조정하는 데 필요한 중요한 정보로 해석한다. 난관과 장애물은 성장과 피드백을 위한 훈련장 역할을 한다. 성장형 마인드셋을 받아들이지 않으면(드웩이 말하는 고정형 마인드셋) 변화에 저항하고 난관을 회피하게 된다. 또한 안전하게 머물 수 있는 현재 상태에 매달린다.

피드백, 특히 교정이나 비판에 대처하는 우리의 능력은 또한 정체성, 특히 자신의 가치가 내재적이라고 보는지 또는 조건적이라고 보는지에 영향받는다. 조건적이라고 여길 경우 '나에 대한 다른 사람의 시각이 나의 가치를 좌우한다'라고 가정한다. 이런 신념에 따르면 사람으로서 우리의 가치는 일에서 거두는 성과와 삶에서 드러나는 표면적 성공으로 좌우된다. 따라서 일은 의미를 부여하고, 가치를 형성하며, 저널리스트 데릭 톰슨이 일 중심주의Workism라고 칭한 생각으로 이어질 수 있다. 이는 일이 경제적 생산에 필요할 뿐 아니라 개인의 정체성과 삶의 목적에서 중심적인 역할을 한다는 믿음이다.[6]

우리의 전체적인 정체성을 직업, 심지어 우리가 사랑하는 일과 연계하는 것은 위험하다. 우리의 행복감뿐 아니라 일의 질 측면에서도 그렇다. 정체성이 직업에 종속되면 비판은 추가적인 아픔을 초래하고, 실패는 더 큰 위협을 제기한다. 우리의 자존감은 경력의 진퇴나 특정한 프로젝트의 상태 또는 성과 평가의 결과에 따라 오르내린다. 피드백, 교정, 변화는 위협적이다.

반면 내재적 가치는 '나는 타고난 값어치와 능력을 지닌다'라는 신념에서 나온다. 자신을 내재적 가치를 지닌 존재로 보면 잘하지 못할 수 있다는 사실을 알면서도 새로운 것을 시도하려는 의지가 강해진다. 이런 정신적 자세에서 자존감은 업무 성과로부터 독립적으로 남는다. 다른 사람들에게 가치를 인정받을 필요가 없다. 나는 나일 뿐이다. 또한 우리는 일을 사랑하고 거기서 만족감을 얻더라도 일은 자신이 아니고, 일이 인간으로서 자신의 가치를 좌우하지 않는다는 사실을 안다.

이런 정신적 분리를 유지하는 일은 어려울 수 있다. 특히 일에 열정을 가졌거나, 자신의 일을 소명으로 생각하는 경우는 더욱 그렇다. 그러나 자신을 일과 분리하면 움직이는 표적에 대처하고, 삶의 우여곡절을 극복하는 능력이 강화된다. 피드백은 비난이나 인정이 아니라 정보가 된다. 변화와 진화는 자신을 위태롭게 만드는 것이 아니라 확장한다. 우리는 자신 있게 변화에 접근하게 된다. 자신에게 학습할 수 있는 능력이 있으며, 설령 그 과정에서 실패하더라도 존재 자체가 실패하는 것은 아니라고 믿기 때문이다. 또한 자신을 믿으면서도 열린 자세로 변화를 대한다. 한 관리자는 "그녀의 자신감은 자신을 더 뛰어난 사람으로 만들려고 노력한다는 사실에 나옵니다. 겸손한 자신감이죠"라고 말했다. 이런 유형의 진정한 자기 확신은 다음과 같은 일들을 통해 적응력을 높여준다.

- **피드백을 요청하고 행동에 반영한다**: 자신의 내재적 가치를 이해하는 일은 위협을 느끼지 않고 교정적 피드백을 받아들이며, 안일한 태도로 빠지지 않고 승인적 피드백을 받아들이는 데 필요한 심리적 안

전감을 창출한다.

- **새로운 방식으로 행동한다:** 자존감이 실험의 결과에 좌우되지 않으면 보다 쉽게 오랜 행동 패턴을 버리고 새로운 관행을 실험할 수 있다.
- **모호성에 대처한다:** 불편한 상황에서 상황적 자신감이 낮아지더라도 (이를테면, "내가 뭘 하는지 모르겠어") 자존감을 높게 유지할 수 있다 (이를테면, "나는 질문하고, 적응하고, 해결할 수 있어").
- **실패에서 배운다:** 실수를 내면화하지 않으면 틀렸을 때 보다 쉽게 인정하고 잘못된 가정을 버릴 수 있다.
- **모두에게서 배운다:** 조언을 제공하는 유일한 사람(또는 우리의 가치를 결정하는 사람)으로서 관리자에게 의존하지 않고 다양한 사람들로부터 의견을 받아서 스스로 문제를 파악할 수 있다.

이 학습 주기가 진행되면 우리가 이루는 기여의 가치와 파급력이 높아진다. 바로 여기에 이 마인드셋의 힘이 있다. 우리는 내재적 가치를 확신할 때 자신의 가치를 증명하려 애쓰기보다 그 가치를 나누고 키우는 데 초점을 맞춘다.

요컨대 자신감은 우리가 변하고 성장하게 해준다. 자신을 편하게 받아들이고 능력의 유연성을 이해하면 변화를 두려워할 필요가 없다. 우리는 지적으로 적응할 수 있게 해주는 정보를 찾는다. 마리 퀴리가 말한 대로 "삶의 어떤 것도 두려워하지 말아야 하며, 오로지 이해해야 한다".

파급력을 높이는 습관

일의 세계가 빠르게 변할 때는 당신이 아는 것이 아니라 얼마나 빨리 배울 수 있느냐가 중요한 기술이다. 기민한 리더는 똑똑하고 유능한 사람들이 모인 팀 이상의 것이 필요하다는 사실을 안다. 그들은 자신감과 배우려는 겸손을 모두 갖춘 플레이어를 찾는다.

우리는 대단히 혁신적인 조직에 속한 170명의 리더에게 가장 높이 평가하는 직원의 행동이 무엇인지 물었다. 그 결과 배우려는 행동이 목록의 최상단을 차지했다. 그밖에 호기심을 가지고 좋은 질문을 던지는 것, 피드백을 요청하고 실수를 인정하며 신속하게 바로잡는 것, 기꺼이 위험을 감수하고 변화를 시도하는 것 등이 있었다. 흥미롭게도 겸손과 학습 의지는 신뢰도를 높여준다. 리더는 배우려는 사람을 높이 평가한다. 반면 방어적이고 귀를 닫고 있는 직원(자신의 실수를 다른 사람의 탓으로 돌리거나 상사의 피드백을 듣고도 그런 일이 없었던 것처럼 행동하는 직원)과 일하는 것은 짜증스럽다. 아래의 표는 움직이는 표적에 대처할 때 신뢰도를 높이는(또는 떨어트리는) 행동을 보여준다.

리더 및 조직 내 신뢰도를 높이려면?	
신뢰도를 떨어트리는 행동	• 자신의 실수를 다른 사람의 탓으로 돌린다. • 앞에서는 동의하고 뒤에서는 반대한다. • 피드백을 듣고도 무시한다.
신뢰도를 높이는 행동	• 호기심을 가지고 좋은 질문을 한다. • 피드백을 요청한다. • 실수를 인정하고 빠르게 바로잡는다. • 변하려는 의지를 가지고 현명하게 위험을 감수한다.

전체 목록은 부록 A 참조.

나는 많은 리더처럼 학습에 대해 크게 다른 태도를 지닌 직원들을 관리했다. 첫 번째로 소개할 사람은 퀸이라고 부르겠다. 퀸은 경청 능력이 뛰어났다. 그는 내가 피드백을 주려 한다는 사실을 감지하면 귀를 쫑긋 세우고 대화에 몰입하면서 주의 깊게 들었다. 그는 내 말을 제대로 이해했는지 확인하려고 "다른 내용이 있나요?"라고 물었다. 그리고 요점을 거의 말 그대로 반복했다. 나의 메시지가 제대로 전달되었음을 알리기 위한 행동이었다. 나는 희망에 가득 차서 대화를 끝냈다. 하지만 두어 번 그런 대화를 나눈 후 이 꿈의 직원이 실은 악몽에 가깝다는 사실을 깨달았다. 그는 나의 피드백을 들은 척할 뿐 대개 그 후로 달리 행동하는 게 하나도 없었다. 내가 문제를 지적하면 그는 다른 사람들의 잘못이라는 설득력 있는 설명과 자신의 행동을 정당화하기 위한 주장을 제시했다. 이런 설명의 이면에는 '나는 일을 잘해요. 당신이 보지 못할 뿐이지'라는 생각이 깔려 있었다. 퀸은 겉으로는 선량한 척하지만 실은 달래고 말을 돌리는 기술의 대가였다.

그리고 마찬가지로 경청 능력이 좋은 숀 밴더호벤이 있었다. 숀은 단지 잘 보이려고 귀를 기울이지 않았다. 그는 조정하기 위해 들었다. 처음 숀과 일하기 시작했을 때 나는 그가 너무나 많은 질문을 하는 데 놀랐다. 처음에 그는 "무엇을 구축하려고 하나요?"나 "어떤 양상을 성공이라고 보나요?"처럼 올바른 표적을 맞히기 위한 질문을 했다. 목표를 이해한 다음에는 질문의 방향을 바꿨다. 그는 프로젝트 보고서를 제출한 후 "필요한 것을 얻고 있나요? 다르게 해야 하는 일이 있나요?"라고 질문했다. 그의 일이 표적을 빗나가는 드문 경우에는 편하게 바로잡아줄 수 있었다. 낙담하지 않도록 기분을 달래주는 말을 굳이 끼워 넣을 필요가 없었다. 그는 "다시 해볼게요"라고 말한 후 다음 날 아침에 표적을 명중시키는 성과를 냈다. 거의 5년 동안 같이 일하면서 숀에게 교정적 피드백을 한 적이 드물었다. 그에게는 필요 없기 때문이 아니라(우리 모두에게 필요하다) 언제나 그가 먼저 잘못을 바로잡았기 때문이다.

사람들은 지침을 요청할 때(뒤이어 빠르게 행동하고 조정할 때) 리더에게 피드백에 대한 작은 투자가 큰 보상을 안길 수 있음을 보여준다. 지금부터 묻고, 조정하고, 매듭을 짓는 관행이 임팩트 플레이어의 학습 주기를 더 빨리 돌아가게 만들고, 조직으로부터 더 큰 투자를 이끌어내는 양상을 살펴보자.

습관 1: 지침을 요청하라

우리의 조사에서 임팩트 플레이어는 동료들보다 더 높은 수준의 코칭 가능성 또는 지침에 대한 반응성을 보였다. 그 부분적인 이유는 상황에 따라 다른 사람들을 이끌거나 뒤따르려는 의지(3장에서 살펴본 핵심 내용)일 수 있다. 사이크테스트PsychTests는 한 조사에서 직장인들에게 자신이 리더, 추종자, 적응자(상황에 따라 이끌거나 뒤따르는 사람) 중에서 어디에 속한다고 생각하는지 물었다. 그다음 각 그룹이 코칭에 어느 정도나 열린 자세를 지녔는지 측정했다. 자신을 추종자로 생각하는 사람은 일관되게 가장 코칭 가능성이 낮았다. 사이크테스트의 대표인 일로나 제라벡 박사의 말에 따르면 자칭 추종자는 "자신감 문제가 있는 것으로 보인다. 그들은 비판을 받으면 나약하거나, 무능하거나, 무력하다는 느낌을 받는다."[7] 그들은 상사의 긍정적인 개입을 가치 있게 여길지 모른다. 그러나 여전히 코칭을 자신이 부족하다는 표시로 해석한다. 한편 자칭 리더는 추종자보다 높은 수치를 기록했다. 그러나 흥미롭게도 이끌 수도, 뒤따를 수도 있는 적응자가 가장 코칭 가능성이 높고 배우려는 의지가 강했다. 그들은 잘못을 인정하고, 비판을 감당하며, 도움을 요청하는 능력을 드러냈다.[8] 이는 우리의 조사 결과와 일치한다. 우리의 조사에서 전형적 기여자는 칭찬과 인정을 추구했다. 반면 고파급력 기여자는 적응에 도움이 되는 지침과 정보를 추구했다.

음높이를 맞춰라

사람들은 대개 확증의 신호를 찾기 쉽다. 그러나 리더 및 조직과 음높이를 맞추려면(그리고 올바른 어젠다를 처리하려면) 충족되지 않은 수요, 빗나간 예측, 유쾌하지 않은 데이터, 상반된 관점 같은 간극을 찾아야 한다. 기민한 직장인은 땅에 귀를 대면서 환경의 변화에 주의를 기울인다. 특히, 자신이 놓쳤을 수도 있는 새로운 추세를 살핀다. 로자베스 모스 캔터의 말에 따르면 탁월한 리더는 "경청하고, 많은 관점을 포괄하고, 비판으로부터 배우고, 추세가 빠르게 변할 수 있다는 사실을 인식한다. 그러면 더 잘 무장된 상태로 빠르고 단호하게 행동할 수 있다."[9] 표적을 맞히기 위해서는 경로를 벗어났을지 모른다고 말해주는 정보가 필요하다.

성실한 직장인도 주기적으로 조율이 어긋난다. 이 점은 악기와 비슷하다. 피아노 같은 악기는 가끔 조율이 필요하다(6개월마다 또는 이동 후). 반면 바이올린 같은 다른 악기는 연주할 때마다 조율해야 한다.

바이올린 연주자는 바이올린이 처음에는 조율되지 않은 상태라고 예상한다. 누구도 콘서트홀에 조율이 안 된 바이올린을 들고 오는 연주자를 탓하지 않는다. 그러나 공연 전에 조율을 하지 못하면 아마도 다시 초청받지 못할 것이다.

악기를 조율하려면 먼저 악기의 음높이를 소리굽쇠나 디지털 기기 또는 다른 악기의 기준음과 비교해야 한다. 그다음 두 음높이가 완벽하게 들어맞을 때까지 조정해야 한다. 음높이의 미묘한 차이를 분별하려면 훈련된 귀가 필요하다. 미세한 기계적 조정을 하려면 연습을 해야 한다. 악기 조율은 신참 연주자에게는 어려울 수 있다. 그래도 습득할 수 있으며, 습득해야 하는 기술이다.

마찬가지로 직장인에게는 대개 자신의 음높이가 맞지 않는다는 사실을 인식할 수 있는 기준점이 필요하다. 우리 자신을 조율하는 일은 특히 처음에는 짜증스러울 만큼 힘들다. 그러나 연습하면 제2의 천성이 된다. 이 과정에서 필수적인 것은 다시 올바른 경로로 돌아오는 데 도움을 주는 다른 사람들의 정보와 통찰이다. 피드백이라는 단어는 종종 비판이나 단정 같은 어감을 수반한다. 그러나 엄밀하게 말해서 피드백은 단지 수용자의 재조정을 돕는 정보를 가리킬 뿐이다. 다음과 같은 간단한 피드백도 가능하다. "나는 표적을 맞히고 있는가?", "어디서 표적을 놓쳤는가?", "더 또는 덜 해야 하는 일은 무엇인가?".

피드백을 요청하라

우리의 조사에서 최고의 기여자는 지속적인 인정을 추구하지 않았다. 그들은 지침을 추구했다. 환호와 훈장을 받는 일은 적어도 한동안 자신이 가치 있다는 느낌을 안긴다. 그러나 우리를 실로 가치 있게 만드는 것은 지침, 구체적으로는 경로를 바꾸거나 개선하는 데 도움이 되는 정보다. 이 필수적인 '정보'에 접근하는 일은 보기보다 어렵다. 교정적 지침을 수용하는 것은 어려울 수 있다. 우리의 뇌가 방어기제를 갖고 있기 때문이다. 이 방어기제는 근본적으로 우리의 자존심에 상처를 입힐 수 있는 것으로부터 보호해주는 정신적 헬멧이다. 하버드 로스쿨 교수이자 《일의 99%는 피드백이다》의 저자 쉴라 힌과 더글러스 스톤은 우리가 피드백에 저항하는 핵심적인 원인을 이렇게 설명했다. "이 과정은 2가지 핵심적인 인간적 필요, 즉 배우고 성장해야 하는 필요와 있는 그대로 받아들여져야 할 필요 사이의 긴장을 자극한다. 그 결과 온화해 보이는 제안도 분노와 불안을 초래하고, 나쁜 대우나 심각한 위협을 받았다는 느낌을 안길 수 있다."[10]

피드백을 제공하는 입장에서도 어렵기는 마찬가지다. 대다수 사람은 비판적으로 말하는 것을 불편하게 여긴다. 상대가 피드백에 감정적으로 반응하거나, 폐쇄적인 태도를 보이거나, 피드백을 무시하는 바람에 시간을 낭비하게 될까 봐 걱정한다. 피드백이 도움보다 더 많은 해를 초래할 수 있다는 점도 두려워한다. 이 점은 여러 연구를 통해 입증됐다.[11]

우리가 조사한 임팩트 플레이어는 다른 사람들보다 많은 피드백을 받았다. 사람들이 자신의 잘못을 편하게 지적할 수 있도록 만들었기 때문이다. 그들은 조언을 구했고, 상사와 다른 이해관계자들이 피드백을 주기 전에 먼저 요청했다. 적극적으로 피드백을 요청하는 일은 상사가 시키기 전에 먼저 어떤 일을 하겠다고 제안하는 것과 같은 효과를 지닌다. 이는 상사들이 가장 높게 평가할 뿐 아니라 신뢰도를 구축하는 행동(부록 A 참조) 목록 1위에 오른 관행이다. 일찍이 피드백을 요청하면 피드백 주기를 앞서갈 수 있다. 짜증이 쌓이지 않도록 방지하고, 일련의 문제를 예방할 수 있다. 이 경우 피드백은 처벌로 여겨지지 않으며, 꼭 필요한 도움이 된다. 꾸준히 악기를 조율하는 음악가처럼 일하면, 그 일의 수혜자는 조율이 되지 않았다고 지적할 필요가 없다.

필요한 피드백을 얻고 있는가? 올바른 경로에서 너무 멀리 멀어지기 전에 지침을 요청하고 있는가? 피드백에 대한 직원들의 끊임없는 요청은 관리자를 지치게 만들 수 있다. 그러나 적절한 순간(이를테면 새로운 접근법을 취한 후나 표적을 놓쳤다는 사실을 인지한 후)에 요청하면 정반대의 효과가 생긴다. 상사가 일하는 방식을 바꾸라고 말하기 전에 먼저 어떤 개선이 필요한지 물으면, 상사의 일이 쉬워지며 자신의 일도 더 잘할 수 있다. 그런데 원격 근무를 하면 조율이 어긋나기 쉽다. 복도에서 가볍게 나누는 대화를 통한 피드백을 받지 못하기 때문이다. 또한 화상회의에서 몸짓만으로 피드백을 받기도 어렵다. 이 경우 다음 2가지 전략을 시도해보라.

- **문서 작업을 공유할 때:** "이 작업을 크게 개선할 수 있는 한 가지 변화는 무엇입니까?"처럼 피드백을 촉발하는 일련의 질문을 넣어라.
- **프레젠테이션을 하거나 화상회의를 진행할 때:** 회의 전후나 회의 동안에 지침을 얻을 수 있는 계획을 세워라. 이를테면 회의 전에 "달성해야 할 가장 중요한 성과는 무엇입니까?"라고 묻거나, 회의 후에 "제

가 놓친 것이 있나요?"라고 물을 수 있다. 또는 속도를 높이거나 낮추고, 요점을 명시하는 데 도움이 되도록 채팅이나 질의응답 기능을 통해 실시간 피드백을 제공해달라고 사람들을 초대할 수 있다.

일에 집중하라

피드백을 받는 데 있어서 가장 큰 문제는 그것을 일에 대한 정보가 아니라 자신에 대한 비판으로 해석하는 것이다. 이는 특히 지식 노동자에게 까다로운 문제다. 일의 결과물이 종종 생각과 아이디어를 직접적으로 반영하기 때문이다.

첫 책인 《멀티플라이어》를 펴낼 때 나는 새로운 지역에 들어선 외국인이 된 것 같았다. 그전까지 몇 개의 비즈니스 보고서와 장황한 이메일 외에 전문적으로 글을 쓴 적이 없었다. 다행히 나는 나 같은 신참에게 간절히 필요한 지침을 기꺼이 제공할 저술가를 몇 명 알았다. 그중 한 명이 명민하고 짓궂게 웃기는 저술가로서 4권의 〈뉴욕타임스〉 베스트셀러 경영 도서를 쓴 케리 패터슨이었다. 케리는 또한 대학 시절 은사 중 한 명이었으며, 나중에 인턴으로 그의 밑에서 일한 적도 있었다. 상사로서 그는 내게 버거운 과제들을 주었고, 언제나 내가 어떻게 해나가고 있는지 말해주었다. 나는 그의 피드백이 대단히 가치 있을 것임을 알았다.

나는 일찍이 케리의 조언을 구했고, 그의 지침을 따랐으며, 얼마나 진전을 이뤘는지 알려주었다. 그는 두어 챕터를 썼다는 말을 듣고 피드백을 제공하겠다고 제의했다. 나는 불안한 마음으로 원고를 보낸 후 그의 피드백을 기다렸다. 아마도 한두 주가 걸릴 거라고 예상했다.

그런데 놀랍게도 단 2시간 만에 나는 그의 전화를 받았다. 그는 원고를 읽은 후 자신의 생각을 들려주고 싶어 했다. 그가 말한 내용을 전부 기억하지는 못한다. 다만 "와, 숙제를 제대로 한 게 분명하군. 글을 아주 잘 쓰네!"라는 말은 생생하게 기억한다. 나는 너무나 기뻤다. 그는 그 자리에서 자세한 이야기를 할 시간이 없었다. 그래서 자신의 사무실로 와서 문단별로 살펴보자고 제안했다. 나는 그다음 주에 2시간 동안 같이 이야기할 일정을 잡았다. 그는 약속을 확인한 후 한 챕터를 더 보내달라고 요청했다. 그리고 끝으로 "재미있는 시간이 될 거야"라고 말했다. 나는 한 챕터를 더 보냈고, 1주일 후 설레는 마음으로 비행기를 타고 2개 주를 날아가 그의 사무실로 차를 몰았다.

우리는 인사를 나눈 다음 출력된 3개의 챕터가 놓여 있는 회의 탁자 앞에 앉았다. 그는 마지막에 보낸 챕터는 시간이 없어서 읽지 못했다고 털어놓았다. 그래도 이 자리에서 바로 읽고 소감을 들려주겠다고 말했다. 자신의 글에 대한 비평을 듣는 일은 불안하다. 실시간으로 들을 때는 더욱 그렇다. 케리는 내가 탁자 맞은편에 앉아 있는 가운데 배우처럼 크게 원고를 읽기 시작했다. 문득 나는 이 자리가 기대만큼 재미있지는 않을 것 같다는 사실을 깨달았다.

그는 한 문단을 읽고 나서 잠시 생각하더니 "형편없군"이라고 말했다. 뒤이어 그 문단의 다양한 결함을 자세히 설명했다. 그는 다시 두어 문장을 읽더니 "내 생각은 달라. 이 말이 맞는지도 모르겠어"라고 말했다. 이후 90분에 걸쳐 그는 내가 그 자리에 없는 것처럼 나의 글을 갈가리 찢어놓았다. 그동안 나는 열심히 필기하면서 피드백을 흡수할 수 있을 만큼 평정심을 유지하려 애썼다. 그가 하는 말들은 유익했지만 그래도 아팠다. 그것은 팔에 맞는 주사와는 달랐다. 마치 나의 영웅에게 두들겨 맞는 느낌이었다. 케리는 말을 끝낸 후 나를 올려다보며 반응을 살폈다. 그때까지 그는 자신의 앞에 있는 쪽에만 집중했다. 하지만 이제는 자신의 피드백이 유익했는지 확인하려고 진지한 표정으로 내 얼굴을 들여다보았다.

나는 불쑥 "너무너무 고통스러워요"라고 말했다. 그는 장난기 어린 미소를 지었다. 나는 재차 강조하기 위해 "솔직히 이보다 나쁜 경우라면 당신이 원고를 찢는 동안 발가벗은 채 탁자 위에 서 있는 것뿐이에요. 전에는 '글을 잘 쓰네'라고 했잖아요"라고 말했다. 그는 한결 부드러운 표정으로 이렇게 설명했다. "그 말은 진심이었어. 내가 가장 엄격한 피드백을 주는 이유는 자네가 쓴 글이 정말 좋고 그럴 만한 가치가 있기 때문이야."

결과적으로 나는 무너진 것이 아니라 단단해진 느낌을 받으며 그의 사무실을 떠났다. 나는 애초에 잘못된 마인드셋으로 그를 찾아왔다는 사실을 깨달았다. 나는 겉으로는 피드백을 구하는 것처럼 굴었다. 하지만 실은 추가로 두어 개의 조언과 함께 다시 칭찬을 듣고 싶었을 뿐이었다. 다행히 나의 현명한 멘토는 그보다 귀중한 교정과 지침을 제공했다. 이 훌륭한 사상가이자 저술가가 내게 투자를 한 것이다.

사무실로 돌아온 나는 피드백을 검토한 후 퇴고에 들어갔다. 나는 그가 검토한 구체적인 단락뿐 아니라 모든 부분에 그의 통찰을 적용했다. 책이 출판된 후 나는 케리에게 편지를 써서 나의 글을 신랄하게 비판할 만큼(전혀 봐주는 일 없이) 나를 믿어줘서 고맙다고 말했다. 그는 이 편지를 액자에 넣어서 사무실에 걸어두었다. 이런 영예를 얻은 것은 나의 편지가 유일한 듯하다.

케리는 나에게 피드백을 준 것이 아니었다. 그는 나의 글을 비평했다.

자신과 일을 분리하면 일을 더 잘할 수 있다. 사람이 아니라 일에 초점을 맞추면 방어막을 낮춰서 더 많은 정보가 들어오게 만들 수 있다. 일을 개선하기 위해 자신을 개입시키지 말아야 하는 곳은 어디인가? 더 빨리 성장하고 싶다면 자신의 가치를 믿고 일에 초점을 맞춰라. 피드백에 보다 객관적인 태도를 취하면 학습 기계가 된다. 또한 자주 지침을 요청하면 지속적인 접촉과 조율을 통해 자동 조율 절차를 구축하게 된다.

방어적인 태도는 비판에 대한 자연스러운, 기본적인 반응이다. 교정에 대한 수용성을 높이는 방법은 무엇일까? 당신이 지침에 열려 있으며, 기꺼이 따를 것임을 다른 사람들이 알게 할 방법은 무엇일까? 방어적인 자세에서 공격적인 전략으로 전환할 방법은 무엇일까?

습관 2: 접근법을 조정하라

날씨가 흐린 밤에 항해하는 전함에 대한 오랜 이야기가 있다. 함장은 어두운 밤바다를 살피다가 멀리 있는 불빛을 보았다. 그는 즉시 신호수에게 상대 함선에 "남향 10도로 변침 요망"이라는 메시지를 보내라고 말했다. 그는 즉각 "북향 10도로 변침 요망"이라는 답신을 받았다. 선장은 분노하며 고집 센 상대 지휘관에게 다시 "남향 10도로 변침 요망"이라고 메시지를 보냈다. 이번에도 "북향 10도로 변침 요망"이라는 답신이 왔다. 함장은 "남향 10도로 변침 요망. 본선은 전함임"이라고 최후의 메시지를 보냈다. 그러자 "북향 10도로 변침 요망. 여기는 등대임"이라는 답신이 돌아왔다.

이 대화는 해운사에 실제로 기록된 적이 없다. 그러나 비슷한 대화가 매일 직장에서 이뤄진다. 한쪽이 분명한 항로를 정하고 그에 따라 항해한다. 또 다른 쪽은 상황을 다르게 보며, 이제 양쪽은 충돌할 지경이다. 누가 항로를 바꿔야 할까?

딥 슈레스타는 세일즈포스 기술 서비스팀의 수석 프로그래머다. 부서장인 마커스 그로프는 그에 대해 "추진력이 넘쳐요. 기쁜 마음으로 난관에 대처하고 자긍심으로 일을 하죠. 두려움이 없습니다"라고 말했다.

경력 초반에 딥의 두려움 없는 열정은 가끔 동료들과 충돌을 초래했다. 그는 불혼Bullhorn(확성기라는 뜻으로, 우연스럽지만 적절한 이름)이라는 소프트웨어 회사에서 프로그래머로 경력을 시작했다. 그는 일상 업무로서 고객 서비스팀으로부터 지원 요청을 받았다. 대개 그는 고객의 문제를 검토하고 잘못된 부분을 찾아서 코드를 고쳤다. 그러나 가끔 서비스 담당 직원이 혼란스럽거나 근거 없는 요청을 할 때가 있었다. 한번은 심하게 엉터리 같은 서비스 요청을 받고는 너무나 짜증이 났다. 그는 위층에 있는 고객 지원부로 가서 담당 지원 애널리스트를 찾아서 문제를 제기했다. 그리고 그 요청이 얼마나 어리석은지 알려주었다. 고객 지원부의 부장은 딥의 상사에게 전화를 걸어 딥이 무례한 짓을 저질렀다고 말했다. 딥은 뒤늦게 "그 사람이 조금 멍청하다는 식으로 말했던 것 같아요"라고 인정했다. 딥은 3개월이 지나서야 이메일로 사과했다.

딥은 세일즈포스가 작은 소프트웨어 회사인 불혼을 인수했을 때 사실상 제품의 설계자였다. 그는 설계 작업을 잘한 것을 크게 자랑스러워했다. 이제 딥은 세일즈포스의 일원이 됐다. 그는 설계한 제품을 세일즈포스의 제품군으로 통합하고 거기에 속한 다른 모든 제품과 원활하게 호환되도록 만들어야 했다. 다양한 제품 설계자들이 모여서 고객의 구매 거래를 집단적으로 처리하는 방법을 결정하기 위해 회의를 열었다. 구체적으로는 고객이 데이터베이스에 로그인하는 방법을 결정해야 했다. 딥은 생각해 두었던 간단하지만 효과적인 설계를 제시했다. 그러나 참석자들은 그의 제안에 반박하면서 불완전한 거래나 서버 장애 같은 최악의 상황을 처리하는 데 한계가 있다고 지적했다. 또 다른 설계자는 훨씬 복잡한 설계를 추천했다. 딥은 그 설계가 지나치게 복잡하고 과도해서 자원 낭비에 불과하다고 생각했다. 그는 계속 더 간단한 설계를 주장했다. 그러나 다른 참석자들은 그의 설계가 장점을 지닌다고 확신하지 못했다. 딥도 다른 설계가 장점을 지닌다고 확신하지 못했다. 결국 회의는 교착상태가 됐다.

딥은 짜증스럽게, 방어적인 태도로, 비판적 피드백에 상처를 받은 채 회의장을 나왔다. 그의 아이디어가 반려된 것이 그때가 처음은 아니었다. 그는 몇 년 전에 피드백에 너무 빨리 반응하는 것은 실수라는 사실을 배웠다. 그것은 위층으로 올라가서 아무것도 모르는 지원 애널리스트에게 화를 내는 것과 비슷했다. 그래서 그는 그런 상황에서 해야 한다고 배운 일을 했다. 바로 산책이었다. 그는 산책이 머리를 비우고, 그의 표현으로는 마음(차분하게 귀를 기울이고 배울 수 있는 부분)을 찾을 완충 공간을 만드는 데 도움이 된다는 사실을 알게 됐다.

딥은 분노하며 산책에 나섰지만 맑은 머리로 사무실로 돌아왔다. 그는 동료들의 입장이 되고, 그들의 관점에서 사안을 바라보면서 공감을 통해 문제를 재검토했다. 그는 그들의 논리에 몰입하고 최선의 의도를 가정하면서 이렇게 자문했다. "그들에게 필요하지만 내게서 얻지 못한 것은 무엇일까?"

딥은 자신이 사용자 경험이라는 핵심 요소를 놓쳤음을 깨달았다. 구매 거래가 실패했는데도 시스템에 거래 상태를 분명하게 알릴 데이터가 존재하지 않는다면 사용자들이 어떻게 반응할까? 거래를 취소하기 전에 청구가 되었을지 궁금해하지 않을까? 그는 모든 측면을 살핀 후 동료들의 접근법에 동의하고 자신의 제품 설계를 바꾸었다.

딥은 "배움의 경험이었습니다. 다른 접근법을 취한 덕분에 제품의 회복 탄력성이 강화되었어요"라고 회고했다. 회복 탄력성이 강화된 것은 딥도 마찬가지였다. 이제 동료들은 그를 대단히 협력적이고 "다른 팀원의 아이디어를 자신의 것처럼 열성적으로 추진한다"라고 평가한다. 대다수 직장인은 애초의 경로에 머물려는 경향을 지닌다. 반면 가장 가치 있는 직장인은 필요에 따라 기꺼이 접근법을 조정한다.

기존 업무 방식을 버려라

리더십 전문가인 존 맥스웰은 변화는 불가피하지만 성장은 조건부라고 말한 적이 있다. 우리는 관리자들과 인터뷰를 하면서 전형적 기여자들이 유능하지만 변화를 수용하려는 의지가 부족하다는 말을 자주 들었다. 한 관리자는 "앞으로 나아가게 하려면 억지로 끌어당겨야 해요"라고 말했다. 다른 관리자는 "제가 원하는 일을 시키려면 힘들게 설득해야 합니다. 정말 피곤해요. 일대일로 만나는 게 두려울 지경이에요"라고 말했다. 그들이 말하는 직원은 똑똑하고 유능했다. 그러나 기존 루틴을 버리고 이미 획득한 기술과 아이디어를 넘어서는 데 애를 먹었다.

반면 임팩트 플레이어는 꾸준한 적응력을 발휘한다. 이는 4장에서 살핀 성과 보장의 5대 요소 중 하나다.

기존 업무 방식을 버리려면 때로 휴식을 취하고, 재설정 버튼을 누르고, 다시 시작하는 것이 필요하다. 산책을 하는 딥 슈레스타의 관행은 이런 유형의 재설정을 제공할 수 있다. 그는 모든 산책이 말 그대로 걷는 일을 수반하지는 않는다며 "그냥 잠깐 동안 일 생각을 하지 않기 위해 뭔가를 합니다"라고 말했다. 방법은 무엇이든 상관없다. 중요한 것은 오랜 생각과 감정적 반응을 떠나보내기 위한 분리를 이루는 일이다. 딥은 "목표는 상황에 반응하는 속도를 늦추는 한편 평정심을 찾고 객관적으로 생각할 수 있도록 완충 공간을 만드는 겁니다"라고 말했다. 내가 이 관행에 이름을 붙여달라고 요청하자, 딥은 잠시 생각하더니 "재설정 산책"이라고 대답했다.

재설정을 하면 올바른 마음의 상태를 찾을 수 있다. 상황을 명확하게 보기 전에는 경로를 바꿀 수 없다.

접근법을 미세 조정하라

비즈니스의 세계는 재발명, 혁신, 전환에 매료된다. 그러나 큰 변화를 이루는 일에는 위험이 따른다. 갑작스러운 행동 변화는 작위적으로 비치거나, 경로를 더 멀리 벗어나게 만들 수 있다. 큰 변화를 이루기 전에 올바른 방향으로 나아가는 일련의 작은 조정을 통해 접근법을 미세 조정하라.

어도비의 전 인사 책임자 조너선 모디카는 이 방향 전환 능력을 모범적으로 보여준다. 그는 고위 비즈니스 리더 두 명을 위해 새로운 프로그램을 개발하는 중요한 프로젝트를 맡았다. 그는 "먼저 몇 가지 가설을 제시하겠습니다"라는 말로 대화의 방향을 잡으며 회의를 시작했다. 한 임원이 그의 아이디어에 반박했다. 그래도 그는 방어적인 태도를 취하거나 과도하게 반응하지 않았다. 대신 말을 멈추고 뒤로 몸을 기대면서 "저와 어떻게 관점이 다른지 제가 이해하도록 도와주십시오"라고 말했다. 그는 사안과 목적을 명료하게 밝혀서 이해에 도움을 주는 일련의 질문을 던졌다. 회의가 끝난 후 조너선은 피드백을 받아들이고 가장 잘 맞는 접근법을 발견할 때까지 각 제안을 시험하기 시작했다. 그는 두 명의 임원에게 대단히 강한 인상을 남겼다. 나중에 그들이 그의 상사에게 "언제 조너선과 다른 프로젝트를 진행하게 되나요?"라고 물을 정도였다.

조너선은 과도하게 반응하거나 조정하지 않았다. 새로운 피드백을 받아들일 때 "표적에 더 가까이 다가가고, 눈에 띄는 차이를 만들 수 있는 가장 작은 변화는 무엇인가?"라고 자문하면 과도한 조정을 피할 수 있다. 피터 심스가《리틀 벳》에 쓴 것처럼 "작은 성공을 거두고 나면 또 다른 작은 성공을 거두기 유리한 방향으로 힘이 작용한다." 일련의 작은 조정은 추진력을 쌓고, 중대한 재난을 피하는 데 도움을 준다.

실수를 인정하고 만회하라

누구인지 모르겠지만 "빠르게 실패하고, 실수하고, 배워라"라고 말한 사람은 아마 그 사례로 웨딩드레스를 고려하지는 않았을 것이다.

나는 17세 때 한 웨딩드레스 매장에 수선 재봉사로 채용됐다. 나는 어린 시절부터 바느질을 했고, 무도회 가운과 턱시도를 만들었으며, 재봉틀을 두려워하지 않았다. 대부분의 수선 작업은 아주 간단했다. 그러나 체구가 작은 55사이즈의 케이시가 77사이즈의 샘플 드레스와 사랑에 빠졌을 때 나의 기술은 시험대에 올랐다. 나는 드레스를 해체해 완전히 새로 만들었다. 새 드레스는 완벽하게 맞아서 그녀와 나에게 기쁨을 안겼다.

케이시가 결혼식 4일 전에 드레스를 가지러 왔을 때 큰 실수가 나오고 말았다. 점장은 내게 마지막으로 다림질을 하라고 시켰다. 나는 내가 수선한 드레스를 다림질해야 한다는 사실을 알았다. 하지만 나는 다림질이 싫었다. 땀을 흘려야 하는 일이었고, 나의 기술 수준에 맞지 않는 일이라고 생각했다. 하지만 지시받은 일이니 마지못해 다리미를 켜고 다림질을 시작했다. 그런데 다리미를 몸통 부분에 올리자마자 폴리에스터 천과 레이스 덮개가 쪼그라들기 시작했다. 나는 경악하며 재빨리 다리미를 뗐다. 그러나 몸통 부분에 이미 구멍이 생기고 말았다! 숨이 멎는 것 같았다. 내 눈은 내 손이 방금 웨딩드레스뿐 아니라 4일 후에 결혼할 신부에게 한 짓을 파악하려고 애썼다. 어떻게 이런 짓을 할 수 있지?

너무나 엄청난 실수여서 다리미가 갑자기 이상해졌다는 식의 이야기를 꾸며내고 싶은 유혹이 생길 수도 있었다. 하지만 그것은 전적으로 나의 잘못이었고, 덮을 방법이 없었다. 나는 예비 신부가 기다리고 있는 매장으로 걸어갔다. 나는 그녀에게 인사한 후 있는 그대로 "케이시, 방금 웨딩드레스 앞부분에 큰 구멍을 내고 말았어요. 정말 심하게 망가졌어요. 하지만 제가 고칠게요. 이틀 후에는 다시 완벽해질 거예요"라고 말했다. 예상대로 케이시는 경악했다. 하지만 더 놀랍게도 그녀는 고함을 지르거나 울지 않았다(충분히 그럴 만했지만). 그녀는 나의 계획을 듣고는 드레스를 고칠 나의 능력을 믿는다고 말했다.

다음 날 방과 후 나는 도시 맞은편으로 차를 몰고 가서 똑같은 소재의 천을 산 다음 타버린 몸통 덮개를 다시 만들었다. 그리고 이번에는 소박한 작업에 자긍심을 느끼면서 조심스레 다림질을 했다. 이틀 후 케이시는 드레스를 찾으러 왔다. 그녀는 내게 칭찬 세례를 퍼부었다. 그러나 그 공은 나의 것이 아니라 그녀의 것이었다. 내가 망쳤던 드레스와 참을성 있는 신부는 실수를 잘 만회하는 방법에 대한 몇 가지 비밀을 가르쳐주었다. 거기에 따르면 최선의 접근법은 바로 실수를 인정하고, 완전한 주인 의식을 가지고, 신속하고 온전하게 바로잡은 다음 약간 더 많은 일을 하는 것이다.

실수를 인정하고 신속하게 만회하는 것은 임팩트 플레이어와 미달 기여자를 나누는 상위 10개 차별화 요소 중 하나다.[12] 자신이 틀렸다고 인정하는 일은 쉽지 않다. 그러나 성장의 렌즈로 바라보면 더 쉽게 할 수 있다. 고정형 마인드셋에 따르면 실수는 실패이자 자신의 한계에 직면하는 것이다. 반면 성장형 마인드셋에 따르면 실수는 제품을 개선하고, 관계를 회복하고, 궁극적으로 자신 또는 주위 사람에 대한 신뢰를 회복하는 기회다.

한 유명한 생체공학 교수가 몇 가지 의문스러운 결론을 담은 논문을 썼다. 그러자 의료 전문가들은 인터넷에서 소란을 일으키며 그의 오류를 바로잡았다. 그 교수는 자신의 주장을 정당화하는 대신 트위터에 이렇게 즉각 잘못을 인정하는 글을 올렸다. "제가 틀렸습니다. 건설적 비판을 해준 모든 분께 감사드립니다." 실수를 저질렀을 때 아래와 같은 절차가 신뢰를 회복하는 데 도움을 줄 것이다.

- **간극을 인식하라:** 여러 사람이 한목소리로 비판적 피드백을 통해 경로를 바꾸라고 말할 때 실수를 인식할 수 있다. 그러나 상황을 오판하거나 부적절하게 행동했을 때 아무 말도 듣지 못하는 경우가 많다. 이런 잘못을 인식하는 유일한 방법은 분명한 진실을 말해줄 사람에게 묻는 것이다.
- **실수를 인정하라:** 실수를 숨기거나 축소하면 사람들이 우리의 능력과 현실 인식을 의심하게 된다. 반면 잘못을 솔직하게 털어놓으면 대화의 초점이 책망과 은닉에서 만회로 옮겨 간다. 또한 실수를 바로 인정하면 다른 사람들도 편하게 잘못을 인정하게 된다.
- **빠르게 문제를 바로잡아라:** 수많은 연구는 갑작스러운 문제를 신속하게, 잘 해결하면 실제로 고객 만족도가 높아진다는 사실을 보여준다. 실수를 인정하는 데서 그치지 말고 빠르고 완전하게 바로잡아라.
- **전체 문제를 해결하라:** 모든 직무는 내키지 않는 낮은 수준의 작업을 수반한다. 프리마 돈나는 화려한 일만 골라서 한다(그리고 다른 사람들이 메워야 하는 구멍을 남긴다). 반면 가장 가치 있는 직장인은 천장

에서 바닥까지 전체 문제를 해결한다. 전체 직무를 처리하는 사람은 나중에 더 큰 직무를 맡는다.

실수를 인정하는 일은 문제가 생기지 않도록 막아줄 뿐 아니라 자기 인식을 유지하고 다른 사람들에 대한 파급력을 이해하도록 해준다. 노벨경제학상 수상자 폴 크루그먼은 이렇게 썼다.

── 모두가 나쁜 예측을 한다. 나도 분명히 그랬다. 하지만 계속 틀리다 보면, 특히 같은 방향으로 계속 틀리다 보면 일종의 자기 성찰을 하게 되고, 실수로부터 배우게 된다. 내가 왜 틀렸을까? 논리와 증거를 따르기보다 나의 예측이 맞기를 바라면서 동기화된 추론에 빠진 걸까? 다만 이렇게 자기 성찰을 할 때 애초에 자신이 틀렸다는 사실을 기꺼이 인정해야 한다.[13]

일찌감치 실수를 인정하고 빠르게 바로잡으면 사람들은 우리가 배우고 있으며, 자신의 피드백이 좋은 투자라는 사실을 알게 된다.

습관 3: 고리를 닫아라

브레이든 행콕은 유망한 실리콘밸리 스타트업으로서 스탠퍼드대학교 컴퓨터공학과의 명망 높은 연구실에서 파생된 머신러닝 회사 스노클 AI의 공동 창업자이자 기술 책임자다. 브레이든의 이력은 특히 젊은 직장인으로서는 엄청나게 인상적이다. 그는 공군연구소, 구글, 페이스

북에서 인턴을 했고, 존스홉킨스대학교와 MIT, 스탠퍼드대학교에서 연구 조교를 했으며, 기계공학 학사 학위와 컴퓨터공학 박사 학위를 땄다.

사람들은 브레이든이 어떻게 이런 일련의 성취를 이뤘는지 궁금해한다. 물론 그는 정말로 똑똑하고 대단히 부지런하다. 또한 그는 참으로 겸손하고 다정하다. 그러니까 속마음까지 진실되게 다정하다. 그러나 지능과 노력, 그리고 호감이 전부는 아니다. 브레이든이 많은 성취를 이루는 이유는 동료들보다 많이 지침을 추구하고, 관리자와 멘토들이 그에게 투자하기 때문이다. 왜 그런지 보자.

브레이든은 어렸을 때 기계공학자가 되어 첨단 연구를 하고 싶어 했다. 운 좋게도 공군연구소가 그의 고향인 오하이오주 데이턴에 있었다. 그는 거기서 인턴을 했다. 그는 그냥 출근해서 맡은 일만 하지 않았다. 상사이자 열정적인 연구자인 존 클라크에게 더 많은 일을 시켜달라고 요구했다. 존이 극도로 어려운 일을 맡겨도 연구소에 있는 세계적인 수준의 도서관으로 가서 공부했다. 클라크 박사는 "이 연구소에서 수십 년 동안 일했지만 도서관에 한 번도 가본 적 없는 과학자도 있어요"라고 말했다.

브레이든은 대학교 1학년을 마치고 다시 클라크 박사 밑에서 일했다. 그는 대학원 장학금을 탈 수 있도록 힘든 프로젝트를 맡겨달라고 요청했다. 클라크 박사는 음속 장벽을 넘어서 비행할 때 제트엔진 내부에서 발생하는 충격파의 강도를 줄이는 문제를 맡겼다. 이는 대개 대학원생에게 맡겨지는 프로젝트였다. 클라크 박사는 문제를 정의하고 지침을 제공했다. 뒤이어 브레이든은 혼자서 문제를 해결하는 일에 나섰다. 그는 더 알아야 할 것이 있을 때마다 도서관으로 향했다. 막다른 골목에 부딪히면 클라크 박사에게 돌아가 질문했다.

브레이든은 이 프로젝트를 유수의 과학 연구 경진 대회에 제출했다. 심사 위원장은 대학교 1학년인 브레이든이 수상자라고 발표했다. 그는 눈에 눈물이 맺힌 채로 "학교에서 배운 것을 토대로 이룰 수 있었던 것보다 훨씬 많은 것을 이뤘다"라고 설명했다. 브레이든은 계속 클라크 박사와 연락하면서 인턴 경험과 프로젝트들이 어떻게 새로운 기회로 이어졌는지 멘토에게 알렸다.

브레이든은 컴퓨터 프로그래밍 경험이 많지 않았다. 그럼에도 나중에 존스홉킨스에서 인턴 자리를 얻었다. 그는 컴퓨터공학과 부교수인 마크 드레제의 지시를 받아 일했다. 브레이든은 이전에 온라인 프로그래밍 코스를 이수했다. 그래서 바로 일을 시작할 수 있었다. 그는 연구소에서 자연어 처리 기술을 활용해 소셜 미디어를 분석하는 일을 했다. 그 목적은 총기 규제 같은 보건 이슈에 대한 대중적 정서의 변화를 살피는 것이었다. 그는 지시를 바랐고, 문제를 해결했으며, 정체되었을 때 구체적인 지침을 요청했다. 또한 진전을 이루고 나면 다음 단계에 대한 동의를 얻었다. 이 인턴 일은 경력을 쌓을 새로운 길을 열어주었다. 그 길은 스탠퍼드대학교 컴퓨터공학과의 박사과정으로 이어졌다. 브레이든은 단계마다 드레제 박사에게 지침과 멘토링이 자신을 어디로 이끌었는지 알렸다.

브레이든은 박사과정을 밟을 때 조언자를 찾았다. 그는 스타 교수이자 기술 창업자인 크리스 레를 재빨리 찾아냈다. 레 박사는 모든 대학원생에게 했던 조언을 브레이든에게도 했다. 바로 연구소 구성원들이 프로젝트를 논의하는 주간 오찬에 참석해 이야기를 들어보고, 자신에게 맞는 프로젝트를 찾으라는 것이었다. 일부 대학원생은 오찬에 참석했지만 프로젝트를 맡지 못해서 실망했다. 다른 대학원생은 기존 관심사와 기술에 맞는 프로젝트에서 자신이 맡을 역할을 찾았다. 브레이든의 방법론은 달랐다. 그는 레 박사가 대학원 2학년생인 알렉스 래트너에게 많이 의존한다는 사실을 알았다. 그래서 알렉스를 돕겠다고 제안했다. 그는 언제나 하던 일을 했다. 즉, 첫 번째 문제를 신속하게 해결하고, 다음 단계를 위한 아이디어를 제안하며, 정체되었을 때 지침을 요청해 실행한 다음 결과를 알렸다. 이렇게 두어 번의 주기가 지난 후 그는 레 박사의 연구실에서 가장 인기 있는 프로젝트에 참여하게 됐다. 그것은 나중에 스노클의 토대가 될 기술을 개발하는 프로젝트였다. 브레이든(일명 행콕 박사)은 현재 레 박사, 래트너 박사와 같이 일한다.

이 엔지니어 겸 창업자가 기회를 얻고 극대화하는 방식에는 패턴이 있다. 그는 대단한 일을 하는 사람을 찾은 다음 그들이 흥분하는 프로젝트에 참여한다. 그는 숙제를 하고, 문제를 풀며, 추가로 더 일한다. 그는 꾸준히 고리를 닫는다. 즉, 상사에게 일이 마무리되었으며, 그들의 조언이 어떤 결실을 맺었는지 알린다. 이는 목적성과 진정성을 지닌 기여 방식으로서 다른 사람들이 가진 멘토링 유전자를 활성화하고, 투자 주기를 촉발한다. 브레이든이 파급력을 발휘하면 멘토는 또 다른 투자를 했다.

드레제 박사는 학생들이 성장하는 모습을 지켜보는 일이 너무나 만족스럽다며 이렇게 말했다. "근래에 한 온라인 세미나에 참석했는데

스노클이 언급되었어요. 저는 바로 대화에 뛰어들어서 브레이든 행콕이 제 제자였다고 말했죠!" 또한 클라크 박사는 "브레이든은 아주 좋은 사람이에요. 그래서 잘되기를 바랍니다. 착한 사람이 항상 성공하는 건 아니지만 브레이든은 성공했어요. 앞으로도 계속 성공했으면 좋겠어요"라고 말했다. 그는 "브레이든은 기회를 낭비하는 사람이 아니에요. 기회를 줄 만한 사람입니다"라고 말을 이었다.

관리자들은 사람에게 투자할 의향을 가지고 있다. 다만 그들은 블랙박스가 아니라 폐쇄 회로 시스템에 투자하고 싶어 한다. 그들에게 지침을 구한 후 고리를 닫으면 당신에 대한 그들의 투자가 결실을 맺었음을 알릴 수 있다.

브레이든은 분명 좋은 학벌과 기회에 대한 접근권을 가지고 직장에 입문했다. 그러나 그의 자세는 그를 더 멀리 데려갔다. 어디서 출발하든 고리를 닫는 일은 당신도 더 멀리 데려갈 수 있다.

빠지기 쉬운 함정

임팩트 플레이어는 변화의 풍향에 적응한다. 반면 기여자 마인드셋으로 일하는 직장인은 안정성을 추구하며, 몸을 웅크린다. 이런 태도는 이전에 통했던 방식대로 계속 일하게 만든다. 한 관리자가 말한 대로 이는 배우는 사람과 아는 사람의 차이다. 우리는 불안정하고, 불안한 환경을 멀리하고 불편한 정보를 무시한다. 또한 고객 주도 혁신, 신기술, 조직 개편, 뜻밖의 새로운 직무, 360도 피드백 같은 것을 꺼리게 된다. 극단적인 경우에는 절실하게 필요한 교정적 지침을 줄 수 있는 사람을 피하기 시작한다. 상사가 주는 피드백이 너무나 싫었던 어느 SAP 직원이 그런 사례다. 그녀는 상사가 나오는 날에는 아예 사무실에 발을 들이지 않았다.

불편한 상황을 피하는 경향은 고정형 마인드셋을 반영한다. 이는 '나의 기본 역량은 고정되어 있으며, 크게 바뀌지 않는다'라는 믿음이다.[14] 고정형 마인드셋을 가지면 똑똑하게 보이고, 멍청하게 보이지 않으려고 최선을 다하는 것이 목표가 된다. 이런 자세는 똑똑하고 유능한 사람이 자신이 가장 잘 아는 것만 고수하거나 궁지에 몰렸을 때 자신이 가장 잘 안다고 주장하게 만든다. 일을 잘하는 모습을 보이고 싶다는 이 욕구는 피드백에 대한 아주 다른 2가지 태도로 이어진다. 하나는 회피고, 다른 하나는 집착이다. 이 두 극단은 모두 함정 요소, 즉 도움이 되는 것처럼 보이지만 실은 기여의 가치를 갉아먹는 관행을 포함한다.

○ **강점 고수** ┃ "관용의 대상이 아니라 축하의 대상이 되는 곳으로 가라"라는 말은 경력을 위한 좋은 조언으로 보인다. 모두가 자신의 고유한 강점이 드러나고 인정받는 곳에서 일하는 것을 즐긴다. 비판과 교정에 시달리기보다 긍정적인 피드백을 누리는 편이 분명 더 즐겁다. 하지만 박수만 좇으면 현실에서 멀어지고, 우리의 약점을 노출하는 상황을 회피하게 된다. 자신의 강점만 살리려 들면 이길 수 있을지 확신할 수 없는 경기를 뛰지 않게 된다. 심지어 자신에게 유리하도록 경기를 조작할 수도 있다. 골대를 말 그대로 몇 센티미터 옮겨서 상대가

골을 넣기 힘들게 만들었던 스웨덴 골키퍼처럼 말이다.[15]

리더는 당연히 팀원의 타고난 천재성을 찾아내고 활용해야 한다. 그러나 자신의 강점만 살리려는 것은 성장할 능력을 제한한다. 끊임없이 변하는 환경에서 우리 모두는 계속 성장해야 한다. 진정한 강점은 적응하고 조정하는 능력이라고 가정할 때 가장 가치 있는 기여가 이뤄진다.

○ **능력 있는 척 하기** | 끊임없는 변화의 속도를 따라잡느라 애를 먹을 때 능력 있는 척 꾸미고 싶을 수 있다. 이 경우 상황을 통제하고 있다는 인상을 주고 싶어서 가식적 표정으로 일하게 된다. 올바른 말을 하고, 최신 용어를 쓰고, 자신이 무엇을 하고 있는지 아는 것처럼 행동한다. 나도 사실 모르면서 고개를 끄덕이며 내가 무엇을 하는지 아는 것처럼 행동한 적이 있다. 그러나 이처럼 속일 때까지 꾸미는 고전적인 전략은 문제가 있다. 처음에는 자신감을 촉발할지 모르지만 학습을 저해하고, 다른 사람들이 자신에게 필요한 코칭을 하지 않게 만든다. 가짜 미소나 가짜 위세는 피드백 장벽을 만들어서 지침이 필요 없다는 잘못된 인상을 준다.

자신감을 꾸며내려 애쓰지 말고 힘든 상황을 명확하게 이해하고 있음을 보여주고, 코칭을 받겠다는 의지를 드러내라. 난관의 규모와 당신이 메워야 하는 간극을 인정하는 일은 실제로는 당신에 대한 회사 사람들의 신뢰도를 높인다. 또한 당신이 아직 모르지만 배우고자 하는 것을 인정하는 일은 경기를 치르는 데 필요한 피드백과 코칭을 위한 문을 열어준다.

○ **과도한 피드백 요청 |** 그렇다면 정반대로 옮겨 가서 끊임없이 피드백을 요청하고, 상사에게 "제가 어떻게 하고 있나요?"라고 계속 물으면 어떻게 될까? 이 경우 피드백에 대한 의존이 심해져서 반응을 확인하려는 욕구가 집착에 가까워진다. 과도하게 피드백을 구하는 접근법의 문제점은 "이 일이 표적을 맞히고 있나요?"가 아니라 "제가 어떻게 하고 있나요?"처럼 대개 개인적이라는 것이다. 회사 사람들에게 이는 피드백에 대한 요청이라기보다 인정에 대한 간청처럼 보인다. 이렇게 자기만 생각하는 접근법은 관리자를 피곤하게 만든다. 모두의 일을 이끄는 것이 아니라 한 사람의 자존심을 채워줘야 하기 때문이다.

이보다 나은 접근법은 주기적으로 일에 대한 피드백을 받는 것이다. 즉, 관심을 가져달라고 특별히 요청하는 것이 아니라 업무 절차의 자연스러운 부산물로 피드백을 받아야 한다. 또한 상사에게만 피드백을 요청하지 마라. 상사는 정보의 원천 중 하나일 뿐이다. 복수의 관점에서 지침을 얻어라. 가장 중요하게는 성과에 대한 피드백이 아니라 일을 더 잘하는 데 도움이 될 정보와 통찰을 요청하라.

파급력 배가하기

우리가 진행한 인터뷰에서 관리자 10여 명은 직원들이 문제를 바꾸거나 바로잡지 않는다고 하소연했다. 그러나 인터뷰 후반에는 해당 직원과 그 문제에 대해 이야기를 나눈 적이 없다고 인정했다. 왜 그들은 이 중요한 정보를 알리는 일을 보류할까? 피드백을 제공하는 일이 너무 짜증스러우면 그냥 멈춰버리기 때문이다. 문제는 대다수 플레이어가 피드백을 요청하지 않는 게 아니라 받지 못하는 것이다.

교정을 받지 못하면 개인의 성장뿐 아니라 변화할 수 있는 조직의 능력도 제한된다. 조직 내에서 피드백이 아니라 인정을 바라는 것이 관행이 되면, 그런 문화가 조직 자체의 변신 노력을 저해한다. 조직의 야심은 "우리가 일을 잘하고 있어요!"라고 외치는 내부의 홍보 활동에 잠식당한다. 간단히 말해서 자신이 아는 것에만 매달리면 정체된다. 개인과 전체 조직은 성장을 제한하는 격벽에 갇히게 된다.

반면 임팩트 플레이어의 경우 약간의 코칭이 큰 역할을 한다. 그들은 피드백을 요청하고 실행한다. 그래서 표적을 맞히며, 올바른 일을 하는 데 도움이 되는 지침을 꾸준히 받는다. 보다 혁신적인 접근법을 개발하며, 새롭고 모호한 환경에 적응한다. 그들이 일하는 방식은 자신이 뛰는 경기의 수준을 높일 뿐 아니라 팀에 속한 다른 모든 사람에 대한 기준을 높인다. 이 주제는 8장에서 자세히 살필 것이다.

제이슨 로버즈 주니어는 활발한 연기 경력에서 얻은 교훈을 회고하면서 "우리는 매일 성장할 수도 있고, 아닐 수도 있어요… 우리는 언제나 다른 사람입니다"라고 말했다.[16] 최고의 기여자와 변화를 일으키는 사람은 계속 변하고, 적응한다.

결승선은 종착점이 아니라 분기점, 새로운 길로 접어드는 통로다. 미셸 오바마는 회고록의 제목인 《비커밍》에 이 진실을 담아냈다. 그녀는 책의 마지막 부분에 이렇게 썼다. "나는 아직 나아가는 중이며, 앞으로도 항상 나아가기를 바란다. 내게 '되어감becoming'은 어딘가에 도

임팩트 플레이어	조직		⁓ 임팩트 플레이어 ⁓	
하는 것	얻는 것	하는 것	얻는 것	이제 할 수 있는 것
지침과 피드백을 요청하고 실행한다.	표적을 맞히는 성과와 코칭 투자에 대한 높은 수익률	임팩트 플레이어에게 재투자한다.	지속적인 지침과 재투자	모호성 속에서 적응하고 성공한다

임팩트 플레이어	조직		⁓ 임팩트 플레이어 ⁓	
하는 것	얻는 것	하는 것	얻는 것	이제 할 수 있는 것
피드백과 교정을 중요한 정보로 해석한다.	학습과 혁신의 문화	기여를 인식하고 기회를 제공한다.	빠르게 배우는 코칭 가능한 플레이어라는 평판	벅찬 과제를 성공시킨다.

달하거나 특정한 목표를 달성하는 것이 아니다. 나는 그것을 앞으로 나아가는 동작, 진화의 수단, 계속 더 나은 자신으로 도달하는 길로 본다…. '되어감'은 더 이룰 성장이 있다는 생각을 결코 버리지 않는 것이다."[17]

우리는 성장하는 동안 종종 속도를 늦추고, 숨을 고르며, 앞으로 나아갈 수 있도록 지금까지 어디에 있었는지 살펴야 한다. 우리는 딥의 사례를 따라 재설정 산책을 해야 할지도 모른다. 어디에서 당신이 아는 것을 버리고 믿음을 진화시켜야 할까? 어디에서 항상 통하던 방식을 버리고 지금의 현실에서 더 잘 통할 접근법을 발굴해야 할까?

때로는 아주 작은 조정이 경로를 유지하는 데 필요한 모든 것이다. 큰 변화를 추구하기보다 작은 변화의 기술을 습득하라. 의견을 구하고 교정을 추구하라. 지침을 요청하고 실행하라. 그리고 가끔 가이드에게 돌아가 그들의 도움 덕분에 당신의 길을 찾았다는 사실을 알려

라. 그러면 그들이 좋은 투자를 했으며, 그들이 뿌린 지혜의 씨앗이 비옥한 땅에 떨어졌다는 사실을 상기시키게 될 것이다.

전략

이 전략은 리더 지망생들이 질문하고 조정하는 데 필요한 가정과 습관을 연습하고 강화하기 위한 팁들을 담고 있다.

스마트 플레이

1. **피드백이 아니라 지침을 요청하라.** 피드백은 개선보다 평가와 연계된다. 그래서 피드백이 아니라 조언이나 지침을 요청할 때 양과 질 측면에서 더 나은 피드백을 얻는 경향이 있다.[18] 당신이 이룬 성과에 대한 피드백을 요청하지 말고 과제를 더 잘 수행하는 데 도움이 되는 정보와 통찰을 요청하라. "X를 정말 잘하고 싶은데 조언을 해주실 수 있나요?"나 "다음에 X를 더 잘하는 데 도움이 될 조언이 있나요?", "제가 더 많이 해야 할 일이 무엇인가요?", "다음에 제가 딱 하나의 일을 다르게 한다면 무엇을 제안하시겠습니까?" 같은 질문을 하라.

2. **걸으면서 털어내라.** 아무리 자신감 넘치는 학습자라고 해도 피드백은 여전히 아프며, 자존심에 상처를 입을 수 있다. 이 경우 운동선수처럼 걸으면서 작은 부상의 아픔을 털어낼 수 있다. 아래의 지침은 피드백을 받는 일과 거기에 반응하는 일 사이에 약간의 공간을

두고, 과잉 반응을 방지하는 데 도움이 된다.

- **재설정 산책을 하라:** 말 그대로 걸으면서 머리를 비워내라.
- **말로 털어내라:** 피드백에 반응하기 전에 친구나 회사 사람에게 당신이 들은 내용을 말하라.
- **긍정적인 의도를 가정하라:** 피드백을 하는 사람이 좋은 의도를 지녔다고 생각하라. 그들이 당신 편이며, 당신이 일을 더 잘하도록 돕고 있다고 가정하라.
- **전열을 정비하라:** 당신이 받은 지침을 처리하고, 계획을 들고 돌아올 시간을 요청하라. 반드시 피드백에 대해 감사를 표하라.
- **솔직하라:** 처음에는 방어적인 반응이 느껴졌다고 인정하라. 그들의 통찰을 이해하고 실행하겠다는 의도를 알려라. 또한 감정이 가라앉고 방어적인 태도가 수그러들자마자 그 통찰을 소화할 것이라고 알려라.

3. **회귀하라.** 당신이 피드백이나 지침을 어떻게 따랐는지 궁금해하도록 놔두지 마라. 전체 효과를 보여주고, 당신에 대한 그들의 투자로 무엇을 했는지 알려라. 다음과 같은 순서로 말하면 고리를 닫을 수 있다. (1) 당신은 제게 이런 지침을 주었습니다, (2) 저는 그 지침을 이렇게 따랐습니다, (3) 그 뒤에 이런 일이 일어났습니다, (4) 이 경험은 저와 다른 사람들에게 이런 이득을 주었습니다, (5) 다음번에 이 계획을 따를 것입니다.

이렇게 고리를 닫으면 당신에 대한 투자가 어떻게 성공을 낳았으며, 당신과 다른 사람들을 위한 혜택을 계속 쌓아갈 것인지 보여줄 수 있다. 그러면 추가로 투자가 이뤄질 가능성이 커진다.

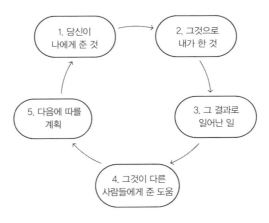

주의 사항

1. **다른 사람들이 편하게 말할 수 있게 하라.** 모든 직위에 속한 사람들은 다른 사람에게 교정적 지침을 주는 일을 불편하게 여길 수 있다. 다음과 같은 방법으로 그들을 안심시켜라.

   - **요청하라:** 당신이 표적을 맞히려면 어디로 빗나갔는지 알아야 한다고 말하라.

   - **들어라:** 방어하거나, 핑계를 대거나, 보복하지 마라. 그냥 경청하고 내용을 이해하기 위한 질문만 하라.

   - **말하라:** 통찰에 대한 고마움을 표하고 당신이 표적을 맞히는 데 어떻게 도움이 될지 말하라.

2. **진전을 알려라.** 먼저 개인적인 피드백의 결과로 어떤 일을 했는지 알려라. 또한 한 걸음 더 나아가 당신이 전반적으로 학습한 내용을 공적 기록으로 만들어라. (1) 당신이 내부 및 외부 고객에게 들은 것, (2) 당신이 수집한 통찰, (3) 그 통찰에 따라 당신이 조정한 내

용을 회사 사람들에게 알려라.

○ **관리자를 위한 코칭 팁:** 8장 끝부분에 나오는 '감독의 전략'에서 팀
원들이 질문하고 조정하는 데 도움을 주는 코칭 팁을 확인할 수
있다.

질문하고 조정하라

이 장은 임팩트 플레이어가 움직이는 표적과 변화에 대한 요청에 대처하는 양상과 그들이 동료들보다 빠르게 적응하고 학습하는 이유를 설명한다.

	기여자 마인드셋	임팩트 플레이어 마인드셋
관행	자신이 가장 잘 아는 것을 고수한다.	질문하고 조정한다.
가정	나의 근본적인 능력은 크게 변하지 않으며, 따라서 변화는 위협(조심할 대상)이다.	• 나는 가치 있는 존재이며, 성장하고 진화할 수 있다(자신감). • 노력을 통해 능력을 개발할 수 있다(성장). • 나는 내재적 가치와 능력을 지닌다(내재적 값어치).
습관	• 인정을 추구한다. • 자신이 잘하는 일을 한다.	• 지침을 요청한다. • 접근법을 조정한다. • 고리를 닫는다.
영향	이 마인드셋은 개인의 직업적 성장과 조직의 변화 능력을 제한한다.	자신의 경기 수준과 모든 팀원에게 적용되는 기준을 높이는 코칭 가능한 플레이어라는 평판을 얻는다. 이는 학습과 혁신의 문화를 강화해 조직이 시의성을 유지하는 데 도움을 준다.

피해야 할 함정 요소: ① 강점 고수, ② 능력 있는 척 하기, ③ 과도한 피드백 요청

끊임없는 요구에 대한 자세

* 다음은 기여자와 임팩트 플레이어에 대한 리더의 평가다.

기여자	⪦ 임팩트 플레이어 ⪧
제 시간을 많이 요구합니다. 스스로 할 수 있어야 하는 일도 많이 도와줘야 합니다.	종종 제게 와서 '도와드릴 일이 있나요? 어떻게 하면 당신의 일이 좀 더 수월해질까요?'라고 묻습니다.
자신과 다른 사람 모두에게 일을 더 어렵게 만들어요. 일은 끝낼지 몰라도 그 뒤에 많은 문제가 남아요.	분란을 피해요. 쓸데없는 일에 휘말리지 않죠. 그녀는 열정적이지만 아침 드라마의 배우가 되려고 하지는 않습니다.
일대일 면담을 하면 힘들어요. 기운이 쭉 빠집니다. 별로 하고 싶지 않아요.	긍정적인 에너지를 발산합니다. 그녀와 같이 일하는 건 정말 재미있어요.

일을 가볍게 만들어라

———

인간에게는 쉬운 일을 어렵게 만들고 싶어 하는 도착적인 성향이 있는 것 같다.

워런 버핏(미국의 기업인이자 전설적인 투자자)

1964년에 발생한 알래스카 대지진은 북미에서 발생한 가장 강력한 지진이자 전 세계에서 발생한 역대 두 번째 강력한 지진이었다. 이 지진은 알래스카 중남부를 크게 가르면서 건물을 무너트리고, 균열을 만들며, 20개국에 쓰나미를 일으켰다.[1] 진원지는 4만 5,000명이 사는 대도시인 앵커리지의 바로 외곽이었다.

지니 챈스는 앵커리지 주민이었다. 아내이자 세 아이의 어머니인 그녀는 지역 라디오 방송국에서 임시직 리포터로 일했다. 3월 27일 오후 5시 36분에 해구형 지진이 닥쳤을 때 그녀는 아들과 함께 차를 타고 볼일을 보러 가는 중이었다. 시내로 가는 동안 그들의 차가 이리저리 움직이고 튀어 오르기 시작했다. 그들은 주차된 차들이 서로 부딪치고, 보행자들이 제대로 서 있지 못하고, 유리창이 박살 나며, 도로가 크게 출렁이는 광경을 보았다. 지니는 사소한 사건이 아님을 깨달았다. 4분 30초에 걸친 동요와 혼란이 끝난 후 지니의 리포터 본능이 발동했다. 그녀는 경찰서와 소방서로 차를 몰고 가서 긴급 보도에 필요한 정보를 수집했다. 뒤이어 그녀와 그녀의 아들은 시내로 갔다. 거기서 그들은 엄청난 파괴가 이뤄진 현장을 목격했다. 5층짜리 신축 백화점 건물이 무너졌다. 또한 두 구역 전체가 땅이 갈라진 틈으로 빠져버렸다.

지니 챈스의 이야기는 존 무알렘이 쓴 《챈스를 소개합니다!This Is Chance!》에 정리되어 있다. 무알렘은 "지니는 앵커리지 시민들이 서로 고립된 채 흩어져 있다는 사실을 알았다. 전력망은 붕괴됐다. 대부분의 전화선도 끊어졌다. 도대체 무슨 일이 일어났는지, 그들의 세상이 얼마나 심하게 망가졌는지 알 길이 없었다"라고 썼다.[2] 지니는 서둘러 집으로 돌아가 다른 아이들이 안전하다는 사실을 확인한 후 일을 하러 나갔다.

방송국은 보조 전력으로 방송을 시작했다. 지니는 차에 있는 휴대용 무전기로 첫 번째 보도를 했다. 그녀는 자신이 가진 정보를 제공하면서 청취자들에게 이웃을 확인해달라고 요청했다. 또한 그녀는 경찰서장과 소방서장에게 재난 방송을 위해 무전기를 제공하겠다고 제안했다. 대신 그들은 그녀에게 방송 일을 맡겼다. 무알렘의 표현에 따르면 그녀는 앵커리지를 한데 묶어주는 목소리가 됐다. 전기는 끊겼고, 기온은 영하로 떨어졌다. 사람들은 집과 빌딩에 갇혀 있었다. 희망을 전하는 지니의 차분한 목소리는 집단히스테리를 방지하고, 공동체를 단결시키며, 가장 힘든 순간을 견디도록 해주었다.

처음에 지니는 시 당국이 전하는 주요 정보를 제공했다. 그녀는 공공 대피소의 위치를 알려주고, 물을 정화하는 방법을 읽어주었다. 곧 그녀는 뉴스를 전달하는 것 이상의 일을 했다. 그녀는 초기 비상 대응 체제를 조율했다. 공무원과 자원봉사자는 지니에게 쪽지를 전달했고, 그녀는 "포트 릿지 지역의 모든 전기 기술자와 배관 기술자는 즉시 빌딩 700으로 가주세요"라고 도움을 요청했다. 그녀는 가장 지원이 필요한 사람과 장소를 자원과 연결했다. 공동체 구성원들은 힘을 모아서 느슨하게 조직되었지만 대단히 효율적인 긴급 구호 단체를 만들었다. 사람들이 구조되고 피해가 복구됐다. 그에 따라 지니는 청취자들에게 가장 취약한 상황이 통제되고 있음을 알렸다.

물리적 피해는 완화되기 시작했다. 그러나 사람들은 여전히 가족을 걱정하면서 정서적으로 흔들리고 있었다. 지니는 수천 개의 메시지를 전달하기 시작했다("케네스 새들러 씨에게 전합니다. 아내분은 무사합니다. 케나이에 사시는 월터 하트 씨에게 전합니다. 리 하트 씨는 무사합니다. 포인트 호프에 사시는 팀 머피 씨와 빌 소머빌 씨에게 전합니다. 가족분들은 괜찮습니다").[3] 모든 보도에서 지니가 전하는 진정한 메시지는 "당신은 혼자가 아닙니다"였다.[4] 한 조사자는 이렇게 썼다. "그 모든 파괴 속에서도 사람들은 행복해 보였다. 그들은 서로와 연결되어 있음을 느꼈다. 그것은 일상에서 종종 결여된 동질감이었다. 이런 결속은 문제를 보다 견디기 쉽게 만들었다."[5]

지니 챈스는 49시간 동안(잠깐 눈을 붙인 시간을 빼고) 방송을 계속했다. 그녀는 헌신, 지성, 강인함으로 공동체에 기여했다. 한 동료는 그녀의 보도가 "공황에 따른 혼란을 피하는 데 결정적인 기여를 했다"라고 평가했다. 또한 그녀가 사람들에게 용기를 불어넣어주었으며, "아주 긴 시간 동안 너무나 무거운 책임을 지면서도"침착한 태도를 유지할 뿐 아니라 "목소리에 지친 기색을 드러내지 않았다"라고 말했다.[6] 무알렘은 "그녀가 전한 정보는 일종의 위안이 되었으며, 그 정보를 전달하는 그녀의 목소리도 마찬가지였다"라고 썼다. 또한 "그녀는 알래스카의 목소리, 전체 주의 기민함과 침착함을 대표하는 인물이 됐다"라고 덧붙였다.[7] 지니 챈스의 보도는 힘든 시기에 분위기를 밝혔으며, 공동체의 힘겨운 일을 보다 견디기 쉽게 만들었다.

당신이 하는 일을 생각해보라. 당신은 팀에 속한 모두에게 쉬운 일을 어렵게 만드는가, 아니면 어려운 일을 쉽게 만드는가? 상황이 힘들고, 부담이 클 때 팀에서 가장 가치 있는 플레이어는 일을 가볍게 만든다. 그들은 업무 부하를 줄이지 못하더라도 절차를 더 쉽고 즐겁게 만든다. 그들은 헬륨 풍선 다발과 같다.

다섯 번째이자 마지막 관행은 최고의 기여자와 리더들이 압박과 끊임없는 요구에 대처하는 양상을 다룬다. 지금부터 일부 사람들이 일에서 고된 요소를 제거하는 방식과 임팩트 플레이어가 팀에 속한 모두(자신 포함)에게 긍정적이고 생산적인 업무 환경을 만드는 이유를 살필 것이다. 또한 독일 발도르프, 보스턴, 두바이, 샌프란시스코 광역시를 비롯한 전 세계에 걸쳐 명민한 고가치·저관리 슈퍼스타들을 만날 것이다. 이 올스타들이 힘든 일을 쉽게 만드는 방법을 탐구한 다음 다시 앵커리지로 돌아가 지니 챈스 같은 사람이 끼치는 오랜 파급력을 살필 것이다.

이 챕터를 파고들면 같이 일하기 쉽고, 다른 사람들이 당신에게서 최선의 모습을 이끌어 내기 쉬운 사람이 되는 방법을 발견하게 될 것이다. 무엇보다 저관리에 대한 인식이 고성과에 대한 인식만큼 중요한 이유를 탐구할 것이다. 이런 인식은 리더와 팀이 멈추지 않는 요구와 지속적인 피로 및 번아웃에 직면한 지금, 특히 더 중요하다. 피로와 번아웃은 산불처럼 퍼져 나가 수많은 인력을 위협할 수 있다.

선택: 짓눌릴 것인가 vs. 들어올릴 것인가

업무 부하는 영원히 불어나고 어디를 가든 따라다니는 빚처럼 느껴질 수 있다. 대다수 직장인은 어느 정도 이런 느낌을 받는다. 매주 해야 할 일이 너무 많고, 습득할 새로운 도구와 기술이 너무 많다. 유지하는 것은 말할 것도 없고 처리할 수 있는 양보다 정보가 더 많다. 게다가 근무시간에만 일하는 것도 아니다. 2019년에 미국의 정규직 근로자는 주중에 평균 8.5시간을 일했다. 3분의 1 이상은 주말이나 휴일에도 일했다.[8] 〈하버드비즈니스리뷰〉에 따르면 평균적인 임원, 간부, 직장인은 주중에 72시간을 일한다.[9] 한때는 일시적이던 과중한 업무 부하는 이제 통상적인 것이 됐다. 한 기업 관리자는 업무 부하에 대해 "아이와 개를 데리고 산을 오르는데 한숨 돌리려고 멈출 때마다 누가 백팩에 돌멩이를 더 넣는 것 같아요"라고 말했다.

그러나 실제 업무 부하는 우리가 일에서 경험하는 부담의 일부에 불과하다. 한 설문에서 응답자 중 절반 이상은 업무 관련 스트레스의 주된 원인이 업무 부하와 관계없다고 말했다. 그보다 그들은 인간관계, 일과 삶의 균형, 직업 안정성 결여 같은 스트레스 요인을 언급했다.[10] 사내 정치와 분란은 갈등을 초래하고, 복잡한 협력과 끝없는 회의는 시간을 지배한다. 또 다른 연구는 미국의 직장인이 사내 갈등에 대처하는 데 주당 평균 2.8시간을 쓴다는 사실을 밝혀냈다.[11] 롭 크로스, 렙 리벨, 애덤 그랜트가 실시한 조사에 따르면 이전 20년에 걸쳐 협력 활동에 소요된 시간이 50퍼센트 이상 증가한 것으로 추정된다. 그 결과 추가 회의와 이메일 트래픽의 홍수가 발생했다. 이는 직원들을 힘들게 만들고, 조직을 교착상태로 몰아넣을 수 있다.[12] 이런 요소들은 유령 업무 부하Phantom Workload를 초래해 번아웃으로 이어질 수 있다.

다른 한편 우리가 어디서나 일할 수 있도록 해준 기술이 언제든, 모든 곳에서 일하도록 부추겼다. 창조적리더십연구소Center for Creative Leadership가 확인한 바에 따르면 스마트폰을 들고 다니는 회사원은 하루 평균 13.5시간 동안 일과 관련된 소통을 한다.[13] 지난 20년 동안 일은 우리의 집으로 새어 들어오는 홍수와 같았다. 가족을 돌보면서 집에서 초과 근무를 하는 직장인은 가장 높은 수준의 스트레스를 경험했다. 일과 가정생활의 경계가 흐려지는 현상은 전 세계가 코로나의 위협으로부터 집단 대피를 하던 2020년에 정점에 이르렀다. 재택근무로의 갑작스러운 전환은 해일과 같았다. 어떤 사람들은 너무 많은 일을 번갈아 해내며 간신히 물 위에 떠 있었고, 다른 사람들은 섬에 갇힌 것처럼 혼자 일하게 됐다.

실제 일과 유령 업무 부하를 통틀어 우리의 일은 탈출할 수 없고, 감당하기 힘들다는 느낌을 줄 수 있다. 2019년에 갤럽이 조사한 바에 따르면[14] 10명의 정규직 근로자 중 8명은 번아웃을 경험한다. 우리가 여분의 시간과 기운을 팀과 함께 난관을 정복하는 데 쓰는 것은 의미가 있다. 그러나 이 기운의 대다수는 넘을 수 없는 장애물과 고집스러운 동료에게 집중되어 비생산적으로 소모된다. 난관을 넘는 일은 짜릿하다. 반면 비생산적인 갈등에 대처하는 일은 그저 피곤할 따름이다. 우리는 사내 정치와 갈등, 그리고 동료에게 대처하는 데 너무 많은 기운과 시간을 낭비한다.

이 사실을 깨닫지 못하면 문제를 가중할 수 있다. 전형적 기여자는 압박이 가해지고 업무 부하가 늘어나면 도움을 제공하기보다 요청한다. 그래서 부담을 완화해 주기를 바라며 상사에게 의존하게 된다. 그들은 이런 행동을 통해 상사의 백팩에 또 다른 돌멩이를 집어넣는다. 어떤 사람들은 정말로 같이 일하기 어렵고, 회사 사람들에게 부담을 지운다. 그러나 대다수는 적극적으로 갈등을 조장하지 않는다. 그들은 단지 실제 일의 주변부에서 발생하는 소동에 참여해 소음을 더함으로써 스트레스에 기여할 뿐이다.

이를테면 아일[15]은 다국적 기술 기업의 엔지니어링 부문에서 일하는 대단히 유능하고 근면한 최고 운영 책임자다. 그녀는 대개 마지막으로 퇴근하는 사람이다. 또한 양심적이며, 모든 업무를 완수한다. 그러나 그녀는 다른 사람의 일을 바로잡고 마무리하는 것을 좋아한다. 그녀는 상사인 엔지니어링 부문장에게 "작업의 질이 너무 나빠서 수정이 필요했어요"라고 말한다. 해당 작업을 한 사람은 대개 그녀가 자신을 폄하했다는 사실을 알게 된다. 그래서 자신이 노력한 일을 뜯어고치려는 그녀의 시도를 무산시킬 방법을 찾는다. 결국 그녀의 상사가 종종 이 다툼에 끌려 들어와 중재해야 한다. 상사는 그녀에 대해

"일을 마무리하지만 그 과정에서 다섯 명을 화나게 만들어요. 자신은 가치를 더하는 것처럼 행동하지만 사실은 가치를 갉아먹는 거죠"라고 말한다.

더 많은 잡음을 만들어내는 사람은 리더와 동료에게 추가적인 부담이 된다. 이는 뒤이어 그들의 일도 더 힘들게 만든다. 하지만 임팩트 플레이어들은 같은 업무 부하와 끊임없는 요구에 직면해도 부담을 줄이는 데 도움을 준다. 즉 세금을 만드는 사람이 있는 반면, 세금을 감면하거나 환급해주는 사람이 있는 것이다. 그들은 힘든 일을 쉽게 만든다. 일이 반드시 더 쉬워지는 것은 아니다. 그러나 일하는 과정이 더 쉬워지고 즐거워진다. 그들은 다른 사람의 일을 떠맡는 것이 아니라 유령 업무 부하를 줄임으로써 부담을 덜어준다. 또한 스트레스를 줄이고 일의 즐거움을 키우는 환경을 촉진한다. 이 2가지는 모두 번아웃을 줄여준다. 임팩트 플레이어들은 분란과 정치를 줄여서 협력과 포용의 문화를 강화한다. 그동안 그들은 모두가 같이 일하고 싶어 하며, 높은 성과를 내고 허튼짓을 하지 않는 플레이어라는 평판을 얻는다. 그들이 동료들의 일을 쉽게 만든 결과 그들의 일도 쉬워진다.

다음은 일을 가볍게 만드는 관행을 보여주는 사례다.

케이시 워드는 영국에 있는 SAP 이노베이션서비스의 글로벌 최고 운영 책임자다. 칼 두즈는 그녀 밑에서 일하는 비즈니스 매니저다. SAP의 대다수 임원은 사업을 수익성 있고 원활하게 운영할 수 있도록 재무 및 사업 분석을 해주는 비즈니스 매니저를 두고 있다. 하지만 모든 임원이 칼 두즈 같은 비즈니스 매니저를 둔 것은 아니다.

칼은 겨우 23세 때 비즈니스 매니저라는 직책을 맡았다. 그는 나이가 어리지만 자신의 역할이 매우 중요하다는 사실을 알았으며, 그에 따라 행동했다. 그는 새로운 직무를 시작할 때 해당 직무가 무엇을 수반하는지 더 잘 이해하기 위해 '비서실장'(그의 직위보다 한두 단계 높은 직위)을 찾았다. 그다음 케이시에게 할 슬라이드 3장짜리 프레젠테이션을 만들었다. 그는 첫 번째 슬라이드에서는 일을 아주 잘했을 때 자신의 역할이 어떤 것일지 자세히 설명했다. 두 번째 슬라이드에서는 자신의 현재 역량을 평가했다. 세 번째 슬라이드에서는 자신을 위한 개발 계획을 제시했다.

칼은 "저의 일은 상사가 성공하도록 만드는 것입니다. 그녀에게 중요한 일이라면 제게도 중요합니다. 그녀가 좋은 모습을 보이면 저도 좋은 모습을 보이게 됩니다"라고 말했다. 그래서 칼은 비즈니스 매니저로서 자신의 일만 하지 않는다. 계속 그녀의 일, 그리고 팀이 성공하기 위해 그녀에게 필요한 일을 생각한다. 케이시나 다른 팀원이 분석을 요청하기를 기다리지 않는다. 케이시의 일정을 미리 살펴서 과거에 필요했던 것을 토대로 그녀가 원할 정보와 분석을 예측한다. 이를테면 고객 평가를 앞두고 있다면 그녀가 요청하기 전에 자료를 취합한다. 그리고 "다음 주에 고객 평가가 있습니다. 이 차트들이 도움이 될 겁니다"라는 말과 함께 이메일로 보낸다.

칼이 지닌 우수성 중 일부는 데이터를 신속하게 소화해 가장 의미 있는 요점으로 정보를 정리하는 능력이다. 케이시는 칼에 대해 "문제를 이해하기 위해 경청한 다음 때로는 30분 만에 다시 돌아와요. 표적을 맞히고, 적절한 어조를 지니며, 보기에도 좋은 자료를 들고서 말이죠"라고 말했다. 그는 자신의 생각을 간결하고 명확하게 제시하면 다른 사람들에게 더 잘 전달될 뿐 아니라 더 큰 가치를 얻는다는 사실을 안다. 이를테면 그는 케이시나 다른 팀원들이 관심을 가질 만한 30쪽 짜리 백서를 찾으면 다음과 같은 말과 함께 전달한다. "모두 읽을 시간이 없으실 것 같아서 5가지 요점을 정리했습니다." 케이시의 말에 따르면 칼의 빠른 학습 속도와 효율적인 소통은 "일하는 데 필요한 시간을 계속 아껴준다".

중요한 정보를 합성하는 일은 상사만을 위한 것이 아니다. 칼은 이 강점을 다른 팀원이나 회사 사람에게 아낌없이 나눠준다. 이를테면 케이시는 독일에서 여러 회의가 이어진 하루를 막 끝냈을 때 제품 개발 책임자로부터 시급한 메시지를 받았다. 그는 SAP 이사회에서 중요한 프레젠테이션을 해야 하는데 그녀의 팀이 요약본을 만드는 일을 도와줄 수 있는지 물었다. 그녀의 팀이 그 일을 잘한다는 소문이 돈 모양이었다. 케이시는 역시 연이은 회의를 마친 칼에게 상황을 설명했다. 그는 협조 요청을 반겼으며, 도전에 나설 기운을 가지고 있었다. 한 시간 후 착륙했을 때 그녀는 수신함에서 새로운 프레젠테이션이 첨부된 칼의 이메일을 발견했다. 칼은 해당 임원의 상세한 프레젠테이션을 훑어보고 핵심 메시지를 골라낸 다음 새로운 슬라이드들을 만들었다. 케이시는 "완전한 변신이었어요. 프레젠테이션은 완벽했어요"라고 말했다. 같은 날, 칼은 제품 개발 책임자에게 이런 메시지를 받았다. "칼, 오늘 아침까지 당신에 대해 아무것도 몰랐어요…. 개인적으로 나는 당신의 팬이 되었어요. 어떻게 진부한 프레젠테이션을 그토록 빠른 시간에 대단히 명쾌하게 바꿀 수 있죠? 고마워요. 앞으로 당신과 더 많은 일을 하게 되기를 바랍니다."

칼은 상사뿐 아니라 모두를 위해 일을 가볍게 만든다. 케이시는 "칼을 동료처럼 대하기는 쉬워요. 그런 방식으로 일하니까요"라고 말했다. 그 결과 그는 기회를 얻고, 아주 빠른 속도로 비즈니스에 대해 배우며, 승진할 준비가 된 사람으로 여겨진다. 그는 근래에 비서실장으로 승진했다. 이 승진은 그가 이미 그 역할을 맡고 있었기 때문에 쉽게 정당화할 수 있는 것이었다.

업무 부하가 당신을 짓누를 때 상사에게 도움을 청하고 동료에게 일을 미루면서 그들의 부담을 늘리는가, 아니면 모두를 위해 일을 가볍게 만드는 데 도움을 주는가?

멘털 게임

업무 부하가 급증하고 지속되면, 관리자들은 대개 업무를 커버하기 위해 외부 지원(추가 인원)을 요청한다. 그들의 논리는 "우리 팀은 일을 더 많이 해. 그러니까 더 많은 인원이 필요해"라는 것이다. 신규 인원은 부담을 덜어줄 수 있다. 그러나 관리 부담을 늘릴 수도 있다. 지침을 줘야 할 더 많은 사람, 해결해야 할 더 많은 사안, 더 많은 일대일 면담, 더 높은 조율 비용, 그리고 종종 더 많은 분란으로 이어지기 때문이다.

임팩트 플레이어는 채용을 통한 지원 인원과 다르다. 그들은 건물이 더 큰 부하를 견딜 수 있도록 보강하는 들보와 철근 콘크리트 기둥 같은 구조적 강화 기능을 한다. 다른 사람들은 부하를 더하는 반면 그들은 일을 가볍게 만든다. 그들이 일에 접근하는 방식은 전체 팀이 무거운 부담을 질 수 있도록 해준다.

임팩트 플레이어는 끝없는 요구를 다른 사람들에게 지원과 도움을 제공할 기회로 해석한다. 도움을 주려는 그들의 태도는 소속감에서 비롯된다. 이는 그들이 단지 팀에 소속된 것이 아니라 그 집단에서 원하는 존재이고, 그들의 고유한 강점이 인정받으며, 그들의 일은 필요하고 가치 있다는 생각이다. 그들은 '나는 팀의 중요한 일원이야'라는 근본적인 신념을 가지고 있다. 그들은 자신이 동료들과 마찬가지로 공동체의 가치 있는 구성원이라고 가정한다.

어도비의 서부 EMEA 지역에서 솔루션 컨설팅 부장으로 일하는 리오넬 르모인은 자신의 팀뿐 아니라 사무실 전체에 걸쳐 공동체를 구축하고 소속감을 조성한다. 리오넬의 상사인 크리스 태플린은 그에 대해 "접근하기 쉬워요. 사무실에서 엄청난 활기를 만들어냅니다. 주위 사람들은 그가 자신들이 중시하는 일을 중시한다는 느낌을 받을 수 있어요"라고 말했다. 리오넬은 책상에 초콜릿이 든 그릇을 두는 것으로 유명하다. 이 그릇은 사무실 버전의 환영 매트와 같다. 프랑스인으로서 파리에서 일하는 리오넬은 "저는 초콜릿을 좋아해요. 언제나 10가지 다른 맛을 준비해두죠"라고 인정한다. 이 초콜릿은 고급 초콜릿으로서 정말 맛이 좋다. 사람들은 커피와 초콜릿, 그리고 논의를 위해 리오넬의 자리에 들른다. 분위기는 가볍고 친근하다. 초콜릿 그릇은 "이리로 와서 앉아요. 나와 대화를 나눠요. 당신을 환영해요"라고 말한다.

이를 대형 이벤트 회사에서 회계 업무를 하는 여성의 사례와 비교해 보자. 그녀 역시 책상에 초콜릿 그릇을 눈에 띄게 놓아두었다. 그러나 그녀는 리오넬처럼 분위기를 가볍고 친근하게 만들지 않았다. 오히려 동료들을 초콜릿으로 유인한 다음 자기 이야기를 늘어놓기 바빴다. 동료들은 곧 이 관대함의 표시가 덫임을 깨달았다. 초콜릿은 그녀의 거미줄이었고, 방문자는 그녀의 먹이였다. 그녀가 전하는 메시지는 "이제 넌 내 거야"라고 말하는 쪽에 가까웠다. 그녀는 공동체를 구축하는 것이 아니라 자신만을 위한 비자발적 지원 시스템을 구축했다.

사람들은 자신이 공동체에 소속되어 있다고 느끼면 보다 활동적으로 변하며, 해당 공동체에 대한 높은 의무감을 가진다. 이는 연구자이자 운동가인 애시 부캐넌이 말한 기여형 마인드셋Benefit Mindset이다. 기여형 마인드셋은 성장형 마인드셋의 연장선으로서 우리가 자신의 잠재력을 키우고 실현할 뿐 아니라 모두의 행복에 기여하는 방식을 추구하도록 만든다.[16] 부캐넌은 "기여형 마인드셋을 가지면 우리가 홀로 살아가는 독립적 개인이 아님을 알게 된다. 우리는 거대한 세계적 생태계에 속한 상호의존적 존재다"라고 썼다.[17] 이는 '모두를 더 행복하게 만들 수 있다'라는 신념에 따른 것이다.

이 신념은 리오넬 르모인이 선도하고 협력하는 방식의 핵심에 있다. 리오넬은 "제가 쓸모 있고, 파급력을 끼칠 수 있다는 마인드셋으로 일합니다"라고 말했다. 그는 이 접근법의 논리를 이렇게 설명했다. "다른 사람들이 성공하도록 도울 때, 사람들이 사안을 해결하거나 프로젝트를 진전시키도록 도울 때 더 많은 파급력을 끼쳤다고 느껴요." 이런 생각에는 이타주의보다 많은 것이 작용한다. 리오넬은 "상사가 잘되면 회사에서 제 삶도 더 쉬워집니다"라고 인정한다. 그의 상사는 그런 생각을 느낀다. 그러나 또한 리오넬이 모든 이해관계자(상사, 부하직원, 내부 고객)의 필요를 보살핀다는 사실을 안다. 그래서 "그가 어도비를 위해 올바른 일을 할 거라는 사실을 알아요"라고 말했다. 실제로 리오넬은 이메일 마지막에 '어도비를 위해'라고 쓴다.

이 2가지 심리, 즉 소속감과 공동체에 기여하려는 욕구는 '나의 노력이 우리 팀에 속한 모두를 위해 일을 더 낫게 만들 수 있어'라는 신념을 형성한다. 이런 태도를 가지면 벅찬 업무 부하는 홀로 짊어져야 하는 짐이 아니다. 우리는 다른 사람의 고생을 지켜보는 사람도, 가중하는 사람도 아니다. 우리는 우리의 능력을 활용해 모두를 위해 업무 부하를 덜고 일을 더 쉽게 만들 수 있다.

파급력을 높이는 습관

일이 힘들 때(특히 변화와 불확실성, 위기의 시기에) 같이 일하기 쉬운 팀원은 특별한 가치를 얻는다. 모두를 위해 일을 더 쉽게 만드는 사람은 필수 불가결한 존재가 된다.

관리자들이 가장 높은 가치를 인정한다고 말한 것이 무엇일까? '팀원을 돕는 행동'이 해당 목록 3위에 올랐다. 이 행동은 마음만 흐뭇하게 만들어주는 것이 아니다. 많은 아이를 키우는 부모의 경우처럼 반드시 필요한 행동이다. 부모는 모든 아이를 한꺼번에 돌볼 수 없다. 큰 아이들이 어린 아이들을 돌봐야 한다. 관리자들은 편한(같이 어울리기 쉽고, 이해하기 쉽고, 대하기 쉬운) 사람과 일하고 싶어 한다. 또한 협력적이

리더 및 조직 내 신뢰도를 높이려면?	
신뢰도를 떨어트리는 행동	• 계속 다음 승진이나 급여 인상에 대해 묻는다. • 길고 장황한 이메일을 보낸다. • 동료에 대해 험담하고, 분란과 갈등을 초래한다. • 이미 내린 결정을 재고해달라고 요구한다. • 불편한 진실과 이야기의 다른 면을 빠트린다. • 회의에 늦게 나타나고, 딴짓을 하고, 다른 사람들의 말에 끼어든다.
신뢰도를 높이는 행동	• 팀원을 돕는다. • 좋은 기운을 불어넣고, 즐겁게 지내며, 다른 사람들에게 웃음을 안긴다. • 리더와 협력한다. • 요점을 있는 그대로 말한다. • 공부를 하고 준비된 상태로 온다.

전체 목록은 부록 A 참조.

고, 수월하게 나아가는 사람과 일하고 싶어 한다. 당신도 그렇지 않은가? 똑똑하고 유능한 인재들 중에서 원하는 대로 고를 수 있다면 편한 사람을 고르지 않을까?

반대로 혼란이나 분열 또는 분란을 초래하는 팀원은 관리자에게 달갑지 않은 세금이자 팀에게 부채 같은 존재다. 근본적으로 관리자들은 부하 직원이 일을 추가로 만드는 게 아니라 자신이 팀의 일을 끝낼 수 있도록 돕기를 바란다. 부담을 더하는 게 아니라 덜어주기를 바란다. 위 표에서 과도한 업무 부하에 대처할 때 당신의 신뢰도를 높이는 (또는 떨어트리는) 행동을 확인하라. 다음 단락에서는 임팩트 플레이어가 자신과 다른 사람들을 위해 일을 가볍게 만드는 3가지 방식을 탐구할 것이다.

습관 1: 저관리 유형이 되어라

우리가 인터뷰한 관리자들은 종종 전형적 기여자에 대해 대단히 유능하지만 시간을 소모한다고 말했다. 이런 유형의 사람은 관리자의 시간을 늘려주는 것이 아니라 소진한다. 또는 좋은 요점을 제시하지만 그러기 위해 많은 말이 필요하다. 그들은 거대하고, 기름을 엄청나게 잡아먹는 허머 자동차와 같다. 원하는 곳까지 데려다주지만 그 과정에서 많은 자원을 소모한다. 한 관리자는 이런 부하 직원에 대해 "아는 것이 많고 일을 잘합니다. 하지만 너무 많은 분란과 부담을 초래해요. 일을 맡길 가치가 없어요"라고 말했다.

반면 관리자들은 고파급력 기여자에 대해서는 고성과, 저관리 유형이라고 말했다. 즉, 성능이 탁월하면서도 그 성능을 달성하고 유지하기 위해 별다른 노력이 필요 없는 이상적인 차와 같다는 것이다. 우리의 설문 데이터에 따르면 임팩트 플레이어는 줄곧 저관리, 저분란 행동을 전형적 기여자보다 4.5배, 미달 기여자보다 21배 많이 선보인다.[18] 이 정력가들은 상당한 업무 부하를 감당할 수 있다. 그럼에도 쓸데없이 일을 더 어렵게 만들지 않는다. '미국 심리학의 아버지' 윌리엄 제임스는 "현명해지는 방법은 간과할 일이 무엇인지 아는 것"이라고 썼다. 마찬가지로 이 플레이어들이 하는 행동뿐 아니라 그들이 하지 않는 행동에도 비밀이 숨어 있다. 그들은 문제를 복잡하게 만들거나, 마찰을 일으키거나, 과도한 소통을 하지 않는다. 그들은 정치질보다 가치 창출을 선호한다. 그들은 칼 두즈처럼 기민하고 같이 일하기 쉽다. 그들은 좋아하는 차처럼 믿을 수 있고, 효율적이고, 경제적이어서 많은 일을 하지만 크게 신경 쓸 필요가 없다.

저마찰

우리가 인터뷰한 관리자들에 따르면 임팩트 플레이어는 남 탓, 불평, 과시, 영역 점유처럼 시끄럽고, 부담스럽고, 실속 없는 일을 멀리한다. 그들은 갈등을 초래할 뿐 성과를 내지 못하는 정치와 분란을 피한다. 이런 행동들은 비생산적이며, 진전의 속도를 늦추고 협력을 저해하는 마찰점이 된다. 임팩트 플레이어는 사실상 절대로 이런 행동을 하지 않을 것이라고 믿을 수 있다. 그래서 효율성 요소라는 또 다른 유형의 성과 보장 요소를 창출한다.

가장 필수적이고, 가치 있는 기여자는 일에 대해 저마찰 접근법을 취한다. 그들은 일을 정돈하고, 갈등을 줄이며, 자신의 생각에 지나치게 집착할 때 생기는 지장을 제거해 저항을 줄인다. 그들은 분명한 의견을 가지고 자신의 입장을 내세울 수 있다. 그러나 의견을 느슨하게 붙들고 있어서 보다 쉽게 방향을 바꿀 수 있다. 이는 자신의 사무실에 '피드백 환영(내가 아무리 확신에 차 있는 것처럼 보여도 상관없음)'이라는 표지판을 붙여두는 것과 같다. 그러면 앞서 소개한 여러 임팩트 플레이어의 사례를 살펴보자.

폴 포지(3장에서 소개한 타깃의 공급 사슬 담당 부장)는 '미스터 노 드라마'로 불렸다. 그의 상사는 폴에 대해 "소문이나 정치가 일에 방해가 되도록 놔두지 않아요. 항상 자신의 입장을 밝혀요. 하지만 기꺼이 배우고 방향을 바꿀 줄 알아요"라고 말했다.

피오나 수(4장에서 소개한 구글 미디어랩의 기획 부장)와 그녀의 상사인 존 투크텐하겐은 새로운 미디어 전략을 놓고 맞섰던 적이 있다. 그때 피오나는 자신에게 나름의 관점이 있지만 무조건 자신의 생각을 고수하지는 않을 것임을 알리고 싶었다. 그래서 번듯한 디지털 프레젠테이션이 아니라 손으로 제작한 카드를 써서 초안 형태로 자신의 아이디어를 제시했다. 그녀는 이면지를 4등분한 다음 키워드와 기본적인 도표만 써서 간단하게 자신의 생각을 보여주었다. 두 사람은 그녀가 간략하게 제시한 10가지 아이디어를 편하게 논의한 후 둘 다 지지하는 계획을 만들었다.

잭 캐플런(5장에서 소개한 구글의 브랜드 마케팅 매니저)은 자신이 제시한 아이디어를 동료들이 비판하거나 피드백을 받는 일을 마다하지 않았다. 그는 어려운 회의가 끝난 후에도 팀이 이룬 진전을 축하거나 아이디어를 보강해준 동료들에게 고마움을 전했다.

이런 저마찰 접근법은 임팩트 플레이어가 정체되지 않도록 해준다. 또한 그들의 리더가 더 빨리, 더 자유롭게 움직이도록 해준다. 한 어도비 관리자는 이런 직원에 대해 "제 일을 쉽게 만들어주거나, 그렇게 하지 않는 다른 직원을 상대할 수 있도록 그저 자유롭게 해줍니다"라고 말했다.

임팩트 플레이어가 하지 않는 행동

- 사내 정치에 참여한다.
- 동료와 분란이나 다툼을 벌인다.
- 시간을 낭비한다.
- 불평하고, 남을 탓하고, 부정적인 감정을 품는다.

- 과시하거나, 공을 인정받으려 하거나, 팀원과 경쟁한다.

말의 절약

이런 기여자들은 높은 성과를 달성한다. 게다가 자신의 노력에 대해 높은 연비를 기록하면서 경제적으로 그 일을 해낸다. 그들은 충동이 아니라 목적에 따라 말하며, 절약을 실천한다. 특히 팀이 모이는 자리에서 적은 말로 많은 것을 말한다. 그들은 할 말이 많아도 항상 그것을 말하지는 않는다. 그보다 크게 플레이할 때와 작게 플레이할 때를 알고 의도에 따라 기여한다. 그들은 모든 생각을 한꺼번에 쏟아내지 않는다. 대신 자신의 생각을 작은 양이지만 높은 농도로 전달한다. 또한 가장 중대한 파급력을 미칠 수 있는 사안을 겨냥한다.

1장에서 소개한 〈암체어 엑스퍼트〉 팟캐스트의 공동 진행자인 모니카 패드먼은 인터뷰를 하는 동안 말을 보탤 때와 참아야 할 때의 긴장과 씨름해야 한다고 인정했다. 흥미로운 사람과 이야기하다 보면 말을 보태서 지적으로 보이고 싶기 마련이다. 그러나 그녀는 자신의 의도를 점검하고, 필요해서 말하려는 건지 아니면 그냥 내 목소리를 내고 싶어서 말하려는 건지 자문하는 법을 배웠다. 그녀는 이렇게 회고했다. "머릿속에 떠오르는 모든 것을 말하면 안 돼요…. 우리는 생각하고 있는 것을 항상 모두에게 말해야 한다고 느끼는 것 같아요…. 그렇지 않아요. 어떤 생각이 나고, 그 생각이 흥미롭다고 해도 굳이 말할 필요는 없어요." 그녀의 말에 따르면 최대한의 파급력을 창출하기 위해서는 "들어갈 때와 가만히 있을 때"를 알아야 한다.[19]

당신의 목소리가 온전히 전달되고, 무게를 지니는가? 생각을 쉽게 표현하는가? 영향력을 키우고 싶다면 말을 줄이고 회의에서 발언하는 횟수를 제한하라. 생각과 발언이 유효하고, 고유하며, 증거로 뒷받침된 주제에 집중하라. 요점이 제대로 전달되도록 간결하게 말하라. 그리하면 다른 사람들이 기여할 여지를 더 많이 만들고, 당신의 말이 훨씬 더 영향력을 얻게 될 것이다.

당신의 말이 더 많은 무게를 지니게 만드는 법

- 한 번만 말하되 명확하게 말하라.
- 상반된 관점을 제시해 신뢰도를 높여라.
- 짧은 머리말을 덧붙여 중요한 생각을 제시할 것임을 알려라(이를테면, "제가 제안하고 싶은 통찰이 있습니다").

언제나 준비하라

고장이 잘 나는 차를 소유한 적이 있다면 시동이 안 걸리는 일이 얼마나 많은 스트레스를 안기는지 알 것이다. 당신은 필요할 때 시동이 걸리기를 바라야 하는 부담감을 항상 느껴야 한다. 반면 고장이 나지 않는 차를 탈 때는 시동이 걸릴 것임을 확실하게 아는 평온함을 경험한다. 필요할 때 달릴 준비가 되어 있는 것은 저관리 차의 필수 요건이다. 직장에서 일하는 경우도 마찬가지다. 언제나 앞으로 나설 준비가 되어 있는 것은 기여의 가치를 높인다.

임팩트 플레이어는 일할 준비가 된 자세를 유지한다. 그들은 지명될 대비를 하고 회의에 참석하며, 기여할 준비가 되어 있다. 여러 문제에 목소리를 내고 싶다면 즉석에서 기여할 준비가 되어 있어야 한다. 즉 사전 경고 없이 계획을 제시하거나, 상황을 보고하거나, 중대한 결정에 의견을 보태거나, 자리에 없는 동료를 대신해야 한다. 믿을 수 있고, 준비된 사람으로 인식되면 중요한 순간에 파급력을 발휘하게 된다.

치열한 태도로 잘 알려진 미식축구 선수 잭 '핵소Hacksaw' 레이놀즈는 준비성의 모범을 보여주었다. 다른 팀원들은 경기일에 티셔츠와 운동용 바지를 입고 아침을 먹으러 모인 후 나중에 라커룸에서 복장을 갖췄다. 핵소는 달랐다. 그는 패드를 끼우고, 헬멧을 쓰고, 눈 주위를 검게 칠해 완전한 태세를 갖춘 채 아침 식사 자리에 도착했다. 빌 캠벨 트로피 서밋에서 그의 전 샌프란시스코 포티나이너스팀 동료인 로니 로트는 "그는 우리에게 '어이, 친구들. 난 지금 당장 뛸 준비가 됐어'라고 알리고 있었습니다"라고 말했다.[20] 가장 가치 있는 플레이어는 언제든 경기에 투입될 수 있다.

경기에 나서고 싶다면 경기를 뛸 준비를 갖춰라.

습관 2: 부하를 줄여라

기술 기업의 재무 과장인 앤디는 상사에게 해당 사업부의 지출 패턴을 분석해달라는 요청을 받았다. 그는 수치를 산출한 다음, "첨부 자료를 확인해주세요"라는 메시지와 함께 상사에게 스프레드시트를 이메일로 보냈다. 그리고 해당 업무를 목록에서 지웠다. 하지만 상사는 앤디가 자신의 업무 목록을 늘렸다고 느꼈다. 그는 "제게 숙제를 줬습니다. 수치는 줬지만 정량적 분석은 하지 않았거든요"라고 말했다.

앤디를 내가 오라클에서 같이 일하는 행운을 누렸던 기민하고 재주 많은 힐러리 캐플런 소모르자이와 비교해보자. 나는 글로벌 인적 자원 개발 책임자로서 경영 위원회를 위한 여러 부가적 프로젝트를 수반하는 버거운 중역 업무를 수행해야 했다. 또한 직장뿐 아니라 집에서도 또 다른 아이를 가진 상태로 어린 두 아이를 키우느라 몹시 바빴다. 그래서 모든 일이 돌아가도록 절충해야 했다. 나는 언제나 경영 저널을 탐독했다. 하지만 더 이상 그럴 시간을 낼 수 없었다. 이메일과 아이들에게 침대에서 읽어주는 이야기 말고는 거의 어느 것도 읽지 못했다. 하지만 나는 일을 잘하려면 모범 관행과 새로운 아이디어를 접해야 한다는 사실을 알았다. 힐러리는 나름의 업무 부하를 떠안고 있었다. 그러나 그녀는 나의 어려움을 이해했다. 어느 날 그녀는 나의 사무실에 들러서 내가 처한 곤경에 대한 이야기를 꺼내더니 "제가 대신 읽어드리면 도움이 될까요?"라고 말했다. 그러니까 〈하버드비즈니스리뷰〉와 〈월스트리트저널〉을 매일 읽은 다음 업무 관련 기사를 요약해서 보내주겠다는 것이었다. 이는 그녀의 업무와 관계없는 일이었다. 오히려 그녀의 공식 직무를 멀리 벗어난 아주 특별한 제안이었다. 그럼에도 그녀는 대수롭지 않다는 투로 제안했다. 나는 감사히 그녀의 제안을 받아들였다. 이 일은 20년도 더 된 일이지만 지금도 그때의 안도감을 느낄 수 있다.

앤디는 상사가 져야 하는 짐을 더했다. 반면 힐러리는 내가 짐을 질 수 있도록 도와주었다. 임팩트 플레이어는 자신의 일을 잘할 뿐 아니라 동료들도 일을 잘하도록 돕는다. 그래서 관리자의 걱정을 덜어준다. 그들은 상사와 동료의 짐을 덜어줌으로써 자신도 혜택을 얻는다.

일손을 빌려줘라

캐런 캐플런의 사례를 살펴보자. 그녀는 자신이 쉬운 일을 하게 될 줄 알았다. 그러나 정작 다른 사람들의 일을 쉽게 만들어줌으로써 회사에서 가장 높은 자리까지 올랐다. 캐런은 1982년에 광고대행사인 힐 홀리데이에 지원했다. 그녀는 로스쿨 시험공부를 할 시간을 얻기 위해 가볍고 파급력 적은 일을 바라고 있었다. 하지만 힐 홀리데이의 대표는 그녀에게 일자리를 제안하면서 "축하해요, 캐런. 이제 당신은 힐 홀리데이의 얼굴이자 목소리입니다"라고 말했다. 그녀는 "깜짝 놀랐어요. 그는 제가 할 일이 아주 중요하다고 생각하는 것 같았어요. 그래서 나도 그 역할을 진지하게 받아들이고 성실하게 일하기로 했어요"라고 회고했다. 프런트 데스크 업무를 하는 캐런에게는 딱히 상사가 없었다. 그래서 그녀는 '리셉션 대표'가 되어 프런트 데스크를 원활하게 운영하기로 마음먹었다. 이를테면 여행사에서 비행기 표가 배달되면 전화로 당사자에게 알려서 가져가라고 하지 않고 직접 전달했다. 또한 출장에 필요한 예약을 해주겠다고 제안했다.

곧 캐런에게 더 큰 직무가 주어졌다. 그녀는 버거운 클라이언트 관련 업무 부하에 시달리는 사람들 밑에서 일하게 됐다. 그녀는 그들의 업무 부하를 일부 덜어주겠다고 제안했다. 대부분은 감사히 그녀의 제안을 받아들였다. 한 상사는 클라이언트 회의에서 조는 경향이 있었다. 그래서 그녀는 대신 회의를 주재하기로 했다. 곧 그녀는 주요 사업에 이어 전체 회사를 운영하게 됐다. 그녀는 20년 안에 대표가 되었으며, 2013년에는 의장 겸 CEO가 됐다. 그녀는 과거를 돌아보며 "제가 가장 좋아하는 상사는 정말로 똑똑하지만 약간 게으른 사람들이었어요. 그들은 제가 일을 대신하게 해주었죠. 또한 제게 도움이 필요하면 아주 좋은 지침을 주었습니다"라고 말했다. 그녀는 리더들이 진 짐을 덜어줌으로써 고위 임원의 자세와 성향을 개발했다. 그래서 승진할 준비를 갖췄으며, 회사를 믿고 맡길 수 있는 사람이 됐다.

천재성을 제공하라

존 메르카는 아랍에미리트에서 일하는 젊은 콘텐츠 크리에이터다. '즈루즈Jruzz'로 불리는 그는 헤이즐 잭슨 대표가 이끄는 두바이 소재 교육 및 컨설팅 기업인 비즈그룹에서 일했다. 헤이즐은 최고의 리더가 그러하듯 팀원들이 지닌 '타고난 천재성'(태생적으로, 놀랍도록 뛰어난 면모를 가리킬 때 내가 쓰는 표현)을 발견하는 관행을 만들었다. 타고난 천재성은 크게 의식적인 노력을 기울이지 않아도 쉽게 발휘할 수 있다. 또한 보수나 보상, 심지어 요청이 없어도 아낌없이 발휘할 수 있다. 그녀의 팀은 각 구성원이 지닌 타고난 천재성을 가장 잘 활용하는 방안을 논의하기 위해 모였다. 이 자리에서 그들은 즈루즈에게 '크리에이티브 코믹Creative Comic'이라는 별명을 붙였다. 그가 미디어 부서에 쾌활하고 상상력 넘치는 기운을 불어넣었기 때문이다. 몇 년 후 즈루즈는 독립해 영상 제작 회사를 만들었다(전 직장인 비즈 그룹이 그가 가장 좋아하는 클라이언트였다). 그는 자신의 타고난 천재성을 반영하는 사명社名을 지었다. 내가 즈루즈를 만났을 때 그는 사명인 '크리에이티브 코믹'이 왼쪽 가슴 위에 수놓인, 검은색과 청록색이 섞인 폴로 셔츠를 입고 있었다. 내가 그 이름에 대해 묻자 그는 함박웃음을 지으며 "저의 타고난 천재성을 가리키는 말이에요"라고 말했다. 이는 그가 세상을 향해 "저는 이런 사람이며, 이런 일을 해요. 저는 창의적이고, 재미있고, 웃겨요. 그냥 저를 고용하지 말고, 저의 창의성을 발휘해 당신에게 도움을 줄 수 있도록 해줘요"라고 말하는 방식이었다. 그는 다른 사람들이 자신의 천재성을 쉽게 파악하고 활용할 수 있게 만들었다.

어떻게 하면 상사와 동료들이 당신이 하는 최고의 작업을 활용하고, 당신의 재능을 최대한 살리는 일을 쉽게 만들 수 있을까? 물론 당신의 타고난 천재성을 셔츠에 수놓거나 회사 이름으로 만들 필요는 없다. 다만 회사 사람들에게 약간의 지침과 간단한 사용법을 제공할 필요는 있다. 이를 '당신 사용 설명서'라고 생각하라. 사용자에게 해당 제품이 어떤 용도로 설계되었고, 어떻게 사용하는지 알려주는 좋은 제품 매뉴얼처럼 당신 사용 설명서는 당신이 잘하는 일(타고난 천재성)이 무엇이고, 그것을 최대한 활용하는 방법을 알려준다.

타고난 천재성 안에서 일하면 쉽고 명민하게 성과를 낼 수 있다. 즉, 최소한의 노력으로 최대한의 파급력을 미칠 수 있으며, 모두에게 일이 더 가벼워진다. 게다가 일손을 빌려주고 천재성을 제공하면 영향력과 함께 명성이 높아진다. 어떻게 하면 다른 사람들이 당신이 지닌 최고의 면모를 쉽게 활용할 수 있도록 당신의 천재성을 제공할 수 있을까?

습관 3: 분위기를 밝혀라

사람들은 임팩트 플레이어 주위에서 일하는 것을 좋아한다. 그들이 도움을 제공하고 같이 일하기 쉽기 때문이다. 어떤 플레이어들은 무겁고 눅눅한 환경을 조성한다. 반면 그들은 가벼운 산들바람을 제공한다. 그들은 다른 사람들이 최선의 작업을 하도록 돕고, 화사한 분위기를 조성한다. 이는 유령 업무 부하를 제거하는 데 도움을 준다. 수많은 요소가 긍정적인 업무 환경에 기여한다. 다음은 임팩트 플레이어가 환경을 개선하고 모두에게 일을 더 쉽고 즐겁게 만드는 3가지 방식이다.

가벼운 분위기를 제공하라

회사가 무대라면 임팩트 플레이어는 비극 배우가 아닌 희극 배우일 것이다. 그들은 긴박한 상황에서도 절실하게 필요한 가벼운 분위기를 조성한다. 힘든 일을 즐겁고 편한 마음으로 할 수 있게 해준다. 또한 우리의 직장 생활에서 활기를 앗아 가는 정치적 게임을 막아준다. 일부는 모두를 웃게 만드는 진정한 코미디언이다. 약간의 농담으로 긴장된 분위기를 풀어주는 다른 사무실의 재치 있는 동료처럼 말이다. 그래도 대다수는 좋은 유머 감각을 지니고 있다. 연구부터 영업까지 다양한 분야에 걸친 수많은 관리자가 자신의 밑에서 일하는 고가치 기여자에 대해 "재미있다", "웃기다", "자신의 행동을 웃어넘긴다", "나를 웃게 만든다", "모두를 웃게 만든다"라고 설명한다. 이런 명랑한 동료들은 힘든 상황을 웃음으로 극복하고, 좌절을 물리치며, 웃음으로 사람들을 단합시킨다. 한 관리자는 우리에게 "그는 성과에 집중하고 실적을 냅니다. 또한 아주 웃기고, 자신을 웃음거리로 삼고, 호감이 가요. 사람들은 그와 같이 일할 때 정말 가치를 인정받는다는 느낌을 받아요"라고 말했다.

스탠퍼드 교수 제니퍼 아커와 나오미 바그도나스는《유머, 진지한 고찰Humor, Seriously》에서 유머가 진지한 업무를 달성하는 강력한 도구 중 하나라고 주장했다. 그들의 주장에 따르면 유머는 우리가 더 유능하고 자신감 넘치게 보이도록 만들며 관계를 강화한다. 또한 창의성을 발휘하도록 해주며, 힘든 시기에 끈기를 높여준다.[21] 그들의 조사와 우리의 조사에서 공통으로 드러난 사실은 최고위 임원들이 유머 감각을 가진 사람과 일하기를 선호한다는 것이다(아마도 상사 노릇 하기 짜증나는 날이 많아서 그런 것 같다). 우리의 조사에서 "재미있게 일하고 우리를 웃게 만드는 것"이 관리자들이 중요하게 여기는 요소 중에서 8위에 올랐다. 또한 아커와 바그도나스가 조사한 바에 따르면 최고위 임원의 89퍼센트는 유머 감각을 가진 직원과 일하는 것을 선호했으며, 84퍼센트는 그들이 일을 더 잘한다고 믿었다.[22]

아직도 유머 감각이 높은 가치를 지닌다는 사실을 믿지 못하겠는가? 경영 컨설턴트인 아드리안 고스틱은《상사를 내 편으로 부하를 심복으로》에서 다양한 회사를 대상으로 조사한 결과를 소개했다. 그가 내린 결론은 유머가 관계를 강화하고, 스트레스를 줄이며, 공감도를 높인다는 것이다. 또한 재미있는 환경에서 일하는 사람들은 생산성과 대인 관계의 효용성이 높아지고, 결근이 적었다.[23]

탁월한 기여자들 중 일부는 유머로 분위기를 밝게 만든다. 또한 힘든 시간을 정신을 고양하는 경험으로 만들기도 한다. 즉, 같이 해변에서 재미있게 노는 것이 아니라 같이 높은 산을 재미있게 오르는 것처럼 만든다. "반드시 해야 하는 모든 일에는 재미있는 요소가 있다"라고 말하는 메리 포핀스 같은 사람도 있다. 그들은 일상적인 작업을 게임으로, 성가신 일을 보다 견디기 쉽게 만들어서 쾌활한 분위기를 만든다.

한나 다츠는 SAP 북미 사업부에서 사전 영업 부문의 리더가 되었을 때 다양한 인수 작업으로 영업되어 결속력이 없는 약 100명의 직원을 물려받았다. 그들은 아주 다른 배경을 지닌 오합지졸이었으며, 사기가 낮았다. 한나는 신속하게 팀 문화에 진정한 변화를 일으켜야 한다는 사실을 알았다. 그녀는 여러 출신 집단을 뒤섞고, 새로운 팀으로 나눈 다음, 각 팀에 프로젝트를 할당했다. 그 내용은 제품 솔루션 중 하나를 홍보하는 창의적인 이야기를 만드는 것이었다. 각 팀의 작업물은 전체 그룹에 의미를 지니고 유용할 것이었다. 한나는 거기에 직원들이 열성적으로 받아들인 재미있는 요소를 도입했다. 바로 각 팀이 경쟁 형식으로 프레젠테이션을 하는 것이었다. SAP의 글로벌 부사장이자 한나의 상사인 사라 존스는 "여러 회사 출신이 모인 프로젝트에서 그렇게 많은 성과가 나온 경우는 본 적이 없어요. 그들은 지금까지 11개의 연구 프로젝트를 완수했어요. 사무실에 가보면 팀 정신과 동료 의식이 느껴집니다"라고 말했다. 인수 후에는 대개 직원 감소율이 높다. 무려 40퍼센트에 이르는 경우도 많다. 그러나 한나의 재미있고 생산적인 리더십 덕분에 해당 조직의 직원 유지율은 98퍼센트나 됐다.

다른 사람들을 인정하라

아드리안 고스틱과 체스터 엘튼은 《감사의 리더십Leading with Gratitude》에서 리더가 팀원들에게 고마운 마음을 표현할 때 성과가 개선된다고 주장한다.[24] 감사의 효과는 양방향으로 작용한다. 감사는 불안과 우울을 감소시키고 면역계를 강화한다. 또한 혈압을 낮추고 행복도를 높인다.[25] 감사에 집중하며, 감사를 실행하고 표현하는 일은 직장의 안팎에서 스트레스의 부정적 효과를 완화할 수 있다.[26] 게다가 감사는 전염성을 지닌다. 즉, 직장에서 감사를 표현하면 조직 문화를 긍정적인 방향으로 이끄는 파급효과를 낼 수 있다.[27] 임팩트 플레이어의 마인드셋을 가지면 동료의 성공을 자신의 성공처럼 축하하게 된다. 또한 탁월한 성과를 조명하면서 사람들에게 그들의 일이 인정받고 있음을 알리게 된다.

앞서 언급한 구글의 브랜드 마케팅 매니저 잭 캐플런은 탁월한 성과를 낼 뿐 아니라 팀원이 같은 일을 할 때 인정해준다. 그의 전 상사인 타일러 발은 잭이 다른 사람들의 일을 줄곧 칭찬하며, 동료들에게 디지털 '하이파이브'(타일러의 팀이 사용하는 정식 인정 표시)를 즐겨준다고 설명했다. 또한 "지난 6년 동안 저는 우리 팀원들이 하이파이브를 몇 개나 보냈는지 확인했습니다. 잭은 6개월 동안 69개의 하이파이브를 보냈어요"라고 말했다. 그는 이를 다음과 같이 비교했다. "잭은 6개월 동안 다른 팀원들이 6년 동안 보낸 것보다 많은 하이파이브를 보냈어요. 자기 결혼식에 와준 동료들에게 감사 인사를 하는 데 6개월이 걸린 사람도 있는데 말이죠." 이 관행은 잭에게 도움이 되는 효과를 끼쳤다. 사람들은 그와 일하는 것을 좋아했다. 잭은 이에 대한 질문을 받고 "제가 하이파이브를 받는 걸 좋아하니까 다른 사람들도 그럴 것으로 생각했어요"라고 말했다. 뒤이어 그는 자신의 어머니인 캐런 캐플런이 리셉션 데스크의 대표에서 힐 홀리데이의 대표로 성장하는 모습을 지켜보면서 배운 교훈을 말해주었다. 그 교훈은 다른 사람을 비춰도 당신의 양초가 잃는 것은 없다는 것이었다.

인간적으로 대하라

우리가 인터뷰한 관리자들은 최고의 기여자가 동료들보다 훨씬 많이 다른 사람들의 행복과 안전을 촉진했다고 밝혔다. 임팩트 플레이어는 이 일을 전형적 기여자보다 2.3배나 많이 했다.[28] 관리자들이 들려준 이야기는 남의 일에 참견하거나, 쓸데없이 불안을 조장하거나, 도덕적 훈계를 하는 사람의 모습을 그리지 않았다. 임팩트 플레이어는 직장에 인간적인 분위기를 불어넣음으로써 행복을 촉진했다. 그들은 사람들을 전체로서 대하고, 각각의 동료가 직장에서 맡은 책임을 훌쩍 넘어서 스트레스(기쁨과 함께)를 안고 산다는 사실을 인정했다.

수 윙키는 세일즈포스 콘텐츠 경험 부문의 선임 부장이다. 그녀는 다양한 책임을 성공적으로 수행하면서도 기운이 남는 활기찬 사람 중 하나다. 그녀는 강한 리더이자 의미 있는 기여자가 되는 데서 그치지 않고 세일즈포스를 보다 포용적인 공간으로 만들기 위해 애쓴다. 또한 그녀는 세 명의 사춘기 자녀를 키우는 어머니이기도 하다. 그중 막내는 곤란한 정신적 문제와 씨름하고 있다. 2020년에 막내의 상태가 악화되었을 때 수는 휴가를 냈다. 이미 집에서 가족을 돌보고 있는 남편과 함께 힘든 시기 동안 막내에게 온전히 집중하기 위해서였다. 그녀는 휴가를 떠나기 전에 자신의 이야기를 회사의 내부 웹 사이트에 올렸다. 그것은 비슷한 상황에 처한 다른 사람들이 혼자가 아님을 느낄 수 있도록 자신의 가족이 겪는 고난을 들려주는 진심 어린 메시지였다. 1만 3,000명이 넘는 회사 사람들이 그녀의 이야기를 읽거나 공유했으며, 댓글을 달았다. 그녀의 인간적인 토로는 전 세계에 걸쳐 공명을 일으켰다.

한 달 후 막내의 상태가 호전됐다. 덕분에 수는 회사로 복귀할 수 있었다. 그녀가 회의에 참석했을 때 직원 두 명이 회의실로 들어왔다. 그들은 수백 개의 종이학이 매달린 빗자루 길이의 막대기를 들고 있었다. 줄지어 매달린 종이학은 수의 표현에 따르면 숨이 멎을 듯한 색상의 커튼을 형성했다. 무슨 일인지 그녀가 채 깨닫기 전에 더 많은 사람이 두 번째 종이학 커튼과 더 많은 종이학이 담긴 커다란 상자를 들고 들어왔다. 왜 종이학이고, 왜 그렇게 많을까?

수가 블로그에 올린 글을 본 1만 3,000명 중에 린 레비라는 여성이 있었다. 수가 아들을 돌보는 동안 린은 수의 아들을 위해 종이학을 매달기로 마음먹었다. 이는 '1,000마리의 학'을 뜻하는 '센바즈루千羽鶴'라는 일본의 오랜 전통으로, 고통받는 사람을 위한 평화와 치유를 의미했다. 린의 아이디어는 세일즈포스에서 작은 운동을 촉발했다. 여러 팀이 점심시간과 팀 회의 시간에 종이학을 접기 시작했다. 그동안 그들은 대화와 웃음, 그리고 연대 의식을 나누었다. 린은 차트로 모든 작업의 진전을 점검하면서 참여한 사람들을 격려했다. 수가 3월에 돌아오기 전에 1,000마리를 채우고 싶었기 때문이다. 뮌헨, 뉴욕, 런던, 덴버, 댈러스, 서리Surrey, 싱가포르, 뉴저지 등 전 세계에서 직원들이 종이학을 우편으로 그녀에게 보내기 시작했다. 린이 하루에 서너 번씩 우편실로 간 적도 있었다. 곧 1,000마리가 아니라 2,000마리를 넘어 3,000마리의 종이학이 모였다. 샌프란시스코의 직원들은 같이 모여서 종이학을 엮었다. 최종적으로 확인해보니 수백 명의 참여자가 만든 종이학은 모두 3,122마리였다.

학Crane은 2가지 의미에서 적절한 지원의 상징이다. 학의 날개는 날기 위한 상승을 이룬다. 다른 한편으로 건설 현장의 크레인Crane은 무거운 자재를 들어 올린다. 수는 이 제스처가 끼친 영향을 이렇게 설명했다.

—— 어제저녁에 온갖 색상의 물결을 보며, 종이학을 접은 수많은 손을 상상했다. 알지도 못하는 사람을 위해 시간을 내어준 사람들을 상상했다. 그리고 종이학을 접으며 이야기를 나누고, 같이 웃는 공동체의 목소리를 들었다. 많은 사람이 종이학 접기 파티가 세일즈포스에서 겪은 최고의 순간이었다고 말했다. 나는 다양한 배경을 지닌 직원들이 만든 온갖 색상의 종이학이 깊은 아름다움과 연민, 그리고 다양성을 대표한다고 생각한다.[29]

동료들을 자원이 아닌 인간으로 볼 때 그들이 짐을 훨씬 쉽게 지도록 해주는 연대가 이뤄진다. 또한 우리는 공동체를 형성하며, 역경을 견디고 위기를 이겨낼 집단적 힘을 기르게 된다. 존 무알렘은 자연재해가 인간에게 미치는 영향에 대한 두 사회학자의 연구 결과를 인용했다.

—— 일상생활에서 우리는 홀로 고통받는다. 모든 고난, 모든 고통은 결국 우리를 다른 사람으로부터 고립시키거나, 심지어 왠지 우리보다 더

편하게 사는 듯한 다른 모든 사람을 미워하게 만든다. 그러나 재난 시에는 전체 공동체가 함께 고통받는다. 우리가 일상생활에서 억누르는 트라우마, 심지어 죽음도 모두가 볼 수 있는 공적 현상으로 넘쳐 나온다… 이 경험을 나눈 모든 사람은 대단히 강력한 심리적 의미에서 한데 뭉치게 된다.[30]

무알렘은 혼란에 맞서는 최고의 힘은 연대라고 결론지었다.

목소리를 높여라

임팩트 플레이어는 리더를 포함해 다른 사람들을 위해 일을 가볍게 만들고, 긍정적인 업무 환경을 조성한다. 그러나 그렇다고 해서 그들이 무거운 주제를 회피하는 것은 아니다. 그들은 자신의 영향력을 활용해 어려운 주제를 거론하고, 조직에서 목소리를 내지 못하는 동료를 대변한다. 이때 그들은 문제를 지적하는 것 이상의 일을 한다. 그들은 리더십과 실행력을 어려운 사안에 적용한다.

세일즈포스의 선임 부사장 레일라 세카의 사례가 그랬다. 세일즈포스에서 10년 넘게 일한 그녀는 여자 직원이 남자 직원보다 급여를 적게 받는 문제를 우려했다. 자신이 나서야 한다는 의무감이 들었다. 그녀는 인적자원 부문 수석 부사장 신디 로빈스와 손을 잡았다. 그들은 같이 회사의 창립자이자 대표인 마크 베니오프를 만나 우려를 전달했다. 처음에 베니오프는 회의적인 반응을 보였다. 회사의 가치관에 반하는 문제를 리더가 선뜻 인정하기는 어려웠다. 결국 그는 당시 1만 7,000명에 달하던 직원들을 대상으로 조사를 실시하는 데 동의했다.

조사 결과 격차가 드러났다. 그에 따라 세일즈포스는 300만 달러를 들여서 6퍼센트에 해당하는 직원의 급여를 인상했다. 거기에는 여성과 남성이 모두 포함됐다.[31]

　세카와 로빈스는 분명 대표의 삶을 더 수월하게 만들지 않을 까다로운 문제를 제기했다. 그러나 그들은 목소리를 높임으로써 그가 보다 쉽게 격차를 파악하고, 회사가 가치관을 실천하도록 만들었다. 우리도 자신의 영향력을 활용해 어렵지만 중요한 대화를 나눠야 할지도 모른다. 특히 모두가 최대한으로 기여하고, 그 기여의 가치를 인정받을 수 있게 만드는 대화를 말이다.

빠지기 쉬운 함정

기여자 마인드셋으로 일하는 직장인이 반드시 같이 일하기 힘든 사람은 아니다. 그들은 드라마 여주인공이나 문제아 또는 부담스러운 사람이 아닐 수 있다. 그들은 단지 관리자의 주의를 소모시킨다. 그래서 리더와 동료들이 이미 느끼고 있는 부담을 가중한다. 우리에게 주어지는 더 큰 요구를 행복에 대한 위협으로 간주하고 "리더의 도움이 필요해"라는 결론을 내린다면 우리는 리더가 아니라 의존적인 존재로 비친다.

○ **대면 시간 |** 리더와 대면하는 시간을 더 많이 갖는 것이 앞으로 나아가는 좋은 방법이라고 생각하기 쉽다. 이는 1960년대에 뉴욕시 매디

슨 애비뉴에서 활동하던 광고대행사 임원의 직업적 삶을 기록한 드라마 〈매드맨Mad Men〉의 한 장면과 같다. 이 세계에서는 상사나 클라이언트의 사무실에 자주 들러서 잡담을 나누거나 퇴근 후 술을 마시러 가는 것이 환심을 사는 방법이다. 그 이면에는 관계가 성과보다 중요하며, 상사와 같이 시간을 보내는 것은 중요성을 상징하고 성공을 보장한다는 가정이 깔려 있다.

그러나 데이터에 따르면 관리자들은 저성과자와 훨씬 많은 시간을 보낸다(한 조사[32]에 따르면 근무시간의 26퍼센트). 쉽게 추측할 수 있는 대로 그들은 그것을 싫어한다. 나사의 한 관리자는 구시대적이고, 잡담을 즐기는 임무 책임자에 대해 "수다를 많이 떨어요. 사람들이 업무 외적인 일에 대한 이야기를 좋아하는 줄 알거든요. 관계가 좋으면 문제가 생겨도 봐줄 것으로 생각해요"라고 말했다. 그는 회의 일정에 그 책임자의 이름이 보일 때마다 빠질 방법을 찾았음을 인정했다. 그만 그런 것이 아니었다. 스페이스엑스의 직원들도 전화를 걸어와 그 책임자가 자신들의 시간을 낭비하고 있으며, 임무에 지장을 초래한다고 불평했다. 결국 그는 사태를 수습해야만 했다. 대면 시간을 늘리려 하기보다 관리할 필요가 적으면서도 눈에 띄는 사람이 되려고 노력하라. 대면 시간은 지금 중요한 일(원W.I.N.)을 찾고, 확실하게 일을 마무리하는 데 필요한 것을 협상하며, 표적을 맞힐 수 있게 해주는 지침을 구하는 데 활용하라.

○ **과도한 플레이** ㅣ 너무 크게 플레이하면 오히려 영향력이 줄어들 수 있다. 너무 자주 또는 너무 장황하게 이야기하면 사람들은 귀를 기울

이지 않는다. 우리는 백색소음 같은 존재가 된다. 우리의 목소리는 희미해지다가 배경의 잡담으로 격하된다. 특히 대가가 크고, 어떤 주제에 대해 열정적일 때 과도하게 기여하기 쉽다. 우리는 사람들이 여전히 귀를 기울인다고 생각한다(대다수는 여전히 예의 있게 고개를 끄덕인다). 그러나 실은 모든 물건과 사람을 보고 짖어대는 개처럼 무시당한다. 사람들이 우리의 말을 듣게 만드는 비법은 의도를 갖고 기여하는 것이다. 또한 크게 플레이할 때와 작게 플레이할 때를 아는 것이다. 파급력을 극대화하고 싶다면 소량이지만 고농도로 의견을 제시하라.

잘못된 플레이로 목소리와 신뢰도를 잃는 4가지 흔한 방식

- **동의:** 다른 사람의 말에 공허한 동의를 보태는 것
- **샛길:** 흥미로워 보이는 잡담으로 본론에서 벗어나는 것
- **반복:** 강조하려고 요점을 반복하는 것
- **독백:** 요점을 파악하려고 독백을 중얼대는 것

○ **지나친 사생활 공개 ┃** 대다수 직장인은 직장이 보다 편하게 변하는 것을 좋아한다. 과거에 비해 복장 규정이 느슨해졌을 뿐 아니라 솔직한 자신의 모습을 숨길 필요도 없어졌다. 그러나 우리 모두는 '캐주얼 금요일'에 조금 지나친 복장을 하고, 너무 많은 것을 털어놓는 사람을 안다. 그들은 전체적인 자신의 모습을 보여주는(그리고 모두의 삶에 존재하는 다른 측면과 관심사를 인정하는) 것이 아니라 삶 전체를 동료에게 털어놓는다. 한 관리자는 너무 많은 것을 털어놓는 직원에 대해 이렇게 말했다. "우리 모두는 그가 공동 보호권 때문에 고민하고 있으며, 전처

가 아이들을 얼마나 부실하게 키우는지 압니다. 마치 삶의 모든 잔에 담겨 있는 걸 하나의 잔에 쏟아붓는 것 같아요." 결국 그 잔은 흘러넘쳤고, 다른 팀원들을 불편하게 만들었다. 직장에서 셔츠 단추를 목까지 잠글 필요는 없다. 하지만 팀 단합을 위한 래프팅 여행에 수영복만 입고 나타나지 마라. 굳이 사생활을 전면 공개하지 않아도 친밀한 일터를 만들 수 있다. 모든 세부 사항을 나누거나 묻지 않아도 사람들이 회사 밖에서 온전한 삶을 누린다는 사실을 인정할 수 있다.

○ **응원단 |** 몇 년 전에 나는 동료와 함께 아시아에서 글로벌 리더십 포럼을 진행했다. 과감하고도 벅찬 프로젝트였다. 우리가 각 이정표를 지날 때마다 동료는 나의 노력을 칭찬하면서 성공에 대한 기쁨을 표현했다. 처음에는 기운이 났다. 그러나 어려운 일은 내가 전담하고 그는 그저 응원만 한다는 사실을 깨달은 후 걱정이 되기 시작했다. 나는 나의 우려를 전달했다. 그는 거기에 동의하면서 이렇게 해명했다. "하지만 나는 희망과 믿음을 가져오잖아요. 우리가 이 일을 할 수 있다는 믿음과 당신에 대한 믿음 말이에요." 그제야 이해가 됐다. 나는 사랑스러운 동료에게 응원은 좋지만 이미 자신감은 충분하다고 말했다. 우리에게 가장 필요한 것은 그가 직접 더 많은 일을 해주는 것이었다. 다행스럽게도 그는 그렇게 했다. 뒤이어 우리는 프로젝트를 성공시킨 후 같이 환호했다. 동료들이 힘든 일을 하는 동안 응원을 보내는 것은 존중할 만하다. 그러나 우리가 현장에 나가는 것이 조직에 더 필요할 때 응원은 그리 달갑지 않을 것이다. 또한 누군가가 부당한 대우를 받거나 비도덕적인 일이 일어나고 있을 때는 응원이 아니라 문제 제기

를 해야 한다. 동료들에게 같이 일하거나 옹호해줄 사람이 절실하게 필요할 때는 응원만 하고 있지 마라.

파급력 배가하기

힘든 시기에 리더를 지원하는 것이 아니라 리더에게 의존하면 피로와 짜증을 초래하게 된다. 또한 직원들의 역량을 감소시키는 길로 유도하게 된다. 우리의 지원 요청은 그들이 만능 모드로 일하도록 부추기고, 사소한 것까지 간섭하게 만든다. 이는 내가 '감소자Diminisher'라고 부르는 리더들의 가장 두드러진 특징이다.

의존적 태도는 극단적인 경우 '다른 사람들이 내게 필요한 도움과 자원을 빚고 있어'라고 가정하는 권리 의식으로 변한다. 이런 태도는 관리자의 기운을 빼앗으며, 팀 문화에 해로운 영향을 끼친다. 권리 의식에 사로잡힌 직원이 기운과 자원을 빨아들이기만 할 뿐 폭넓은 공동체에 기여하지 않을 때 결속과 협력이 무너진다. 다른 직원들이 이기적인 직원을 멀리하면서 패거리가 형성되고, 정치질이 난무하며, 독소가 문화에 스며들게 된다.

반면 임팩트 플레이어가 창출하는 가치 제안을 생각해보라. 그들은 같이 일하기 쉽게 행동한다. 뛰어난 성과를 더 빠르게, 아무런 소란 없이 이뤄낸다. 그에 따라 모두가 시간을 환급받는다. 임팩트 플레이어는 자신의 강점을 활용해 팀에서 고전하는 플레이어를 도와준다. 관리자가 일일이 간섭하지 않고 팀을 이끌 수 있도록 해준다. 이 경우 임팩트 플레이어는 리더와 이해관계자의 눈에 참모로 보이게 된다. 즉, 가치 있는 리더십 경험과 영향력이 주어진다. 임팩트 플레이어는 이미 준비가 된 상태로 보다 높고 힘든 리더 역할로 나아간다. 또한 다른 사람들은 그들과 같이 일하고 싶어 한다.

임팩트 플레이어는 사람들이 소속감을 느끼고, 소속되고 싶어 하는 긍정적인 환경을 조성한다. 또한 협력과 포용의 가치를 강화하고 탈진의 악영향을 줄임으로써 조직 문화를 형성하는 데 도움을 준다. 그들은 그 부산물로 사람들이 같이 일하고 싶어 하는 저관리·고성과 플레이어라는 평판을 얻는다. 그 결과 중요한 직무에 가장 먼저 선발되고 가장 중요한 프로젝트에 투입된다.

미식축구는 격렬한 스포츠다. 선수들은 자신의 전진을 저지할 뿐 아니라 말 그대로 자신을 쓰러트리려고 작정한 상대와 맞선다. 아마도 가장 많은 압박을 받는 선수는 쿼터백일 것이다. 그들은 상대 수비진이 자신을 향해 달려드는 동안 필드를 읽고, 공간이 열린 선수를 찾

일을 가볍게 만들어라

임팩트 플레이어	조직		임팩트 플레이어	
하는 것	얻는 것	하는 것	얻는 것	이제 할 수 있는 것
같이 일하기 쉽게 행동하고 다른 사람을 돕는다.	관리하기보다 이끌 수 있도록 해주는 시간 환급	임팩트 플레이어에게 재투자한다.	참모처럼 대우받으며 리더십 경험을 쌓는다.	수월하게 리더 역할을 맡는다.

임팩트 플레이어	조직		임팩트 플레이어	
하는 것	얻는 것	하는 것	얻는 것	이제 할 수 있는 것
정치질이 적고 생산성이 높은 환경을 조성한다.	협력과 포용의 문화	기여를 인정하고 기회를 제공한다.	다른 사람들이 같이 일하고 싶어 하고 허튼짓을 하지 않는 플레이어라는 평판	중요한 프로젝트에 투입된다.

아내며, 순간적인 판단을 내려야 한다. 그들은 상대 수비진 중 한 명이 자신의 부담을 덜어줄 것이라고 기대하지 않는다.

하지만 스티브 영에게 바로 그런 일이 일어났다. 영은 샌프란시스코 포티나이너스의 쿼터백으로 2번 MVP에 선정되었을 뿐 아니라 명예의 전당에 헌액됐다. 그의 상대인 레지 화이트는 NFL 최다 색Sack을 기록한(2000년에 은퇴할 때까지 198번 상대 팀 쿼터백을 쓰러트림) 무시무시한 수비수였다. 그는 힘세고, 빠르고, 거대했다(183센티미터의 키에 136킬로그램의 몸무게를 자랑하는 거구). 화이트는 요란하기도 했다. 그는 필드에서 전진할 때 괴성을 질러댔다. 영은 "화이트는 앞을 가로막는 상대 팀 선수를 그냥 집어 던졌어요. 저는 공을 패스하려고 뒤로 물러서면서 화이트가 달려드는 소리를 들을 수 있었어요"라고 말했다.

영은 레지 화이트를 놀라운 선수로 만든 요소가 무엇인지 설명했다. 그 모든 강렬함, 아드레날린, 경쟁심, 광기의 한복판에서도 화이트는 영의 안전을 신경 썼다. 영은 "그는 임무를 다하기 위해 자신이 가진 모든 것을 폭발시켰어요. 난데없이 나타나 저를 붙들고 같이 굴렀죠. 그럼에도 꼭 제가 자기 위에 떨어지도록 했어요"라고 설명했다. 그렇다. 화이트는 자신의 일을 했다. 그러나 동시에 영이 부상당하지 않도록 자신이 할 수 있는 일을 했다. 화이트는 그러고 나서 말을 걸었다. "어이, 스티브. 잘 지내?"라고 물었다. 영은 "그게 말이야, 레지. 지금은 별로야"라고 대답했다. 화이트는 "어이, 아버님 잘 계시지?"라고 묻기도 했다.[33]

일은 강렬하면서도 가벼울 수 있다. 거구의 운동선수가 엄청난 충격을 상대 선수가 견디도록 만들 수 있다면 같은 팀원들 사이에서는 얼마든지 가능해야 한다. 임팩트 플레이어(운동선수든, 회사원이든)는 무거운 일을 가볍게 만든다.

일은 슬금슬금 범위를 넓혀가고, 우리 삶의 모든 측면에 스며든다. 그에 따라 숨겨진 업무 부하가 생길 여지가 없어지고 있다. 그래도 일을 더 쉽게, 원활하게, 덜 해롭게, 더 즐겁게 만들어야 할 이유는 충분하다. 담당 건수를 줄이는 것은 불가능할지 모른다. 그러나 올바른 마인드셋을 가지면 모두를 위해 유령 업무 부하를 가볍게 만들 수 있다. 또한 다른 사람들이 난관을 보다 잘 견딜 수 있도록 도와주면 업무 경험이 개선되고 우리의 부담도 가벼워질 수 있다.

전략

이 전략은 리더 지망생들이 일을 가볍게 만드는 데 필요한 가정과 습관을 연습하고 강화하기 위한 팁들을 담고 있다.

스마트 플레이

1. **요점을 제시하라.** 같이 일하기 쉬운 사람은 대개 이해하기 쉽게 말한다. 요점을 제시하며 자신의 생각을 확실하게 표현한다. 요점을 명확하게 드러내고 싶다면 다음 방법들을 시도해보라.

   - 140자 제한이 있는 트윗처럼 요점을 작성하라.
   - 보고서나 구두 설명에 요약을 추가하라. 이는 요점을 정리한 구절일 수도 있고, 결론을 담은 문장일 수도 있다. 보고할 때 요약

부터 제시하고 필요에 따라 세부 사항을 추가하라.

- 긴 이메일을 리더(또는 다른 동료)에게 전달할 때 거기에서 오간 내용을 요약하라. 그다음 질문이나 요청을 추가하라.

- 당신의 생각(또는 더 포괄적인 대화)을 3가지 명확한 요점으로 정리해 3점 슛을 넣어라.

2. **칩을 현명하게 활용하라.** 중요한 회의 전에 자신에게 '포커 칩'을 예산으로 주어라. 각 칩은 회의와 관련된 발언이나 기여를 대표하며, 특정한 발언 시간에 해당하는 가치를 지닌다. 칩을 아끼면서 다음 요건을 충족하는 통찰을 가졌을 때만 발언하라.

- 이 사안이 상사나 조직에 직접적으로 관련되는가? 특정한 어젠다로 올라온 것이 아니라면 보다 폭넓은 어젠다(상위 3대 우선순위)에 해당하는가?

- 데이터나 다른 증거에 기반한 통찰인가? 이야기의 다른 측면을 말해주는 균형 잡힌 관점을 데이터와 함께 제시하는가?

- 제시하려는 요점이 앞서 거론된 내용에 덧붙이는 것인가, 아니면 단지 이미 정리된 요점을 반복하는 것인가? 고유한 역할이나 관점 또는 능력을 반영하는 아이디어 내지 통찰인가?

- 요점이 간단하고 명확한가? 말을 아껴야 하는 사람이 있고, 자신의 생각을 보다 자유롭게 말해야 하는 사람도 있다. 어느 쪽이든 칩(호주머니에 든 실제 칩 또는 머릿속에 든 이미지)은 부적 역할을 한다. 즉, 의도를 갖고 가치 있게 기여해야 한다는 사실을 상기시킨다.

3. **타고난 천재성을 발견하라.** 자신의 타고난 천재성이 무엇인지 확실

히 알지 못한다면 친구나 동료들에게 이메일을 보내서 빠르게 360도 관점을 확보할 수 있다. 아래 양식을 활용해 그들이 쉽게 답변할 수 있게 하라.

안녕하세요. 당신의 의견을 듣고 싶습니다. 저는 직장에서 '타고난 천재성'을 활용하는 방법을 더 잘 알기 위해 노력하는 중입니다. 당신이 보기에 저의 타고난 천재성은 무엇입니까? 단서가 필요하다면 다음 몇 가지 질문이 생각하는 데 도움이 될 것입니다.

- *제가 다른 어떤 일보다 잘하는 일은 무엇입니까?*
- *제가 수월하게 하는 일은 무엇입니까?*
- *제가 요청받지 않아도 하는 일은 무엇입니까?*
- *제가 주위 사람보다 대체로 잘하는 일은 무엇입니까?*

감사합니다. 당신의 의견은 제가 최대한으로 기여하는 방법을 알아내는 데 도움이 될 것입니다.

4. **당신 사용 설명서를 만들어라.** 자신이 실은 스위스 군용 칼인데 망치처럼 사용되고 있다고 느끼는가? 그렇다면 당신을 가장 잘 활용하는 방법을 팀에 알려야 한다. 다음 요소를 포함해 당신 사용 설명서를 만들어라. (1) 타고난 천재성: 당신의 두뇌가 쉽고 자유롭게 하는 것은 무엇인가? (2) 용도: 직장에서 당신의 타고난 천재성을 활용할 수 있는 다양한 방법은 무엇인가? (3) 사용법 및 관리법: 당신이 최선의 성과를 올리기 위해 다른 사람들에게서 필요한 유형의 정보, 피드백, 지원은 무엇인가? (4) 경고: 어떤 부분에서 정체되거나 탈선하는 경향이 있으며, 어떻게 당신이 경로를 유지하도록 도울 수 있는가?

주의 사항

1. **타고난 천재성을 알려라.** 타고난 천재성을 알릴 때 다음 사항을 명심하라.

   - '타고난 천재성'이 무슨 뜻인지 설명하라. 타고난 천재성은 태생적으로 얻은 장점이나 재능, 쉽고 자유롭게, 대단히 잘하는 일을 말한다. 당신이 타고난 천재성을 활용하는 일을 실로 즐기고 잘하며, 그것을 활용해 보다 의미 있는 방식으로 기여하고 싶어 한다는 사실을 사람들에게 알려라.

   - 타고난 천재성을 살릴 수 있는 일만 요구하지 마라. 당신이 자신의 타고난 천재성을 파악했다고 해서 원래 잘하지 못하거나 딱히 관심 없는 영역에서 일하지 말아야 하는 것은 아니다.

   - 당신의 타고난 천재성을 활용할 추가적인 방법을 고려해달라고 사람들에게 요청할 때 생각할 시간을 주어라. 대화를 다음과 같은 단계로 나눠라. (1) 의도를 알린다, (2) 당신의 타고난 천재성에 대해 논의한다, (3) 당신의 재능을 새롭게 활용할 방법을 논의한다.

   - 당신의 타고난 천재성을 논의하는 데 더해 다른 팀원의 타고난 천재성을 파악하고 거기에 관심을 기울일 기회를 만들어라. 그 대상에는 상사도 포함된다.

2. **과도한 노출을 피하라.** 대다수 사람은 단지 직원이 아니라 온전한 인격체로 대우받고 싶어 한다. 다만 일과 개인적 삶을 뒤섞는 데 있어서 편안함을 느끼는 정도는 저마다 다르다. 당신이 개인적 삶을 편하게 이야기하는 유형이라면 다음과 같은 안전 조치를 취하라. (1)

대외적으로 기꺼이 알릴 수 있는 것만 이야기하라, (2) 이야기를 들려주되 묻지 마라(그러면 다른 사람들이 자발적으로 자신의 이야기를 들려준다), (3) 동료가 고마워하고 자신의 이야기를 들려줄 때만 계속 이야기하라. 동료가 자신의 이야기를 들려주지 않는 것은 달가워하지 않는다는 신호일 수 있다.

3. **당신의 도움이 실제로 도움이 되게 하라.** 파티에 일찍 도착해서 마지막 준비를 도와주겠다고 나섰지만 지시, 주의, 인정이 너무 많이 필요해서 거추장스럽고 성가신 손님처럼 되지 마라. 다음 3가지 팁을 활용해 도와주겠다는 당신의 제안이 부담이 아니라 축복이 되게 하라. (1) "무엇을 도와줄까요?"라고 묻지 말고 "~을 하면 도움이 될까요?"라고 물어라, (2) "어떻게 하면 될까요?"라고 묻지 말고 "제가 알아야 할 구체적인 요건이 있나요, 아니면 제가 알아서 하면 되나요?"라고 물어라, (3) 당신이 무슨 일을 했는지 알리고, 다르게 하기를 바라면 말해달라고 하라.

○ **관리자를 위한 코칭 팁:** 8장 끝부분에 나오는 '감독의 전략'에서 팀원들이 일을 가볍게 만드는 데 도움을 주는 코칭 팁을 확인할 수 있다.

일을 가볍게 만들어라

이 장은 임팩트 플레이어가 끊임없는 요구에 대처하는 양상과 팀에 속한 모두를 위해 긍정적이고 생산적인 업무 환경을 조성하는 양상을 설명한다.

	기여자 마인드셋	임팩트 플레이어 마인드셋
관행	부담을 더한다.	일을 가볍게 만든다.
가정	내게는 리더의 도움이 필요하다(의존).	· 나의 노력이 팀에 속한 모두를 위해 일을 더 낫게 만든다(기여). · 나는 팀의 중요한 일원이다(소속감). · 나는 모두를 더 행복하게 만들 수 있다(혜택).
습관	· 주의가 필요하다. · 도움을 바란다. · 스트레스를 가중한다.	· 저관리 · 부담을 줄인다. · 분위기를 밝게 만든다.
영향	이 마인드셋은 특히 어려운 시기에 이미 과도한 부담에 시달리는 리더와 팀의 부담을 가중한다.	모두가 같이 일하고 싶어 하고, 높은 성과를 올리며, 허튼짓을 하지 않는 플레이어라는 평판을 얻는다. 이런 플레이어는 협력과 포용의 문화를 강화한다.

피해야 할 함정 요소: ① 대면 시간, ② 과도한 플레이, ③ 지나친 사생활 공개, ④ 응원단

PART 2

Impact Players

임팩트
플레이어는
어떻게
탁월해지는가

파급력을 키워라

————

어떤 사람들은 큰 무대에 서서 밝은 조명을 받으면 대단해진다고 생각한다.
그러나 조명은 어둠 속에서 했던 일을 드러낼 뿐이다.

제프 바제나루(미국의 전 야구 선수)

지금까지 임팩트 플레이어 마인드셋을 해부했다. 우리는 임팩트 플레이어의 마인드셋과 행동을 분석했으며, 무엇이 훌륭한 행동인지 안다. 이 장에서는 당신, 그리고 당신이 이 마인드셋을 강화하기 위해 할 수 있는 일로 초점을 옮길 것이다. 당신은 단지 행동만 바꾸는 것이 아니라 행동 이면의 신념을 바꿔야 한다. 먼저 아주 극단적인 사례부터 살펴보자. 그것은 이런 정신을 아주 힘들게 습득하고 모범적으로 구현한 사람의 이야기다. 그는 진정한 역경을 극복했고, 새로운 신념과 씨름했으며, 힘든 행동 변화를 이뤄냈다.

페르난도 카리요는 런던에서 활동하는 비영리단체의 대표이자 팟캐스트 진행자, 성공회 목사이다. 그는 상냥하고, 낙관적이며, 모든 일에 성심을 다한다. 또한 뛰어나게 일을 하며, 다른 사람들을 함께 데려가는 태도로 그 일을 한다. 그의 〈런던스 리더십〉 팟캐스트에 출연하는 게스트는 그의 준비와 충실한 조사에 따른 질문에 감탄한다. 또한 자신과 자신의 생각이 중시된다는 느낌을 받는다. 그의 비영리단체인 웰워터WellWater와 협력하는 사람들은 그의 긍정성과 능숙성, 팀을 위해 소속감과 목적의식을 창출하는 방식을 높이 평가한다. 그중 한 사람은 그에 대해 "힘든 난관을 지나는 동안에도 뛰어난 유머를 유지하고, 모두의 사기를 북돋아요"라고 말했다.

페르난도는 타고난 임팩트 플레이어처럼 보인다. 그러나 그가 임팩트 플레이어의 사고방식을 가지고 태어난 것은 아니었다. 그는 임팩트 플레이어의 마인드셋과 관행을 힘들게 습득했다. 변화의 길은 고되고 길었다. 그는 어머니가 수감되어 있던 마이애미 교도소에서 태어났다. 그의 아버지는 곧 어디론가 사라졌다. 4세 때 어머니가 치료소에 들어가는 바람에 그는 런던으로 가 친척과 같이 살게 됐다.

페르난도는 15세에 학교를 중퇴했다. 취직할 수 있는 자격 요건도, 미래에 대한 전망도, 어른들의 지원도 없었다. 그는 17세에 소년원에 수감됐다. 그래도 출소하면 상황이 나아지리라 생각했다. 하지만 상황은 오히려 더 나빠졌다. 그는 마약과 범죄의 세계에 깊이 빠져들었다. 결국 19세에 심각한 중독자가 됐다. 한창 상태가 나빴을 때는 5일 동안 먹지도, 자지도 않았다. 그는 치료소에서 4개월을 보낸 후 퇴소하면서 다른 삶을 살기 위한 계획을 세웠다. 그는 마약을 끊고, 일자리를 구하고, 대학에 진학할 작정이었다. 그러나 현실의 벽에 부딪히자마자 그의 의지력은 무너지고 말았다. 불확실성과 스트레스에 직면했을 때 그가 아는 유일한 극복 기제는 탈출이었다. 이후 2년 동안 그는 재입소와 재중독을 반복했다. 잘못을 저지를 때마다 자신은 사랑받지 못하고, 혼자이며, 절대 좋아질 수 없는 실패자라는 믿음이 그의 신념 체계에 더욱 깊이 새겨졌다.

페르난도는 레스토랑 주방에서 일하게 됐다. 빡빡한 일정은 그에게 절실히 필요한 루틴과 경로를 유지해야 할 이유를 제공했다. 그는 마약이 널린 환경에서 살았고, 여전히 재중독에 취약했다. 그러나 그는 작은 성공을 축적하고 있었다. 자기도 할 수 있다는 증거가 쌓여갔다. 그는 자신이 변하고, 배우고, 적응할 수 있다고 믿기 시작했다. 한 친구가 교회로 초대했을 때 그는 초대에 응했다. 런던에 사는 남미계 신자들이 다니는 작은 교회였다. 거기서 그는 서로를 돕는 공동체에 받아들여졌다. 그는 여전히 중독에 따른 복잡한 문제에 시달렸다. 그때 한 멘토가 나타나 인생 가이드가 되어주었다. 멘토는 그에게 책임감을 가진다는 것이 어떤 의미인지, 조건 없이 사랑받는 것이 어떤 느낌인지 가르쳐 주었다. 페르난도는 대학 입시 과정에 들어가 학생으로서 성공을 거뒀다. 또한 대학에 들어갈 수 있는 길을 찾았다. 각각의 성공은 그에게 생겨난 성장형 마인드셋을 강화했다. 그는 새로운 가능성을 보기 시작했다. 그의 모든 초점은 자신이 처한 난관에서 주위에 있는 사람의 필요로 옮겨 갔다. 시각도 바뀌었다. 그는 자신이 사회에 기여할 수 있으며, 세상에 진정한 변화를 일으킬 수 있다고 생각하기 시작했다.

페르난도는 삶이 안정되자 자신이 너무나 잘 아는 고난에 직면한 청소년들에게 주의를 돌렸다. 그는 그들을 돕기 시작했으며, 봉사에 대한 열정을 발견했다. 새롭게 자신의 능력에 대한 자각이 생기면서 어려운 상황에 적극적으로 나서기 시작했다. 친구의 도움을 받아 런던의 저개발 지역에서 불우 청소년을 위한 헬스장을 열었다. 웨스트민스터대학교에서 스페인어 부전공 국제비즈니스 학위를 딴 데 이어 편입을 통해 신학 학위를 땄다. 런던 중심부에 자리한 활기찬 성공회 교회인 홀리 트리니티 브롬튼에서 학생부 목사로 일하기 시작했다. 청소년들이 자신의 재능을 살려서 공동체에 봉사할 수 있도록 돕기 위해 웰워터를 설립했다. 그의 목표는 세상에서 빈곤을 제거하도록 도울 리더를 양성하는 것이었다. 그동안에도 그는 공부를 계속해 미들섹스대학교에서 기독교 리더십 석사 학위를 땄다. 2020년 9월의 어느 조용한 일요일 아침, 그는 런던의 세인트폴성당에서 안수를 받고 성공회 목사가 됐다.

페르난도가 말한 대로 이 획기적인 행동 변화를 촉진한 것은 마인드셋에 일어난 심대한 여러 변화였다. 가장 먼저 일어난 것은 정체성의 변화였다. 그는 "저 자신이 의미 없는 존재라고 생각하다가 의미 있는 존재임을 알게 되었습니다. 저는 저의 가치를, 제게도 남에게 베풀 수 있는 게 있다는 사실을 알게 되었습니다"라고 말했다. 이 새로운 정체성은 새롭게 찾은 영성을 통해 형성됐다. 매일 아침 그는 자신의 내적 가치와 진정한 정체성을 반영하는 자신에 대한 일련의 선언을 낭독했다. 그는 한 개인으로서 자신이 가치를 지닌다는 깊은 신념을 토대로 일했다. 그 결과 자신의 능력도 다르게 보기 시작했다. 이제 20대 후반인 그는 "정확한 날짜는 기억나지 않지만 아침에 일어나 어떤 일이든 할 수 있다고 느꼈던 날이 기억나요. 더 큰 난관도 대처할 수 있는 힘과 능력을 느꼈어요"라고 회고했다.

페르난도는 자신의 능력을 더 잘 이해하게 되면서 난관과 역경을 다르게 해석하기 시작했다. 그는 극심한 난관도 위협이 아니라 성장할 기회로 보았다. 이는 피드백에 대한 태도에서 가장 잘 드러났다. 그는 "피드백을 받을 수 있기까지 아주 긴 여정을 지났어요"라고 설명했다. 그전에는 너무 고통스러워서 피드백을 피했다. 그는 피드백을 감정적으로 받아들였다. 즉 자신의 정체성에 대한 공격, 자신의 능력에 대한 모욕으로 받아들였다. 그는 "부정적인 피드백은 저 자신에 대해 가졌던 부정적인 신념을 뒷받침했습니다. 제가 아웃사이더이고, 결코 유능할 수 없으며, 나약하다는 사실을 상기시켰어요"라고 말했다. 시간이 지나면서 그의 태도는 바뀌었다. 매일 자기 선언문을 읽는 일은 그가 지닌 능력을 확인해 주었고, 행동을 바꿀 수 있다는 자신감을 심어주었다. 현재 페르난도는 피드백과 아주 다른 관계를 맺고 있다. 그는 "이제는 항상 피드백을 구해요. 어떻게 하면 개선할 수 있고, 더 잘할 수 있는지 말해줄 사람을 절실하게 찾죠. 그건 성장할 수 있는 최고의 기회예요"라고 말했다.

페르난도는 세상을 바꿀 수 있는 청소년 리더를 계속 육성한다. 그는 웰워터, 팟캐스트, 목회 활동을 통해 그 일을 한다. 이런 노력을 촉진하는 것은 지금 어디에 있든, 과거에 어디에 있었든 간에 모두가 리더가 될 수 있다는 믿음이다. 다른 한편 그는 자신에 대한 노력을 멈추지 않는다. 그는 매주 멘토를 만나고 매일 일기를 쓴다. 또한 경영자 코치와 협력하고, 다른 리더들을 조언한다. 근래에는 마셜 골드스미스 100코치에 합류했다. 이는 자신의 재능을 활용해 뛰어난 사람과 조직을 더 낫게 만드는 일에 큰 성과를 낸 경영자 코치, 저술가, 리더의 모임이다.

새로운 행동으로 나아가는 길을 여는 일은 시간이 걸린다. 그 길에는 때로 깨달음이나 변혁적 경험이 있을 수 있다. 그러나 변화는 대개 거의 인지할 수 없을 만큼 조금씩 점진적으로 이뤄진다. 이 일련의 단계는 새로운 신념을 강화하고 새로운 행동을 보강한다. 페르난도는 "변화의 길을 오래 걸을수록 변화가 더 자연스러워집니다. 거의 알지 못하는 사이에 살아가는 방식이 되죠"라고 말했다.

우리는 우리를 둘러싼 환경을 거의 통제할 수 없다. 그러나 일과 삶에서 우리의 반응을 통제하고 행동과 신념을 바꾸는 것은 가능하다. 생각과 행동의 패턴을 바꾸는 방법을 보여주는 모범은 아주 많다. 대다수 전문가는 행동은 신념에 좌우된다고 주장한다. 즉, 먼저 마인드셋을 바꿔야 새로운 관행이 뒤따른다는 것이다. 다른 전문가들은 새로운 행동에 대한 실험이 새로운 마인드셋으로 이어질 수 있다고 주장한다. 다만 모두가 동의하는 한 가지 사실이 있다. 신념을 바꾸고 행동을 조정하는 일은 쉽지 않으며, 우리에 대한 다른 사람의 시각을 바꾸는 일도 마찬가지다. 지금부터 힘든 변화를 약간은 쉽게 만들어주는 몇 가지 방법을 설명하겠다. 먼저 잡초를 헤치고 임팩트 플레이어 마인드셋의 뿌리로 내려가보자.

이면의 신념과 행동을 터득하라

나는 지금까지 리더들을 교육하는 과정에서 변화에 실패하는 일반적인 이유는 의욕의 결여가 아니라 과잉 때문임을 깨달았다. 우리는 대개 새로운 행동을 한 번에 너무 많이 받아들이려 하다가 실패한다. 게리 켈러는《원씽》에서 "생각보다 적은 훈련으로도 성공할 수 있다. 거기에는 단순한 이유가 있다. 성공의 핵심은 모든 일을 올바로 하는 것이 아니라 올바른 일을 하는 것이기 때문이다"라고 썼다.[1] 임팩트 플레이어의 다양한 태도와 관행을 받아들이려 할 때도 그렇다. 이 책에서 소개한 많은 사람의 사례에 고무되어, 비슷한 방식으로 행동하면 자신과 동료들의 가치를 크게 높일 수 있다고 믿는 것은 좋다. 그러나 지금까지 살핀 모든 마인드셋 및 행동 측면의 특성을 실행에 옮기려고 하는 것은 버거울 수 있으며, 거의 확실히 실패할 수밖에 없다. 장담하건대 전체 패키지를 갖추지 않아도 최고의 기여자로 평가받을 수 있다. 실제로 우리가 조사한 임팩트 플레이어들은 대개 5가지 특징 중 3~4가지를 드러냈다(정확하게는 3.17개). 그러나 3가지 특징을 개발하려고 애쓰거나 여러 스마트 플레이를 실행하려고 애쓰는 일도 벅찰 수 있다.

임팩트 플레이어 마인드셋을 개발하는 보다 강력하고 지속 가능한 접근법이 있다. 수많은 외향적 행동을 동시에 실행하려고 애쓰지 말고 근본을 이루는 내부적 관행 중 하나에 집중하라. 우리는 이를 '마스터 스킬Master Skill'이라고 부른다. 우리가 조사한 모든 고파급력 기여자는 2가지 마스터 스킬을 보유하고 있는 것으로 보인다. 속도나 손-눈 협응Hand-Eye Coordination 같은 신체적 역량은 폭넓은 스포츠에서 근본적인 역할을 한다. 마찬가지로 마스터 스킬은 모든 임팩트 플레이어 특징에서 근본적인 역할을 한다. 마스터 스킬을 성실하게 연마하면 자연스럽게 올바른 행동이 나온다. 첫 번째 마스터 스킬은 일을 통해 섬기는 사람과 공동체의 눈으로 상황을 바라보는 것이다. 두 번째 마스터 스킬은 다른 사람들이 위협을 볼 때 기회를 보는 것이다. 그러면 관점을 바꾸는 일이 어떻게 자연스럽게 행동과 파급력을 바꾸는지 살펴보자.

마스터 스킬 1: 관점 바꾸기

문제에 직면하면 명민한 행동 중심 직장인은 자연스럽게 상황을 평가하고, 주도적으로 나서고, 신속하게 행동한다. 다만 잘못된 표적을 맞히기 쉽다. 자신의 머릿속에 갇혀서 자신이 가장 중요하다고 생각하는 일에 매달리는 직장인이 너무나 많다. 그들은 자신의 관점을 넘어서지 못한다. 그들의 의도는 긍정적이다. 문제는 잘못된 관점으로 상황을 바라본다는 것이다. 시야가 제한되면 파급력도 제한된다.

파급력을 키우려면 다른 사람들에게 가치 있는 것이 무엇인지 알아야 한다. 다른 사람의 눈으로 상황을 보도록 두뇌를 훈련해야 한다. 우리의 일을 통해 혜택을 얻는 사람의 눈으로 바라보아야 한다. 더 명확하게 보려고 눈에 잔뜩 힘을 준다고 해서 시력이 개선되는 것은 아니다. 시력을 개선하려면 관점을 바꾸고 다른 각도에서 상황을 관찰해야 한다. 제임스 디콘이 말한 대로 "당신이 보는 것은 보는 대상뿐 아니라 보는 위치에 따라서 달라진다".

이는 내가 가장 좋아하는 제이 보너 리치 교수에게 배운 원칙이다. 그는 많은 사람에게 영향력 있는 멘토일 뿐 아니라 스스로 학생이 됨으로써 세계 평화를 촉진하는 일에서 영향력 있는 플레이어가 됐다.

○ **새로운 관점** | 제이 보너 리치는 브리검영대학교 메리어트경영대학원의 조직행동학 교수였다. 또한 예루살렘에 있는 위성 캠퍼스에서 상임 연구원으로 활동하기도 했다. 이 캠퍼스는 역사적 도시의 동쪽 끝에 있는 스코퍼스산에 자리하고 있었다. 그는 몇 달 동안 동이스라엘에서 생활하고 일하면서 학생들에게 리더십을 가르치고 지역 공동체에서 교육 프로그램을 운영했다. 어느 날 보너는 집으로 차를 몰다가 지름길로 가려고 동예루살렘의 팔레스타인 거주 구역인 잇사위야를 지나게 됐다. 그가 동네를 지나가는 동안 한 무리의 10대가 그의 차를 둘러싸고 돌멩이를 던지기 시작했다. 작은 돌멩이가 아니라 무기가 될 만큼 큰 돌멩이였다. 길은 좁았고, 빠져나갈 곳은 없었다. 몇 개의 돌멩이가 운전석 창문을 뚫고 날아들었다. 그는 어깨에 충격을 느꼈다. 살펴보니 흰색 셔츠가 피에 물들어 있었다. 그는 겨우 후진으로 언덕길을 올라간 다음 상황이 악화되기 전에 현장을 떠났다. 그는 먼저 집에 들렀다가 병원으로 갔다. 의사는 그의 팔과 얼굴에 박힌 유리 조각 30개를 제거했다.

하루 동안 휴식은 취한 보너는 붕대를 감은 채 다시 잇사위야를 방문했다. "공격자들에게서 더 많은 정보를 얻기 위한"[2] 방문이었다. 그는 이틀 전에 돌멩이가 날아들 때는 분노했다. 하지만 그날은 보복이 아닌 이해를 위해 잇사위야로 돌아갔다. 그는 통역자를 대동했으며, 이번에는 차를 몰지 않고 걸어갔다. 그는 무크타르(촌장)와 이야기하게 해달라고 요청했다. 그는 무크타르에게 자신을 공격한 소년들과 대화를 나눠서 의도를 이해하고 싶다고 설명했다. 무크타르는 그에게 사과하고 세 명의 불안해하는 소년들을 불러 모았다. 보너는 그들에게 친구가 되고 싶다고 설명한 후 "왜 그랬니? 무엇 때문에 그런 짓을 했어?"라고 물었다. 아이들은 그의 차가 이스라엘의 노란 번호판(팔레스타인은 파란 번호판을 쓴다)을 달고 있었기 때문이라고 설명했다. 그리고 "친구가 되려는 건 고맙지만 아저씨의 차는 부서져야 해요"라고 덧붙였다. 소년들에게 그 번호판은 점령의 상징이었다. 보너는 소년들과 다른 마을사람들의 말을 듣고 오랫동안 대화를 나누었다. 그는 나중에 그때를 회고하면서 "나는 좌절과 절망이 가득한 그들의 말을 들었다. 폭력이 필요하다는 논리는 받아들일 수 없었지만 자유와 독립에 대한 욕구를 이해했다. 우리는 적이 아니라 친구가 됐다"라고 썼다.[3]

그 경험은 보너와 예루살렘의 유대인 및 아랍인 공동체 사이에 깊은 관계를 형성한 여러 경험 중 하나였다. 잇사위야의 세 소년은 가끔 선물을 들고 대학 연구소로 그를 찾아왔다. 그는 계속 위성 캠퍼스에서 일하면서 아랍인 공동체와 유대인 공동체의 리더들을 한데 묶는 리더십 워크숍을 진행했다. 그는 두 공동체 사이에 다리를 놓는(양쪽을 다 알지만 한쪽 편을 들지 않는) 사려 깊은 리더라는 평판을 얻었다.

1993년 봄, 보너는 팔레스타인해방기구PLO 의장인 야세르 아라파트 밑에서 일하는 사람으로부터 갑작스러운 연락을 받았다. 아라파트가 교량 건설자로서 보너의 평판을 듣고 튀니지에 있는 PLO 본부에서 만나고 싶어 한다는 것이었다. 며칠 후 보너는 눈이 가려진 채 여러 번 차를 옮겨 타고, 비밀 터널을 지난 후에야 마침내 아라파트와 대면했다. 아라파트는 그에게 인사를 건넨 후 상황을 설명했다. 이스라엘 측과 처음으로 평화 회담을 할 기회가 주어졌다는 내용이었다. 그러나 PLO 집행부 중 절반은 이스라엘과 평화를 도모한다는 생각에 결사반

대했다. 아라파트는 1주일 후 이스라엘 총리인 이츠하크 라빈과 만날 예정이었다. 그는 보너에게 며칠 동안 집행부 인사들과 같이 지내면서 평화에 대해 마음을 열도록 도와달라고 요청했다. 보너는 아라파트가 요청한 대로 했다. 그다음 주에 아라파트와 라빈은 평화 회담을 시작했다. 두 사람은 그해, 1993년 가을에 오슬로 협정에 서명했다.

보너는 자신의 상처를 치료하는 데서 그치지 않고 시야를 넓히려 애썼다. 즉 다른 집단이 자신의 존재를 어떻게 보는지 이해하고, 다른 관점을 고려하려 애썼다. 평화협정은 수많은 사람의 노력으로 성사됐다. 보너는 다른 사람들의 눈으로 보려는 의지를 지녔기 때문에 중요한 기여를 할 수 있었다. 확장된 시야는 영향력 있는 역할을 수행하도록 해주었다.

당신은 이해와 시야의 폭을 넓히기 위해 어떤 일을 할 수 있는가? 가치에 대한 단면적 관점에 의존하는가, 아니면 조직의 눈으로 가치를 바라보는가? 다른 사람들이 보는 것을 보려고 노력하면 시력이 개선된다. 다른 사람들에게 중요한 것을 자신에게도 중요한 것으로 만들면 올바로 방향을 설정하고 파급력을 키울 수 있다.

조직의 관점으로 바라보면 그들에게 무엇이 중요한지 명확하게 드러난다. 그들의 우선순위와 필요에 대한 이해도가 높아진다. 반드시 해야 할 진정한 일을 더 나은 각도에서 바라볼 수 있다. 진정한 필요와 우선순위를 이해한 후 리더십 공백을 접하면 가만히 앉아서 요청을 기다리지 않는다. 앞으로 나서서 이끌게 된다. 리더가 지는 부담을 이해하면 단지 대면 시간을 늘리려고 그들의 사무실에 들르지 않는다. 앞으로 나서서 그들을 위해 일을 가볍게 만들게 된다. 요컨대 관점을 바꾸면 파급력을 키울 수 있다.

아래 그림은 관점 변경이라는 마스터 스킬이 임팩트 플레이어의 여러 마인드셋을 촉발하는 데 도움을 주는 양상을 보여준다. 개선된 관점은 전형적 기여자의 발목을 잡는 덫을 포착하고 회피하도록 해준다.

다음은 관점을 바꾸고 행동을 위한 더 나은 각도를 확보하는 몇 가지 간단한 방법이다. 먼저 줌아웃하라. 조직이나 업무 절차에서 당신이 있는 위치에서 뒤로 물러서서 광각렌즈로 상황을 보려고 노력하라. 다른 플레이어들은 누구이고, 그들이 성공하기 위해 내게서 무엇을 필요로 하고, 나의 일로 밑에서 영향을 받는 사람들은 누구이고, 내가 하는 일로 가장 큰 혜택을 누리는 사람은 누구이며, 무엇이 그들에게 가장 큰 혜택을 줄 것인지 자문하라. 다음으로 줌아웃 대신 줌인하라. 다만 다른 사람의 관점을 취하라. 그저 다음과 같은 질문을 던지면 된다. "당신의 관점에서 이 상황을 어떻게 보나요?", "제가 보지 못한 것은 무엇인가요?", "이 문제가 당신에게 개인적으로 어떤 영향을 끼

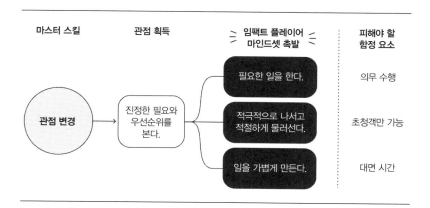

마스터 스킬	관점 획득	임팩트 플레이어 마인드셋 촉발	피해야 할 함정 요소
관점 변경	진정한 필요와 우선순위를 본다.	필요한 일을 한다.	의무 수행
		적극적으로 나서고 적절하게 물러선다.	초청객만 가능
		일을 가볍게 만든다.	대면 시간

치나요?", "당신이 생각하는 성공은 무엇입니까?" 상황에 대한 조직의 관점을 보다 잘 이해하기 위해 말 그대로 자리를 바꿀 수도 있다. 회의에서 다른 자리에 앉거나 원래는 참석하지 않는 회의에 참석하라. 또는 고객 방문에 따라가거나, 하루 종일 자신이 담당한 제품을 사용해보거나, 다른 동료가 자리를 비우는 동안 업무를 대신 처리하겠다고 자원할 수 있다. 이런 일은 당신이 섬기는 사람들의 경험을 이해하고 개선하는 데 도움이 된다. 그리고 더 오래 들어라. 대다수 사람은 파급력 있는 일이 대개 호기심, 공감, 경청으로 시작된다는 사실을 안다. 당신은 큰 파급력을 발휘하는 데 필요한 이해를 얻을 수 있을 만큼 오래 듣는가? 마이클 번게이 스태니어는 《좋은 리더가 되고 싶습니까?》에서 "호기심을 약간 더 오래 유지하고 행동과 조언은 약간 더 천천히 할 수 있는가?"라고 묻는다. 1장에서 소개한 브라질의 SAP 소프트웨어 엔지니어인 파울로 부텐벤더는 이 접근법을 잘 보여준다. 파울로는 대다수 비즈니스 애플리케이션 엔지니어처럼 고객의 필요를 조사하고, 어떤 기존 애플리케이션 모듈이 그들의 비즈니스 요건에 맞을지에 대한 관점을 제시하며, 고객이나 사용자와 대화를 나눠서 그들의 필요를 완전히 이해했는지 확인한다. 대다수 엔지니어는 고객의 이야기를 들을 때 정보 수집에서 문제 해결로 머릿속 스위치를 돌린다. 그래서 수정과 해결책에 대해 생각하기 시작한다. 파울로가 그들과 다른 점은 오래 듣는다는 것이다. 그는 우리에게 "대개 1주일 내내 듣습니다"라고 말했다. 그는 준비된 상태로 고객을 만나고 소프트웨어 해결책을 잘 안다. 그럼에도 전문적인 의견을 제시하거나 문제 해결 모드로 전환하려는 본능적인 충동을 억누르고 계속 듣는다. 이는 의식적 노력이다. 그는 "해결책을 주는 게 아니라 문제를 이해하는 데 전체 시간을 쓰려고 애씁니다. 해결책을 제시하는 일은 다음 회의까지 기다립니다"라고 설명했다. 그는 5일 연속으로 하루에 4~5시간 동안 듣기만 하는 것이 정말 힘들다고 인정했다. 하지만 그 보상은 고생할 만한 가치가 있다. 그의 동료와 고객들이 아는 대로 그가 설계하는 소프트웨어는 더 뛰어나고, 필요에 더 잘 맞춰져 있고, 파급력이 더 강하다.

뒤로 물러서서 더 오래 들으면 일이 어떻게 개선될까? 자리를 바꾸고, 새로운 관점을 취하고, 약간 더 오래 호기심을 유지함으로써 파급력을 키울 수 있는가?

마스터 스킬 2: 렌즈 변경

내가 리치 교수에게 배운 많은 교훈 중 하나는 모호성을 관리하는 것이 뛰어난 리더십의 핵심 기능이라는 것이다. 불확실한 시기에 최고의 리더는 모호성을 흡수함으로써 팀을 위해 안정성을 창출한다. 그들은 불확실성을 편하게 대할 수 있어야 한다. 미지의 요소를 기회로 바꿀 수 있을 만큼 불확실성을 오래 붙들고 있어야 한다. 불확실성(그리고 역경)을 편하게 대하는 태도는 우리가 조사한 임팩트 플레이어의 특징 중 하나이자 그들과 동료들을 나누는 핵심적인 차별화 요소였다. 실제로 1장에서 소개한 5가지 일상적 난관(난처한 문제, 불분명한 역할, 예견하지 못한 장애물, 움직이는 표적, 끊임없는 요구)은 로르샤흐 검사 Rorschach Test와 같다. 같은 상황에서 대다수 사람은 피해야 할 위협을 보지만 임팩트 플레이어는 가치를 더할 기회를 본다. 미국 걸스카우트 전 대표 프랜시스 헤셀바인은 "우리는 변화를 위협이 아니라 도전으로 본다"라는 말로 이 마인드셋을 잘 표현했다.[4]

어려운 상황을 위협이 아니라 기회로 해석하는 능력은 스트레스를 효과적으로 극복하는 능력에 심대한 영향을 끼칠 수 있다. 인지심리학자 리처드 라자러스와 수잔 포크먼은 이를 '감정鑑定'이라고 일컫는다. 감정은 개인이 삶에서 접하는 스트레스 인자에 대응하고 그것을 해석하는 방식을 가리킨다. 그들은 1차 감정 동안 개인은 목표 달성에 도움이 되는지 여부에 따라 어떤 사건이 긍정적인지 또는 위험한지 해석한다고 주장한다. 뒤이어 2차 감정 동안 개인은 구체적인 상황을 극복하는 자신의 능력이나 자원을 평가한다.[5] 이를테면 팀에 공식 리더가 없는 것을 기회로 인식하면, 리더십 공백을 채울 가능성을 보게 된다. 자신에게 동료들을 이끌 능력이 충분하다고 생각하면 앞으로 나서서 선도하게 된다. 반면 같은 상황을 위협으로 감정하면, 리더의 의견을 따르게 된다. 그들이 불확실성에 대처하고 방향을 제시해주기를 바라면서 말이다.

이 2가지 세계관의 차이는 볼록렌즈와 오목렌즈의 차이와 비슷하다. 모호성을 위협으로 보는 것은 볼록렌즈로 보는 것과 같다. 그래서 광선이 대체로 우리 자신에 해당하는 단일 지점으로 수렴하게 된다. 위협 렌즈를 쓰면 근시안에 빠진다. 즉 시선을 내부로 돌리고, 상황의 파급력을 고려하며, 자신이 통제력이나 조직의 지원 없이 혼자 서 있다고 여기게 된다.

반면 모호성을 기회의 렌즈로 보면 그에 따른 이미지는 보다 확대

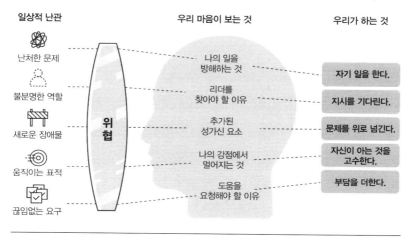

위협 렌즈

이 렌즈로 보면 근시안에 빠져서 자신이 혼자이며, 통제력이 없다고 생각하게 된다.

일상적 난관   우리 마음이 보는 것   우리가 하는 것

난처한 문제 ····· 위협 ····· 나의 일을 방해하는 것 ····· 자기 일을 한다.

불분명한 역할 ····· 리더를 찾아야 할 이유 ····· 지시를 기다린다.

새로운 장애물 ····· 추가된 성가신 요소 ····· 문제를 위로 넘긴다.

움직이는 표적 ····· 나의 강점에서 멀어지는 것 ····· 자신이 아는 것을 고수한다.

끊임없는 요구 ····· 도움을 요청해야 할 이유 ····· 부담을 더한다.

된다. 그래서 주위에서 일어나는 일을 파악하게 된다. 이는 광선을 분산하는 오목렌즈의 효과와 비슷하다. 기회 렌즈를 쓰면 보다 폭넓은 맥락을 보게 된다. 즉, 선택의 장점뿐 아니라 단점과 조직에 가져올 혜택을 볼 수 있다.

○ **위험한 비즈니스** ┃ 마지막으로 내가 오라클에서 리더스 포럼을 관리하던 때의 경험으로 돌아가보자. 당시 나는 위험한 상황을 가치 있는 기회로 재구성할 수 있었다. 우리는 첫 1주일짜리 프로그램을 중간 정도 진행한 상태였다. 모든 일이 순조로웠다. 다만 앞으로는 참가자들이 회사의 전략에 대해 배운 내용을 활용해 실제 주요 프로젝트를 처리해야 했다. 그때 나는 불만의 기운을 감지했다. 반장이 나를 따로 불러서 귀띔을 해줬다. 참가자들은 프로젝트를 맡기보다 회사의 전략을

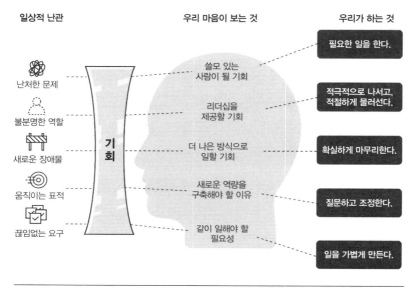

기회 렌즈

이 렌즈로 보면 보다 폭넓은 시야로 여러 선택지와 행동에 나설 이유를 보게 된다.

일상적 난관	우리 마음이 보는 것	우리가 하는 것
난처한 문제	쓸모 있는 사람이 될 기회	필요한 일을 한다.
불분명한 역할	리더십을 제공할 기회	적극적으로 나서고, 적절하게 물러선다.
새로운 장애물	더 나은 방식으로 일할 기회	확실하게 마무리한다.
움직이는 표적	새로운 역량을 구축해야 할 이유	질문하고 조정한다.
끊임없는 요구	같이 일해야 할 필요성	일을 가볍게 만든다.

개선하는 방법에 대해 최고 임원들에게 피드백을 주는 편이 훨씬 크게 기여하는 길이라고 생각했다.

이는 계획을 조금 수정하는 정도가 아니었다. 우리는 프로젝트를 준비하는 데 엄청난 시간과 자원을 투자했다. 최고 임원들은 다음 날 해결책이 나오기를 기대하고 있었다. 게다가 참가자들의 요구는 위험한 일탈이었다. 회사의 전략을 개선하는 일은 고상해 보였다. 그러나 자칫하면 불평과 폭로로 빠져들 수 있었다. 최고 임원들은 갑작스러운 비판을 고마워하는 경우가 드물다. 임금은 자신이 벌거벗고 있다는 말을 듣고 싶어 하지 않는다.

내가 깊이 존경하는 외부 컨설턴트는 "그렇게 하지 말라고 적극 조언하고 싶어요. 원래 계획대로 해요"라고 주의를 주었다. 우리 팀원들은 이것이 단지 큰 대가가 걸린 학습이 아님을 알았다. 거기에 걸린 대가는 '제정신이 아닌' 수준이었다. 나는 그들이 말하고자 하는 바를 잘 알았다. 새로운 시도가 특히 내게 나쁜 결말로 이어질 수 있다는 사실이 아주 명확했다. 그러나 고려할 만한 장점도 상당했다. 전략을 제대로 정비해 회사의 모든 구성원이 보다 잘 이해할 수 있도록 만드는 데 도움이 될지도 몰랐다. 실제로 임원들은 리더들이 그렇게 하기를, 회사 전체에 걸쳐 전략을 공유하기를 바랐다. 그들의 요구를 고려하는 동안 나는 이런 가능성을 머릿속으로 그렸다. "이 반란이 실은 헌신의 징표인 것은 아닐까?", "이 우회가 돌파구로 이어질 수 있을까?", "이 우회가 실로 우리에게 필요한 것이 아닐까?", "상황을 관리해 완전한 재난이 아니라 엄청난 성공을 만들 수 있을까?"

고위 임원들과 연락이 되지 않았다. 내가 아이들을 감독할 어른에 가장 가까운 사람이었다. 안전할 길을 택해야 할까, 아니면 더 큰 진전을 이룰 수 있는 험한 길을 택해야 할까?

나는 참가자들이 회사의 전략과 씨름하도록 허용하기로 결정했다. 고위 임원의 입장에 서는 것은 전략적 사고 능력을 연마하는 최선의 방법이었다. 참가자들은 내가 자유롭게 활동을 재구성해도 된다고 말했을 때 크게 기뻐했다(그리고 약간 놀랐다). 그러나 나는 또한 자유에는 의무가 뒤따른다는 점을 분명히 했다. 나는 "현재 상황을 비판하기만 하지 말고 가치를 창출해야 합니다"라고 주의를 준 다음 "여러분을 믿어요. 저를 실망시키지 마세요"라고 덧붙였다. 내게는 새로운 접근법의 혜택이 위험보다 크다는 사실이 명확했다. 다만 나보다 직급이 높은 고위 임원들도 내 생각에 동의하게 만들어야 했다. 나는 서둘러 집에 있는 고위 임원 세 명에게 전화를 걸었다. 그들의 승인을 요청하기에는 이미 늦었다. 그래서 나는 나의 생각을 밝히고 열린 마음으로 받아들여달라고 요청했다. 물론 그들은 처음에 약간 짜증을 냈다. 하지만 동시에 흥미를 느끼기도 했다.

참가자들은 밤늦도록 작업해 분석뿐 아니라 답까지 제시하는 설득력 있는 프레젠테이션을 했다. 이미 마음의 준비를 하고 있던 고위 임원들은 완벽하게 대응했다. 두어 번 불편한 순간이 있기는 했다. 그러나 떠오르는 리더들이 일으킨 파문은 보다 명확하고 설득력 있는 전략을 제공하는 변화의 물결이 됐다. 우리가 아직 닦이지 않은 길을 택한 덕분에 잠재적 반란은 운동으로 바뀌었다.

위협의 렌즈를 기회의 렌즈로 바꾸면 위험한 상황을 보람찬 경험으로 바꿀 수 있다. 인지적 재구성Cognitive Reframing(상황을 바라보는 방식을 파악하고, 의심하고, 변화시키는 심리적 기법[6])을 활용하면 위협적인 상황을 기회로 바라보는 데 도움이 된다. 특히 두려움을 수반하는 경우에 깊이 자리 잡은 신념을 바꾸기 위해서는 심층적 작업과 코치나 상담사의 도움이 필요할 수 있다. 그래도 계속 연습하면 상황을 재구성하는 일이 스마트폰으로 찍은 사진에 필터를 바꾸는 일만큼 간단해질 수 있다. 이를테면 느와르 필터를 선명한 필터로 대체할 수 있다. 다음 4단계를 활용하면 위협을 기회로 재구성하는 데 도움이 된다.

1. **모호성을 인식하라.** 불확실성과 난관으로 가득한 상황을 찾아라. 이런 상황에서 임팩트 플레이어는 다른 사람들과 확연히 다르게 생

각하고 대응하는 경향이 있다. 앞에서 말한 5가지 상황(난처한 문제, 불분명한 역할, 예견하지 못한 장애물, 움직이는 표적, 끊임없는 요구)은 잠시 멈춰서 어떤 렌즈를 쓰고 있는지 점검하라는 신호로 기능할 수 있다.

2. **렌즈를 점검하라.** 자신의 생각과 반응에 주의를 기울여라. 당신이 위협 렌즈를 통해 상황을 바라보고 있다는 신호가 있는지 확인하라. 앞서 살펴본 '위협 렌즈' 그림 또는 다음 질문을 참조하라.

- 잘될 가능성보다 잘못될 위험을 주로 신경 쓰는가?
- 외부를 바라보는 게 아니라 내부로 끌려들어 가고 있는가?
- 자신에게 충분한 역량과 자원이 있다고 생각하는 게 아니라 능력이나 힘 또는 자원이 부족하다고 생각하는가?

3. **상황을 재구성하라.** 기회 렌즈로 바라보면 상황이 어떻게 보일지 고려하라. 현재 위협적으로 느껴지는 상황을 파악하고 이런 질문을 제기하라.

- 임팩트 플레이어는 어떻게 이 상황을 가치를 더할 기회로 볼까?
- 이 상황은 어떻게 나 자신의 목표에 긍정적인 파급력을 끼칠 수 있을까?
- 이 상황에 내재된 모호성을 헤쳐 나가기 위해 어떤 역량과 자원을 활용할 수 있을까?

4. **기회 렌즈로 교체하라.** 이제 이 상황을 기회로 본다면 어떻게 다르게 행동할지 고려하라. 앞서 살펴본 '기회 렌즈' 그림을 활용해 당신이 받아들일 임팩트 플레이어의 신념과 관행을 파악하거나, 다음과 같은 질문을 제기하라. "기회 렌즈로 본다면 어떤 신념과 행동

이 자연스럽게 뒤따를까?"

불확실성을 기회로 재구성하는 일은 과감하게 행동하는 데 도움을 준다. 그러나 단지 상황을 재구성하는 일만으로는 충분치 않을 수 있다. 이런 상황은 종종 위험(적어도 직업적으로)을 수반한다. 이때 위험을 제거해야 한다. 이를테면 앞서 살핀 사례에서 나는 집에 있는 오라클 고위 임원들에게 전화를 걸어서 나의 논리를 설명하고 그들의 기대를 재설정했다. 이는 잠재적으로 위험할 수 있는 상황에서 위험을 제거하기 위한 것이었다.

통제할 수 없는 상황에 대응하는 방식을 바꾸는 일은 스트레스를 안기는 상황을 바라보고 해석하는 방식을 재구성하는 일에서 시작된다. 관점과 렌즈를 바꾸는 일은 상황을 명확하게 바라보고 올바른 길을 택하도록 해준다. 다만 노력을 오래 지속하려면 신념보다 많은 것이 필요하다. 임팩트 플레이어 마인드셋이 실제로 더 큰 가치를 제공하고 영향력과 파급력을 키운다는 증거가 필요하다. 정리하면 다음과 같다.

위험을 제거하고 불확실성을 기회로 바꾸는 3가지 방법

- 잠재적 위험을 파악하고, 귀를 땅에 대고, 문제의 징후를 살펴라.
- 사람들에게 귀띔하고, 상방 위험과 하방 위험을 모두 제시하며, 그들에게서 필요한 것을 알려라.
- 경계선과 손절 지점을 정해 부정적인 결과를 최소화하고 대안을 마련하라.

증거를 수집하라

변화를 위한 시도 중 다수는 아주 좋게 출발하지만 확실하게 마무리되는 경우가 드물다. 왜 그럴까? 개선의 증거를 통해 진전을 검증하지 않고 순전히 의지력만으로 변화를 추진하기 때문이다.

나의 전 동료 중 한 명은 리더로서는 훌륭하지만 특히 동료를 지원하는 경우에 협력을 잘하지 못한다는 피드백을 많이 받았다. 그는 이런 피드백을 듣고 자신의 경력에 지장이 생길 것임을 알았다. 그래서 거기에 대처하기 위한 계획을 세웠다. 그는 72포인트에 굵은 글씨체로 자신을 상기시키기 위한 문구를 작성한 다음 책상 앞쪽 벽에 붙였다. 그 내용은 "필요한 일을 찾아서 공로를 인정받으려 하지 말고 실행하라"였다.

이 문구를 붙인 지 얼마 되지 않아서 나는 그가 다른 사람들을 도우려고 의식적으로 노력하는 모습을 보았다. 그의 행동은 꾸민 티가 났고 어색했다. 그래도 그는 올바른 일을 하고 있었다. 그로부터 2주가 지나지 않아서 문구가 사라졌다. 나는 그것을 희망을 기대할 만한 신호로 해석했다. 즉, 그가 팀워크의 기쁨을 발견했고, 더 이상 지속적인 촉구가 필요 없어서 그런 줄 알았다. 그러나 얼마 후 그는 과거의 방식으로 돌아가 자신의 어젠다를 밀어붙이고, 자신만 조명받기를 고집했다. 그는 '성공할 때까지 꾸미려고' 시도했지만 결코 성공하지 못했다. 나약하고 미숙한 마인드셋이 "리더가 되면 더 많은 공로를 인정받을 수 있다"라는 오랜 가정에 압도당했기 때문이다.

하버드의 로버트 키건과 리사 레이히는 이 역학을 '변화 면역

Immunity to Change'이라고 부른다. 그들은 〈하버드비즈니스리뷰〉에 실은 '사람들이 변하지 않는 진정한 이유'라는 제목의 논문에 이렇게 썼다. "변화를 위해 진정으로 노력하겠다고 마음먹는다 해도 많은 사람은 알지 못하는 사이에 숨겨진 반대의 의지를 향해 생산적인 기운을 쓴다. 그에 따른 역학적 평형상태는 저항처럼 보이는 태도를 통해 변화에 대한 노력을 정체시킨다. 그 저항은 사실 일종의 개인적인 변화 면역이다."[7] 나의 동료는 겉으로는 조연 역할을 하는 것처럼 보였다. 그러나 동료들을 돕겠다는 그의 의지는 깊게 자리 잡은 또 다른 가정과 경쟁하고 있었다. 그는 다른 사람들을 돕는 것이 어떻게 자신의 성공으로 이어지는지 알지 못했다. 그래서 결국 오랜 신념으로 퇴보하고 말았다. 변하겠다는 의지는 있었지만 증거가 없어서 포기한 것이다.

18세기 스코틀랜드 철학자 데이비드 흄은 "현명한 사람은 … 신념과 증거의 비율을 맞춘다"라고 말했다. 이를 위해 지금부터 증거를 활용해 임팩트 플레이어 마인드셋을 구축하고, 임팩트 플레이어라는 평판을 강화하는 3가지 방법을 살필 것이다. 첫 번째 방법은 실험적 행동을 지원해 증거를 수집하는 것이다.

실험하고 증거를 수집하라

초기의 행동과 신념은 취약하다. 또한 그것을 뒷받침하는 증거로 강화되기 전까지는 오래된 가정에 압도당한다. 이런 증거는 새로운 마인드셋을 둘러싸고 지지대를 형성한다. 이는 묘목이 홀로 설 수 있을 만큼 튼튼해질 때까지 버팀대가 안정성을 제공해주는 것과 같다. 의지력에 의존해(또는 책상에 구호를 붙여) 각오를 유지하려 하지 마라. 대신 초기의 마인드셋이나 행동에 대한 증거를 수집하고 근거를 구축함으로써 더 많고, 더 오래가는 성과를 거둘 수 있다. 키건과 레이히가 주장한 대로 기존 가정이 새로운 행동에 대한 의지를 저해한다는 사실을 알았다면, 오랜 가정의 타당성에 의문을 제기하고 새로운 가정의 효용성을 증명하는 경험을 적극적으로 추구해야 한다.[8]

새로운 관행을 시도하거나 새로운 신념을 받아들이려 하는 것을 하나의 실험이라고 생각하라. 머리부터 뛰어들지 마라. 가설을 세운 다음 실험을 통해 검증하고, 이론을 긍정하거나 부정하는 증거를 수집하는 과학자처럼 생각하라. 임팩트 플레이어 프레임워크는 과학적 방법론을 통해 개발됐다. 따라서 많은 작업은 이미 이뤄진 상태다. 이 마인드셋과 행동은 우리가 조사한 임팩트 플레이어들에게 효과가 있었다. 다만 내 말을 고스란히 받아들이면 안 된다. 당신만의 실험을 하라. 관행을 가설로 대하고 직접 증명하라.

이를테면 뉴질랜드의 비즈니스 전략가인 앤드루 리치는 회의에서 적게 말하는 것이 파급력을 높여준다는 가설을 검증해 보기로 마음먹었다. 그 방법은 회사의 분기 전략기획 회의에서 '칩을 현명하게 활용하라'라는 스마트 플레이를 시도하는 것이었다. 종일 치열하게 진행되는 이 회의는 뜨거운 논쟁으로 넘쳐 났다. 회사의 전략 전문가 중 한 명인 앤드루는 대개 가장 말을 많이 하는 사람이었다.

앤드루는 반드시 자신의 관점을 제시하고 칩을 활용해야 하는 3가지 주제를 파악했다. 2개의 칩은 그가 진전시키고 싶은 2개의 프로젝트에 활용될 것이었다. 나머지 하나의 칩은 논의하고 싶은 주요 주제를 위해 아껴둘 것이었다. 그는 이처럼 칩을 어떻게 쓸지 미리 계획하면서 요점을 통해 간결하게 자신의 고유한 관점과 증거를 공유할 준비를 했다. 그는 한 동료에게서 오늘은 왜 이렇게 조용하냐는 문자메시지를 받고 "칩을 현명하게 활용하는 중이야"라고 대답했다. 그의 동료는 엄지를 세워주었다.

그는 수술하듯 정밀하게 칩을 활용했다. 그 결과 회의가 끝날 무렵 그가 지지한 2개의 프로젝트가 승인됐다. 또한 그가 바란 대로 해당 주제에 대해 뜨거운 논쟁이 벌어졌다. 게다가 그는 다른 사람들의 관점을 실로 경청했다. 덕분에 다양한 어젠다가 작용하는 것을 보다 명확하게 파악할 수 있었다. 그는 "논쟁에 깊이 빠졌을 때는 이런 하위 맥락을 놓쳤습니다"라고 말했다.

앤드루는 우리에게 이 실험의 결과를 들려주었다. 그는 칩을 아껴 씀으로써 바라던 성과를 올렸을 뿐만 아니라 새로운 관점과 통찰을 얻었다. 이는 그가 같은 접근법을 다시 시도하게 만들 만큼 설득력 있는 증거였다. 이 경험은 줄기찬 주장이 영향력을 높인다는 오랜 신념에 의문을 제기했다.

임팩트 플레이어의 행동과 마인드셋으로 실험할 때 최소 유효 행동Smallest Viable Action을 취한 다음 증거를 수집하라. 다음 질문을 참조해 증거를 수집하고 새로운 행동의 효과(또는 유효성)를 파악하라.

- 무엇을 다르게 할 것인가?
- 다른 사람들은 당신의 행동에 어떻게 다르게 반응했는가?

- 당신이 바라던 성과를 냈는가?
- 이전 방식보다 효과가 좋았음을 보여주는 징표는 무엇인가?
- 이전 방식보다 효과가 나빴음을 보여주는 징표는 무엇인가?

새로운 신념이 정확하다는 압도적인 증거를 얻을 때까지 실험을 반복하거나, 상황에 맞게 접근법을 조정하라. 어떤 가정이 강화되거나 옳은 것으로 증명되었는지 확인하라. 실험적 관행이 더 나은 결과를 내지 못하면 결국에는 오래되고 신뢰하는 가정과 행동 패턴으로 돌아가게 된다. 새로운 행동을 실험할 때 오랜 가정의 구속력을 약화하고, 새롭고 보다 강력한 신념과 습관의 토대를 다지는 증거를 찾아라.

당신의 기여를 수면에 띄우고 입증하라

철학자들은 간단한(그리고 여러분도 이미 알고 있을지 모르는) 사고 실험으로 인식과 의미에 대한 질문을 제기했다. 그 내용은 "숲에서 나무 한 그루가 쓰러졌지만 주위에 그 소리를 들을 사람이 없다면 과연 소리가 난 것인가?"이다. 마찬가지로 우리는 이렇게 질문할 수 있다. "누군가가 중요한 기여를 했지만 아무도 모른다면 그 기여는 가치를 지니는가?" 어쩌면 그럴지도 모른다. 그러나 가치는 고객이나 리더 및 조직이 얻는 동시에 인식해야 한다.

지금까지 똑똑하고, 유능하며, 열심히 일하는 사람들이 기만적인 가치에 현혹되어 파급력을 떨어트리는 미달 기여의 비극을 이야기했다. 하지만 더 큰 비극은 보이지 않는 임팩트 플레이어다. 이는 임팩트 플레이어의 이상을 구현하면서도 그 성과가 간과되거나 당연시되는 기여자를 말한다. 그들은 이면에서 일하거나, 잘 대표되지 못한 집단에 속하는 바람에 잘 대표되는 집단의 이점을 누리지 못하는 이름 없는 영웅일 수 있다. 너무나 자주 그들의 일은 보이지 않으며, 그들의 목소리는 들리지 않는다. 명백히 포용적인 조직을 구축해야 하는 책임은 조직의 리더에게 있다. 또한 관리자는 겉으로 드러나는 특성을 넘어서 팀원들이 지닌 다양한 재능을 파악해야 할 책임을 진다(8장에서 다룰 주제). 리더와 조직이 당신의 역량을 보다 분명하게 보도록 도와준다고 해서 손해 볼 일은 없다. 그렇다면 당신의 일이 간과되지 않고, 다른 사람들이 당신의 기여가 지닌 진정한 가치와 파급력을 보도록 만들려면 무엇을 해야 할까?

○ **인텔 인사이드 띄우기** | 인텔은 비슷한 문제에 직면했다. 고객들은 인텔의 가장 가치 있는 제품이 지닌 가치를 보지 못했다. 때는 1990년대 초반이었고, PC 혁명이 본격적으로 전개되고 있었다. 모든 곳의 기업과 사람들이 IBM, 그리고 컴팩과 도시바 같은 일련의 IBM 호환 컴퓨터 제조사가 생산한 PC와 노트북을 구입했다. 각 컴퓨터 안에는 마이크로프로세서가 탑재되어 있었다. 이는 컴퓨터의 중앙처리장치, 즉 사실상 두뇌에 해당하는 집적회로였다. 인텔은 마이크로프로세서 시장의 리더였다. IBM 호환 PC의 약 85퍼센트가 인텔 마이크로프로세서를 기반으로 작동했다.[9] 수요 폭증은 인텔에 거대한 기회를 제공했다. 다만 문제도 같이 제기됐다.

인텔의 프로세서는 컴퓨터 제조사뿐만 아니라 그 기술적 우월성과

품질을 이해하고 인정하는 컴퓨터 애호가들 사이에서 대단한 명성을 얻었다. 그러나 최종 사용자가 PC를 직접 구입하는 경우가 갈수록 늘어났다. 그들 중 대다수는 마더보드와 메인프레임도 구분하지 못했다. 인텔은 최종 사용자들 사이에서도 비슷한 명성을 쌓아야 했다. 인텔 486 프로세서를 탑재한 컴퓨터는 더 빨리 작동하고, 더 많은 작업을 하며, 다른 프로세서를 탑재한 컴퓨터보다 높은 가치를 지닌다는 사실을 최종 사용자들이 이해하도록 도와야 했다.

그런 이유로 획기적인 브랜딩 캠페인인 인텔 인사이드가 탄생했다. 로고는 단순했다. 'Intel Inside™'라는 글귀를 원으로 감싼 것에 불과했다. 제조사들이 자사 컴퓨터에 이 로고를 부착하면 인센티브가 주어졌다. 'Intel Inside™' 로고는 인텔이 자사 제품의 품질을 신속하게 차별화하고 일반인이 인텔 프로세서를 탑재한 컴퓨터의 가치를 쉽게 이해하는 방법을 제공했다.[10] 인텔 인사이드 캠페인은 인텔을 유명 브랜드로 만들었다. 이제 소비자들은 인텔 인사이드 로고가 없는 노트북을 사는 것을 재고하게 됐다. 고성능 프로세서는 실질적인 가치를 제공했다. 단지 컴퓨터 안에 숨겨져 있을 뿐이었다. 인텔 인사이드 캠페인은 그 가치가 드러나고 이해되도록 만들었다.

파급력을 키우고자 하는 사람도 같은 일을 해야 할지 모른다.

인텔처럼 당신은 다른 사람들이 당신의 기여가 지닌 가치를 적절하게 인식하도록 도와야 할지 모른다. 그렇다고 해서 수백만 달러짜리 캠페인을 출범시키거나, 뻔뻔한 자기선전 내지 브랜딩을 벌일 필요는 없다. 다만 당신의 기여를 보다 적극적으로 홍보해야 한다. 특히 당신의 일이 조용히 또는 이면에서 이뤄지는 경우는 더욱 그렇다.

조연 역할을 하는 많은 사람은 다른 사람을 돕는 데서 진정한 만족감을 느낀다고 말한다. 그러나 내면적 바탕이 확고하다 해도 당신이 잘한 일이 다른 사람들에게 인식되고 인정받지 못하면 뒤로 밀려나고, 성장 기회가 주어지지 않으며, 정리해고에 더 취약해진다. 직장의 성인군자도 인식되고 인정받을 필요가 있다.

당신의 노력에 요령 있게 주의를 끄는 수많은 방법이 있다. 그 일은 "어제 있었던 태스크 포스 회의에서 상부로 보고된 사안의 목록은 제가 작성했으니 신경 쓰지 않으셔도 됩니다" 같은 알림을 보내는 것처럼 간단할 수 있다. 당신의 일이 정기적 절차를 수반한다면 절차를 혁신하려고 노력하라. 새로운 접근법이 성공하면 사람들은 새롭고 개선된 점을 인식할 것이다. 또한 새로운 접근법이 실패해도 오랜 접근법을 인식하고 그 가치를 더 잘 이해하게 될 것이다. 당신의 일이 종종 간과된다면 휴가 중에 해당 업무 중 일부를 동료나 상사가 처리하게 만들 수도 있다.

다른 사람들이 당신의 파급력을 파악하도록 하는 법

- **알림을 제공하라:** 다른 사람들의 일을 더 쉽게 만들기 위해 당신이 한 일을 그들에게 알려라. 지나치게 세부적으로 알리지 마라. 그냥 당신이 일을 맡았으니 신경 쓰지 말라고 말하면 된다.
- **의외성을 더하라:** 당신에게 기대하는 것 이상의 일을 하라. 그러면 눈에 띌 것이다.
- **혁신하고 공유하라:** 절차를 개선한 다음 그 혁신을 동료나 소속 집단과 공유하라. 당신의 일은 인식될 것이며, 당신의 동료도 혜택을 누

릴 것이다.

- **성공의 증거를 공유하라:** 당신이 받은 칭찬과 격려를 주기적으로 공유하라(또는 고객과 협력자들이 직접 공유하게 만들어라). 또는 그냥 당신이 한 일을 사람들에게 알려라. 다만 자기선전이 아니라 담백한 팩트로 전달하라.
- **협력 구도를 만들어라:** 동료 및 이해관계자들과 서로 돕는 관계를 맺어라. 서로의 성공을 지원하고 공통의 이해관계자에게 서로에 대해 좋은 말을 하라.
- **당신 자신이 아니라 일을 홍보하라:** 당신의 자아의식을 일과 분리하면 성공의 소식을 더 편하게 나눌 수(그리고 들을 수) 있다.

데브라 스테펠은 재무설계 회사에서 기술 및 마케팅 관련 후방 업무를 총괄하는 수석 부사장이다. 그녀는 또한 집안일도 처리해야 한다. 그녀는 임신한 후 안정을 취하기 위해 몇 달을 쉬어야 했다. 그동안 남편은 빨래를 비롯해 더 많은 집안일을 했다. 그는 커다란 빨래 바구니를 들고 계단을 오르내리는 일이 키 152센티미터의 자그마한 아내에게는 더 힘들 것임을 깨달았다. 그래서 가족의 빨래를 자신이 계속하게 됐다. 그는 지난 20년 동안 매주 그렇게 해왔다. 데브라는 "어떤 일은 실제로 직접 경험해봐야 그 깊이를 제대로 이해할 수 있어요"라고 회고했다.

우리 자신의 기여를 가시적으로 만드는 데 더해 탁월하지만 잘난체하지 않는 동료를 위해서도 같은 일을 할 수 있고, 또 해야 한다. 이는 동료가 잘 대표되지 않는 집단의 구성원이고, 우리가 더 큰 힘이나 더 뛰어난 접근권을 가진 상황일 때 특히 더 그렇다. 우리는 그들의 목소리를 증폭해서 그들의 아이디어가 강탈당해 다른 사람의 것이 되기 전에 알려지도록 만들 수 있다. 또한 그들을 공개적으로 인정하고, 그들의 업적을 가리키며, 그들에게서 배운 것을 언급할 수 있다. 리더십 부문의 저술가 케빈 크루즈는 다음 글에서 연대Allyship의 중요성과 가망성을 잘 포착했다. "회의에서 덜 대표된 동료의 목소리를 증폭하고, 그들을 지지함으로써 모든 목소리가 들리도록 만들 수 있다. 그러면 그들이 팀의 영향력 있고, 가치 있는 일원임을 모두가 알도록 돕는 부가적인 보너스도 생긴다."[11] 모든 사람의 기여가 인정받을 때 가용한 모든 재능을 활용할 수 있을 뿐 아니라 모두가 최대한 기여하도록 동기를 부여할 수 있다.

성장의 근거를 마련하라

다른 사람들이 우리가 하는 일을 볼 수 있도록 돕는 데 더해 동료와 상사들이 우리가 어떤 사람인지 알 수 있도록 도와야 한다. 특히 우리의 직업적 성장을 그들에게 알리고 싶을 때는 더욱 그렇다. 나는 임원 코치로 활동하면서 해당 임원이 빠른 변화를 이뤘지만 평판이 느리게 변하거나 때로는 아예 변하지 않는 경우를 많이 봤다. 하버드대학교에서 코칭연구소를 설립한 캐롤 카우프만은 어떤 사람이 의미 있는 행동 변화를 이루는 시기와 다른 사람들이 그 변화를 인식하는 시기 사이에는 몇 달의 간극이 존재할 수 있다고 추정한다. 외적인 개선은 그 간극이 한 달 정도에 불과할 수 있다. 그러나 그 사람의 이전 행동이 부정적인 인상을 준 경우 다른 사람들이 새로운 행동을 인식할 때까지 6개월에서 1년이 걸릴 수 있다. 왜 그럴까?

대다수 사람은 처리할 수 있는 양보다 많은 정보와 변화에 노출된다. MIT 통합 학습 이니셔티브의 제프 디펜바크는 "변화의 속도가 빨라지고 있는 반면 확연히 그렇지 않은 한 가지는 뇌의 신경 가소성Neuroplasticity이다. 다시 말해 세상이 변화하는 속도는 인간의 두뇌가 그 변화를 처리할 수 있는 속도를 넘어섰을지도 모른다"라고 말한다.[12] 게다가 동료들은 당신의 새로운 행동을 인식해도 아직은 당신을 다르게 보려 하지 않을 수 있다. 특히 과거에 당신 때문에 괴로움을 겪었다면 더욱 그렇다. 그들은 머릿속으로 이미 당신에게 까다롭거나, 고집스럽거나, 심지어 자기중심적인 사람이라는 딱지를 붙였을지 모른다. 그들은 당신을 벌칙 구역에 넣었으며, 아직 풀어줄 준비가 되지 않았을지 모른다.

어떻게 하면 동료, 상사, 고객이 당신의 성장을 인식하고 인정하도록 도울 수 있을까? 인내심을 가지는 데 더해 당신의 노력을 홍보하고, 증거를 활용해 당신의 주장을 강화해야 한다. 기업들이 곧 이뤄질 제품 업그레이드와 서비스 개선을 발표하는 방식이 유용한 사례다.

대개 소매점이 재단장을 할 때 매장 관리자는 '곧 재개장'이라는 배너를 통해 고객에게 즉시 알린다. 또한 새롭게 개선된 매장의 전면이나 내부 모습을 담은 그림과 '불편을 끼쳐서 죄송합니다'라는 알림판도 내건다. 이렇게 진전에 대한 기대를 심어주면 고객은 공사 기간을 보다 잘 참아주며, 새 매장이 공개되었을 때 개선된 부분을 인식할 가능성이 더 높다.

폴더를 열어라

마찬가지로 동료들이 당신의 개선된 업무 방식을 알아주기를 바란다면 앞으로 다가올 것을 알려라. 어떤 일이 일어날지 미리 알려주면 그들의 머릿속에 새 폴더가 생겨난다. 이 폴더는 서류 파일과 같아서 당신의 행동 변화에 대한 증거를 모아둘 수 있다. 이를테면 유리라는 인물의 상사는 그가 스스로 해결책을 찾지 않고 문제를 위로 넘긴다고 생각한다. 유리가 혼자 사안을 해결해도 그의 상사는 그 사실을 인지할 가능성이 낮다(결국, 상사는 유리가 문제를 자신에게 넘기지 않았다는 사실을 알아야 한다). 대신 유리는 "확실하게 마무리하겠다"라는 의도를 알리고 문제가 완전히 해결될 때까지 주인 의식을 유지한다. 다음 직원회의에서 그는 문제를 간략하게 언급한 후 자신이 처리하는 중이라고 말한다. 이 일은 폴더에 보관된다. 그다음 주에 상사는 자신이 시키지 않았는데 유리가 유관 팀과 협력해 절차 문제를 해결하고 있다는 사실을 알게 된다. 이 사실도 폴더에 보관된다. 유리는 심지어 상사의 사무실에 들러서 예의에 맞춰 상황을 알려준다. 그다음 주에 그는 상사의 이메일에 "제가 처리하겠습니다"라고 답신을 보낸다. 이제 상사의 폴더는 증거로 가득하다. 이 증거들은 새로운 내러티브를 구성한다. 유리는 문제를 바로 상사에게 넘기지 않고 스스로 확실하게 마무리한다는 내러티브 말이다. 이제 유리는 다르게 일할 뿐 아니라 다르게 보이기도 한다.

평판을 바꾸는 일은 이면의 행동을 바꾸는 일만큼 중요하다. 또한 세심한 노력을 기울일 만한 가치를 지닌다. 그러니 그냥 일하는 방식만 바꾸지 마라. 그 변화를 주요 이해관계자에게 홍보하라. 핵심 인사에게 곧 어떤 일이 이뤄질지 알려라. 그래야 그들이 데이터를 수집할 폴더를 열 수 있다. 또한 그들의 인식이 현실을 따라잡는 시간을 줄일 수 있다.

물론 인식의 간극이 너무 넓어서 메우기 힘든 경우도 있다. 또는 당신이 상황을 반전시키는 데 필요한 기운을 잃었을 수도 있다. 이런 경우에는 새로운 접근법 이상의 것이 필요하다. 다른 곳에서 새롭게 출발해야 할지도 모른다.

주도권 잡기

지금까지 임팩트 플레이어 마인드셋을 완전히 받아들이기 위해 당신이 이뤄야 하는 여러 변화를 살폈다. 그러나 이 고파급력·고가치 업무 방식을 받아들이는 일의 핵심은 교정이 아니다. 그것은 성장과 진전의 문제다. 간단히 말해서 이런 정신적 근육을 키우면 우리가 기여하는 방식을 주도할 수 있다. 일일이 간섭하는 상사로부터 해방될 수 있다. 우리가 자신을 적극적으로 관리하기 때문이다. 우리는 최대한 기여할 수 있고, 가장 가치 있는 기여를 할 자리에 서게 된다. 인도주의자이자 저술가인 밥 고프는 "우리의 발목을 잡는 것은 우리가 갖지 못한 것이 아니라 우리가 활용하지 않는 것이다"라고 말했다.

성공회 목사이자 팟캐스트 진행자, 비영리단체 대표인 페르난도 카리요는 자신의 기여를 주도하기 위해 먼저 자신의 삶을 주도해야 했다. 절정의 능력을 발휘하는 직장인도 더 크게 플레이할 수 있다.

전성기를 보내고 있는 직장인도 여전히 보다 파급력 있는 방식으로 기여할 여지(그리고 욕망)가 있다. 브래들리 쿠퍼의 경우가 그랬다. 그는 〈행오버〉, 〈실버라이닝 플레이북〉, 〈아메리칸 허슬〉, 〈아메리칸 스나이퍼〉 등 10여 편의 흥행작에 출연했을 뿐 아니라 〈가디언즈 오브 갤럭시〉에서 돌연변이 라쿤 '로켓'의 목소리 역을 맡아 세계적인 유명세를 얻었다.

2016년, 쿠퍼는 배우계의 정점에 있었다. 그는 4번이나 아카데미상 후보에 올랐고, 할리우드에서 가장 많은 출연료를 받았으며, 〈타임〉지의 '가장 영향력 있는 인물' 명단에 두 차례 올랐다. 그러나 그는 자신이 충분히 활용되지 않았으며, 더 많은 것을 제공할 수 있다고 생각했다. 〈뉴욕타임스〉의 저널리스트 태피 브로데서 애크너는 이렇게 썼다. "그는 〈아메리칸 스나이퍼〉를 끝냈을 무렵 연기를 할 만큼 했다고 느꼈다. 그는 연기를 사랑했고, 지금도 사랑한다. 여전히 연기를 할 계획이다. 그러나 그때는 더 많은 것을 할 때였다. 그는 '저 자신을 모두 활용하지 않고 있다고 느낀 것 같아요'라고 말했다."[13]

배우로서 성공했음에도 불구하고 감독 일을 따내기는 쉽지 않았다. 브로데서 애크너는 뒤이어 이렇게 썼다. "어떤 사람들은 그에게 당신은 배우일 뿐이라고 말했다. 연기 일에서도 사람들은 그에게 얼마 전에 연기한 것과 같은 역할을 맡기려고 들었다…. 그때 그는 워너브라더스에 〈스타 이즈 본〉을 홍보했다. 그 방에서 무슨 일이 있었는지는 모르지만 워너 사람들은 그에게 마케팅 비용을 제외하고 3,800만 달러를 건넸다." 쿠퍼의 입봉작인 〈스타 이즈 본〉은 2018년에 개봉해 작품상을 비롯한 오스카 8개 부문 후보에 올랐다. 데뷔작치고는 나쁘지 않은 성적이었다. 어차피 그는 감독으로서는 이제 막 출발하는 입장이었다.

대다수 사람은 변화를 이룰 수 있고, 매일 최대한 기여할 수 있는 일자리를 원한다. 일정한 수준의 반복적 업무는 필요하다. 그러나 추가로 주의를 기울여야 할 경력상의 중요한 변곡점이 있다. 경력을 처음 시작할 때, 직업을 바꿀 때, 휴식기를 가진 후 다시 취업할 때, 부정적이거나 그저 밋밋한 사고 및 업무 패턴에 빠진 후 재조정을 할 때가 거기에 해당한다. 그러나 우리가 절정의 능력을 발휘하는 것처럼 보일 때 우리 자신에 대한 기대치를 다시 높이고, 새롭고 더 차원 높은 방식으로 기여할 수 있다고 우리 자신과 다른 사람들을 설득하는 것보다 더 힘들고 중요한 일은 아마 없을 것이다.

우리는 가만히 앉아서 누군가가 우리의 진정한 재능과 역량을 발견해 주기를 기다릴 수 있다. 또는 우리 자신을 경기에 투입할 수 있다. 상사가 되지 않아도 우리 자신의 기여를 주도할 수 있다. 눈에 잘 띄는 일을 하지 않아도 가치를 더하겠다고 결심할 수 있다. 임팩트 플레이어 마인드셋은 최대한 기여하기 위한 초대다. 리더십과 더 큰 영향력으로 향하는 길이 아직 보이지 않는다면 간단한 지침을 따르라. 그냥 시작하라. 어디서든 시작하라. 임팩트 플레이어의 마인드셋을 갖추고, 그에 따른 습관을 실행하면 자신이 처한 상황을 더 잘 읽고 인지도를 높일 수 있다.

이런 원칙을 경력 초반에 알지 못한 것이 후회스러울 수 있다. 그러나 지금도 늦지 않았다. 중국 속담이 가르치는 대로 나무를 심기 가장 좋은 때는 20년 전이었다. 두 번째로 좋은 때는 지금이다. 그러니 지금 시작하되 끝내지 마라. 그냥 일자리가 있는 것에 안주하지 마라. 어떤 위치에서 뛰든 의미 있는 파급력을 끼치는 일을 하기 위해 노력하라. 당신이 창출하는 가치는 배가하고, 중첩되어 다시 당신에게 돌아올 것이다.

파급력을 키워라

이 장은 2장에서 6장까지 설명한 특징을 개발하기 위해 사원과 관리자들이 할 수 있는 일을 설명한다. 또한 어려운 변화를 약간 더 쉽게 만드는 2가지 방법을 제시한다. 신념을 바꾸고 행동을 교정하는 일은 쉽지 않으며, 다른 사람들이 당신을 바라보는 시각을 바꾸는 일도 쉽지 않다.

1. **이면의 신념과 행동을 터득하라.** 수많은 특징을 동시에 실행하려 하지 말고 임팩트 플레이어가 지닌 2가지 근본적인 역량에 집중하라.

   • **마스터 스킬 1_관점 바꾸기:** 이 기술은 다른 사람의 관점에서 상황과 사안을 인식하는 것으로서 임팩트 플레이어의 수많은 습관을 북돋는 데 도움이 된다. 또한 전형적인 기여자의 발목을 잡는 덫을 포착하고 피하도록 해준다. 줌아웃을 하고 자리를 바꾸면 관점을 바꿀 수 있다.

   • **마스터 스킬 2_렌즈 바꾸기:** 이 기술은 모호하고 불확실한 상황에서 위협이 아니라 기회를 보는 것으로서 임팩트 플레이어 마인드셋의 근원에 있다. 위협을 기회로 재구성하면 렌즈를 바꿀 수 있다.

2. **증거를 수집하라.** 순전히 의지력만으로 변화를 촉진하려 하지 말고 개선의 증거를 통해 진전을 검증하라. 그다음 기여의 증거를 수집하고 공유해 접수되고 인식되게 하라.

- **실험하고 증거를 수집하라:** 이 책에 나오는 특징을 가설로 삼아 직접 검증하라. 실험을 진행하고 결과를 확증할 증거를 수집하라.
- **기여를 수면에 띄우고 입증하라:** 당신의 일이 간과되지 않도록 다른 사람들에게 당신이 이면에서 하고 있는 일을 드러내라.
- **성장의 근거를 마련하라:** 회사 사람들에게 당신이 이룬 직업적 성장을 알리고 싶다면 앞으로 무엇을 기대해도 될지 알려라. 어떤 일이 이뤄질지 말하고 그들이 당신의 행동 변화를 말해주는 증거를 수집할 머릿속 폴더를 열도록 도와라.

고파급력 팀을 구축하라

한 사람의 힘으로 조직을 바꿀 수 없다.
그러나 좋은 환경과 좋은 사람들은 조직을 바꿀 수 있다.
프랜시스 헤셀바인(미국의 사업가, 리더 투 리더 재단 초대 회장)

'드림 팀'. 이는 1992년 올림픽에 출전한 미국 농구 국가 대표 팀에 부여된 호칭이다. 이 팀은 마이클 조던, 매직 존슨, 래리 버드, 찰스 바클리, 칼 말론, 존 스탁턴 등 최고의 농구 선수들로 구성됐다. 물론 다른 스포츠에도 드림 팀이 있다. 1970년 월드컵에서 우승한 브라질 축구 국가 대표 팀, 1980년 올림픽에 출전한 소련의 '레드 머신' 아이스하키팀, 2019년에 여자 축구 월드컵에서 우승한 미국의 여자 축구 국가 대표 팀이 거기에 해당한다. 그러나 우리는 전체 역사에 걸쳐 모든 분야에서 강력한 리더십의 영향력 아래 스타 인재들이 한데 모여 일하는 드림 팀을 보았다. 이탈리아 르네상스 시대의 화가들이나 5개의 노벨상을 받은 퀴리 가문이 그렇다.

현대의 직장에서도 드림 팀을 볼 수 있다. 나사의 탐사차 팀(4장에서 언급)이나 티나 페이와 에이미 포엘러라는 강력한 듀오가 중심이 된 〈새터데이 나이트 라이브Saturday Night Live〉 출연진이 거기에 해당한다. 당신이 운이 좋다면 이런 팀에서 일했거나 이런 팀을 이끄는 특혜를 누렸을 것이다. 최고의 리더는 그냥 우연히 이런 팀과 마주치지 않는다. 그들은 힘든 여건에서도 드림 팀을 구축하는 법을 안다.

2013~2014년 농구 시즌이 끝났을 때 필라델피아 세븐티식서스는 82경기 중에서 겨우 19승을 거두었다. 그해 NBA에서 두 번째로 나쁜 성적이었다. 경기장 바깥에서도 성적이 별로 좋지 않았다. 30개 팀 중에서 후원액 기준으로 최하위를 기록했고, 시즌권도 2만 석 규모 경기장에 불과 3,400장을 판매하는 데 그쳤다. 팀은 대규모 반전을 이뤄야 했다. 그 일을 위해 스코트 오닐이 단장으로 영입됐다. 2장에 나온 스코트 이야기가 기억날 것이다. 이후 4년 동안 그는 대대적인 변화를 이끌었다. 2017~2018 시즌이 끝났을 때 세븐티식서스는 52경기를 승리해 리그 5위를 차지했다. 영업 성과도 꼴찌에서 1위로 올라섰다. 그들은 후원액, 입장객 수, 고객 만족도 및 유지율 측면에서 리그를 선도했다.

선수단을 재구성하는 일이 변화의 핵심이었다. 그러나 스코트는 후방지원팀(팀 이면의 팀)도 상당한 개선이 필요하다는 점을 깨달았다. 그는 제이크 레이놀즈를 티켓 판매 담당 부사장으로 영입하고 버거운 임무를 맡겼다. 바로 이길 때보다 지는 때가 3배나 많은 팀의 티켓을 팔 방법을 찾아내는 것이었다. 제이크는 식서스의 영업 조직을 정상까지 이끌었다. 놀랍게도 매출 개선의 많은 부분은 팀의 성적이 개선되기 전부터 이뤄졌다.[1] 어떻게 그럴 수 있었을까?

제이크는 사람들로부터, 그들에게 투자하고 그들을 도우며 그들이 성장하는 모습을 지켜보는 데서 활력을 얻는 열정적인 올인 유형의 리더다. 스코트는 그를 '내가 본 최고의 리더'라고 평가했다. 제이크는 식서스의 경영진이 코트에서 일어나는 일을 좌우할 수 없다는 사실을 알았다. 그래도 사람, 절차, 문화 같은 다른 요소는 좌우할 수 있었다. 그는 이런 요소의 조합이 제품을 이길 수 있다는 데 베팅했다. 그는 자신과 관리 팀이 "올바른 인재를 채용하고, 올바른 직책을 맡기고, 올바른 훈련과 개발을 하고, 재미있고 경쟁적이며 활기 넘치는 환경에 몰입시키면 성공할 것"이라고 가정했다.[2]

제이크는 팀이 지고 있을 때도 티켓 판매를 재미있는 일로 만들었다. 그는 "둘 중 하나를 판매하는 겁니다. 하나는 우승이고, 다른 하나는 희망이죠"라고 말했다.[3] 그들은 희망을 판매했으며, 재미있게 그 일을 했다. 영업 팀의 경기 전 회의는 호버보드, 포그 머신, 추첨, 응원으로 활기를 띠었다. 그래서 기업 회의라기보다 NBA 경기에 더 가까운 느낌을 주었다. 이는 거의 전적으로 밀레니얼 세대의 인재로 구성된 팀과 잘 맞는 접근법이었다. 그들의 일상적 업무 환경은 데시벨이 높았으며, 웃음과 환호가 불펜을 채웠다. 실제로 그들은 다른 부서의 업무에 방해가 되지 않도록 박수를 손가락 튕기기로 대체해야 했다. 제이크는 〈스포츠 일러스트레이티드〉에 실린 기사에서 "우리는 신나게 일하는 것과 너무 신나게 일하는 것 사이에서 아주 미묘한 줄타기를 하고 있습니다"라고 말했다.[4] 그는 힘든 여건에서 티켓을 판매하는 일을 재미있게 만들었다. 덕분에 팀이 연패하는 와중에도 티켓 판매는 늘었다.

승리하지 못하는 팀은 대개 영업 팀을 줄인다. 그러나 세븐티식서스는 오히려 가속 페달을 밟아서 28명에서 115명으로 인원을 늘렸다. 이는 NBA에서 가장 많은 영업 인력이었다.[5] 제이크는 올바른 마인드 셋을 가진 인재, 즉 경쟁심Competitive과 호기심Curious, 그리고 코칭 가능성Coachable을 갖춘 사람을 신중하게 채용했다. 그는 이를 '3C'라고 불렀다. 그는 이기고 싶어 하고, 일이 끝날 때까지 멈추지 않고, 경청하고 학습하는 사람을 채용하면 리더십팀이 나머지를 가르칠 수 있을 것으로 생각했다.

조직의 규모가 커짐에 따라 스코트 단장은 제이크에게 기존 팀원을 보다 경험 많고 유능한 리더로 교체해 관리 팀을 업그레이드하라고 촉구했다. 그는 "사람들이 어떤 일을 할 수 있는지 6개월 동안 지켜볼 여유가 없었습니다. 제이크가 사람들을 내보내고 진정한 관리 팀을 구축하도록 만들어야 했어요"라고 말했다. 스코트는 제이크가 특정한 관리자를 교체하기를 바랐다. 그는 "제이크를 심하게 몰아붙였어요"라고 인정할 만큼 그 관리자를 내보내라고 요구했다. 제이크는 나름의 고집으로 그 압력에 맞섰다. 그는 "저를 믿고 제가 알아서 일하게 해주십시오"라고 반발했다. 스코트는 깜짝 놀랐다. 그러나 제이크가 경기에 완전히 몰입한 것이 기쁘기도 했다. 제이크는 "제가 처리했다고 말씀드렸잖아요. 이미 관리자를 넷이나 교체했습니다. 하지만 이 사람은 교체하고 싶지 않아요. 제 생각에 그녀는 잠재력을 가지고 있어요. 제가 잘 이끌어볼게요"라고 말을 이었다. 그는 말한 대로 했다. 스코트는 자랑스럽게 "그녀는 지금 우리의 슈퍼스타 중 한 명입니다"라고 인정했다.

팀원을 개발하는 일은 제이크의 최고 우선순위였다(지금도 그렇다).

그는 팀을 개발하고 코칭하는 데 무려 50퍼센트의 시간을 할애한다. 셀 수 없을 정도로 많은 일대일 코칭에 더해 전체 관리 팀은 매주 모여서 한 시간 동안 학습한다. 그들은 기사를 읽고 토론하거나, 강연을 보거나, 팟캐스트를 듣는다. (마침 내가 인터뷰를 위해 제이크에게 연락한 주에 그의 팀은 막《멀티플라이어》와《루키 스마트》에 대해 토론한 참이었다.) 제이크는 자신이 이끈 모든 올스타 팀과 관련해 초기에 했던 가장 중요한 일은 동료들이 서로에게 배울 수 있는 공간을 만드는 것이었다고 확신한다. 팀의 감독은 그였지만 팀원 모두가 서로에게 문제를 지적할 권리를 갖고 있었다. 특히 누군가가 마인드셋을 조정해야 할 때는 더욱 그랬다. 제이크는 "우리는 항상 이 마인드셋을 드나듭니다. 외부의 힘은 우리를 끌어당겨서 중심에서 벗어나게 만듭니다"라고 말했다. 이는 우리 모두에게 해당하는 말이다. 주의를 기울이면 직접 그 양상을 확인할 수 있다. 그러나 우리는 자신의 약점을 놓치기 쉽다. 우리를 보완하고, 문제를 지적하고, 우리가 한 약속에 대한 책임을 지게 만들 팀원이 필요한 이유가 거기에 있다.

식서스의 변신은 수년에 걸친 과정을 통해 이뤄졌다. 높은 실적을 거두기 위해 노력하던 후방지원팀은 코트에서 실망스러운 점수가 나오는 데 낙심할 수 있었다. 그래서 제이크는 독자적인 점수판을 영업 팀 사무실에 설치했다. 그는 진전을 보여주는 가시적 신호로서 최고 기여자의 이름과 얼굴을 알리는 순위판을 벽에, 승진한 직원의 이름을 적은 배너를 천장에 걸었다. 이는 최고의 성과를 기념하기 위한 것이었다. 또한 그와 관리 팀은 매주 상을 주었다. 거기에는 영업 팀 직원들이 직접 투표로 뽑는 MVP상과, 분기마다 열려서 NBA의 드래프트 행사만큼 흥분을 자아내는 승진 행사가 포함됐다. 이런 문화는 경쟁을 촉진했다. 그래도 직원들은 자신들이 서로 경쟁하는 것이 아님을 알았다. 그들은 하나의 집단으로서 세계 최고가 되기 위해 경쟁하고 있었다.[6] 각 경쟁이 끝난 후 제이크는 기준을 높이고, 난관의 수준을 상향했다. 그는 새로운 난관을 안기지 않으면 어떤 일이 생길지 알았다. 그는 "정체되면 사람들을 잃습니다"라고 말했다.

시간이 지나면서 일부 뛰어난 플레이어는 새로운 기회를 찾아 팀을 떠났다. 그래도 팀은 강인함을 유지했다. 제이크와 관리 팀이 난관에 대처하고, 특정 시즌이 지나거나 일련의 기여자가 없어도 견딜 수 있는 문화를 구축했기 때문이다(제이크 자신도 더 큰 기회를 얻어서 뉴저지 데블스 하키팀의 단장이 됐다). NBA의 팀 마케팅 및 비즈니스 운영 부문 수석 부사장인 브렌든 도노휴는 "식서스 영업 직원들의 문화는 성공의 주된 동력원이었습니다. 활기차고, 신나고, 전염성 강한 문화였죠. 그들은 열심히 일하고, 대의의 일부가 되고 싶어 하는 사람들로 구성된 멋진 팀이었어요"라고 말했다.[7] 식서스의 영업 팀은 임팩트 플레이어의 정신과 관행을 습득했다.

대다수 관리자는 팀에 한두 명의 임팩트 플레이어만 있어도 아주 좋아한다. 그러나 최고의 리더는 팀 전체가 탁월한 플레이어들로 채워지기를 바란다. 이는 불가능한 일처럼 보일지 모른다. 그러나 챔피언 팀은 운의 결과가 아니며, 올바른 선수들이 제때 마술처럼 모여서 이루어지는 것이 아니다. 드림 팀은 단지 꿈이 아니다. 그것은 올바른 마인드셋을 지닌 플레이어를 세심하게 선발하고, 그들을 개인 및 팀 차원에서 개발하며, 활력 넘치고 건강한 문화를 육성하는 데 따른 결과다. 또한 과감하고 야심 찬 리더십에 따른 행동이기도 하다. 드림 팀을 구축하려면 목적성을 지닌 개발과 적절한 유형의 코칭이 필요하다.

이 장은 관리자들을 염두에 두고 썼다. 지금부터 리더가 드림 팀을 구축하는 방법을 살필 것이다. 드림 팀에는 함께 협력하는 임팩트 플레이어들과 슈퍼스타가 떠나가도 지속되는 문화가 있다. 또한 (1) 팀에 인재를 더 많이 채용하고, (2) 팀원들 사이에 임팩트 플레이어 마인드셋을 강화하고, (3) 팀 전체에 걸쳐 임팩트 플레이어의 행동을 퍼트리며, (4) 올바른 문화(다양한 인재를 포용하고 '숨겨진 임팩트 플레이어'가 될 수도 있었던 사람을 칭송하는 문화)를 구축하기 위해 관리자가 할 수 있는 일도 살필 것이다. 그리고 임팩트 플레이어로 구성된 팀이 멀티플라이어 리더의 영향력 아래에서 일할 때 일어나는 마법과 그것이 단지 일하기 좋은 곳 이상의 것을 창출하는(뛰어난 성과를 낳는) 이유를 살필 것이다.

먼저 관리자들이 인재를 팀에 더 많이 채용하는 방법을 살펴보자.

임팩트 플레이어 채용하기

이 책에서 다룬 각각의 특징은 중요하고 가치 있다. 다만 그중 일부는 개발하기보다 용이하다. 또한 일부 신념은 깊이 자리 잡은 성격적 속성, 이를테면 삶에서 일어나는 사건들의 결과를 통제할 수 있다는 신념(내적 통제 위치)에 따른 것이며, 바꾸기보다 어렵다. 반면 다른 신념은 인생 경험의 산물이며, 새로운 경험과 증거를 통해 진화한다(이를테면 회복 탄력성).

간단히 말해서, 임팩트 플레이어 팀을 구축하는 최선의 전략은 가장 개발하기 어려운 자질을 이미 갖춘 사람을 채용한 다음 다른 자질을 적극적으로 개발하는 것이다. 물론 그러기 위해서는 개인이 개발하기 힘든 마인드셋이 무엇인지 알아야 한다. 지금까지 다양한 마인드셋과 행동의 미덕을 다룬 수많은 책이 나왔다. 하지만 그 상대적 학습 가능성에 대한 연구는 거의 이뤄지지 않았다. 나는 어떤 마인드셋과 행동이 더 바꾸기 쉽거나 어려운지 이해하기 위해 이 문제에 도움이 되는 관점을 가진 일련의 전문가들, 바로 임원 코치들을 찾았다. 특히 MG 100에 속한 임원 코치 동료들에게 주로 질문했다. MG 100은 탁월한 코치이자 왕성한 저술가인 마셜 골드스미스가 창립했으며, 전 세계에서 100명의 정상급 임원 코치들이 모인 협력 단체다.

우리는 이 책에 소개된 신념과 행동을 전 세계의 리더들에게 가르친 실제 경험에 대해 물었다. 또한 그들의 코칭이 대략 어느 정도나 성공을 거뒀는지도 물었다. 이를테면 코칭 대상이 바람직한 행동이나 마인드셋을 성공적으로 받아들였는지, 시간이 지나도 그것을 계속 유지했는지, 그것은 그들의 행동과 신념에 대한 사소한 조정이었는지 아니면 획기적 조정이었는지 물었다. 우리는 답변 내용을 토대로 임팩트 플레이어 프레임워크에 속한 '학습 가능성'을 평가했다. 임팩트 플레이어 속성의 상대적 코칭 가능성에 대해서는 더 많은 연구가 필요하다. 그래도 우리는 임원 코치들의 답변에서 명확한 패턴을 확인했다. 각 마인드셋과 행동에 있어서 열정과 의지를 가진 사람이 상당한 개선을 이룬 개별적인 사례가 있었다. 그러나 전체적으로 보면 특

임팩트 플레이어 마인드셋의 코칭 가능성

가장 어려움 ←————————————→ 가장 쉬움		
마인드셋		
· 내적 통제 위치: 삶에서 일어나는 사건의 결과를 통제할 수 있다. · 비공식성: 책임자가 아니어도 일을 주도할 수 있다. · 기회: 모호성과 난관을 (위협이 아니라) 가치를 더할 기회로 본다. · 혜택: 모두의 행복을 촉진할 수 있다.	· 내재적 가치: 나는 내재적 가치와 능력을 지닌다. · 행위능력: 독립적으로 행동할 수 있으며, 결정을 내릴 수 있다. · 기개: 끈기를 발휘해 일을 마무리할 수 있다(참고: 쉽게 받아들일 수 있지만 오랫동안 유지하기 어려움).	· 성장: 노력을 통해 능력을 개발할 수 있다. · 소속감: 나는 팀의 중요한 일원이다. · 적극성: 상황을 개선할 수 있다. · 회복 탄력성: 역경을 극복할 수 있다.
행동		
· 이끌고 뒤따른다: 선도할 수 있지만 동시에 다른 사람의 선도를 뒤따를 수도 있다. · 무엇이 중요한지 안다: 말하지 않아도 무엇이 중요한지 파악한다. · 재미를 안긴다: 유머 감각, 재미, 가벼운 태도로 어려운 상황을 보다 쉽게 만든다.	· 난관을 예상한다: 문제를 예상하고 예비 수단을 찾는다. · 책임 의식을 유지한다: 사안을 경영진에게 넘기지 않고 결과에 대한 주인 의식을 유지한다. · 관점 취하기: 다른 사람의 관점으로 상황을 바라본다.	· 피드백을 구한다: 피드백, 교정, 상반되는 관점을 구한다. · 도움을 제공한다: 동료와 리더들에게 도움과 지원을 제공한다. · 다른 사람들에게 영향을 끼친다: 권위가 아니라 영향력을 통해 다른 사람들을 끌어들인다. · 큰 그림을 본다: 자기 일만 하는 것이 아니라 큰 그림을 이해한다.

정한 마인드셋과 행동을 심어주기 위한 개입이 일관되게 더 많은 성공을 거두었다. 임원들의 통찰은 위의 표에 정리되어 있다. 이 표는 학습 가능성을 기준으로 가장 가르치기 어려운 것부터 가장 가르치기 쉬운 것까지 마인드셋과 행동을 3가지 범주로 나눈다.

어떤 마인드셋이 가장 바꾸기 힘든지 이해하는 일은 관리자와 조직이 인재 획득 및 개발 프로그램을 동조화하고 최적화하도록 해준다.

우리가 정상급 임원 코치들로부터 수집한 통찰은 자율적이고, 공동체를 중시하고, 모호성을 잘 견디며, 스트레스가 심한 시기에도 같이 일하기 즐거운 사람을 채용해야 한다고 말한다.

이런 속성이 기본적인 요건이 되면 리더들은 진정한 수익을 올릴 수 있는 곳에 훈련 및 코칭 자원을 투자할 수 있다. 이렇게 초점을 맞춰서 인재를 개발하는 접근법은 관리자들이 적극적인 코치가 되지 못하도록 막는 공통된 장벽을 뚫고 지나가는 데 도움을 준다. 인재 개발 전문가들은 종종 관리자들이 직원을 가르치지 않는 이유가 그럴 만한 기술이나 시간이 없기 때문이라고 가정한다. 그러나 관리자들이 직원을 가르치려고 시도했지만 나아지는 게 없어서 포기하는 경우가 많다. 관리자들이 적극적인 코치가 되기를 원한다면 코칭 투자에 대해 명확한 성과가 나는 부분에 노력을 기울이도록 도와라.

행동 기반 면접은 임팩트 플레이어 마인드셋으로 일한 이력을 지닌 지원자를 파악하는 데 도움이 된다. 이 인기 면접 기법은 구체적인 상황에 대한 과거의 접근법에 중점을 두며, 과거의 행동이 미래의 행동을 예측하게 해주는 최고의 단서라는 가정을 토대로 삼는다. 행동 기반 면접에서는 날카롭고, 탐문하는 듯하며, 구체적인 질문을 하는 경향이 있다. 그 의도는 과거에 어떤 사안에 어떻게 대처했는지에 대해 검증 가능하고 확고한 증거를 얻어내는 것이다.

행동 기반 면접을 통해 지원자가 임팩트 플레이어와 다른 사람들을 가장 크게 구분하는 5가지 상황(36쪽 참조) 중 하나에 대해 어떻게 반응하는 경향이 있는지 파악할 수 있다. 리더십 컨설팅 회사인 DDI는 인기 면접 양식인 스타STAR를 만들었다. 스타는 지원자들에게 상황

소어 면접 기법

단계	질문	임팩트 플레이어 속성	기여자 속성
상황	여러 사람에게 영향을 끼치지만 누구의 직무에도 속하지 않는 문제를 인지했을 때 어떻게 했는지 말해주시겠습니까?	난처한 문제에 대처한다.	난처한 문제에 대처하지 않거나, 그것을 인지하지 못한다.
전망	이런 상황을 어떻게 생각하십니까? 이 문제에 대처하기 위한 당신의 선택지는 무엇이었습니까?	쓸모 있는 사람이 될 기회로 본다.	진정한 일을 방해하는 요소로 본다.
행동	어떻게 대처했습니까? 어떤 일을 했습니까?	필요한 일을 한다(무엇이 중요한지 이해하고 자신이 가장 필요한 곳에서 열심히 일한다).	자신의 일을 한다(좁은 관점을 취하고 자신이 맡은 자리에서 일한다).
결과	어떤 일이 생겼습니까?	조직의 혜택에 초점을 맞춘다.	자신의 혜택에 초점을 맞춘다.

Situation, 과제Task, 행동Action, 결과Result에 대해 말하도록 유도하는 양식이다. 나는 스타를 소어SOAR로 약간 수정했다. 소어는 '과제Task'를 '전망Outlook'으로 대체한다. 이를테면 다음 질문과 요건을 통해 지원자가 난처한 문제에 어떻게 대처했는지, 가장 쓸모 있는 일을 하기 위해 추가 노력을 기울였는지, 아니면 그냥 자기 일만 했는지 파악할 수 있다.

벤 퍼터먼은 현재 전기차 제조사 리비안에서 학습 및 개발 담당 부사장으로 일하고 있다. 벤은 근래에 두 달 동안 10명을 새로 채용하는 집중 채용 기간에 행동 기반 면접 접근법을 활용했다. 리비안은 창업투자회사의 지원을 받는 고성장 기업이다. 그래서 벤은 이런 유형의 기업에서는 불가피한 빠른 변화와 불확실성이 가득한 환경에서 기민하게 일할 수 있는 사람을 찾았다. 그는 각 지원자가 난처한 문제와 불분명한 역할(임팩트 플레이어와 기여자 마인드셋으로 일하는 사람을 나누는 5가지 일상적 난관 중 2가지)에 어떻게 대처했는지 파고들기로 했다. 그는 첫 6번의 면접을 마친 후 들었던 생각을 이렇게 밝혔다. "아직 임팩트 플레이어를 포착하는 방법은 모르지만 누구를 채용하지 말아야 할지 파악하는 데 정말 도움이 되었습니다." 그는 면접을 계속 이어가면서 다양한 지원자들의 접근법이 확연히 다를 뿐 아니라 신체 언어도 다르다는 사실을 깨달았다. 그의 말에 따르면 "모호성을 잘 헤쳐 나가는 사람은 난처한 문제에 어떻게 대처했는지 물었을 때 몸을 앞으로 기울이고 미소를 지었습니다. 반면 난관을 단절과 위협으로 인식하는 사람은 몸을 뒤로 기울이고 두 손을 높이 들었습니다." 또한 그는 실험을 마친 후 "모호성을 기회로 바꿀 수 있는 사람이 필요해요. 그래서 어떤 마인드셋과 행동 패턴을 찾아야 할지 아는 일은 큰 가치를 지닙니다"라고 말했다. 단, 임팩트 플레이어는 형편없는 리더 밑에서 일하려 하지 않는다. 따라서 최고의 인재를 채용하는 최선의 전략은 팀원에게서 최고의 모습을 이끌어 내는 리더가 되는 것이다.

임팩트 플레이어 육성하기

때로는 임팩트 플레이어 마인드셋을 가진 사람을 선별해 바람직한 팀을 꾸릴 수 있다. 새로운 인재를 적극적으로 영입하는 조직(이를테면 빠르게 성장하는 스타트업이나 이직률이 높은 회사 또는 대학 스포츠 팀)에서 일할 때는 특히 그렇다. 그러나 처음부터 드림 팀을 선별하고 구성하는 호사를 누리는 관리자는 드물다. 대개는 물려받은 팀원이나 어수선한 범직능 팀 또는 상사가 '선물'로 내려준 갑작스러운 인턴의 역량을 이끌어 내서 드림 팀을 만들어야 한다. 이런 경우 이미 가진 인재를 키우는 것이 리더가 할 일이다.

이때 리더의 역할은 인재 스카우터라기보다 현명한 부모에 더 가깝다. 부모는 팀을 고르지 않는다. 자신에게 주어진 팀을 육성할 뿐이다. 실로 나는 올림픽에 나갈 수준의 운동 능력과 모델 같은 외모를 지닌 멘사 천재를 키우는 일을 즐겼을 것이다. 그러나 나의 아이들은 부모처럼 장단점을 모두 갖고 있다. 현명한 부모는 아이들을 이룰 수 없는 이상에 억지로 맞추려 들지 않는다. 그보다 장점을 키우고 단점을 보완하도록 돕는다.

당신은 누가 팀원이 될지 완전히 통제할 수 없을지 모른다. 그래도 그들이 이미 가진 재능을 활용하면 임팩트 플레이어처럼 생각하고 행동하는 팀, 성공할 수 있는 팀을 구축할 수 있다. 각 장의 끝부분에 나오는 전략은 하나의 교과과정, 즉 관리자가 선수를 육성하는 데 활용할 수 있는 가정과 습관을 제공한다. 다만 선수 육성에는 전략보다 많은 것이 필요하다. 관리자는 올바른 마인드셋과 행동이 성장할 수 있는 환경을 조성해야 한다. 제이크 레이놀즈와 식서스의 사례에서 확인한 대로 긍정적인 태도를 가진 사람을 원한다면 긍정적인 환경을 조성해야 한다.

과감한 노력을 가능케 하는 안전망 만들기

최고의 리더는 편안한 동시에 치열한 분위기를 촉진한다. 그들은 불안을 제거해 직원들이 최고의 사고를 하도록 유도하는 안전망을 제공한다. 동시에 최고의 노력을 요구하는 활기차고 치열한 환경을 조성한다. 하버드 경영대학원 교수인 에이미 에드먼드슨이 《두려움 없는 조직》에 쓴 것처럼 "리더가 개별적·집단적 재능을 살리기 원한다면 직원들이 자유롭게 아이디어를 제시하고, 정보를 공유하며, 실수를 보고할 수 있는 심리적으로 안전한 분위기를 조성해야 한다."[8]

그러나 안전한 환경만으로는 뛰어난 성과를 낳을 수 없다. 에드먼드슨은 뒤이어 "리더는 심리적 안전망을 구축해야 할 뿐 아니라 높은 기준을 세우고 직원들이 거기에 도달하도록 북돋고 지원해야 한다"라고 말했다.[9] 최고의 리더는 뛰어난 성과를 달성하기 위해 필요한 긴장을 조성한다. 이를테면 높은 기대치를 설정하고, 솔직한 피드백을 제공하며, 책임성을 부여한다. 다시 말해 리더는 일하기 좋은 환경을 조성한 다음 직원들이 일을 잘하기를 기대한다.

리더가 이런 여건 중 하나만 조성하면 어떤 일이 생길까? 리더가 안전, 신뢰, 존중의 토대를 먼저 구축하지 않고 과감한 노력을 요구하면 어떤 일이 생길까? 난관의 맹공격은 성장이 아니라 기운을 빼는 불안을 낳게 된다. 반면 리더가 직원들을 뒷받침하는 환경을 조성해 놓고도 진정으로 다른 방식으로 일하도록 요구하지 않으면 어떻게 될까? 직원들은 자신의 가치를 인정받는다고 느끼지만 정체될 것이다. 안전과 부담이 같은 정도로 주어져야 최고의 성과와 성장이 이뤄진다.

5가지 고파급력 코칭 습관

안전과 부담이 같이 주어지는 환경, 직원들이 안전하게 실험하고 실패할 수 있다고 느끼는 동시에 최선의 성과를 내도록 요구받는 환경을 만드는 일은 관리자, 코치, 멘토의 근본적인 과제 중 하나다. 이 일은 또한 모호성과 역경에 대처할 수 있는 팀을 구축하는 데 필수다. 임팩트 플레이어를 두드러지게 만드는 5가지 상황은 본질적으로 과감한 노력을 수반한다. 따라서 리더는 먼저 안전망을 만든 다음 힘든 난관을 넘어서도록 조언해야 한다.

다음 5가지 리더십 습관은 팀원의 올바른 행동을 촉진할 것이다. 그중 첫 2가지는 안전한 환경을 조성하기 위한 것이고, 나머지 3가지는 과감한 노력을 촉구하기 위한 것이다.

첫째, 원을 정의하라. 팀원이 인위적 업무 범위를 넘어서서 필요한 일을 하게 만들고 싶다면 그들이 주어진 시기에 가장 중요한 것이 무엇인지 파악하도록 도와라. 전략적 필수 과제나 연간 목표를 공유하는 것은 좋은 출발점이다. 그러나 우리는 환경이 바뀜에 따라 이런 목표가 진화하는 경향이 있다는 사실을 안다. 팀이 원(지금 중요한 것)을 정의하고, 거기에 중점을 두도록 하면 어디에 초점을 맞춰야 하는지 아는 데 도움을 줄 수 있다. 이를테면 내가 부총장으로 일할 때 오라클 대학교는 엄청나게 많은 프로그램을 운영했다. 그래서 우선순위를 정립하기가 어려웠다. 게다가 여러 새로운 프로그램에 새롭게 노력을 기울여야 했다. 나는 경영 회의를 소집하거나 모든 직원에게 문서를 배포하는 대신 사무실 문에 3개의 최우선 프로그램을 게시했다. 그것은 총 10단어가 넘지 않는 짧은 목록이었다. 또한 화려하지 않았고, 액자에 넣지도 않았다. 그냥 화이트보드에 마커로 쓴 것이었다. 그래도 모두에게 중요한 것이 무엇이고, 어디에서 가장 쓸모가 있을지 알렸다. 상세한 프레젠테이션이나 값비싼 커뮤니케이션 캠페인을 하지 않아도 직원들에게 지금 중요한 것이 무엇인지 알릴 수 있다. 그저 당신의 머릿속에 들어 있는 과제 목록의 상단에 있는 것을 공유하면 된다. 그것을 돌에 새길 필요도 없다. 명확하게 제시하고 계속 상기시키면 된다. 그러면 필요한 것이 변하는 속도만큼 조직이 빠르게 적응할 수 있다.

둘째, 리더십을 재정의하라. 혁신은 갈수록 다양한 관점과 집단지성을 요구하는 팀 스포츠가 되어가고 있다. 이때 팀은 임시적인 경향을 지닌다. 즉 구성되고, 협력한 후, 빠르게 해체된다. 그래서 정식 리그보다 즉석 경기를 뛰는 식으로 운영되어야 한다. 팀원들은 어려움 없이 적극적으로 나서는 동시에 적절하게 물러설 줄 알아야 한다. 이처럼 빠르고 유연한 리더십 모델에 참여하려면 자기주장이 약한 직원(그리고 관리직에 관심이 없는 직원)이 앞으로 나서도록 도와야 할 가능성이 높다. 머뭇거리는 리더가 적극적으로 나섰다가 적절하게 물러서도록 만들려면 퇴각로를 제공해야 한다. 그들에게 리더 역할은 프로젝트 또는 짧게는 회의 동안만 잠정적으로 유지될 뿐 상시적이지 않다는 사실을 알려라.

앞으로 나서서 팀을 이끌도록 만들기 위해 격려와 지원이 필요한 팀원이 있는 반면 뒤로 물러서서 다른 팀원을 지원하도록 만들기 위해 코칭이 필요한 팀원도 있다. 관리자(또는 고위 임원)는 리더를 따르는 건강한 관행의 모범을 보임으로써 후자가 보다 유연한 리더십 스타일을 개발하도록 도울 수 있다. 그들에게 동료 조직과 협력하거나, 직위가 낮은 사람이 이끄는 프로젝트에 기여하는 모습을 보여라. 팀에게 당신이 리더로서 또한 추종자로서 똑같이 열정적으로 일할 수 있음을, 뛰어난 추종자가 되는 것은 막다른 골목이 아니라 리더로서 이뤄야 할 성장의 일부임을 알려라.

셋째, 일이 마무리될 때까지 남으라고 요구하라. 직원들이 일을 확실하게 마무리하기를 바란다면 다음 업무로 넘어가기 전에 하던 업무를 끝내라고 요구해야 한다. 코투벤처스의 회장 댄 로즈는 아마존에서 디에고 피아센티니 밑에서 일하면서 배운 교훈을 트위터(현 X)에서 회고했다.[10]

2004년에 댄은 아마존에서 새로 생긴 킨들 팀에 합류할 기회가 생기자 바로 뛰어들었다. 킨들은 새롭고 흥미로운 프로젝트였다. 그는 변화를 시도할 준비가 됐다고 느꼈다. 이전 2년 동안 그는 아마존의 휴대전화 매장을 운영했다. 그는 자신이 맡은 소규모 사업을 중단 위기에서 고속 성장으로 전환했다. 그러나 시간이 지나면서 경쟁자들이 간극을 좁혔고, 성장이 정체됐다. 그때 킨들 팀에서 일해보지 않겠냐는 제의가 들어왔다. 댄은 수락했다. 그는 "새로운 사업을 출범할 기회를 얻을 수 있었을 뿐 아니라 기존에 맡았던 사업에서 발을 빼고 다른 사람에게 뒤처리를 시킬 수 있었다"라고 썼다.

댄이 새로운 직무를 시작하기 1주일 전, 글로벌 소매 사업부 수장 디에고 피아센티니가 댄을 사무실로 불렀다. 댄은 이렇게 회고했다. "그는 일을 제대로 하지 못하면 새로운 기회를 누릴 수 없다고 설명했다. 그는 내가 현재 사업을 정상화하고 나보다 강력한 후계자를 영입해야만 킨들 팀에 합류시킬 생각이었다."

물론 댄으로서는 듣기 괴로운 말이었다. 그는 "새로운 기회가 무기한 보류되었을 뿐 아니라 내가 현재 맡은 일에서도 실패하고 있다는 것이 명확했다"라고 썼다. 그는 이후 6개월 동안 문제를 바로잡았다. 디에고는 댄이 다시 사업을 성장시키고 강력한 후계자를 찾은 후에야 킨들 팀에 합류할 수 있도록 허락했다.

댄은 "1년 전에 나는 세상 꼭대기에 서 있었다. 모두가 나를 떠오르는 별이라고 불렀다. 그러다가 상황이 어려워지자 나는 새로운 사업부에 생긴 새로운 자리로 도망치려 했다. 그러나 위대한 기업과 강력한 리더는 사람들에게 책임을 지운다…. 새로운 것으로 도망치고 싶은 유혹이 생길 수 있다. 그 유혹에 맞서라. 일이 마무리될 때까지 남고, 당신이 망친 것을 고치는 데 자부심을 가져라. 문제를 숨기지 말고 주인처럼 행동하라."

직원들에게 일을 마무리할 책임을 지우면 그들의 일이 중요하며, 상황이 어려울 때도 경기를 계속 뛸 만큼 그들이 강하다고 믿는다는 강력한 메시지를 보내게 된다.

넷째, 사람이 아니라 일을 비판하라. 사람들에게는 최고의 성과를 올리기 위해 2가지 유형의 정보가 필요하다. 첫 번째는 분명한 방향이다. 표적은 무엇이며, 왜 그것이 중요한가(다시 말해서 왜)? 두 번째 유형은 성과 피드백이다. 정말로 표적을 맞히고 있는가? 일을 제대로 하고 있는가? 대다수 관리자는 피드백을 판정이나 업무에 대한 평가 또는 능력에 대한 선언으로 대한다. 그래서 피드백을 미루는 경우가 많다.

결국 대다수 사람은 나쁜 소식을 전하는 것을 즐기지 않는다. 이런 회피는 피드백의 내용이 긍정적일 때도 일어난다. 왜 그럴까? 대다수 사람은 다른 사람의 일을 단독으로 판정하는 것을 불편하게 여긴다. 피드백을 비판이 아니라 중요한 정보(사람들이 접근법을 수정하고 조정하는 데 필요한 정보)라고 생각하라. 피드백이 단지 대단히 필요한 정보라면 주기도, 받기도 더 쉬워진다.

팀원이 질문하고 조정하기를 원한다면 성과에 대한 정보를 제공하라. 그것을 개인적 판정이 아니라 도움이 되는 정보로 대하라. 나의 10대 아들인 조시는 근래에 내게 스마트폰의 설정을 바꾸라고 몇 번이나 제안했는데 무시했다며 이렇게 말했다. "아빠가 멍청하다고 말하는 게 아니라 중요한 정보를 제공했을 뿐이에요."

다섯째, 무엇을 중시하는지 밝혀라. 내가 자료 조사를 위해 인터뷰를 하면서 놀란 사실이 하나 있다. 많은 관리자들은 직원이 하는 일 중에서 자신이 가장 많이 또는 가장 적게 중시하는 것이 무엇인지 명확하게, 열정적으로 설명했다. 그러나 그들은 그 차이를 직원에게 말해준 적이 한 번도 없다고 인정했다. 이런 관리자들은 대개 이런 통찰을 팀원과 공유하겠다면서 인터뷰를 마쳤다. 관리자들이여, 직원이 당신과 다른 사람들의 일을 가볍게 만들어주기 원한다면 당신이 중시하는 행동을 알리는 관행을 만들어라. 누군가가 당신의 일을 수월하게 만들어 주면 "자네가 X를 하면 내가 Y를 하기가 수월해져"라고 말하라.

이를테면 "길고 복잡한 이메일을 전달할 때 내용을 요약해주면 더 빨리 답신을 할 수 있어", "바보 같은 실수를 저질러도 스스로 웃어넘기면 다른 사람들이 자신의 실수를 털어내고 실패로부터 빠르게 배울 수 있어", "고생하는 동료를 도와주면 내가 나서서 일을 떠맡고 싶은 유혹을 참기가 쉬워져"라고 말하라. 사무실 문에 싫어하는 일의 전체 목록을 붙이는 것은 좋지 않다. 다만 간단한 당신 사용 설명서(283쪽 참조)를 만들어라. 이 설명서는 당신이 효율적으로 일하고, 그에 따라 최고의 지침과 지원을 제공할 수 있도록 돕기 위해 직원이 할 수 있는 일이 무엇인지 알려준다.

엘리스 누르다는 네바다주 라스베이거스에서 전적으로 자원봉사자들이 운영하며, 300명으로 구성된 청소년 심포니 및 합창단의 단장이다. 공연을 두어 주 앞두었을 때 분위기가 긴장되어 있었다. 10대들은 10대들처럼 행동했고, 이 점이 성인 자원봉사자들을 짜증 나게 만들었기 때문이다. 이는 관리자인 엘리스의 일을 더욱 힘들게 만들었다. 모두가 즐거워야 할 일을 하면서 스트레스를 받았다. 어느 날 밤 리허설이 끝난 후 엘리스는 자원봉사자들과 회의를 했다. 그녀는 야간 리허설 중간에 먹는 간식을 관리하는 홀리에게 이렇게 말했다. "홀리, 일을 아주 잘해주고 있어요. 10분 만에 300명에게 간식을 제공하고, 그 시간을 즐겁게 만들었어요. 휴식 시간에 분위기를 밝게 만들면 남은 리허설을 원활하게 진행하는 데 도움이 돼요." 다음 리허설은 마침 핼러윈과 겹쳤다. 홀리는 축제용 간식, 무서운 장식, 포그머신을 활용해 간식 시간을 완전히 새롭게 바꿔놓았다. 덕분에 밝은 분위기가 남은 리허설 시간까지 이어졌다. 전체 팀은 이 메시지를 이해했고, 홀리의 모범을 따랐다. 그 결과 남은 시즌 동안 모두의 화는 가라앉고 기분은 나아졌다. 엘리스는 "사람들 앞에서 홀리에게 '당신이 하는 일이 마음에 들어요'라고 말했습니다. 그것은 우리가 하는 일의 모든 영역에 영향을 끼쳤어요"라고 말했다.

리더가 팀을 신속하게 모을 수 있으면 역동적인 상황에서 팀원들을 가르치는 일이 비교적 쉽다. 그러나 팀이 분산되고 직원들이 원격 근무를 하면 맥락을 놓치거나, 어젠다를 벗어나거나, 장애물에 발목 잡히기 쉽다. 관리자들은 다음과 같은 핵심적인 조건을 제공해 팀원이 전력을 다해 함께 최선의 성과를 내도록 도울 수 있다.

- **맥락:** 어떻게 더 큰 목표에 부합하는지 상기시켜서 대화와 회의의 중심을 잡아라. 일을 하는 이유를 공유하고, 그들의 기여가 중요한 이유를 알려라. 이를 등산 지도의 '현재 위치' 표시라고 생각하라.
- **명확성:** 무엇을 기대하는지 밝히기 위한 간단한 대화가 원활하게 이뤄지지 않으면 장애물이 커질 수 있다. 그러면 직원들이 상사에게 기대게 된다. 직원들이 주인 의식을 유지하도록 돕기 위해 명확한 업무 기술서를 제공하고, 투표권의 51퍼센트를 부여하는 멀티플라이어 리더십(373쪽 참조)을 활용하라.
- **협력:** 원격 근무를 하는 경우 대개 온라인 회의는 지나치게 많은 반면 동료들과 깊이 협력할 기회는 부족하다. 그러니 힘든 사안에 대처하고 최고의 아이디어가 부상할 수 있는 포럼을 만드는 데 특별한 주의를 기울여라.
- **소통:** 원격 근무는 고립을 초래할 수 있다. 따라서 나중에 어려운 대화를 나누고, 함께 힘든 난관을 극복하는 데 필요한 관계 자본을 구축할 수 있도록 의도적으로 소통하라. 간단한 '회의 전 안부' 묻기를 시도하라. 모두가 직원이기 이전에 사람으로 대우받는 느

낌을 받을 수 있게 만들어라. 회의를 시작할 때 "어떤 일에 자부심을 느끼나요?"나 "지금 특별히 어려운 점이 무엇인가요?" 또는 그냥 "잘 지내요?"라는 질문을 해보라. 게다가 정기적으로 만나지 않으면 잘되고 있는 일을 간과하기 쉽다. 그러니 성공을 부각하고, 평소보다 2배 더 자주 긍정적인 피드백을 제공하면서 가치를 더 많이 인정하라.

팀이 나란히 앉아서 일하든, 전 세계에 흩어져서 일하든 간에 리더가 안전과 부담을 함께 제공하는 여건을 조성하면 직원들은 적극적으로 나서고 확실하게 마무리할 수 있다. 올바른 코칭 습관을 따르면 직원들은 더 빨리 배우고, 더 강인해지며, 자신이 가능하다고 생각한 수준을 넘어서 성장할 수 있다.

챔피언 팀 육성하기

기업의 리더나 사회적 기업가로서 당신은 특정한 슈퍼스타를 알아보고 치켜세우거나 팀의 MVP로 삼고 싶을 수 있다. 그러나 "어떻게 하면 우리 팀에 최대한 많은 MVP를 영입할 수 있을까?", "어떻게 하면 모두가 가치를 창출하고 파급력 있게 일하는 팀을 육성할 수 있을까?"라고 자문하면 더 강한 팀을 구축할 수 있다. 지금부터 전원이 올스타인 팀을 구축하기 위한 전략을 살펴보자. 이런 팀의 팀원들은 각자가 나름의 임팩트 플레이어다. 그래서 고유한 기술적, 기능적 능력을 갖추고 다른 포지션에서 플레이하되 서로 협력한다. 이런 팀을 구축하는 방법은 새로운 인재를 획득하거나 각 플레이어를 따로 코칭하는 것이 아니다. 그보다는 전체 팀의 시야를 넓히고 모두에게 열정이 전염되도록 만드는 것이다.

올바로 출발하기

6장에서 소개한 프로 의식이 투철한 미식축구 선수 잭 '핵소' 레이놀즈를 기억하는가? 그는 경기가 열리는 날에는 경기복을 완전히 갖춰 입고 아침 식사 자리에 나와서 경기를 준비했다. 그의 높은 기준은 전염성이 강해서 팀원들에게도 전염됐다. 명예의 전당에 헌액된 코너백인 로니 로트는 스탠퍼드대학교에서 열린 빌 캠벨 트로피 서밋에서 레이놀즈를 처음 만났던 때를 회고했다.[11]

그날은 샌프란시스코 포티나이너스의 훈련 캠프가 열리는 첫날이었다. 로트는 서던캘리포니아대학교 출신으로 1라운드 드래프트에서 선발된 신인 선수였다. 한편 핵소는 10년 넘게 프로선수 경력을 쌓고 포티나이너스에 새로 영입된 상태였다. 로트는 "옆에 앉아 있다가 고개를 돌려보니 그가 잘 깎은 연필을 100자루나 갖고 있었어요. 그래서 '이 사람 뭐야?'라고 생각했죠"라고 회고했다. 잠시 후 빌 월시 감독이 와서 팀 앞에 섰다. 그는 로트에게 인사를 건네고 "우리 팀에 마침내 1라운드 지명 선수가 들어왔어"라고 발표했다. 팀은 높은 기대를 받는 신인 선수를 환영했다. 월시는 브리핑을 이어가면서 "이제 받아 적을 준비를 해"라고 말했다.

로트는 공책이 없어서 당황했다. 그는 핵소에게 "연필하고 종이 좀 빌릴 수 있을까요?"라고 물었다.

새 팀원은 고개를 흔들더니 로트를 보며 "안 돼"라고 말했다.

로트는 "그러지 말고 좀 빌려줘요. 연필이 100개나 있잖아요. 하나만 줘요"라고 부탁했다.

핵소는 "안 돼"라고 거절한 후 말을 이었다. "그거 알아? 난 이 스포츠를 사랑해. 내 모든 걸 바쳤다고. 나하고 같이 뛰고 싶으면 준비를 더 잘해야 해."

이 말은 로트에게 강렬한 인상을 남겼다. 40년 후에도 그는 핵소 레이놀즈가 무슨 말을 했고, 그 말을 할 때 어떤 모습이었으며, 그 말이 자신(뜨거운 관심을 받던 신인 선수)의 마음을 어떻게 뒤흔들었는지 여전히 기억했다. 로트는 열정적인 어조로 이렇게 말했다. "그 순간은 제게 준비를 해야 한다는 사실을 가르쳤습니다. 노력해야 성과를 낼 수 있다는 사실, 뛰어난 선수가 되려면 열의를 가져야 하고, 온 마음을 바쳐야 한다는 사실을 가르쳤습니다."

그해에 샌프란시스코 포티나이너스는 첫 슈퍼볼을 따냈다. 로트에게 이 여정은 전염성 강한 순간으로부터 시작됐다. 그 순간에 한 뛰어난 선수의 마인드셋이 다른 선수에게 물들었고, 탁월성에 대한 열정이 팀 전체로 퍼져 나갔다.

효모 배양하기

관리자들은 당연히 임팩트 플레이어 마인드셋을 복제하고 싶어 한다. 1장에서 아만다 로스트의 상사가 그녀에 대해 "그녀의 동상을 만들어서 빛나는 모범으로 영업 팀 사무실 한복판에 세울 수 있다면 그렇게 했을 겁니다"라고 했던 말을 상기해 보라. 어떻게 긍정적인 마인드셋을 팀에 퍼트릴 수 있을까? 어떻게 신념이나 행동, 활력이 전염성을 지니도록 만들 수 있을까? 챔피언 팀을 구축하는 것은 사워도우 브레드(또 다른 샌프란시스코의 명물)를 만드는 일과 비슷하다. 톡 쏘는 맛에 구멍이 많이 뚫린 이 빵을 구우려면 사워도우 효모가 필요하다. 이 효모는 밀가루 반죽 속에 살면서 성장하는 일종의 박테리아(락토바실러스 샌프란시스센시스)로서, 세대를 거쳐 전달되거나 약간의 노력으로 야생에서 배양할 수 있다. 따뜻한 환경에서 보관하고 신선한 밀가루 반죽을 자주 먹이면 효모가 성장하고 전파된다.

마찬가지로 일련의 마인드셋이나 행동을 복제하려면 효모 같은 인재, 모범이자 촉매 역할을 할 사람이 필요하다. 이런 사람은 사워도우 효모처럼 이식하거나 세심하게 배양할 수 있다. 임팩트 플레이어 효모를 따뜻하지만 뜨겁지 않은 환경에서, 잠재력이 있지만 아직 파급력을 끼치지 못하는 기여자와 가까이 두어라. 그다음 적절한 양의 지원과 강화를 공급하면 임팩트 플레이어의 자질이 전파된다. 그래서 나중에는 모두가 성장한다.

나는 와이즈먼그룹의 우리 팀에서 이런 역학을 확인했다. 로렌 행콕이 데이터 과학자로 우리 조사 팀에 합류했을 때, 나는 그녀가 유능한 분석가임을 알 수 있었다. 그녀가 손을 댄 모든 일은 더 나아졌다. 보다 엄격하고 이해하기 쉬워졌다. 그녀는 데이터에 기반한 결정을 내리는 일에 대해 전염성 강한 열정을 품고 있었다. 나는 그녀와 가까이 일하는 동안 그녀의 재능에 더 많은 요소가 있다는 사실을 알 수 있었다. 그녀는 일의 엄격성을 높이면서도 복잡성을 더하지 않았다. 그녀와 협력하면 언제나 나의 사고가 개선되었고, 나의 일이 더 쉬워졌다. 그녀가 내 일을 덜어주었기 때문만이 아니라 그녀가 타당한 결정을 내리는 가장 단순한 길을 찾을 수 있었기 때문이다. 이는 나눌 필요가 있는 재능이었다.

나는 회의 시간에 로렌이 조사 방식을 개선했다는 사실을 설명한 후 간단한 제안을 했다. 보다 과학적이거나 체계적인 접근법으로 혜택을 입을 수 있는 일을 한다면 로렌과 협력하라는 제안이었다. 다양한 팀원이 그녀를 끌어들이기 시작했다. 자신의 일을 떠넘기기 위해서가 아니라 문제를 고민하고 그것을 해결하는 올바른 접근법을 마련하는 데 도움을 받기 위해서였다. 마케팅팀을 이끄는 제이슨은 로렌에게 중요한 시장 조사 설문을 구상하는 일을 도와달라고 요청했다. 로렌은 보다 과학적으로 타당한 답변을 이끌어 낼 뿐 아니라 그가 이전에 고려치 않은 통찰까지 제공하는 설문을 설계하도록 도와주었다. 조사 절차를 운영하는 카리나는 스프레드시트를 들여다보며 데이터에 담긴 이야기를 찾았다. 그녀는 그냥 완력으로(수작업으로 지루하게 세부 내역을 정리하는 것) 분석하려다가 로렌이 비슷한 문제에 체계적인 접근법을 취한 적이 있다는 사실을 떠올렸다. 그녀는 로렌에게 연락해 어떻게 하면 되는지 가르쳐달라고 요청했다. 뉴욕시에서 휴가 중이던 로렌은 레스토랑에 있었지만 카리나의 요청을 기쁘게 받아들였다. 그녀는 밖으로 나가 엑셀 코드를 일일이 설명했다. 2019년에 코로나 팬데믹이 덮치고 경제가 멈추기 시작하던 때에 로렌은 거시경제와 불경기에 대한 기본적인 내용을 가르치는 세미나를 열었다. 모든 팀원이 앞으로 들어올 경제 보고서를 이해할 수 있도록 만들기 위한 조치였다. 뒤이어 그녀는 조사 담당 부장들과 협력해 불확실성 속에서 보다 자신 있게 좋은 결정을 내리는 데 도움이 되는 시나리오 기획 모델을 구축했다. 로렌은 팀에 자신의 뛰어난 능력을 제공하는 것 이상의 일을 했다. 그녀는 자신의 뛰어난 능력을 퍼트렸고, 모두의 사고 수준을 높였다. 덕분에 데이터 기반 사고와 관련해 우리의 일은 더 나아졌으며, 업무 부하는 더 가벼워졌다.

이 효모 접근법이 통하는 이유는 인간이 다른 사람의 행동을 관찰하고 모방하는 습성을 타고났기 때문이다. 특히 유익해 보이는 행동의 경우는 더욱 그렇다. 스탠퍼드대학교의 심리학자인 앨버트 반두라가 개발한 모델인 사회 학습 이론Social Learning Theory은 작업 집단이나 가족 같은 사회 단위를 통해 행동이 복제되는 양상을 설명한다. 이 인과적 역학을 관찰하면 직접 경험하거나 시행착오를 통해 패턴을 수립하지 않아도 상당한 행동 관련 지식을 획득할 수 있다.[12] 물론 행동 복제가 이뤄지려면 특정한 조건이 필요하다. 첫째, 학습자가 모범적 행동의 핵심적 특징을 인지해야 한다. 둘째, 학습자가 그것을 기억해야 한다. 반두라는 "모범적 행동을 단어나 간결한 라벨 또는 생생한 이미지로 부호화하는 관찰자는 그저 관찰만 하거나 다른 문제에 정신이 팔린 관찰자보다 해당 행동을 더 잘 학습하고 유지한다"라고 썼다.[13] 셋째, 학습자는 복제에 필요한 부속 기술을 지녀야 한다. 넷째, 리더가 새로운 행동을 승인하고 강화해야 한다.

효모(올바른 마인드셋을 지닌 팀원)를 얻어서 다른 팀원과 접촉하게 하

라. 그러면 다른 팀원은 그들의 행동과 그 결과(이를테면 요청이 없는데도 앞장서서 문제를 해결하기 위한 그룹을 결성했고, 상사가 적극적인 태도에 공개적으로 감사를 표했다)를 관찰하게 된다. 그에 따라 그들의 태도와 행동은 자연스럽게 퍼져나간다. 이때 전파 속도를 높이는 방법이 있을까? 아래에 사회학과 전염병학 분야의 연구 결과를 토대로 수립한 6가지 전략이 나와 있다. 이 전략들은 긍정적인 행동의 전염성을 높이는 데 도움이 될 것이다.

리더는 신중한 노력을 통해 팀이나 조직 전체에 걸쳐 바람직한 행동의 전파를 촉진하고 앞당길 수 있다. 안타깝게도 행동 스펙트럼의 반대편에 있는 나쁜 행동의 경우 별다른 도움이 없어도 잘 전파된다. 마크 트웨인이 말한 대로 "진실이 신발을 신는 동안 거짓말은 지구 반 바퀴를 돈다". 거짓말이 정말로 도보 경주에서 진실을 이기는지는 명확하지 않다. 그러나 근래에 〈하버드비즈니스리뷰〉에 실린 연구 결과[14]를 비롯한 여러 연구 결과는 직장에서 나쁜 행동은 좋은 행동보다 전염성이 강한 경향이 있음을 보여준다. 그 한 가지 이유는 나쁜 행동은 대개 복제하기가 더 쉽기 때문이다. 그래서 최소 저항 경로Path of Least Resistance인 경우가 많다. 예일 강사인 조 챈스가 설명한 대로 "행동을 예측하는 최고의 요소는 가격이나 품질, 안락함, 욕망 또는 만족감이 아니라 용이성이다. 전반적으로 어떤 일을 하기가 더 쉬울수록 사람들이 그 일을 할 가능성이 커진다."[15] 팀 전체에 걸쳐 임팩트 플레이어 관행의 전염성을 높이려면 다음을 따르라.

먼저 명명해라. 어떤 행동을 구체적인 단어나 생생한 이미지와 연계하면 상기하고 논의하기가 더 쉬워진다. 이 책에 나오는 임팩트 플레이어 프레임워크는 팀에서 논의할 수 있는 인상적인 라벨과 공통의 어휘를 제공하기 위한 것이다. 그러나 당신은 독자적인 어휘를 만들고 팀원들이 공감하는 언어를 사용할 수 있다. 다음으로 현재 이뤄지고 있는 행동을 팀원들이 인식하도록 도와라. 임팩트 플레이어의 관행을 보여주는 팀원을 가리키고, 문화를 형성하는 긍정적인 행동을 더블 클릭하라. 긍정적인 행동과 긍정적인 결과를 분명하게 연결하라. 그리고 접촉을 늘려라. 팀원들이 밀접하게 일하거나 자주 접촉하면 행동이 더 빨리 전파된다. 물리적 업무 공간의 경우 임팩트 플레이어가 다른 사람들과 나란히 일하게 만들어라. 가상 업무 공간의 경우 대면 시간과 협력을 늘려라. 특히 임팩트 플레이어의 사고 과정이 드러나는 문제 해결 시간이나 자리를 늘려라. 다음으로 학습 가능하게 만들어라. 임팩트 플레이어의 행동을 부각할 때 가장 쉽게 배울 수 있으며, 추가적인 기술적 능력이나 접근에 의존하지 않는 관행과 행동에 초점을 맞춰라. 그리고 스트레스 테스트를 해라. 위기 상황은 교육이 가능한 강력한 순간을 제기한다. 스트레스가 심한 시기에 바람직한 마인드셋과 행동의 모범을 보여라. 미국 해안경비대 장성 출신인 새드 앨런이 말한 대로 "리더는 가장 위험할 때, 그리고 위기에 처했을 때 가장 높은 가치를 지닌다. 아랫사람들이 스트레스를 이겨내는 당신을 보고 배우기 때문이다."[16] 마지막으로 개인적·공적 인정을 통해 바람직한 행동을 강화하라. 초기에 바람직한 결과가 나오지 않더라도 반드시 올바른 행동을 인정하라. 임팩트 플레이어 행동을 저해하는 장애물을 제거하고 팀원들이 올바른 일을 하기 쉽도록 만들어라.

챔피언 팀을 구축하려면 임팩트 플레이어 행동을 부추기는 것 이상의 일을 해야 한다. 즉, 상반되는 행동을 적극적으로 억눌러야 한다. 특히 똑똑하고 유능한 직원이 능력에 못 미치는 수준으로 기여하게 만드는 관행과 팀 문화를 해치는 한정적인 신념을 억눌러야 한다. 그렇다면 팀 전체에 걸쳐 상반되는 관행의 전파를 줄이는 방법은 무엇일까?

이 역시 명명해야 한다. 기여자 및 미달 기여자 관행과 함정 요소를 나타내는 라벨은 한정적인 행동을 지적하고 논의하는 데 도움을 준다. 다음은 설명해라. 사례를 들 때 행동을 구체적으로 제시하되 당사자의 이름을 반드시 거명할 필요는 없다. 해당 행동이 어떻게 성과를 저해하고 팀이 고객을 섬기거나, 문제를 해결하거나, 기회에 대응하지 못하게 만들었는지 논의하라. 무엇이 경고 신호인지, 해당 행동을 피하기 위해 무엇을 할 수 있는지, 대신 무엇을 해야 하는지 팀원들에게 알려라. 그리고 팀원들이 자신의 행동을 평가할 방법을 제공하라. 그러면 교정적 행동을 취할 필요가 있는지 알 수 있다. 또 어떤 팀원이 여러 나쁜 행동의 근원이라면 슈퍼전파자가 되도록 놔두지 마라. 뛰어난 플레이어들과 문제의 행동을 논의하라. 그러면 부정적인 행동을 멀리해 감염되지 않도록 도울 수 있다. 마지막으로 부정적인 결과를 불러오거나 긍정적인 결과를 저해한 사실을 지적해 행동과 결과를 결부하라. 모두가 그 사실을 알게 만들고, 일관되게 사후 처리를 하라.

긍정적인 고파급력 관행의 전파 속도를 높이고, 해로운 영향의 전파 속도를 늦추는 일은 올스타 팀을 만드는 데 도움을 준다. 또한 모든 스포츠 팬이 알듯이 올스타 팀은 대회에서 우승하지만 영원히 지속되지는 않는다. 마찬가지로 적절한 효모 역할을 하는 인재는 전염성을 통해 팀을 고양하는 효과를 낳는다. 그러나 그들의 존재는 영구적이지 않다. 다시 한번 사워도우 빵 만들기의 과학으로 돌아가 보자. 사워도우 효모는 생육 촉진제로서 단번에 기하급수적으로 늘어나도록 만들어져 있다. 모든 사워도우 베이커는 어느 날 아침 주방에 들어갔다가 효모가 용기에서 삐져나와 눈에 보이는 모든 것을 삼키며 카운터톱 위로 퍼져 나가는 광경을 떠올릴 수 있다. 그래서 그들은 정기적으로 효모를 조금씩 버린다. 필요한 것을 확보했기 때문이다.

최고의 기여자는 성장하면서 플레이할 수 있는 더 큰 경기장이 필요하다. 이 경우 그들이 새로운 기회를 찾아 나갈 수 있도록 놔줘야 한다. 거기서(올바른 환경과 더불어) 그들의 마인드셋과 업무 방식은 또 다른 팀에 전파될 것이다. 그러나 그들의 노력은 계속 여파를 미칠 것이다. 임팩트 플레이어는 떠날 때 구멍을 남기지 않는다. 그들은 더 많은 인재, 더 많은 효모를 남긴다.

승리하는 문화 유지하기

이 주기가 반복되면 팀에 있는 두어 명의 강인한 플레이어보다 강력하고, 규정집이나 전술집보다 효과적인 것을 구축하게 된다. 그것은 바로 문화, 일을 하는 방식에 대한 일련의 규범과 가치관이다. 문화는 물속에도 있고, 공기 중으로도 전파된다. 또한 한 명의 플레이어가 팀을 떠난 후에도 오랫동안 남는 업무 방식이 된다.

그 결과물인 문화는 탁월한 가치(섬김, 청지기 정신, 강인함, 자신감, 기여)를 창출하는 마인드셋의 총체적 표현이다. 이런 문화는 모험심, 그리고 적극성과 책임성이라는 생산적인 조합으로 가득할 것이다. 즉, 기꺼이 모험을 하려는 의지뿐 아니라 일을 마무리하려는 열의도 겸비할 것이다. 구성원은 학습하고 혁신하는 데 필요한 자신감과 움직이는 표적에 적응하는 기민성을 갖출 것이다. 조직은 힘든 문제에 대처할 집단적 힘을 통해 모호한 상황을 헤쳐 나가고, 기회를 추구할 것이다. 이런 문화는 강력한 동시에 섬김을 중시할 것이다. 여기서 섬김은 굴종이 아니라 동료를 도우려는 의지와 고객과 좋은 관계를 유지하는 성향을 말한다.

임팩트 플레이어를 양성하는 문화를 만들고, 높은 가치를 낳는 업무 방식을 촉진하기 위해 리더는 어떤 일을 할 수 있을까? 또한 모두가 고유한 역량을 의미 있는 방식으로 기여할 수 있도록 해주는 여건을 어떻게 창출할 수 있을까?

다양한 역할을 중시하라

각자 최대한으로 기여하는 팀 문화를 만드는 것은 리더가 맡는 근본적인 역할 중 하나다. 이 일은 각 플레이어가 경기장으로 가져가는 다양한 관점과 역량을 중시하는 것에서 시작된다. 모든 역할이 중시되며, 각 구성원이 중요한 기여를 하는 방식으로 운영되는 팀에는 어떤 일이 생길까? 리더는 응급실 의사 켈리처럼 일할 것이다. 그녀는 모두(의사, 직원, 간호사, 환자 자신)가 환자를 보살피는 것이 의료 팀의 중요한 요소이며, 모든 팀원이 환자를 살릴 아이디어를 떠올릴 수 있다고 믿었다. 켈리 밑에서 일한 모든 사람은 이 점을 느꼈다. 한 신입 구성원은 "구성원들이 적극적으로 의견을 말해요. 우리의 기여가 중시되고, 요구된다는 사실이 분명하니까요"라고 말했다. 직원들은 존중받고 중시된다고 느낄 때 소속감을 경험하고 문화와 보다 깊게 연결된다. 또한 기여할 수 있는 능력이 향상된다.[17] 챔피언 팀을 만들고 싶다면 다양성을 받아들여라. 각자가 타고난 재능을 제공할 수 있는 환경을 조성한 다음 최고의 성과를 내도록 그들의 노력을 조율하라.

보이지 않는 기여를 수면에 띄워라

대다수 조직에서 경기장이 수평이 아니라는 사실은 비밀이 아니다. 특정한 집단은 언제나 불리하게 일한다. 그러나 다양한 재능을 활용하는 포용적인 조직이 경쟁 우위를 지닌다는 연구 결과가 늘고 있다. 관리자들은 선택에 직면해 있다. 그들은 팀원에게 계속 투자하면서 자신과 비슷한 생각을 가진 팀원을 선택할 수 있다. 또는 '숨겨진 임팩트 플레이어', 즉 차별을 경험한 집단에 속한 잠재적 슈퍼스타를 적극적으로 찾아 나설 수 있다. 이때 임팩트 플레이어 프레임워크를 활용하면 조직이 지닌 편향을 의식적으로 파악하고 물리칠 수 있다.

먼저, 관리자는 가치와 파급력을 낳는 길을 직원들에게 알려줄 수 있다. 또한 우리가 말한 무언의 전략, 종종 은근하게 작용하는 일하는 방식에 대한 권장 사항과 금지 사항, 신뢰를 쌓는 요소, 특히 조직 내에서 일이 돌아가는 방식을 표면적으로 드러내는 데 도움을 줄 수 있다. 암묵적 규칙과 시스템을 명시적으로 드러내면 인맥과 주요 정보, 그리고 눈에 띄는 업무에 대한 접근성이 커진다.

관리자들은 또한 조앤 윌리엄스와 마리나 물타우프가 말한 조직의 화려한 일과 가사형 일을 보다 균등하게 분배하는 조치를 취할 수 있다. 두 사람이 조사한 바에 따르면 "모든 인종의 여성은 사무실 가사를 더 많이 한다고 밝혔으며, 여성과 유색인종(양성 공통)은 화려한 일에 접근할 기회가 적다고 밝혔다."[18] 특정한 직원이 계속 후방 지원 업무를 떠맡으면 그들의 기여는 간과되고, 그들의 파급력은 과소평가된다. 눈에 띄는 업무가 모든 리더 지망생에게 보다 균등하게 분배되면 보다 깊은 참여가 이뤄질 것이다. 또한 조직은 기존 인재 풀에 숨겨진 역량을 보다 온전하게 활용하게 될 것이다.

끝으로 리더는 시스템적 편향과 불리에 맞서서 일하는 직원들에게 성공하는 데 필요한 요소를 제공할 수 있다. 4장에서 언급한 대로 우리는 대개 관리자들이 성공하려면 예산과 인원이 필요할 것이라고 가정한다. 그러나 사실 가장 필요한 것은 주요 정보, 지침, 핵심 리더의 지원에 대한 접근이다.

피드백을 제공하는 과정은 특별히 언급할 가치가 있다. 여러 연구 결과는 적게 대표된 집단에 속한 사람이 동료들보다 지침을 적게 받는다는 사실을 보여주었다.[19] 이를테면 여성은 피드백을 덜 받고,[20] 덜 구체적이고 실행 가능한 피드백을 받는다.[21] 또한 부정확한 성과 피드백을 받을 가능성이 더 높다. 이 경우 전달자가 긍정적인 개인적 설명 뒤로 부정적인 성과 평가를 숨긴다.[22] 성과에 대한 정보가 부족하면 표적을 놓치고 숨겨진 임팩트 플레이어가 될 가능성이 커진다.

리더는 또한 배경 역할을 맡은 기여자들이 인정받고 정당한 조명을 받도록 만드는 데 중요한 역할을 한다.

콜린 프리체트는 항공우주 및 산업 시장용 첨단 복합소재 분야의 세계적인 리더, 헥셀의 미주 항공우주 및 글로벌 탄소섬유 사업부 사장이다. 그녀는 연구개발, 공급 사슬, 제조, 영업, 행정 등 모든 직능에 걸쳐 수천 명의 직원이 속한 조직을 이끈다. 대다수 조직의 경우처럼 일부 직능은 자연스럽게 조명을 받는다. 그러나 그녀와 그녀의 경영 팀은 모든 직능에 걸쳐서, 특히 이면에서 일하는 직원들이 수행한 훌륭한 일을 인정하기 위해 신경 쓴다. 공급 팀이 충분한 가치를 인정받지 못한다고 느끼면 영업 총괄 부사장이 원탁회의를 열어서 "여러분이 한 일을 알고 있으며, 그 가치를 높이 평가합니다. 이 점은 우리의 고객도 마찬가지입니다"라고 말한다. 뒤이어 그는 중요한 영업 관련 사안에 대한 그들의 관점을 구한다.

콜린도 인정받지 못하는 스타 직원을 계속 찾는다. 그런 직원을 발견하면 이메일을 보내서 그들이 한 뛰어난 일을 알고 있다고 말해준다. 이때 나머지 경영 팀도 참조인으로 넣는다. 그래서 격려가 이어진다. 타운홀 미팅Town Hall Meeting은 알려지지 않은 영웅을 조명하는 또다른 자리를 제공한다. 이 자리에서 구성원들은 일상의 영웅에게 감사와 존중을 표한다. 또한 뒤이어 조명받은 행동을 인식하고 따라 한다.

모두가 최대한으로 기여하는 문화를 조성하고 싶은가? 그렇다면 이면을 살펴서 알려지지 않은 영웅을 찾아라. 그들을 알리고 그들의 일을 칭찬하라. 숨겨진 기여자를 띄우고, 특히 시스템적 권력이나 일반적 특혜를 누리지 못하는 사람들의 조용한 목소리를 증폭하라. 원격 근무를 하는 직원이나 팀을 이끌 때는 포용의 정도를 한층 높여라. 하나의 팁으로 회의를 통해 이를 실현할 수 있다. 회의 시 다음과 같이 행동해보자.

- **마중물을 대라:** 미리 어젠다와 토론 내용에 대한 질문을 보내 생각을 정리할 시간을 주어라.
- **모두와 인사하라:** 모든 참석자와 인사하면서 회의를 시작하라.
- **모두에게 물어라:** 의견을 구할 때 모두에게 물어라. 모두의 말을 듣기 전에는 한 사람이 두 번 말하게 하지 마라.
- **우선권을 주어라:** 팀 회의에서 두 사람이 같이 발언하려 하면 더 조용하거나, 직급이 낮거나, 먼 지역이나 시간대에서 일하거나, 적게 대표된 집단의 구성원에게 우선권을 주어라.

단결심을 고양하라

단결심 없는 다양성은 잡음을 낳으며, 혼돈에 빠질 수 있다. 반면 다양한 인재들이 공통의 가치관과 어젠다에 따라 일하는 팀은 승리의 조합을 이룬다.

45편의 영화를 만든 미국의 영화감독, 로버트 저메키스는 USC에서 강연을 하면서 어떤 영화를 가장 좋아하느냐는 질문을 받았다. 그는 "〈포레스트 검프〉입니다"라고 대답했다. 그 이유가 무엇일까? 바로 "우리 모두가 같은 영화를 만들고 있었기 때문"이다. 저메키스는 〈포레스트 검프〉 각본을 읽고 우리의 삶을 한데 묶어주는 관계에 대한 이 단순한 이야기가 전형적인 플롯 장치를 전혀 담고 있지 않으며, 영화 제작의 모든 규칙을 깬다는 사실을 바로 깨달았다. 하지만 그 깨달음을 구체적으로 표현할 수는 없었다. 그는 수백만 명의 시청자들처럼 포레스트 검프의 정신에 매료됐다. 포레스트 검프는 지능이 낮은 단순한 사람이지만 결국에는 엄청난 일을 해내고, 대단한 인물과 리더들을 만났다. 이 영화에는 톰 행크스, 샐리 필드, 로빈 라이트, 게리 시나이즈, 미켈티 윌리엄슨이 출연한다. 행크스가 연기하는 주인공의 이름은 영화의 제목으로 쓰였다. 그는 어떤 일이든 가능하며, 포레스트의 어머니 역을 한 필드의 말처럼 "인생은 가지라고 있는 거예요. 그냥 손을 뻗어서 움켜쥐기만 하면 돼요"라고 생각하게 만든다.[23] 모두가 이 영화를 사랑한 것은 아니었다. 사실은 대체로 반응이 양극단으로 나뉘었다. 그러나 이 영화를 만든 제작팀은 전혀 분열되지 않았다.

모두가 같은 어젠다에 매달릴 때, 그들의 타고난 천재성을 당면한 가장 중요한 일에 적용할 때 어떤 일이 생길까? 사람들은 자신의 가치를 인정받는다고 느끼고, 새로운 난관에 대처하려는 열의를 가지며, 적극적으로 앞장서거나 다른 사람의 선도를 뒤따르려 한다. 그들은 뛰어난 일을 하며 일하기 좋은 환경이 조성된다. 재능 있는 사람들이 같은 어젠다에 매달리면서 최대한으로 기여할 때 마법이 일어난다.

감독의 전략

이 전략은 팀이 임팩트 플레이어의 습관을 갖도록 도와주는 일련의 코칭을 제시한다. 첫 부분은 임팩트 플레이어의 5가지 특징에 따라 구성된다. 또한 포용적으로 선도하고, 원격 근무를 하는 팀을 포함해 전체 팀의 기여와 파급력을 극대화하기 위한 팁을 제공한다.

특징 1: 필요한 일을 한다

- **직무를 격상하라:** 자발적 직무 설계Job Crafting는 직원들이 자신의 역할을 만들도록 부추기는 기법이다. 또한 직원들이 자신의 일을 재구성하고 자신의 행동을 보다 큰 목적과 연계하도록 돕는 데 활용되기도 한다.[24] 다음 질문을 통해 팀원들이 섬김의 마인드셋을 갖도록 도울 수 있다.

  - 당신의 일을 통해 누가 혜택을 보는가?
  - 당신이 일을 끝내지 않으면 그들의 삶이나 일이 어떤 피해를 입는가?
  - 그들은 어떤 방식으로 혜택을 보는가? 이는 우리의 더 큰 공동체에 어떻게 혜택을 주는가?

  에이미 프제스니에프스키의 연구나[25] 톰 래스의 《삶의 위대한 질문Life's Great Question》[26]에서 추가 자료를 구할 수 있다.

- **가치를 격상하라:** 투명성처럼 특히 중요한 개인적 리더십 가치 또는 조직의 문화적 가치를 파악하라. 그 위치를 신성한 가치, 즉 그것을 지키기 위해 전쟁이라도 치를 수 있는 가치로 격상하라. 그것이 왜

당신과 사업에 중요한지 사람들에게 알려라(이를테면 "타당한 결정을 내리려면 가혹한 팩트가 필요합니다").

- **맥락을 제공하라:** 지금 하는 일 또는 대화가 어떻게 더 큰 목표와 부합하는지 사람들에게 상기시켜라. 지금 당신이 무엇을 하고 있으며, 왜 그것이 중요한지 설명하라. 이를 등산 지도에 '현재 위치' 표시를 제공하는 것과 같다고 생각하라.

- **어젠다를 공유하라:** 사람들에게 어떤 일을 하라고 말하지 말고 가장 중요한 성과가 무엇인지 제시하라. (1) 성공은 어떤 양상일지, (2) 완성된 일은 어떤 양상일지, (3) 무엇이 금지된 일인지 묘사하라.

- **기회를 포착하라:** 이론적으로 무엇이 중요한지 아는 일은 휴대용 도감을 보고 새의 종을 알 수 있는 것과 같다. 즉, 인상적이지만 유용하지는 않다. 숙련된 탐조가探鳥家가 야생에서 새들이 날아다니고 잘 보이지 않을 때 어떤 종의 새를 포착하도록 다른 사람들을 가르치듯이, 직원들이 중요한 기회를 포착하도록 도와라. 실시간으로 무엇이 원인지 외치고, 직원들이 지금 무엇이 중요한지 알도록 도와라.

- **허가증을 발행하라:** 직원들에게 공식 허가증을 줌으로써 그들이 자신의 공식 업무 영역을 넘어서 모험을 하는 데 필요한 자신감을 제공하라. 이 허가증은 입산 허가증과 같은 역할을 한다. 등산객은 혼자 위험한 오지로 들어가기 전에 관리 당국에 입산 신고를 하고 목적지를 등록한다. (1) 직원들이 어디로 향하는지, (2) 계속 잘해야 하는 핵심 업무는 무엇인지 합의하라. 또한 직원들에게 그들의 고유한 역량이나 관점이 특정 사안을 해결하는 데 도움이 될 것임을, 즉

그들의 이름이 '그 위에 적혀 있음'을 알려라. 그러면 그들이 적극적으로 나서서 리더 역할을 맡도록 도울 수 있다.

특징 2: 적극적으로 나서고 적절하게 물러선다

- **직원들이 통제할 수 있는 일에 초점을 맞춰라:** 직원들이 자신에게 상황을 개선할 능력이 있다는 믿음을 강화하도록 도와라. 그러기 위해 그들이 통제력이나 영향력을 가진 일이 무엇인지 알도록 도와라. 좌절하거나 힘든 상황에 직면했을 때 다음과 같은 질문을 통해 코칭하라.
  - 이 상황에서 통제할 수 있는 것이 무엇인가?
  - 통제를 벗어난 것은 무엇인가?
  - 전면적인 통제력은 없지만 영향력을 발휘할 수 있는 것은 무엇인가?
  - 상황에 영향을 끼치는 최선의 방법은 무엇인가?

  관리자는 직원회의 동안 이 마인드셋이 형성되도록 도울 수 있다. 그러기 위해서는 팀의 대화가 팀의 영향권 내에서 문제를 해결하는 데 초점을 맞추고, 남 탓과 불평으로 엇나가지 않도록 만들어야 한다.

- **선택권을 주어라:** 팀원들이 프로젝트에 배정되거나 선택되도록 하지 말고 다른 사람이 이끄는 프로젝트에 스스로 참여하도록 허용하라. 그러면 자발성과 청지기 정신을 고양할 수 있다. 자신이 가장 잘 기여할 수 있는 일을 선택하도록 해주면 적극적으로 나서고 다른 사람들의 지원을 끌어들이려는 의지가 강화된다.

- **팀을 참모화하라:**[27] 나는 멀리 떨어진 중미의 두 섬을 오가는 소형 비행기를 탄 적이 있다. 이륙 후 혼자 비행기를 조종하던 조종사는 뒤에 앉은 네 명의 승객을 향해 고개를 돌렸다. 그는 의무적인 안전 관련 안내를 한 후 사무적인 말투로 "비행 중에 이상하거나 걱정스러운 게 보이면 알려주세요"라고 말했다. 우리는 웃음을 터트렸지만 조종사는 웃지 않았다. 그제야 우리는 부조종사 역할을 하게 되었음을 깨달았다. 그래서 정신을 바짝 차리고 있었다. 마찬가지로 팀을 참모화하라. 팀원에게 문제를 살피고, 주도적으로 나설 준비를 하고, 필요하면 직접 체포까지 해야 한다는 사실을 알려라.

- **초청객 명단을 늘려라:** 앨런 멀러리는 포드모터컴퍼니의 CEO로서 당시 고전하던 회사의 대대적인 변신을 이끌었다. 그는 각 고위 임원에게 주요 임원 회의에 과장이나 사원을 더 많이 포함하도록 요청했다. 참관인을 두면 경영진에 대해 완전한 투명성과 바람직한 리더십 행동을 촉진할 수 있었다. 또한 회사 전체에 걸쳐서 사업 어젠다를 이해하는 리더를 늘릴 수 있었다. 주요 논의에 직급이 낮은 기여자를 포함해 초청객 명단을 늘려라. 그들은 회의 동안 조용한 관찰자에 머물지 모른다. 그래도 그들이 얻는 관점은 나중에 방관자가 아니라 리더처럼 일하는 데 도움이 될 것이다.

- **개시자에게 면책권을 주어라:** 어떤 일을 적극적으로 추진하다 보면 실수를 저지르거나, 몇 가지 사소한 규칙을 어기거나, 그저 상사와 다른 방식으로 일하게 마련이다. 이런 경우 잘못을 바로잡으면 일하는 방식이 개선될지 모른다. 그러나 다음에는 적극성이 줄어들 것이다. 주도권을 쥐고 올바른 방향으로 나아가는 팀원의 사소한 위

반은 눈감아주어라. 그러면 완벽성보다 진전을 우선시할 수 있다.

특징 3: 확실하게 마무리한다

- **끈기를 발휘한 과거의 순간을 상기하라:** (유년기든, 개인적 삶에서든 또는 직
  장에서든) 장애물에 직면한 경험은 나중에 끈기를 발휘하는 데 도움
  이 된다는 연구 결과가 있다.[28] 팀원이 그런 경험을 기억하고 과거
  의 접근법을 현재의 난관에 적용하는 방법을 고민하게 만들면 새
  로운 난관에 효과적으로 대처하는 데 도움이 된다. 아래의 질문은
  정신적 기억 근육을 형성하도록 해준다.
  - 과거에 어떤 비슷한 난관에 직면했는가?
  - 그 난관을 극복하는 데 도움이 된 것은 무엇인가?
  - 그 전략에 현재의 난관을 해결하는 데 도움이 되는 것은 무엇
    인가?
- **장애물을 도전으로 재설정하라:** '장애물 뒤집기'라는 스토아학파의 사고
  법을 활용하라. 직원에게 난관의 모든 '나쁜' 측면을 파악하라고 요
  청하라. 그다음 그것을 뒤집어서 나쁜 측면을 선善의 새로운 원천,
  구체적으로는 개인적 성장의 원천으로 만들라고 요청하라. 이를테
  면 비합리적인 고객은 프로젝트의 범위를 통제하는 방법을 배울
  기회다.[29]
- **윈을 정의하라:** 팀원에게 직무를 상세하게 지시하지 말고 수행해야
  할 필수 업무가 무엇인지 알려라. 권한을 위임할 때 성공적인 업무
  의 '3대 요소'를 자세히 설명해 명확성을 제공하라. 그것은 (1) 잘
  한 일은 어떤 양상인지 말해주는 성과 기준, (2) 완료된 일은 어떤

양상인지 말해주는 결승선, (3) 업무 범위에 속하지 않는 것을 말해주는 경계선이다.

- **결승선에 초점을 맞춰라:** 하이디 그랜트에 따르면 "뛰어난 관리자는 직원들에게 목표를 계속 주시하라고 상기시킨다. 또한 그사이에 기점을 통과했다는 이유로 야단스러운 칭찬이나 보상을 신중하게 피함으로써 일을 확실하게 마무리하는 직원을 양성한다". 격려는 중요하다. 그러나 팀을 계속 북돋으려면 일을 잘, 완전하게 마무리할 때까지 포상을 아껴라. 기점에 이르면 박수를 보내라. 동시에 이미 이룬 일이 아니라 앞으로 남은 일에 초점을 맞춰라.

- **길을 비켜줘라:** 직원들이 결승선을 넘지 못해서 고전하면 관리자가 개입하는 경우가 많다. 그들은 직원들이 장애물을 넘도록 도우려고 추가 인원을 투입한다. 그러나 이보다 쉬운 길이 있다. 조직 심리학자인 쿠르트 레빈이 주장한 대로 억제력을 줄임으로써 더 많은 것을 얻을 수 있는 경우가 많다. 또한 관리자의 너무 잦은 개입, 즉 너무 많은 지시와 조언, 그리고 피드백이 직원들의 발목을 잡는 경우도 많다. 굳이 직원들이 진전을 이루도록 도우려 하지 말고 그냥 길을 비켜줘라. 오히려 과도한 관리가 없을 때 그들이 더 빨리, 더 멀리 나아갈 수 있다.

특징 4: 질문하고 조정한다

- **신뢰를 쌓아라:** 리더가 팀원들에 대한 신뢰를 드러내면 그들의 자신감이 높아지고, 학습 및 적응 능력이 향상되며, 호혜적 피드백을 위한 길이 열린다. 말만 하는 것이 아니라 각 팀원에게 믿고 맡기는

책임을 통해 다음과 같은 형태의 신뢰를 표현할 방법을 찾아라.

- 자네 말을 믿어 — 자네의 도덕성을 신뢰해.

- 자네를 믿어 — 자네의 능력과 학습 능력을 신뢰해.

- 자네가 좋은 의도를 지녔다고 믿어 — 자네의 의도를 신뢰해.

- 자네가 이 문제에 대처할 수 있다고 믿어 — 자네가 학습하고 적응할 수 있다고 믿어.

● **피드백을 주어라:** 풍부한 피드백을 제공하는 일은 리더가 해야 하는 일의 중요한 일부다. 다만 팀원들이 피드백을 쉽게 받아들일 수 있게 만들어야 한다. 그러기 위해서는 피드백을 비판이나 칭찬을 담은 개인적인 성과 평가가 아니라 팀원들이 일을 잘하는 데 필요한 유익한 정보로 대하라. 킴 스콧이《실리콘밸리의 팀장들》에서 주장한 대로 상사가 자신을 개인적으로 아낀다는 사실을 알면 해당 팀원에게 어려운 피드백을 줄 수 있다. 이때 직접적으로 말해야 하다. 최고의 피드백은 대단히 솔직해야 하기 때문이다.《실리콘밸리의 팀장들》에 나오는 아래의 팁을 활용해 직접적이고 유익한 피드백을 제공하라.[30]

- 팀원을 어떻게 도우려 하는지 분명하게 제시하고, 도움이 되고 싶다는 의도를 밝혀라.

- 필요한 것과 통하지 않는 것을 정확하게 제시하라.

- 좋은 의도를 담은 행동 패턴을 꾸준하게 구축하고, 정기적으로 개별 부하 직원과 같이 시간을 보내면서 신뢰 관계를 쌓아라.

- 비판을 요청하고, 비판하기 전에 칭찬부터 하라.

- 비판을 요청하고 그것에 대처하는 방식은 신뢰를 쌓거나 무너트

리는 데 큰 역할을 한다.

- **자신감을 재구축하라:** 자신감은 한번 잃으면 회복하기 어렵다. 몇 년 전에 나는 어머니와 같이 어떤 프로젝트를 추진했다. 그 과정에서 아주 어려운 지점에 이르렀을 때 어머니의 자신감이 흔들렸다. 어머니는 결정을 내리기를 주저했다. 물론 나는 어머니가 아주 유능하며, 이런 난관에 대처할 수 있음을 알았다. 그래서 생각을 바로잡아 주려고 어머니에게 전화를 걸었다. 나는 어머니, 그리고 성공을 이룰 수 있는 어머니의 능력에 대한 믿음을 확인시켰다. 어머니는 나의 노력을 고마워하면서 "네가 나한테 자신감을 줄 수는 없어. 나만이 나 자신에게 자신감을 줄 수 있어"라고 말했다. 맞는 말이다. 우리는 다른 사람에게 자신감을 선물할 수 없다. 그래도 그들이 스스로 자신감을 되찾도록 해주는 여건을 조성할 수 있다. 일련의 승리를 거둘 수 있도록 업무 범위를 조정하면 성공 패턴을 재구축할 수 있다.
  - 쉬운 승리를 제공하는 작은 단위의 확실한 업무로 시작하라.
  - 그 승리를 축하하되 과도하게 하지 마라.
  - 보다 어려운 업무를 추가하라.
  - 해당 팀원의 자신감이 앞에 놓인 업무의 규모 및 복잡성과 맞을 때까지 계속 업무 범위를 확장하고 복잡성을 더하라.

특징 5: 일을 가볍게 만든다

- **다른 사람들을 끌어들여라:** 우리는 영향력이나 상대적 특권을 활용해 다른 사람들이 더 쉽게 소속감을 느끼도록 만들 수 있다. 실제로 고

정관념을 깨트리고 다른 사람들도 소속될 수 있는 길을 여는 것은 우리의 고유한 성향일지 모른다. 〈하버드비즈니스리뷰〉에 실린 한 논문에 따르면 공정한 태도를 지닌 우군 같은 리더와 동료는 이질적인 사람들을 더 잘 포용할 뿐 아니라 그들에 대한 배타적인 행동을 막아준다.[31] 리더는 각 팀원이 팀에 중요한 존재라는 사실을 알도록 돕는다. 그 방법은 팀이 모인 자리에서 각 팀원이 타고난 천재성을 이야기하는 것이다. 한 번에 한 명의 팀원에게 초점을 맞추고, 다른 팀원들이 무엇을 해당 팀원의 타고난 능력으로 보는지 말하도록 유도하라.

- **도움을 칭송하라:** 팀원들이 서로를 적극적으로 돕도록 만들고 싶다면 '도움the Assist'을 제공하는 팀원을 영웅으로 만들어라. 운동경기에서 도움은 점수를 따도록 기여하는 것을 말한다(도움은 공식 통계에 기록된다). 그러니 점수를 내는(즉, 큰 매출을 올리거나 신제품을 출시하는 것) 팀원만 인정하지 말고 성공의 토대를 마련해 준 팀원도 인정하라.

- **난처한 행동을 용인하지 마라:** 스티브 그루너트와 토드 휘태커는 "모든 조직의 문화는 리더가 용인해 주는 최악의 행동에 좌우된다"라고 썼다.[32] 리더가 고관리 행동을 용인하면 그 행동이 팀 전체로 번진다. 저관리 팀을 원한다면 같이 일하기 쉬운 것이 무엇인지 정의한 다음, 고관리 행동을 거부하고 교정하라. 팀원이 동료에 대해 불평하도록 놔두지 말고 당사자와 직접 문제를 해결하라고 요구하라. 팀원이 길고 횡설수설하는 이메일을 보내면 다시 정리해서 보내라고 요구하라. 팀원이 장황한 프레젠테이션을 하면 요점부터 말하

고, 요청이 있을 때 세부 내용을 제시하라고 요구하라. 팀원이 회의를 장악하면 동료들도 자신의 칩을 플레이할 수 있도록 자제하라고 요구하라.

멀티플라이어 리더십

《멀티플라이어》에 소개된 여러 리더십은 팀에 임팩트 플레이어 마인드셋을 육성하고 모두가 최선을 다해 기여하는 환경을 조성하는 데 도움이 될 것이다.

- **투표권의 51퍼센트를 내주어라:** 팀원이 완전한 주인 의식을 갖도록 유도하려면 특정한 프로젝트나 사안에 대해 과반수의 투표권을 내주어라.
- **되돌려줘라:** 팀원이 스스로 해결할 수 있는 문제를 갖고 오면 문제 해결자가 아니라 감독의 역할을 하라. 반대로 팀원에게 마땅히 도움이 필요한 경우에는 바로 뛰어들어서 문제 해결에 기여하라. 다만 그다음에 분명하게 주도권을 되돌려줘야 한다.
- **실수를 알려라:** 직원들에게 당신이 저지른 실수와 거기서 얻은 교훈을 알려라. 그러면 그들도 더 안전하게 자신의 실수를 인정하고 거기서 교훈을 얻을 수 있다.
- **실수의 여지를 만들어라:** 직원들이 위험을 감수할 여지가 있는 업무 분야와 실패를 허용하기에는 대가가 너무 큰 업무 분야를 명확하게 밝혀라. 그러면 직원들이 안전하게 실험할 수 있는 공간이 생긴다.
- **타고난 천재성을 파악하라:** 팀원이 최고의 역량을 발휘하게 만들려면

타고난 천재성이 무엇인지, 즉 쉽고 자유롭게 하는 일이 무엇인지 파악하라. 그 내용을 그들과 논의하고 가장 중요한 일에 더 잘 활용할 수 있는 방법을 찾아라.

고파급력 팀을 구축하라

이 장은 임팩트 플레이어로 구성된 팀을 구축하기를 원하는 관리자를 위해 쓰였다. 또한 모두가 최대한으로 기여하는 팀과 개별 임팩트 플레이어가 팀을 떠난 지 한참이 지나도 탁월성을 북돋는 문화를 리더가 구축하는 방법을 제시한다. 그리고 숨겨진 임팩트 플레이어를 인식하고 격상하는 포용적인 문화를 창출하기 위한 전략을 포함한다.

- **임팩트 플레이어 채용하기.** 임팩트 플레이어 마인드셋의 특정한 측면은 가르치기가 어렵다. 따라서 이 특정한 마인드셋을 지닌 임팩트 플레이어를 채용하고, 보다 학습 가능한 마인드셋과 행동을 가르치는 데 집중하라. 행동 기반 면접이나 심리측정학적 검사는 이런 마인드셋과 임팩트 플레이어가 드러내는 습관에 대한 기록을 가진 사람을 파악하는 데 도움을 준다.
- **임팩트 플레이어 육성하기.** 최고의 리더는 편안한 동시에 치열한 분위기를 조성한다. 안전과 부담이 같은 정도로 주어져야 최고의 성과와 성장이 이뤄지기 때문이다.
- **챔피언 팀 구축하기.** 리더는 고파급력 습관이 전파되는 속도를 높이고, 다른 덜 효과적인 행동이 전파되는 속도를 늦춤으로써 전체가 올스타인 팀을 구축할 수 있다.

- **승리하는 문화 유지하기.** 임팩트 플레이어 정신을 지닌 팀을 구축하는 일은 책임성, 기민성, 협력, 용기, 고객 서비스, 포용, 적극성, 혁신, 학습, 성과를 중시하는 보다 광범위한 조직 문화를 구축하는 데 도움이 된다.

올인하라

———

우리는 손에 들어오는 카드를 바꿀 수 없다.
주어진 카드로 플레이하는 방법을 바꿀 수 있을 뿐이다.

랜디 포시(전 카네기멜론대학 컴퓨터공학과 교수)

캐런 캐플런(6장에서 언급)이 광고대행사 힐 홀리데이에 들어갔을 때 로스쿨 학비를 마련할 수 있는 쉬운 직무를 원했다는 사실을 기억할 것이다. 그러나 창립자는 그녀에게 리셉션 담당 자리를 제안하면서 그녀가 힐 홀리데이의 얼굴이자 목소리가 될 것이라고 말했다. 그때 그녀는 자신의 직무가 중요하며, 자신의 일이 차이를 만들 수 있음을 깨달았다. 그래서 리셉션 대표가 되기로 결심했다. 이후 그녀는 모든 기회가 주어질 때마다 손을 들고 받아들였다. 그리고 자신을 그 책임을 맡은 대표로 임명했다. 30년이 지난 지금, 그녀는 힐 홀리데이의 대표가 됐다. 그녀는 이런 기회를 다른 사람들에게도 주기 위해 자신의 능력을 바친다.

브라질 상레오풀두에서 SAP의 소프트웨어 개발 엔지니어로 일하는 파울로 부텐벤더(1장과 7장에서 언급)를 기억하는가? 그는 남들보다 더 오래 다른 사람의 말에 귀를 기울인다. 그의 공감 능력은 잘 맞춰진 양복처럼 고객의 필요에 맞는 앱을 설계하도록 해준다. 덕분에 그는 가장 중요한 업무에 투입된다. 그의 상사인 로베르토는 "모두가 파울로가 필요하다고 해요"라고 말했다. 실제로 그는 런던, 시드니, 인도, 사우디아라비아 등 전 세계를 돌아다니며 일한다. 파울로는 "한 기회가 다른 기회로 이어졌어요. 그래서 전 세계를 다 돌아다녔죠. 멋진 캐나다 로키산맥에 자리 잡은 밴프Banff에서 일했고, 아르헨티나의 농촌에서 세계 최고의 스테이크도 먹었어요"라고 인정한다. 그러나 스테이크와 별개로 힘든 업무를 해낸다는 파울로의 명성은 깊은 충만감을 안기는 일을 할 수 있도록 해준다.

1장의 내용을 떠올려보면 수술실 간호사로 일하는 조조 미라도르가 기억날 것이다. 조조는 그냥 집도의가 요구한 도구만 건네지 않는다. 그는 집도의에게 가장 필요한 도구를 건넨다. 수술 동안 다른 간호사들은 그저 달라는 도구만 넘겨준다. 그러나 조조는 집도의의 손을 보고 다음 행동을 예측한 다음 요구하기 전에 무엇을 필요로 할지 파악한다. 그는 대단히 진정성 있게 자신이 추천하는 도구를 제안한다. 그래서 집도의는 그에게 크게 고마워한다. 또한 조조가 자신의 일을 아주 잘 알기 때문에 집도의도 그의 의견을 구한다. 그는 "맞아요. 의사들이 제 의견을 묻고 저를 자기 팀에 넣고 싶어 하는 건 뿌듯한 일이에요"라고 인정한다. 조조의 상사는 조조를 수술실에 넣어달라는 여러 수술팀의 지속적인 요구를 처리한다. 그래도 이런 갈등은 원만하게 해결된다. 가장 복잡한 수술을 하는 팀에게 조조가 정말로 필요하다는 사실을 모두가 인정하기 때문이다. 그 이유가 무엇일까? 조조는 그냥 수술실에 서 있는 게 아니라 수술이 진행되는 동안 올인을 하기 때문이다. 올인을 하면 더 크게 플레이하고, 더 깊은 파급력을 미칠 수 있다.

필라델피아 세븐티식서스의 전 단장인 스코트 오닐은 제이크 레이놀즈를 표현할 말을 찾으면서 "열정은 적당한 단어가 아니에요. 모두를 거는 것을 의미하는 포괄적인 단어가 있을 거예요. '제가 함께 할게요', '제가 옆에 있어요', '문제가 생기면 제가 앞장설게요', '당신이 쓰러지면 제가 뒤에서 받쳐줄게요', '제 모든 걸 바칠게요'라는 뜻을 담은 단어 말이에요. 그게 무엇이든 그는 그걸 가졌어요"라고 말했다.

나는 이를 고기여 환경이라고 부른다. 고기여 환경은 팀원들이 최고의 생각을 제시하고, 최고의 일을 하며, 각자의 지적 능력이 깊이 활용되고, 모든 팀원이 가치를 더하는 환경이다. 또한 팀원들이 '올인', 즉 어떤 활동에 완전히 헌신하거나 참여하는 환경이다. "저는 찾고, 애쓰고, 온 마음으로 임합니다"라는 반 고흐의 말은 바로 그런 상태를 묘사한다. 케빈 그린은 NFL 역사상 세 번째로 많은 색Sack을 기록한 전설적인 미식축구 선수다. 감독의 말에 따르면 그는 "몸의 모든 분자를 동원해 경기에 임했다."[1] 노벨 물리학상과 화학상을 받은 마리 퀴리는 오빠에게 보내는 편지에서 "오직 하나 안타까운 건 하루가 너무 짧고 너무 빨리 지나간다는 거예요"라고 썼다.[2] 그녀는 말년에 이르러 "연구실이 없어도 살 수 있을지 모르겠다"라고 한탄했다.[3]

KPMG의 전 의장 겸 CEO인 유진 오켈리는 자신의 삶을 돌아보며 (이후 암으로 일찍 사망) "헌신의 정도를 일한 시간으로 따지는 경우가 너무 많아요. 하지만 헌신에 대한 최고의 척도는 기꺼이 어떤 일에 바친

시간이 아니라 거기에 쏟아부은 기운이에요"라고 말했다.[4] 올인하는 것은 지치고 기운, 자원, 힘이 고갈되어 탈진하는 것과 다르다. 대단히 적극적인 조직에서 직원들은 강하게 이끌리고, 떠밀리고, 내밀리고, 종종 지친 상태로 남겨진다. 반면 고기여 조직에서 직원들은 최대한으로 기여하고 열정적으로 뛰어들 기회를 얻는다. 그 차이는 무엇일까? 바로 행위능력과 선택이다. 전자의 문화에서는 경영진이 요구하고, 후자의 문화에서는 직원들이 자유롭게 기여한다. 리더가 직원들이 완전히, 온 마음을 바쳐 기여할 수 있는 여건을 조성하면 일이 아주 즐거워진다. 일은 단순한 직무나 심지어 경력 이상의 것이 된다. 즉, 우리의 가장 완전한 자아를 신나게 표현하는 계기가 된다.

올인 환경에서 직원들은 과도하게 이용당하지도, 저활용되지도 않는다. 이런 환경은 파급력을 끼치기 위해 뛰는 기여자와 직원들에게서 최선을 이끌어 내는 리더를 통해 조성될 수 있다. 임팩트 플레이어와 멀티플라이어 리더는 강력한 조합이다. 각자의 기여(그들의 부가가치)가 배가되기 때문이다. 직원들이 자신을 관리하면 관리자들은 제대로 조직을 이끌 기회를 얻는다. 이는 현대의 직장에서 타당성을 지니는 제안이다. 현재 대다수 직장인은 단지 월급만 버는 것이 아니라 파급력을 끼치고 싶어 한다. 그들은 관리되는 것이 아니라 코칭을 받고 싶어 한다. 게다가 솔직히 누구도 더 이상 다른 사람을 관리하고 싶어 하지 않는다.

리더가 되기를 원한다면 임팩트 플레이어의 자세가 리더십으로 향하는 길이다. 그런 자세로 생각하고 일하면 리더로 비친다. 또한 리더십을 발휘할 기회가 생기면 자연스럽게 선발될 것이다. 말 그대로 관리하는 사람이 되는 데 관심이 없다면 지금까지 우리가 살핀 마인드셋은 파급력을 키우는 길로 당신을 이끌 것이다. 사람들은 당신의 아이디어에 귀를 기울일 것이다. 당신의 일이 미치는 영향력은 더 커질 것이다. 당신은 임팩트 플레이어로서 변화를 일으키는 사람이 될 것이다.

관리자들이여, 임팩트 플레이어로 구성된 팀을 만드는 것은 관리에서 벗어나 리더십으로 향하는 티켓이다. 더 이상 유능한 미달 기여자들이 남긴 간극을 메울 필요가 없어지면 좋은 리더가 되기가 더 쉬워진다. 평정심을 되찾고, 명확한 시야와 침착한 태도로 당신의 역할을 다할 수 있다. 이는 조직을 한층 높은 수준으로 이끄는 방법이기도 하다. 또한 당신이 지닌 리더십 역량의 수준을 높이는 데도 도움이 될 것이다. 멀티플라이어 리더가 되고 싶을 때 임팩트 플레이어 마인드셋을 지닌 사람들로 팀을 구성하면 유효성을 크게 높일 수 있을 것이다.

대다수 임팩트 플레이어가 나아가는 길은 더 큰 보상으로 이어진다. 그러나 진정한 상은 더 나은 업무 경험, 즉 더 좋은 선택, 더 많은 재미, 더 깊은 충만감일지 모른다. 실로 최선을 다해 뛰는 최고의 이유는 그저 경험 그 자체일 수도 있다. NFL 명예의 전당에 헌액된 라인배커 마이크 싱글터리는 "제가 경기에서 가장 좋아하는 점이 무엇인지 아십니까? 바로 플레이할 기회입니다"라고 말했다. 그냥 참가하는 것이 아니라 최선을 다해 뛸 기회를 위해 일하라.

영화 〈포레스트 검프〉의 첫 장면을 보면 하늘에서 깃털이 떨어져 산들바람에 굴러간다. 이 깃털처럼 삶은 불확실하다. 대부분의 경력도 그렇다. 기회는 바람에 날려가는 깃털처럼 나타난다. 톰 행크스는 이 영화의 메시지를 회고하면서 "우리의 운명은 오로지 삶의 우연적 요소에 대처하는 방식으로 결정됩니다…. 그 깃털은 어디에나 내려앉을 수 있지만 당신의 발에 내려앉죠"라고 말했다.[5] 우리는 무작위적 우연을 어떻게 대하는가? 위협으로 보는가, 아니면 그것이 안기는 기회를 움켜잡는가? 포레스트의 어머니는 그에게 "운명은 스스로 만들어간다고 믿게 되었어"라고 말한다. 직장에서 가장 영향력 있는 플레이어와 최고의 기여자들을 조사한 나는 이 말에 동의하게 됐다.

모든 사람은 가치를 지니며, 자신의 일에 역량을 발휘한다. 그러나 일부는 자신을 다른 사람보다 더 가치 있는 존재로 만든다. 그들은 더 크게 플레이한다. 필요를 찾아서 충족시킨다. 불확실성과 모호성을 기회로 바꾼다. 그들이 일하는 방식은 전혀 무작위적이지 않다. 그들은 자신이 섬기는 사람들에게 중요한 것이 무엇인지 파악한다. 그리고 그것을 자신도 중요하게 여긴다. 그들은 앞장서서 나가고 일을 마무리한다. 그들은 가벼운 발걸음으로 빠르게 적응하며, 다른 사람들을 위해 일을 가볍게 만든다.

당신은 얼마나 크게 플레이할 계획인가? 마리안느 윌리엄슨이 말한 대로 "작게 플레이하면 세상에 도움이 되지 않는다." 당신은 어디에서 가장 큰 가치를 지닐 수 있는가? 삶이 당신에게 하라고 말하는 일은 무엇인가?

변화를 이루고 싶다면 주위를 둘러보라. 당신의 주의가 필요한 것을 인식하라. 열정과 목적의식을 살려서 기여하고, 파급력을 창출하고, 더 크고 낫게 플레이할 방법을 찾아라. 바로 지금 시작하는 것의 파급력을 상상하라.

감사의 말

대다수 저자는 책을 완성하는 일이 한 번의 마라톤(또는 두 번이나 세 번)을 뛴 후 결승선을 지나는 기분이라는 데 동의할 것이다. 그러나 실제로는 큰 경기에서 승리하는 기분에 더 가깝다. 책을 완성하는 것은 팀원, 코치, 협력자, 응원단이 가능하게 만드는 팀의 성과다.

팀

먼저, 이 책을 만드는 일을 뒤에서 도와준 팀에게 감사드리고 싶다. 가장 앞서 감사드릴 분은 하퍼 비즈니스의 홀리스 하임바우크다. 그녀는 단지 출판사 경영자일 뿐 아니라 모든 출판 과정의 공동 창작자이자 협력자였다. 4권의 출판 프로젝트를 함께한 지금도 내게 책에 대한 완전한 통제권을 주는 한편 지침과 날카로운 지적을 제공하는 그녀의 능력에 놀란다. 프로젝트를 관리한 레베카 래스킨과 웬디 윙에게, 그리고 이 책에 생명을 불어넣어준 하퍼콜린스의 나머지 팀원들에게 감사드린다.

와이즈먼그룹의 우리 팀인 알리사 갤러거, 로렌 행콕, 주디 정, 제이슨 세비슨, 숀 밴더호벤, 카리나 윌헬름스, 아만다 와이즈먼, 래리 와이즈먼에게 감사드린다. 그들은 통찰을 제공하고, 나의 일을 개선하고, 내가 아주 힘든 시기에 부담을 견딜 수 있도록 도와주었다. 특히 카리나에게 이 프로젝트가 순조롭게 출발하고 잘 마무리되도록 도와줘서 고맙다고 전하고 싶다. 그리고 너무나 소중한 생각의 파트너이자 엄격한 편집자, 명민한 데이터 과학자, 충직한 비평가인 로렌에게 특별히 감사드린다. 그녀는 이 책을 모든 측면에서 더 낫게 만들어주었다.

아이디어에 명료함을 부여한 유능한 아티스트 딜런 블루와 에이미 스텔혼에게, 이 책(원서)의 표지를 만든 자레드 페리에게 감사와 존중의 마음을 전한다.

협력자들

우리의 조사 협력자들은 인터뷰와 분석 작업을 위해 문을 열어주었고, 최고 인재에게 접근할 수 있게 해주었다. 그들 덕분에 조사가 이뤄질 수 있었다. 어도비의 웨스턴 맥밀런, 구글의 리사 게벌버, 수전 마틴, 제니 시델러, 링크드인의 잰 타이, 마크 터너, 나사의 브랜디 히긴스, 세일즈포스의 리사 마셜, SAP의 진 드펠리스, 스플렁크의 수전 루스코니, 스탠퍼드 헬스케어의 자레드 로버츠, 타깃의 젠 후어드에게 깊이 감사드린다. 또한 이 책은 전체에 걸쳐 소개된 임팩트 플레이어와 리더들의 이야기와 관대하게 시간을 내준 170명의 리더들로부터 얻은 통찰이 없었다면 아무것도 아니었을 것이다. 그 수가 너무 많아서 여기에 일일이 언급할 수 없는 점을 안타깝게 생각한다.

코치들

여러 동료들이 이 책을 만드는 동안 자신의 지성을 빌려주었다. 그들은 내가 가장 좋아하는 아이디어의 샘인 마이클 번게이 스태니어, 조사 관련 지침과 코칭을 제공한 돌리 추그, 초기 구상을 도와준 마크 포티에, 기꺼이 명석한 생각을 나눠주고 언제나 새로운 아이디어의 시험 비행에 나서준 그렉 팔, 나의 다정한 친구이자 직장 생활 내내 생각의 동반자로서 나의 생각을 북돋고 받쳐주는 벤 퍼터먼이다. 또한 초기 원고를 읽어주고 내가 듣고 고쳐야 할 점을 말해준 멋진 동료들에게 많은 빚을 졌다. 그들은 웨이드 앤더슨, 라미 브라니츠키, 하이디 브랜도우, 페르난도 카리요, 스테판 크로니에, 롭 델란지, 욜란다 엘리어트, 찰리 가든, 마크 헥트, 헤이즐 잭슨, 토니 머서, 조시 마이너, 렌 프리체트, 마크 사토, 리사 시벌리, 제이크 테넌트, 에이 제이 토머스, 니콜라 타일러, 앤드루 웹, 멜린다 웰스 칼손이다. 원고를 거듭 검토해준 뛰어난 검토자들에게 추가로 찬사를 보낸다. 그들은 수 윙키, 마이크 호건, 수지 맥나마라, 주디스 제이미슨, 라이언 니콜스, 로이스 앨런, 앤드루 월헬름스다. 또한 코칭에 대한 통찰을 나눠준 마셜 골드스미스 100의 동료들에게도 감사드린다.

응원단

나를 응원해 주고, 힘든 시기 동안 관심, 애정, 믿음으로 나를 지탱해준 친구와 가족에게 특히 감사드린다. 계속 기도하며 많은 힘이 되어준 잰 마시, 그리고 에릭 볼마르와 에릭 쿠넨의 열띤 야간 토론은 내가 합리성을 유지하도록 해주었고, 나의 영혼을 살찌웠다. 또한 자신의 일을 통해 임팩트 플레이어 마인드셋의 전형을 보여준 조시 하라미요(조시 박사님)는 매일 책이 어떻게 되어가고 있는지, 나는 어떤지 관심을 가지고 물어봐줘서 감사하다.

그리고 어머니, 12년 동안 언제든 편집자가 되어주고 섬김의 모범을 보여줘서 고마워요. 나의 아이들 메건, 아만다, 크리스천, 조시(작은 조시), 그리고 사위인 오스틴과 조시(큰 조시), 관심을 가져줘서 고마워. 래리, 변함없이 지지해주고 글 쓸 시간이라는 선물을 줘서 고마워.

조직 내 신뢰를 높이는 방법

우리는 170명에 이르는 리더들(일선 관리자부터 고위 임원까지)에게 팀원들의 어떤 행동이 가장 짜증스럽고 가치를 갉아먹는지 물었다. 그들이 말한 행동은 거의 확실하게 신뢰도를 무너트린다. 그 목록은 다음과 같다.

신뢰도를 떨어트리는 행동

1. 상사에게 해결책 없이 문제만 떠안긴다.

2. 상사가 무엇을 하라고 말할 때까지 기다린다.

3. 상사가 쫓아다니면서 할 일을 상기시키게 만든다.

4. 큰 그림을 신경 쓰지 않고 자기 몫만 한다.

5. 언제 승진 또는 급여 인상이 되는지 묻는다.

6. 길고 장황한 이메일을 보낸다.

7. 동료를 험담하고, 드라마를 찍고, 갈등을 부추긴다.

8. 아무것도 할 수 없는 마지막 순간에 나쁜 소식으로 놀라게 만든다.

9. 이미 내린 결정을 재고해달라고 요구한다.

10. 불편한 사실과 이야기의 다른 면을 빼놓는다.

11. 자신의 실수인데도 남 탓을 한다.

12. 앞에서는 동의해놓고 뒤에서 다른 말을 한다.

13. 상사에게 이건 자기 일이 아니라고 말한다.

14. 피드백을 듣고도 무시한다.

15. 회의에 지각하고, 딴짓을 하고, 다른 사람들의 말을 끊는다.

신뢰도를 높이는 행동

	필요한 일을 한다.	적극적으로 나서고, 적절하게 물러선다.	확실하게 마무리 한다.	질문하고 조정한다.	일을 가볍게 만든다.
1. 요청하지 않아도 알아서 일한다.		✓			
2. 문제를 예측하고, 해결하기 위한 계획을 세운다.	✓				
3. 팀원을 돕는다.					✓
4. 약간의 추가 노력을 기울인다.			✓		
5. 호기심을 가지고 좋은 질문을 한다.				✓	
6. 피드백을 요청한다.				✓	
7. 실수를 인정하고 빠르게 바로잡는다.				✓	
8. 좋은 기운을 불러일으키고, 재미있게 일하며, 다른 사람들을 웃게 만든다.					✓
9. 무엇을 해야 할지 스스로 파악한다.	✓				
10. 상기하지 않아도 일을 마무리한다.			✓		
11. 상사와 협력한다.					✓
12. 기꺼이 변화하고 현명하게 위험을 감수할 의지가 있다.				✓	
13. 요점을 제시하고 있는 그대로 이야기한다.					✓
14. 숙제를 하고 준비된 상태로 임한다.					✓
15. 상사와 팀을 돋보이게 만든다.					✓

자주 묻는 질문들

Q. 일에서 더 많은 파급력을 끼치고 싶지만 조금 버거워요. 어디서부터 시작해야 할까요?

직업적 개발을 위한 모든 노력의 경우가 그렇듯이 현재 자신이 어디에 서 있는지 아는 일부터 시작해야 합니다. 다만 자기평가에서 멈춰서는 안 됩니다. 리더와 대화를 시작해 관점과 지침을 구하세요. 임팩트 플레이어 프레임워크를 활용해 어떤 마인드셋이 현재 당신의 강점이며, 무엇을 의도적으로 강화해야 할지 논의하세요.

또한 가장 학습 가능한 마인드셋과 행동에 초점을 맞출 때 노력의 효과가 가장 클 가능성이 높습니다. 우리가 조사한 최고의 코치들에 따르면 그 내용은 다음과 같습니다.

학습 가능성이 가장 높은 마인드셋	학습 가능성이 가장 높은 행동
성장: 나는 노력을 통해 능력을 개발할 수 있다.	피드백을 구한다: 피드백, 교정, 상반되는 관점을 구한다.
소속: 나는 팀의 중요한 일원이다.	도움을 제공한다: 동료와 리더에게 도움과 지원을 제공한다.
적극성: 나는 상황을 개선할 수 있다.	다른 사람들에게 영향을 끼친다: 권위가 아니라 영향력을 통해 다른 사람들을 끌어들인다.
끈기: 나는 역경을 극복할 수 있다.	큰 그림을 본다: 자기 몫만 하는 게 아니라 큰 그림을 이해한다.

이런 마인드셋과 행동에 초점을 맞추면 빠른 승리를 거두고 추진력을 얻는 데 도움이 됩니다. 그러나 오랫동안 지속적인 개선을 이루기 위해서는 임팩트 플레이어 마인드셋의 기반이 되는 마스터 스킬을 습득해야 합니다. 293쪽의 '이면의 신념과 행동을 터득하라'를 다시 읽어보기 바랍니다.

아직도 어디서 시작해야 할지 모르겠다면 두 부분으로 된 간단한 시야 확장 훈련을 해보세요. 상황이 혼란스럽거나 좌절스러울 때 2가지를 찾으세요. 그것은 (1) 다른 사람의 관점(즉, 상사, 고객, 협력자의 관점), (2) 가치를 더할 기회(조직의 관점을 알면 더 명확해짐)입니다.

Q. 임팩트 플레이어가 되려면 얼마나 많이 노력해야 하나요?

우리가 조사한 고파급력 기여자들은 상사의 평가에 따르면 대개 서너 가지 면에서 실로 눈부신 면모를 드러냅니다(5가지 중 평균 3.17개). 또한 그들은 5가지 특징 중 어느 것에서도 큰 결함을 가지고 있지 않습니다. 5가지 특징을 모두 따를 필요는 없습니다. 다만 하나의 중대한 문제가 다른 가치를 많이 갉아먹을 수 있습니다. 5가지 임팩트 플레이어 특징 중 여러 측면에서 강점을 지니더라도 하나의 측면이 부실하면 금세 미달 기여자로 격하될 수 있습니다. 이를테면 탁월한 리더이자 완수자, 학습자이지만 관리가 많이 필요하고 같이 일하기 어려운 사람을 생각해 봅시다. 사람들은 그와 같이 일하지 않으려 할 것이고, 곧 그는 중요한 업무에서 밀려날 것입니다. 그러면 결국 강점이 제대로 활용되지 않은 채 약점의 그늘에 묻히고 말 것입니다.

데이터가 전하는 메시지는 리더십 기술과 관련해 우리가 확인한 원칙과 부합합니다. 즉, 모든 측면에서 탁월할 필요는 없지만 어느 한 측면에서 부실해서는 안 됩니다. 다음 요건을 충족하면 임팩트 플레이어라는 평판을 얻을 가능성이 커집니다. (1) 임팩트 플레이어 특징 중 3가지 측면에서 뛰어난 면모를 보임으로써 강한 핵심을 구축한다. (2) 그중 하나를 눈에 잘 띄는 강점, 당신을 유명하게 만들 강점으로 개발한다. (3) 미달 기여자의 행동에 해당하는 모든 징후를 제거한다. 약점을 제거하고 단 하나의 우뚝 솟은 강점을 구축하면 저울을 기울이는 데 도움이 될 것입니다.

Q. 임팩트 플레이어 마인드셋을 습득할 수 있나요, 아니면 그냥 타고 나는 건가요?

"리더는 타고나는가, 만들어지는가?"라는 질문을 들어본 적이 있을 겁니다. 고파급력 기여자에 대해서도 같은 질문을 할 수 있습니다. 그들은 이런 특성을 가지고 태어나는 걸까요? 또는 어머니나 아버지가 일하는 모습을 지켜보면서 집에서 그런 교훈을 흡수하는 걸까요? 아니면 직장에서 습득하거나, 멘토에게 배우거나, 엄격한 학교에서 배우는 걸까요?

물론 일부는 유리하게 출발합니다. 이를테면 잭 캐플런은 어머니가 리셉션 담당으로 시작해 빠르게 배우고, 적극적으로 나서고, 책임을 떠맡으며, 결국에는 회사의 CEO가 되는 모습을 지켜보았습니다. 하지만 잭은 고등학교를 졸업할 때까지 수줍고 내성적인 학생이었습니다. 그는 직장에서 적극적으로 나서고 앞장서는 법을 배웠습니다. 피오나 수는 직장 생활을 시작할 때 자연스럽게 끈기와 강점을 발휘했습니다. 그러나 공감 능력을 얻고 동료의 눈으로 상황을 바로보는 법을 배운 것은 그녀가 똑똑하지만 "막무가내로 행동한다"라는 가혹한 피드백을 받은 후의 일이었습니다. 복잡한 복수 제품 버그를 해결해 달라는 요청을 받았던 소프트웨어 엔지니어, 파스 바이슈나브는 직장 생활을 시작할 무렵에는 자신의 일에만 집중했습니다. 그는 코드를 업로드했다가 상위 코드 세트를 망친 후 제품 개발자로부터 거친 피드백(그리고 통렬한 욕설) 세례를 받았습니다. 그다음부터 그는 자신이 일이 미칠 폭넓은 파급력을 제대로 고려하기 시작했죠.

맞습니다. 어떤 사람들은 처음부터 이점을 누립니다. 그들에게는 올바른 모범이나 멘토, 관리자 또는 유익한 환경이 주어집니다. 하지만 시작하기에 늦은 때는 없습니다. 우선 학습 가능한 마인드셋과 행동부터 시작해 성공을 위한 준비를 갖추세요.

Q. 임팩트 플레이어 마인드셋이 일중독이나 번아웃으로 이어질 수 있나요?

우리가 조사한 고파급력 기여자들은 강력한 직업 정신을 보였습니다. 하지만 그것은 일중독, 즉 끊임없이 일하려는 충동적인 욕구가 아니었습니다. 이 책에 소개된 임팩트 플레이어들은 나름대로 일과 삶 평형 상태를 찾아냈습니다. 그중에는 동료들보다 훨씬 많이 일하는 사람도 있었고, 동료들보다 오래 일하지 않는 사람도 있었습니다. 다만 우리가 조사한 모든 임팩트 플레이어는 다른 사람들보다 치열하게, 그리고 의도적으로 일했습니다. 치열하게 일한다는 것은 성심껏, 열성적으로 일한다는 의미입니다. 또한 의도적으로 일한다는 것은 일에 대한 접근법을 많이 고민한다는 의미입니다.

어떤 사람들은 임팩트 플레이어 마인드셋을 더 열심히 또는 오래 일하거나 다른 사람들에게도 똑같이 하라고 요구하는 것을 정당화하는 수단으로 해석할 위험이 있습니다. 이는 번아웃으로 이어질 가능성이 높습니다. 반드시 더 열심히 일해야만 파급력을 키울 수 있는 것은 아닙니다. 사실은 그 반대일지 모릅니다. 즉, 파급력과 영향력을 발휘하는 사람들은 일이 충만감을 안기기 때문에 열심히 일하고 싶어 하는 경향이 있습니다.

최대한으로 기여하고 싶다면 무작정 열심히 일하지 마세요. 그보다 가장 가치 있고, 보다 영향력 있으며, 파급력을 극대화할 수 있는 일을 하려고 노력하세요. 일하는 시간을 엄격하게 제한하는 경우에는 그 시간 동안 최대한 부지런히 일하세요. 이 두 접근법을 합치면 번아웃을 피할 수 있습니다. 일이 활력을 앗아 가는 것이 아니라 안겨줄 것이기 때문입니다.

Q. 회사나 경영진이 임팩트 플레이어 마인드셋을 중시하지 않으면 어떻게 해야 하나요?

모든 조직은 고유한 문화와 일련의 가치관을 지닙니다. 파급력을 끼치기 위한 조건 중 일부는 조직 내에서 무엇이 중시되는지 파악하는 것입니다. 또한 당신의 조직과 리더가 무엇을 중시하는지 파악해야 합니다. 원 관련 스마트 플레이에서 '실행 가능한 원을 찾아라'와 '원에 뛰어들어라' 부분을 활용하세요. 상사가 이 책에 나오는 마인드셋을 중시하지 않는다면 무엇을 중요하게 여기는지, 같이 일하는 데 필요한 권장 사항과 금지 사항은 무엇인지 질문하세요. 조직 내에서 중시되는 어젠다를, 리더에게 가장 큰 가치를 창출하는 방식으로 추진하면 존중받으면서 영향력을 키울 수 있다는 사실을 명심하세요. 이는 방정식에 당신의 가치를 더할 여지를 제공합니다. 당신의 가치를 살리는 상황을 만들 수 있다면 계속 머무르면서 다른 사람들도 성공할 수 있는 환경을 조성하는 일을 도우세요. 그렇지 않다면 또는 상사가 의문스러운 가치관을 지녔다면 여건이 허락되는 대로 떠나세요.

다만 그냥 올바른 회사나 역할만 찾지 마세요. 활동보다 파급력을 중시하는 상사를 찾으세요. 변화를 이룰 수 없다면《멀티플라이어》개정판의 8장 '디미니셔에 대응하기'에 나오는 전략들을 참조하세요. 어떤 일을 하든 마음은 떠났는데 몸만 남아 있어서는 안 됩니다.

Q. 임팩트 플레이어 프레임워크를 팀과 공유하고 싶습니다. 어떻게 하면 되나요?

대다수 관리자는 이 책에 나오는 이상과 통찰을 팀과 나누고 싶어 할 것입니다. 그렇다면 이메일보다 대화를 우선시하는 접근법을 취하세요. 대화를 유도하는 일 없이 단체 이메일을 통해 생각을 전파하는 것은 분노와 반발을 초래하는 확실한 길입니다. 이를테면 한 스타트업의 대표는 이 책의 초기 원고를 읽고 회사 전체에 열정적인 어조의 이메일을 보냈습니다. 내용은 회사에서 성공하려면 이 5가지 특징을 따라야 한다는 것이었죠. 직원들은 왜 대표가 그 이메일을 보냈는지 이해하지 못했습니다. 또한 열심히 일하던 직원들은 자신의 노력이 칭찬받는 것은 고사하고 가치를 인정받지 못한다고 느꼈습니다. 마찬가지로 임팩트 플레이어 프레임워크를 활용해 다른 사람들에게 딱지를 붙이는 일도 의지를 차단할 것입니다.

관심을 불러일으키고 파급력을 유지하고 싶다면 생각을 강제하지 말고 공유하세요. 팀에서 책에 대한 토론 등을 통해 대화를 시작하세요. 임팩트 플레이어 마인드셋을 직원에 대한 분류 기준이 아니라 취할 수 있는 사고방식으로 이야기하세요. 자신을 성찰하면서 당신이 개인적으로 임팩트 플레이어가 되려고 노력하지만 부족한 부분은 무엇인지 살피세요. 생산적인 것처럼 보이지만 사실은 파급력을 줄이는 함정 요소에 대해 논의하세요. 임팩트 플레이어 프레임워크를 직원들이 습득하기 위해 끊임없이 주의를 기울여야 할 일련의 습관으로 이야기하시기 바랍니다. 다만 어떤 사람들은 좌절할 것임을 알아야 합니다. 그 이유는 이런 생각을 실천할 수 있다고 느끼는 데 필요한 행위 능력과 통제력에 대한 인식이 부족하기 때문입니다. 무엇보다 중요한 점은 리더로서 당신이 팀의 개발과 개선에 헌신하는 만큼 자기 성찰과 인식에 헌신해야만 이런 논의가 최고의 파급력을 끼칠 수 있다는 것입니다.

이런 생각을 팀으로서 논의하는 데 더해 임팩트 플레이어 프레임워크를 활용해 올바른 기대 수준을 설정하고, 전통적인 업무 방식에서 벗어날 여지를 직원들에게 줄 수 있습니다. 직원들이 신입 사원 교육이나 프로젝트 출범 또는 부서 이동을 시작하는 변곡점을 찾으세요. 또한 이런 관행은 채용 요건, 리더십 모델, 인재 개발 프로그램, 포용 전략에 적용할 수 있습니다.

Q. 임팩트 플레이어는 전형적인 슈퍼스타(이를테면 '10배 개발자'나 '코끼리 사냥꾼'으로 불리는 세일즈맨)**와 비슷한 개념인가요?**

'10배 개발자'나 '코끼리 사냥꾼' 같은 명칭은 대단히 유능하고 생산성이 동료들보다 훨씬 높은 사람을 가리킵니다. 이런 플레이어는 대단히 높은 가치를 지니지만 그 이유는 임팩트 플레이어의 경우와 다릅니다. 이 슈퍼스타들은 비용을 수반할 수 있습니다. 그들이 실적을 올리기는 하지만 같이 일하기 아주 어렵고, 피드백에 저항하며, 심지어 팀플레이를 저해할 수 있기 때문입니다. 그럼에도 조직은 종종 그들을 기꺼이 대우합니다. 일을 너무나 잘하기 때문이죠. 이는 종종 대단히 명망 높은 조직 중 다수에서 팀원의 성장을 저해하는 관리자가 용인되는 것과 같은 이유입니다.

이런 유형의 기여자는 분명히 존재하며 가치를 제공합니다. 그러나 관리자들이 우리와 가진 인터뷰에서 설명한 임팩트 플레이어 중 대다수(또는 전부)는 이런 속성과 맞지 않습니다. 그들은 프리마 돈나도, 외로운 늑대도 아닙니다. 그들은 유능하고 영향력 있는 기여자로서 팀플레이를 하는 법을 압니다. 또한 그들은 대개 전체 팀을 더 낫게 만듭니다.

올스타 팀과 챔피언 팀 사이에는 차이가 있습니다. 잘 협력하는 팀은 유능한 인재들이 모인 집단을 능가할 수 있다는 사실을 보여주는 연구 결과가 늘어나고 있습니다. 이를테면 인사 부문을 선도하는 사상 리더인 데이브 울리치는 "우리(RBL그룹 및 미시간대학교)의 연구를 통해 조직의 역량은 개인의 능력보다 사업 실적에 4배나 큰 파급력을 끼친다는 사실이 드러났다. 예를 들어 협력을 잘하는 개인으로 구성된

팀은 협력을 못하는 올스타로 구성된 팀보다 나은 성과를 낸다"라고 썼습니다.[1]

홀로 슈퍼스타가 되는 것은 초특급 인재에게는 성공으로 가는 길이 될 수 있습니다. 또한 수많은 환경에서 효과적인 접근법일지 모릅니다. 그러나 임팩트 플레이어의 속성은 집단적인 강점을 구축하며, 우리 같은 사람을 위한 전략을 제공합니다.

Q. 임팩트 플레이어는 고성과자와 같나요?

아닙니다. 우리의 조사는 고성과자와 저성과자를 비교한 게 아닙니다. 그것은 고가치·고파급력 업무를 하는 사람을 마찬가지로 똑똑하고 유능하지만 가치와 파급력이 덜한 방식으로 기여하는 사람과 비교하는 조사였습니다. 일을 잘하지만 큰 파급력을 끼치지 못하는 사람이 많습니다. 마찬가지로 '미달 기여'라는 개념은 '저성과'라는 개념과 다릅니다. 성과가 저조한 이유는 많습니다. 능력이나 노력이 부족하기 때문일 수도 있고, 다른 정상 참작이 가능한 여건(시스템 및 개인과 관련된) 때문일 수도 있습니다. 이런 원인들이 생산적인 방식으로 일하는 능력을 저해하고 있을지도 모릅니다. 요컨대 우리는 성과가 부진한 이유를 파악하려는 게 아니라 똑똑하고 유능한 사람이 능력에 못 미치는 기여를 하는 이유를 이해하고 싶었습니다.

Q. 왜 임팩트 플레이어와 기여자의 차이에만 초점을 맞췄나요? 미달 기여자는 어떤가요?

우리의 조사는 3가지 기여 수준을 살폈습니다. 그것은 (1) 고파급력 기여자로서 탁월한 가치와 파급력을 지닌 일을 하는 사람, (2) 전형적 기여자로서 양호한(뛰어나지는 않음) 수준으로 일하는 대다수 사람, (3) 미달 기여자로서 역량에 못 미치는 똑똑하고 유능한 사람입니다. 이 책에서 저는 상위 2가지 범주의 차이에 초점을 맞추기로 했습니다. 그 이유는 양호한 수준과 실로 뛰어난 수준의 차이를 이해하는 것이 훨씬 많은 사람에게 최대의 혜택을 안길 수 있다고 믿기 때문입니다. 또한 미달 기여로 이어지는 마인드셋은 종종 복잡해서 보다 깊은 심리적 조치가 필요할지도 모릅니다.

이 책은 고파급력 기여자와 전형적 기여자의 차이에 초점을 맞춥니다. 그러나 우리의 조사는 미달 기여자로 파악된 사람의 신념과 행동 패턴 역시 분명하게 보여주었습니다. 3가지 마인드셋, 즉 임팩트 플레이어와 기여자, 그리고 미달 기여자의 특성과 행동은 ImpactPlayersBook.com에 정리되어 있습니다.

1장 임팩트 플레이어 vs. 기여자

1. Dax Shepard, "Kristen Bell," *Armchair Expert with Dax Shepard*, 팟
캐스트, 에피소드 2, 2018. 2. 14, https://armchairexpertpod.com/pods/
kristen-bell.

2. Jen Hatmaker, "Armchair Expert-Ise with Podcast Creator and Host
Monica Padman," *For the Love of Podcasts*, 팟캐스트, 에피소드 7, 2019.
11. 19, https://jenhatmaker.com/podcast/series-21/armchair-expert-
ise-with-podcast-creator-and-host-monica-padman/.

3. 연례 국가봉사훈장은 보건, 안전, 번영 측면의 성과와 기여로 이름 없는 영웅
과 같은 역할을 한 연방공무원을 기린다. https://servicetoamericamedals.
org에서 리플리 박사의 이야기에 더해 공공서비스 부문의 리더십에 대한 다
른 이야기들을 볼 수 있다.

4. Thegamechangersinc, "Eric Boles: Running Around the Wedge-
TheGameChagnerInc." 유튜브, 2020. 10. 19, https://www.youtube.com/
watch?v=uD5dDUqxbHY; Eric Boles, *Moving to Great: Unleashing
Your Best in Life and Work*(New York: Stone Lounge Press, 2017).

5. 이 인용구와 더불어 인용 표시가 없는 모든 인용구는 2019년부터 2021년까
지 이 책을 위한 기초 조사의 일환으로 임팩트 플레이어와 그들의 관리자를
대상으로 한 인터뷰에서 가져왔다.

6. 간결성과 명료성을 위해 조금 편집됐다.

7. Neil deGrasse Tyson, "What You Know Is Not as Important as How
You Think," Master Class, https://www.masterclass.com/classes/neil-
degrasse-tyson-teaches-scientific-thinking-and-communication/

chapters/what-you-know-is-not-as-important-as-how-you-think#.

2장 쓸모 있는 사람이 돼라

1. Theodore Kinni, "The Critical Difference Between Complex and Complicated," *MIT Sloan Management Review*, 2017. 6. 21, https://sloanreview.mit.edu/article/the-critical-difference-between-complex-and-complicated/.

2. 비밀 보장을 위해 가명을 사용했다.

3. "Brilliant Miller's Favorite Quotations," School for Good Living, https://goodliving.com/quotation/george-martin-the-greatest-attribute-a-producer-can-have-is-the-ability-to-see-the-whole-picture-most-artists-whe/.

4. Mohan Gopinath, Aswathi Nair, and Viswanathan Thangaraj, "Espoused and Enacted Values in an Organization: Workforce Implications," *Journal of Organizational Behavior* 43, no. 4(2018. 10. 8): 277-93, https://doi.org/10/1177/0258042X18797757.

5. Amir Goldberg, Sameer B. Srivastava, V. Govid Manian, William Monroe, and Christopher Potts, "Fitting In or Standing Out? The Tradeoffs of Structural and Cultural Embeddedness," *American Sociological Review* 81, no 6(2016. 10): 1190-1222, https://doi.org/10.1177/0003122416671873.

6. Claus Lamm, C. Daniel Baston, and Jean Decety, "The Neural Substrate of Human Empathy: Effects of Perspective-Taking and Cognitive Appraisal," *Journal of Cognitive Neuroscience* 19, no. 1(2007. 1): 42-58.

7. Adam D. Galinsky, Joe C. Magee, M. Ena Inesi, and Deborah H. Gruenfeld, "Power and Perspectives Not Taken," *Psychological Science* 17, no. 12(2006): 1068-74, https://doi.org/10.1111/j.1467-9280.2006.01824.x.

8. Chad Storlie, "Manage Uncertainty with Commander's Intent," *Harvard Business Review*, 2010. 11. 3, https://hbr.org/2010/11/dont-play-golf-

in-a-football-g.

9. 비밀 보장을 위해 가명을 사용했다.

10. Oliver Segovia, "To Find Happiness, Forget About Passion," *Harvard Business Review*, 2012. 1. 13, https://hbr.org/2012/01/to-find-happiness-forget-about.

11. 2020년에 라이언 스미스는 게일 밀러로부터 유타 재즈를 인수했다.

12. Tom Peters, 트위터, 2019. 11. 10, 오전 7시 26분, https://twitter.com/tom_peters/status/1193520200890699776.

13. Steve Jobs, "You've Got to Find What You Love," Stanford News, 2005. 6. 14, https://news.standford.edu/2005/06/14/jobs-061505/.

14. 밀레니엄 세대 구직자 중에서 44퍼센트는 "자신이 열정을 가진 일을 하는 것"을 최우선순위로 꼽았다. 이는 '돈'을 꼽은 42퍼센트보다 높은 수치다. 참고 자료: Jane Burnett, "Millennials Want Passion More than Money at Work," Ladders, 2018. 1. 10, https://www.theladders.com/career-advice/survey-millennials-want-passion-more-than-money.

15. Celia Jameson, "The 'Short Step' from Love to Hypnosis: A Reconsideration of the Stockholm Syndrome," *Journal for Cultural Research* 14, no. 4(2010): 337-55, https://doi.org/10.1080/14797581003765309.

3장 적극적으로 나서고, 적절하게 물러서라

1. "The Troubles," Wikipedia, https://en.wikipedia.org/wiki/The_Troubles.

2. "Betty Williams, Winner of the Nobel Peace Prize for Her Work in Northern Ireland-Obituary," *Telegraph*, 2020. 3. 19, https://www.telegraph.co.uk/obituaries/2020/03/19/betty-williams-winner-nobel-peace-prize-work-northern-ireland/.

3. "Mairead Maguire," Wikipedia, https://en.wikipedia.org/wiki/Mairead_Maguire.

4. "Betty Williams(Peace Activist)," Wikipedia, https://en.wikipedia.org/wiki/Betty_Williams_(peace_activist).

5. 2006년 영상에 사용된 기록 자료: Nickelback, "If Everyone Cared," 뮤직비디오, Roadrunner Records, 2006, https://www.youtube.com/watch?v=-IUSZyjiYuY, 2020년 접속.

6. Emily Langer, "Betty Williams, Nobel Laureate and Leader of Peace Movement in Northern Ireland, Dies at 76," *Washington Post*, 2020. 3. 23, https://www.washingtonpost.com/local/obituaries/betty-williams-nobel-laureate-and-leader-of-peace-movement-in-northern-ireland-dies-at-76/2020/03/23/d9010784-6a9d-11ea-abef-020f086a3fab_story.html.

7. Robert B. Semple, Jr., "Two Women Bring New Hope to Ulster," *New York Times*, 1976. 9. 6, https://www.nytimes.com/1976/09/06/archives/two-women-bring-new-hope-to-ulster-two-women-bringing-a-new-feeling.html.

8. Michael C. Mankins and Eric Garton, "An Organization's Productive Power-and How to Unleash It," 출처: *Time, Talent, Energy: Overcome Organizational Drag and Unleash Your Team's Productive Power*(Boston: Harvard Business Review Press, 2017, 11.

9. Stephanie Vozza, "Why Employees at Apple and Google Are More Productive," *Fast Company*, 2017. 3. 13, https://www.fastcompany.com/3068771/how-employees-at-apple-and-google-are-more-productive.

10. 2015년 12월 31일의 주가는 73.21달러, 2019년 12월 31일의 주가는 128.21달러였다.

11. "The World's 50 Most Innovative Companies of 2019," *Fast Company*, 2019. 2. 20, https://www.fastcompany.com/most-innovative-companies/2019.

12. Bronti Baptiste, "The Relationship Between the Big Five Personality Traits and Authentic Leadership," 박사논문, Walden University ScholoarWorks, 2018, http://scholarworks.waldenu.edu/cgi/viewcontent.cgi?article=5993&context=dissertations.

13. 토니 로빈스 트위터, 2009. 4. 22, 오후 12시 34분, https://twitter.com/TonyRobbins/status/1586010857.

14. "Playmaker," Dictionary.com, https://www.dictionary.com/browse/playmaker.

15. 카멀라 해리스, 트위터, 2020. 6. 5, 오후 5시 46분, https://twitter.com/KamalaHarris/status/1269022752914264064.

16. Barton Swaim and Jeff Nussbaum, "The Perfect Presidential Stump Speech," FiveThrityEight, 2016. 11. 3, https://projects.fivethirtyeight.com/perfect-stump-speech/.

17. Keith Ferrazzi with Noel Weyrich, *Leading Without Authority: How the New Power of Co-Elevation Can Break Down Silos, Transform Teams, and Reinvent Collaboration* (New York: Currency, 2020), 117-18.

18. 와이즈먼그룹은 복잡한 업무를 실행 가능한 적당한 단위로 나눴다: 50개 고파급력 행동 중 34개(임팩트 플레이어는 3.33, 전형적 기여자는 2.05, 미달 기여자는 1.62).

19. "Playmaker," Wikipedia, https://en.wikipedia.org/wiki/Playmaker.

20. P. B. S. Lissaman and Carl A. Shollenberger, "Formation Flight of Birds," *Science* 168, no. 3934 (1970): 1003-05, https://doi.org/10.1126/science.168.3934.1003.

21. Mary Parker Follert, *Creative Experience* (New York: Peter Smith, 1924).

22. 비밀 보장을 위해 가명을 사용했다.

23. "Betty Williams: Biographical," The Nobel Prize, 2008. 6, https://www.nobelprize.org/prizes/peace/1976/williams/biographical/.

24. Daniel Russell, "America Meets a Lot. An Analysis of Meeting Length, Frequency and Cost," Attentiv, 2015. 4. 20, http://attentiv.com/america-meets-a-lot/.

25. Glassdoor Team, "Employers to Retain Half of Their Employees Longer If Bosses Showed More Appreciation: Glassdoor Survey," Glassdoor, 2013. 11. 13, https://www.glassdoor.com/employers/blog/employers-to-retain-half-of-their-employees-longer-if-bosses-showed-more-appreciation-glassdoor-survey/.

26. Amy Gallo, "Act Like A Leader Before You Are One," *Harvard Business Review*, 2013. 5. 2, https://hbr.org/2013/05/act-like-a-leader-before-you-a.

1. "The Play(American Football)," Wikipedia, https://en.wikipedia.org/wiki/The_Play_(American_football).

2. *NASA Program Management and Procurement Procedures and Practices: Hearings Before the Subcommittee on Space Science and Application of the Committee on Science and Technology*, US House of Representatives, 97th Cong., 1st sess., 1981. 6. 24-25(Washington, DC: U.S. Government Printing Office, 1981).

3. Chelsea Gohd, "50 Years Ago: NASA's Apollo 12 Was Struck by Lighting Right After Launch... Twice!(Video)," Space.com, 2019. 11. 14, https://www.space.com/apollo-12-lightning-strike-twice-launch-video.html.

4. *NASA Program Management and Procurement Procedures and Practices*, 73.

5. Steve Squyres, *Roving Mars*: Spirit, Opportunity, *and the Exploration of the Red Planet*(New York: Hyperion, 2006), 2-3.

6. 상동.

7. Michael Greshko, "The Mars Rover Opportunity Is Dead. Here's What It Gave Humankind," *National Geographic*, 2019. 2. 13, https://www.nationalgeographic.com/science/2019/02/nasa-mars-rover-opportunity-dead-what-it-gave-humankind/.

8. William Harwood, "Opportunity Launched to Mars," Spaceflight Now, 2003. 7. 8, https://www.spaceflightnow.com/mars/merb/030707launch.html.

9. "NASA's Opportunity Rover Mission on Mars Comes to End," NASA, 2019. 2. 13, https://mars.nasa.gov/news/8413/nasas-opportunity-rover-mission-on-mars-comes-to-end/.

10. 상동.

11. "Mars Exploration Rovers," NASA, https://mars.nasa.gov/mars-exploration/missions/mars-exploration-rovers/.

12. Greshko, "The Mars Rover Opportunity Is Dead. Here's What It Gave

Humankind."

13. 상동, 112.

14. Rosabeth Moss Kanter, "Surprises Are the New Normal: Resilience Is the New Skill," *Harvard Business Review*, 2013. 7. 17, https://hbr.org/2013/07/surprises-are-the-new-normal-r.

15. Angela Duckworth, "Why Millennials Struggle for Success," CNN, 2016. 5. 3, https://www.cnn.com/2016/05/03/opinions/grit-is-a-gift-of-age-duckworth.

16. 와이즈먼그룹에서 조사한 결과는 다음과 같다. 고파급력 기여자의 98.38퍼센트는 항상 또는 종종 그렇게 하고, 72.09퍼센트는 항상 그렇게 한다. 전형적 기여자의 48.09퍼센트는 항상 또는 종종 그렇게 하고, 10.69퍼센트는 항상 그렇게 한다. 미달 기여자의 12.1퍼센트는 항상 또는 종종 그렇게 하고, 2.19퍼센트는 항상 그렇게 한다.

17. Heidi Grant, "How to Get the Help You Need," *Harvard Business Review*, 2018. 5-6, https://hbr.org/2018/05/how-to-get-the-help-you-need.

18. "2017 Las Vegas Shooting," Wikipedia, https://en.wikipedia.org/wiki/2017_Las_Vegas_shooting.

19. Kevin Menes, Judith Tintinalli, and Logan Plaster, "How One Las Vegas ED Saved Hundreds of Lives After the Worst Mass Shooting in U.S. History," Emergency Physicians Monthly, 2017. 11. 3, https://epmonthly.com/article/not-heroes-wear-capes-one-las-vegas-ed-saves-hundreds-lives-worst-mass-shooting-u-s-history/.

20. 상동

21. 상동.

22. "2017 Las Vegas Shooting," Wikipedia.

23. Menes et al., "How One Las Vegas ED Saved Hundreds of Lives After the Worst Mass Shooting in U.S. History."

24. 경주 기간 동안 허스키와 맬러뮤트 썰매개들은 다른 포유동물과 달리 빠르게 소모되고 느리게 생성되는 글리코겐을 필요로 하지 않는다. 그래서 느리게 소모되는 단백질과 지방을 통해 빠르게 재충전할 수 있다.

25. Douglas Robson, "Researchers Seek to Demystify the Metabolic Magic

of Sled Dogs," *New York Times*, 2008. 5. 6, https://www.nytimes.com/2008/05/06/science/06dogs.html.

26. MinuteEarth, "Why Don't Sled Dogs Ever Get Tired?," YouTube, 2017. 5. 3, https://www.youtube.com/watch?v=HDG4GSypcIE.

27. Victor Mather, "Iditarod Champion and His Dogs Finally Make It Home," *New York Times*, 2020. 6. 3, https://www.nytimes.com/2020/06/03/sports/iditarod-champion-US-Open.html; Victor Mather, "Two Months Later, the Iditarod Champion May Finally Get a Ride Home," *New York Times*, 2020. 5. 26, https://www.nytimes.com/2020/05/26/sports/iditarod-coronavirus-thomas-waerner.html.

28. 상동.

29. Kathleen Elkins, "Kobe Bryant Lives by This Mantra from His High School English Teacher," CNBC, 2018. 9. 22, https://www.cnbc.com/2018/09/21/kobe-bryant-lives-by-this-mantra-from-his-high-school-english-teacher.html.

30. 2 Tim, 4L7, AV.

31. Greshko, "The Mars Rover Opportunity Is Dead. Here's What It Gave Humankind."

32. Karen Northon, ed., "NASA's Record-Setting Opportunity Rover Mission on Mars Comes to End," NASA, 2019. 2. 13, https://www.nasa.gov/press-release/nasas-record-setting-opportunity-rover-mission-on-mars-comes-to-end.

5장 질문하고 조정하라

1. Ashley Ward, "4 Famous Directors and Their Advice to Actors," Sol Acting Studios, 2019. 6. 12, https://solacting.com/sol-blog/4-famous-directors-and-their-advice-to-actors.

2. 상동.

3. Mark Rober, "Automatic Bullseye, MOVING DARTBOARD," Youtube, 2017. 3. 21, https://www.youtube.com/watch?v=MHTizZ_XcUM.

4. 와이즈먼그룹이 조사한 바에 따르면 "새로운 과제가 주어졌을 때 빠르고 열

성적으로 배우는 것"은 고파급력 기여자와 전형적 기여자를 나누는 상위 행동 중에서 7위를 기록했다. 또한 "새로운 아이디어에 호기심을 가지고 열린 자세로 대하는 것"은 고파급력 기여자의 96퍼센트가 언제나 또는 종종 하는 행동이다. 반면 전형적 기여자의 경우는 그 비중이 30퍼센트, 미달 기여자의 경우는 14퍼센트에 불과했다.

5. James Morehead, "Stanford University's Carol Dweck on the Growth Mindset and Education," OneDublin.org, 2012. 6. 19, https://onedublin. org/2012/06/19/stanford-university-carol-dweck-on-the-growth-mindset-and-education/.

6. Derek Thompson, "Workism Is Making Americans Miserable," *Atlantic*, 2019. 2. 24, https://www.theatlantic.com/ideas/archive/2019/02/religion-workism-making-americans-miserable/583441/.

7. Kate Adams, "Why Leaders Are Easier to Coach than Followers," *Harvard Business Review*, 2015. 3. 5, https://hbr.org/2015/03/why-leaders-are-easier-to-coach-than-followers.

8. 상동.

9. Danielle Kost, "6 Traits That Set Top Business Leaders Apart," Working Knowledge, Harvard Business School, 2020. 1. 17, https://hbswk.hbs.edu/item/6-traits-that-set-top-business-leaders-apart.

10. Sheila Heen and Douglas Stone, "Finding the Coaching in Criticism," *Harvard Business Review*, 2014. 1-2, https://hbr.org/2014/01/find-the-coaching-in-criticism.

11. Scott Berinato, "Negative Feedback Rarely Leads to Improvement," *Harvard Business Review*, 2018. 1-2, https://hbr.org/2018/01/negative-feedback-rerely-leads-to-improvement; Ronald J. Burke, William Weitzel, and Tamara Weir, "Characteristics of Effective Employee Performance Review and Development Interviews: Replication and Extension," *Personnel Psychology* 31, no. 4(1978): 903-19, https://doi.org/10.1111/j.1744-6570.1978.tb02130.x.

12. 와이즈먼그룹의 조사에 따르면 "실수를 인정하고 신속하게 만회하는 것"은 고파급력 기여자와 미달 기여자를 나누는 차별화 요소 중 6위에 해당한다.

13. Paul Krugman, "Trump and His Infallible Advisers," *New York Times*,

2020. 5. 4, https://www.nytimes.com/2020/05/04/opinion/trump-coronavirus.html.

14. Morehead, "Stanford University's Carol Dweck on the Growth Mindset and Education."

15. Ellie Rose, "Kim Christensen Admits Moving the Goalposts," *Guardian*, 2009. 9. 25, https://www.theguardian.com/football/2009/sep/25/kim-christensen-admits-moving-goalposts.

16. Stephanie Mansfield, "Jason Robards," *Washington Post*, 1983. 2. 27, https://www.washingtonpost.com/archive/lifestyle/style/1983/02/27/jason-robards/2c93d725-20e4-4d67-b5fc-1c87548520d1/.

17. Michelle Obama, *Becoming* (New York: Crown, 2018), 419.

18. Hayley Blunden, Jaewon Yoon, Ariella Kristal, Ashley Whillans, "Framing Feedback Giving as Advice Giving Yields More Critical and Actionable Input," Harvard Business School Working Paper no. 20-021, 2019. 8, https://www.hbs.edu/ris/Publication%20Files/20-021_b907e614-e44a-4f21-bae8-e4a722babb25.pdf.

6장 일을 가볍게 만들어라

1. "1964 Alaska Earthquake," Wikipedia, https://en.wikipedia.org/wiki/1964_Alaska_earthquake.

2. "Genie Chance and the Great Alaska Earthquake," *The Daily* 팟캐스트, 2020. 5. 22, https://www.nytimes.com/2020/05/22/podcasts/the-daily/this-is-chance-alaska-earthquake.html?showTranscrpit=1.

3. 상동.

4. 상동.

5. Jon Mooallem, *This Is Chance!: The Shaking of an All-American City, a Voice That Held It Together* (New York: Random House, 2020).

6. 상동, 172.

7. 상동, 175.

8. "American Time Use Survey-2019 Results," Bureau of Labor Statistics, 2020. 6. 25, https://www.bls.gov/news.release/pdf/atus.pdf.

9. Jennifer J. Deal, "Welcome to the 72-Hour Work Week," *Harvard Business Review*, 2013. 9. 12, https://hbr.org/2013/09/welcome-to-the-72-hour-work-we.

10. "Workplace Stress," The American Institute of Stress, https://www.stress.org/workplace-stress.

11. "Workplace Conflict and How Business Can Harness It to Thrive," CPP Global Human Capital Report, 2008. 7, https://img.en25.com/Web/CPP/Conflict_report.pdf.

12. Rob Cross, Reb Rebele, and Adam Grant, "Collaborative Overload," *Harvard Business Review*, 2016. 1-2, https://hbr.org/2016/01/collaborative-overload.

13. Jennifer J. Deal, "Always On, Never Done? Don't Blame the Smartphone," Center for Creative Leadership, 2015, https://cclinnovation.org/wp-content/uploads/2020/02/alwayson.pdf.

14. "Employee Burnout: Causes and Cures," Gallup, 2020. 5. 20, https://www.gallup.com/workplace/282659/employee-burnout-perspective-paper.aspx.

15. 비밀 보장을 위해 가명을 사용했다.

16. Ash Buchanan, "About," Benefit Mindset, https://benefitmindset.com/about/.

17. 상동.

18. 와이즈먼그룹이 조사한 결과는 다음과 같다. "저관리, 저분란": 고파급력 기여자의 89.97퍼센트는 항상 또는 종종 이런 행동을 한다. 고파급력 기여자의 62.6퍼센트는 항상 이런 행동을 한다. 전형적 기여자의 40.64퍼센트는 항상 또는 종종 이런 행동을 한다. 전형적 기여자의 14.44퍼센트는 항상 이런 행동을 한다. 미달 기여자의 15.94퍼센트는 항상 또는 종종 이런 행동을 한다. 미달 기여자의 3.3퍼센트는 항상 이런 행동을 한다.

19. Hatmaker, "Armchair Expertise with Podcast Creator and Host Monica Padman."

20. 2019년 8월 16일에 스탠퍼드대학교에서 열린 빌 캠벨 트로피 서밋에서 스티브 영과 로니 로트가 나눈 대화 내용 중 일부. 나도 이 서밋에 참석해 두 사람의 대화가 담긴 동영상을 확보했다.

21. Jennifer Aaker and Naomi Bagdonas, *Humor, Seriously: Why Humor Is a Secret Weapon in Business and Life and How Anyone Can Harness It. Even You.* (New York: Currency, 2021).

22. 상동.

23. Adrian Gostick and Scott Christopher, *The Levity Effect: Why It Pays to Lighten Up* (Hoboken, NJ: John Wiley & Sons, 2008).

24. Adrian Gostick and Chester Elton, *Leading with Gratitude: Eight Leadership Practices for Extraordinary Business Results* (New York: Harper Business, 2020).

25. "Giving Thanks Can Make You Happier," Harvard Health, 2011. 11, https://www.health.harvard.edu/healthbeat/giving-thanks-can-make-you-happier.

26. Susan A. Randolph, "The Power of Gratitude," *Workplace Health & Safety* 65, no. 3(2017): 144, https://doi.org/10.1177/2165079917697217.

27. Rebecca S. Finley, "Reflection, Resilience, Relationships, and Gratitude," *American Journal of Health-System Pharmacy* 75, no. 16(2018): 1185-90, https://doi.org/10.2146/ajhp180249.

28. 와이즈먼그룹이 조사한 결과는 다음과 같다. "다른 사람의 안전과 행복을 촉진한다": 고파급력 기여자의 94.04퍼센트는 항상 또는 종종 이런 행동을 한다. 고파급력 기여자의 66.67퍼센트는 항상 이런 행동을 한다. 전형적 기여자의 58.82퍼센트는 항상 또는 종종 이런 행동을 한다. 전형적 기여자의 28.88퍼센트는 항상 이런 행동을 한다. 미달 기여자의 40.66퍼센트는 항상 또는 종종 이런 행동을 한다. 미달 기여자의 13.19퍼센트는 항상 이런 행동을 한다.

29. Sue Warnke, "I looked at the sea of color yesterday evening, and I imagined the many hands who folded them," Facebook, 2020. 3. 7, https://www.facebook.com/swarnke01.

30. Mooallem, *This Is Chance!*.

31. Bourree Lam, "The Two Women Who Kicked Off Salesforce's Company Wide Salary Review," *Atlantic*, 2016. 4. 12, https://www.theatlantic.com/business/archive/2016/04/salesforce-seka-robbins/477912/.

32. "The High Price of a Low Performer," Robert Half International, 2018. 5.

15, https://rh-us.mediaroom.com/2018-05-15-The-High-Price-Of-A-Low-Performer.

33. 2019년 8월 16일에 스탠퍼드대학교에서 열린 빌 캠벨 트로피 서밋에서 스티브 영과 로니 로트가 나눈 대화 내용 중 일부. 나도 이 서밋에 참석해 두 사람의 대화가 담긴 동영상을 확보했다.

7장 파급력을 키워라

1. Gary Keller, *The One Thing: The Surprisingly Simple Truth Behind Extraordinary Results*(Austin, TX: Bard Press, 2013).

2. J. Bonner Ritchie, "Who Is My Neighbor?," David M. Kennedy Center for International Studies, 2005. 2, https://kennedy.byu.edu/who-is-my-neighbor/.

3. 상동.

4. "Girl Scouts Look at Social Issues," *Indianapolis Star*, 1990. 1. 7, https://www.newspapers.com/newspage/105886091/.

5. Richard S. Lazarus and Susan Folkman, *Stress, Appraisal, and Coping*(New York: Springer, 1984).

6. "Cognitive Reframing," wikipedia, 2020. 12. 9, https://en.wikipedia.org/wiki/Cognitive_reframing.

7. Robert Kegan and Lisa Lahey, "The Real Reason People Won't Change," *Harvard Business Review*, 2001. 11, https://hbr.org/2001/11/the-real-reason-people-wont-change.

8. 상동.

9. "Intel Launches a Huge Advertising Campaign: Technology: The $250-Million Blitz Is Aimed at Cutting Down the Competition and Selling Its Next-Generation 486 Microprocessors," *Los Angeles Times*, 1991. 11. 2, https://www.latimes.com/archives/la-xpm-1991-11-020-fi-797-story.html.

10. "Ingredient Branding," Intel, https://www.intel.com/content/www/us/en/history/virtual-vault/articles/end-user-marketing-intel-inside.html.

11. Kevin Kruse, "5 Simple Ways to Be a Better Ally at Work," *Forbes*, 2020. 10. 26, https://www.forbes.com/sites/kevinkruse/2020/10/26/5-simple-ways-to-be-a-better-ally-at-work/?sh=1fcb24f7642e.

12. "Getting Ready for the Future of Work," *McKinsey Quarterly*, 2017. 9. 12, https://www.mckinsey.com/business-functions/organization/our-insights/getting-ready-for-the-future-of-work.

13. Taffy Brodesser-Akner, "Bradley Cooper Is Not Really into This Profile," *New York Times*, 2018. 9. 27, https://www.nytimes.com/2018/09/27/movies/bradley-cooper-a-star-is-born.html.

8장 고파급력 팀을 구축하라

1. Heather Baldwin, "Net Profit: How the Philadelphia 76ers Slam Dunked Their Way to Sales Success Despite on Court Losses," SellingPower, 2017. 11. 7, https://www.sellingpower.com/2017/11/07/13192/net-profit.

2. 상동.

3. Jake Fischer, "Despite Tough on-Court Season, 76ers' Sales Staff Finds Success," *Sports Illustrated*, 2016. 5. 19, https://www.si.com/nba/2016/05/19/philadelphia-76ers-sales-tickets-nba-draft-lottery-sam-hinkie-brett-brown.

4. 상동.

5. 상동.

6. 상동.

7. 상동.

8. Amy Edmonson, *The Fearless Organization: Creating Psychological Safety in the Workplace for Learning, Innovation, and Growth* (Hoboken, NJ: Wiley, 2019), xvi.

9. 상동, 21.

10. Dan Rose, 트위터, 2020. 10. 17, 오후 7시 35분, https://twitter.com/DanRose999/status/1317610328046280704/.

11. 2019년 8월 16일에 스탠퍼드대학교에서 열린 빌 캠벨 트로피 서밋에서 스티

브 영과 로니 로트가 나눈 대화 내용 중 일부. 나도 이 서밋에 참석해 두 사람의 대화가 담긴 동영상을 확보했다.

12. Albert Bandura, *Social Learning Theory*(New York: General Learning Corporation, 1971).

13. 상동.

14. Partnership for Public Service, "Government Leadership Advisory Council on Crisis Leadership," 2021. 1. 13, https://vimeo.com/500210129.

15. Stephen Dimmock and William C. Gerken, "Research: How One Bad Employee Can Corrupt a Whole Team," *Harvard Business Review*, 2018. 3. 5, https://hbr.org/2018/03/research-how-one-bad-employee-can-corrupt-a-whole-team.

16. Michael Kraus, "Advice for a Better 2021-According to the Research," Yale Insights, 2020. 12. 21, https://insights.som.yale.edu/insights/advice-for-better-2021-according-to-the-research.

17. Erica Volini et al., "Belonging: From Comfort to Connection to Contribution," Deloitte Insights, 2020. 5. 15, https://www2.deloitte.com/us/en/insights/focus/human-capital-trends/2020/creating-culture-of-belonging.html.

18. Joan C. Williams and Marina Multhaup, "For Women and Minorities to Get Ahead, Managers Must Assign Work Fairly," *Harvard Business Review*, 2018. 3. 5, https://hbr.org/2018/03/for-women-and-minorities-to-get-ahead-managers-must-assign-work-fairly.

19. Alyssa Croft and Toni Schmader, "The Feedback Withholding Bias: Minority Students Do Not Receive Critical Feedback from Evaluators Concerned About Apprearing Racist," *Journal of Experimental Social Psychology* 48, no. 5(2012): 1139-44.

20. Renee Morad, "Women Receive Significantly Less Feedback than Men at Work-3 Ways to Change That," NBC News, 2020. 2. 11, https://www.nbcnews.com/know-your-value/feature/women-receive-significantly-less-feedback-men-work-3-ways-change-ncna1134136.

21. Shelley J. Correll and Caroline Simard, "Research: Vague Feedback Is Holding Women Back," *Harvard Business Review*, 2016. 4. 29, https://hbr.org/2016/04/research-vague-feedback-is-holding-women-back.

22. Kate Blackwood, "Women Hear More White Lies in Evaluations than Men: Study," Cornell Chronicle, 2020. 5. 18, https://news.cornell.edu/stories/2020/05/women-hear-more-white-lies-evaluations-men-study.

23. Peyton Reed, 감독, *Through the Eyes of Forrest Gump: The Making of an Extraordinary Film*, 파라마운트, 1995.

24. Catherine Moore, "What Is Job Crafting? (Incl. 5 Examples and Exercises)," PositivePsychology.com, 2020. 9. 1, https://positivepsychology.com/job-crafting/.

25. Amy Wrzesniewski and Jane E. Dutton, "What Job Crafting Looks Like," *Harvard Business Review*, 2020. 3. 12, https://hbr.org/2020/03/what-job-crafting-looks-like.

26. Tom Rath, "Job Crafting from the Outside In," *Harvard Business Review*, 2020. 3. 24, https://hbr.org/2020/03/job-crafting-from-the-outside-in.

27. Chad Storlie, "Manage Uncertainty with Commander's Intent," *Harvard Business Review*, 2010. 11. 3, https://hbr.org/2010/11/dont-play-golf-in-a-football-g.

28. Christopher S. Howard and Justin A. Irving, "The Impact of Obstacles Defined by Developmental Antecedents on Resilience in Leadership Formation," *Management Research Review* 20, no. 1(2013. 2): 679-87, https://doi.org/10.1108/mrr-03-2013-0072.

29. Karen Doll, "23 Resilience Building Tools and Exercises(+ Mental Toughness Test)," PositivePsychology.com, 2020. 10. 13, https://positivepsychology.com/resilience-activities-exercises/.

30. Kim Scott, "The 3 Best Leadership Traits for Managing Through a Crisis," Radical Candor, https://www.radicalcandor.com/candor-criticism-during-a-crisis/.

31. Evan W. Carr, Andrew Reece, Gabriella Rosen Kellerman, and Alexi

Robichaux, "The Value of Belonging at Work," *Harvard Business Review*, 2019. 12. 16, https://hbr.org/2019/12/the-value-of-belonging-at-work.

32. Steve Gruenert and Todd Whitaker, *School Culture Rewired* (Alexandria, VA: ASCD, 2015), 36.

9장 올인하라

1. Richard Sandomir, "Kevin Greene, Master of Sacking the Quarterback, Dies at 58," *New York Times*, 2020. 12. 22, https://www.nytimes.com/2020/12/22/sports/football/kevin-greene-dead.html.
2. Eve Curie, *Madame Curie: A Biography*, 번역, Vincent Sheean (New York: ISHI Press International, 2017).
3. 상동.
4. Eugene O'Kelly, *Chasing Daylight: How My Forthcoming Death Transformed My Life* (New York: McGraw-Hill, 2008), 78.
5. Reed, *Through the Eyes of Forrest Gump*.

부록 B 자주 묻는 질문들

1. Dave Ulrich, "HR's Ever-Evolving Contribution," The RBL Group, 2021. 1. 18, https://www.rbl.net/insights/articles/hrs-ever-evolving-contribution.

임팩트 플레이어

제1판 1쇄 발행 | 2023년 12월 27일
제1판 2쇄 발행 | 2024년 3월 29일

지은이 | 리즈 와이즈먼
옮긴이 | 김태훈
펴낸이 | 김수언
펴낸곳 | 한국경제신문 한경BP
책임편집 | 노민정
교정교열 | 한지연
저작권 | 백상아
홍　보 | 서은실·이여진·박도현
마케팅 | 김규형·정우연
디자인 | 권석중
본문디자인 | 디자인 현

주　소 | 서울특별시 중구 청파로 463
기획출판팀 | 02-3604-590, 584
영업마케팅팀 | 02-3604-595, 562　FAX | 02-3604-599
H | http://bp.hankyung.com　E | bp@hankyung.com
F | www.facebook.com/hankyungbp
등　록 | 제 2-315(1967. 5. 15)

ISBN 978-89-475-4932-5 03320